山 西 大 学 出 版 基 金 资 助

A STUDY ON
MIGRANT WORKERS'
CITIZENSHIP IN CHINA

中国城市新移民的
公民权研究

苏　昕/著

社会科学文献出版社
SOCIAL SCIENCES ACADEMIC PRESS (CHINA)

序

随着全球化的扩展和深入，移民问题日渐成为国际学术界关注的一个重要问题。关于移民在移居国或称居地的生活、他们所形成的新的移民社会或群体以及对所在国家或所在地的影响即带来的深刻的政治、社会和文化变迁等都是学界所研究的问题，当然，这也是一个重要的现实问题，尤其是在中国，随着城镇化的推进，这个问题变的越来越成为与我们每一个人都密切相关的问题，甚至成为我们的一种生活方式。因此，无论是国家和地方的决策者还是普通民众都不得不越来越重视这个问题。这些理论上和实践上的发展，为我们研究中国的移民问题提供了有力的支持。

我国过去的移民研究较少涉及国内移民。近年来，许多研究者倾向于将以农民工为主体的流动人口纳入移民范畴。俞可平把改革开放以来大规模的农民流入城镇称为"新移民运动"，进而从移民运动的角度来深入探讨大量农民工进城的社会经济动因，以及由此对中国社会带来的制度变迁和政治发展。许多学者同时也关注到此群体融入城市时的身份差异和权力不公，诸如在二元户籍制度、二元社会保障制度及不公平的土地流转制度等造成的劳动权、居住权、福利权、教育权、医疗权、选举和被选举权、参与权、文化权等方面的缺失，作者在选题和写作中都深受这些相关观点的影响。

1. 改革开放背景下研究城市新移民公民权具有现实意义

改革开放的 30 年是一场意义深远的社会变革，创造了前所未有的财富、释放了巨大的能量，但同时大量社会不公正问题日益成为焦点。改革开放的 30 年，也是中国城镇化的 30 年。城镇化带给中国政治经济社会的巨大变迁不言而喻；城镇化带给每个中国人的改革红利和享受也很明显，这其中有一个超过 2.6 亿的巨大农民工群体从农村迁徙到城市。然而，在这场户籍制度屏蔽下的长达 30 多年的迁徙中，他们以什么样的身份？具有什么样的资格？什么样的权利？能否真正市民化？能否真正融入城市？城镇化随之而来的诸多社会问题，大多和这场大变迁中的农民工相关。2011年末，中国城镇化的比例就超过了 50%，从数据上看，中国似乎已经进入了城市为主的时代，但数据中如果把近 3 亿没有完整公民权的农民工和流动人口剔除出去，也就是 35% 的城镇化率了，称为半城镇化不无道理。半城镇化折射出了改革开放 30 年效率大于公平的路径选择所带来的副作用，在此过程中，包括农民、农民工、城市新移民在内的社会各阶层都或多或少成为受益群体，但前者由于公民资格和身份不明确，也沦为公民权利受侵害的弱势群体。

风险社会背景下研究城市新移民公民权的建构和完善是一个新的视角。中国城镇化置身于全球风险社会时代，中国融入全球化，既是一个加速经济发展和社会进步的过程，也是参与世界风险社会与自身社会风险叠加、形塑的过程。作为世界风险社会的一部分，中国的社会风险又具有独特的生成逻辑与运行轨迹，转型时期，传统风险和新风险更为复杂的呈现，农业社会、工业社会、信息社会的风险样式的叠加，经济发展模式、功利主义意识形态、政府能力和利益追求等因素的重合，非理性主义的内在悖论，使得风险社会在中国有其独特表现。如此庞大的城市新移民群体在社会结构发生剧烈转型的当今，由于公民权的缺失所带来的社会风险也被叠加、扭曲和放大，呈现出社会矛盾加剧、群体事件的燃点降低的现状。风险社会理论视角的价值在于：第一，风险社会理论是在"大理论"层次上来研究风险的，很少使用实证方法来分析人们在日常生活中是如何理解和面对风险的，更没有分析个人风险的认知困境，因此，其中还有巨大的空间可以开拓。风险理论的中国化很有意义。第二，城市新移民产生过程，也是中国进入风险社会的过程；开始于 1978 年的改革开放，是中国历史上最重要的社会变迁之一。这种重大的变迁，总体是社会的进步和发展，但其中蕴含的巨大风险因素不言而喻，伴随着城市新移民的诞生，中国社会高风险的特质也逐渐形成。第三，城市新移民既是风险社会底层受损害最深切的一个群体，是社会风险庞大的一个对象和客体；同时，从一个社会群体公民权利缺失所带来的潜在的社会冲突和危机，甚至引发政治动荡的角度看，城市新移民公民权利的脆弱性又是生成和加大社会风险的重要因素。

新型城镇化背景下研究城镇新移民公民权问题有新的内涵，更有紧迫性。新型城镇化，是指坚持以人为本，以新型工业化为动力，以统筹兼顾为原则，推动城市现代化、城市集群化、城市生态化、农村城镇化，全面提升城镇化质量和水平，走科学发展、集约高效、功能完善、环境友好、社会和谐、个性鲜明、城乡一体、大中小城市和小城镇协调发展的城镇化建设路子。新型城镇化的"新"就是要由过去片面注重追求城市规模扩大、空间扩张，改变为以提升城市的文化、公共服务等内涵为中心，真正使我们的城镇成为具有较高品质的适宜人居之所。城镇化的核心是农村人口转移到城镇，而不是建高楼、建广场。农村人口转移不出来，不仅农业的规模效益出不来，扩大内需也无法实现。新型城镇化的本质是用科学发展观来统领城镇化建设。从城镇化到新型城镇化，回到人的本质和核心，这将是新一轮改革的开始，必将加速推动包括户籍制度、土地制度、中央和地方财税制度、高考制度、收入分配体制、养老统筹制度、医疗体制、行政管理制度等方面的改革。这种推动农民转化为市民的城镇化改革过程，必定会遇到各种挑战。新型城镇化背景下研究城市新移民的公民权的完善，回归到城镇化的核心，是以人为本、公平共享的城镇化，核心是人的城镇化。

全球公民社会讨论背景下的城市新移民研究具有全球化的视野。马克思早在《哥达纲领批判》中提出"权利永远不能超出社会的经济结构以及由经济结构所制约的社会的文化发展"，强调了权利根源于一定社会经济关系的本质。权利不是产物，是由一定经济基础决定的，是客观经济规律的反应。从阿尔弗雷德·马歇尔的教育绅士论到20世纪的T. H. 马歇尔的公民权利理论，更进一步阐明公民地位才是所谓绅士生活的实质。只有当普遍的公民权得以保障，一个容忍结果不平等的阶级体系和社会秩序才可能维持，而且促使社会差异本身转化为发展的动力。中国处在权利意识苏醒的转型时期，转型国家的重要特点是社会转型和制度转轨容易导致利益分配及协调机制缺失，贫富悬殊，市场秩序混乱、腐败问题、诚信缺失问题层出不穷，这些社会问题加深了原本就属于权利体制中"短板"的公民基本权利的短缺；而城市新移民作为社会结构的底层，在社会的利益链条中处于末端，在利益分配中处于弱势地位，更容易体现出基本权利的虚无。中国现代化实行的不平衡发展策略所造成的利益分配不均，导致了利益分化的加剧；作为底层的城市新移民在分配中处于下游，权利受损更容易发生在这个层面。

2. 作者对核心概念的梳理下了功夫

目前，对农民工的研究较为丰富成熟，资料也极为丰富。城市新移民的研究也得到了一些学者的关注，相关城市新移民的概念诸如"民工""农民工""外来工""流动人口""农村剩余劳动力""外来人口""新生代农民工""新市民"等，五花八门，应把其放在中国城镇化进程的大背景中，放在中国社会改革和变迁的国内移民视野中，具有新的内涵。公民权相关的公民身份、公民资格、公民权利资格等概念，放在城镇化进程中来看，是剩余劳动力转移到城市，但由于户籍制度等因素难以融入城市的庞大农民工群体作为公民应该享有的权利。

移民的视角拓宽了农民工问题的研究领域。农民工进城是促使中国社会进行重大制度变迁和结构调整的重要动力。学术界不仅要从经济学和社会学的意义上，而且要从政治学的意义上，来认识这场新移民运动对中国社会变迁的深远意义。作者在书中进一步阐释和解读了俞可平等学者的上述观点，特别是从公民权研究做的政治学解读拓宽了研究领域，丰富和深化了研究的内涵。

T·H. 马歇尔的研究框架的运用虽然有漏洞，但运用这个框架进行中国城市新移民的研究是一种有益的尝试。马歇尔关于公民权研究的最新的版本，已经更名为《阶级、公民权和社会发展》，是美国康州 Greenwood 出版社 1976 年的重印本。这本书在中文著作中的引用率并不高，学界对马歇尔提出的公民权三划分的历史演变还需要进一步的研究，新兴的公民维权运动对马歇尔的社会权利概念也应多加关注。虽然在马歇尔理论框架下研究城市新移民问题存在很多问题，但不可否认当今进入一个"权利时代"，从权利意识在萌芽状态的中国社会现实来看，对马歇尔的这一经典著作重新检视无疑具有重要的启蒙和批判意义。

研究公民权缺失现状时运用风险社会理论分析，使对现状的分析超越了简单的数据罗列和境遇描述，更深层的社会风险分析使得公民权缺失更具有批判意义和建设意义。全球风险社会来临，城市新移民承受风险的能力显然不足，公民权利脆弱，成为中国社会风险的重要来源；城市新移民在市民权利、政治权利、社会权利等诸方面的脆弱性加剧了社会风险的危害，甚至会导致社会冲突和政治危机；以转型中国高发社会风险为坐标，既对城市新移民公民权脆弱、缺失进行反思检讨，又认识到现代化的自反特性下风险是一种普遍的生存境遇，同时认识到城市新移民公民权的建构过程本身也是一种认知风险、批判风险、超越风险的过程。风险社会研究框架的建立是城市新移民公民权研究非常有价值的试尝。

3. 作者努力梳理纷繁陈杂的各种相关概念，以期使城市新移民和公民权的概念更明细，但尚未进行更清晰深入的分析，流于浅尝辄止的罗列

移民的全新视角选取很有新意，但对移民理论运用于分析城市新移民方面还不够丰富和深入。马歇尔研究框架的建立不成熟。对马歇尔理论的适用性要考量马歇尔理论产生时的时代背景，对马歇尔理论本身的缺陷分析不够，马歇尔理论在全球化背景下的扩容等都是作者应该进一步思考的。风险社会理论与公民权的建构虽然是很好的视角，但在路径分析的章节中进一步的论述并不够。由于论题具有很强的现实性，希望增加实证研究和案例分析内容；同时，由于政策变化和数据更新都非常快，所以需要在后续的研究中进一步更新或改写。

在 2008 年苏昕进行博士论文选题讨论的时候我就意识到这是一个非常值得研究的热点课题。五年过去了，研究论文经过修改、提升，成为书稿，其中虽然还有很多瑕疵，但城市新移民公民权作为一个紧贴中国实际的大问题，越来越具有深刻的实践价值和理论意义。希望对此课题的研究更深入、细致。

李路曲

于上海师范大学

2013 年 6 月 10 日

目　录

第1章 绪论

"20 亿农民站在工业文明的入口处：这就是 20 世纪下半叶，当今世界向社会科学提出的主要问题。"①

1.1 问题的提出及研究意义

作为一个传统的农业大国，自 20 世纪 80 年代以来，伴随着工业化、城市化进程，农村剩余劳动力开始大量涌入城市，出现了中国特有的"农民工"群体。《中国城市发展报告（2011）》显示：2011 年，我国城镇化率已经达到 51.27%，城镇人口首次超过农村人口，达到 6.9 亿人；而到 2012 年，城镇化率又比上年提高 1.3%，达到 52.57%。公开数据显示，至 2011 年末，中国共有 657 个设市城市，建制镇增加至 19683 个。全国共有 30 个城市常住人口超过 800 万人，其中 13 个城市人口超过 1000 万人。据国家统计局公布的数据显示，2011 年全国农民工总量为 2.5278 亿人，外出农民工数量为 1.5863 亿人，其中，16~30 岁的占 39%，外出农民工和年轻农民工中初中及以上文化程度的分别占 88.4% 和 93.8%②。数据表明，经过社会的变迁，原本的农民工群体已经悄然发生了变化，"80后"新生代农民工作为一支不可忽视的力量，成为我国国内移民的主体力量。

①〔法〕H. 孟德拉斯著《农民的终结》，李培林译，社会科学文献出版社，2010，第 3 页。

② 中华人民共和国国家统计局：《2011 年农民工检测调查报告》［EB/OL］，http://www. stats. gov. cn/tjfx/fxbg/t20100319_ 402628281. htm，2012 年 4 月 27 日。

1.1.1　问题的提出

20 世纪 70 年代后期，我国开始实行改革开放政策，经历了 30 多年的改革发展，工业化、城市化进程逐步加快，新生代农民工群体已经不仅仅满足于生存的目的、做城市的匆匆过客，他们更渴望融入城市生活，实现从农村向城市的移民。这一数量庞大的群体，不仅关乎经济社会的发展状况，而且关乎城市化进程以及社会和谐稳定的大局。与世界其他国家相比，中国的城市化进程具有自身独有的特点，但相同的是，都不可避免地面临大量农村劳动力迁移的必然问题。

国内外学术界通常把流入城镇的农民称作"民工""农民工""外来工""流动人口"[①] 等，但很少有人将他们当做"移民"，并能够从移民的角度对这一重大社会变迁过程进行全面系统的研究[②]。俞可平提出将进城的农民工视为"新移民"，并进一步指出农民工进城实质上是一场新移民运动。笔者在前人研究的基础上基于以下几点理由，使用"城市新移民"这个概念来指称本书的研究对象。

首先，"民工""流动人口""外来工"诸如此类的指称有悖于公平原则。诚然，农民工问题是中国特定时期的产物，但不可否认的一点是，此类称谓可能带来这样一个问题：人们从称谓上已然将此类人群排除在公民之外，成为"二等公民"的代名词。这类称呼本身就是一种公民地位的不平等，是一个"带有歧视性称呼的字眼"[③]。2012 年 1 月 11 日，李方平等八位律师、学者向国务院寄出《公民建议书》，认为"农民工"称谓存在歧视成分，提请国务院在行政法规、部门规章及政府行文中变更"农民工"称谓[④]。广东、河南两省也提出适时取消"农民工"称谓。

其次，相关研究者使用"农村剩余劳动力""流动人口""外来人口"等称谓，带来的假设是，农民进城经商务工只不过是为了追求一时的经济报

---

① 基于目前国内大量文献资料出现的此类称谓，在接下来的写作过程中不可避免出现类似的称谓，但仅限于文献的引用部分。
② 俞可平：《新移民运动、公民身份与制度变迁——对改革开放以来大规模农民工进城的一种政治学解释》，《新华文摘》2010 年第 10 期。
③ 韩玉玲：《"农民工"的称呼该改了》，《农村·农业·农民》2005 年第 9 期（B 版）。
④ 《大河报》2012 年 1 月 12 日，A04 版。

酬而暂时来到城市，是属于一种季节性的人口流动现象，这也就使得其政策的落脚点和解释的出发点都放在"外来"和"流动"上。正是这个既有的框架假设导致了此类研究"只能在农民工流动的制度性限制和区域性限制的层面"上来思考问题①。这样的假设虽然反映了"流动民工"因为无法变更户口而不能与城市居民享受同等权利的"政策性"事实，却忽视了另一个"草根性"事实，即当他们可以自主选择并有流动可能时，可能已不再返回农村②，"所有迹象都显示农村人口形成了一个长期的向城市集中的趋势"③。

再次，2010 年中央一号文件《中共中央、国务院关于加大统筹城乡发展力度，进一步夯实农业农村发展基础的若干意见》首次提出了"新生代农民工"这一概念，并指出，"鼓励有条件的城市将有稳定职业并在城市居住一定年限的农民工逐步纳入城镇住房保障体系。着力解决新生代农民工问题，统筹研究农业转移人口进城落户后城乡出现的新情况新问题"。紧接着"十二五"规划纲要中提出，"把符合落户条件的农业转移人口逐步转化为城镇居民，作为推进城镇化的重要任务"④。2011 年政府工作报告也进一步明确："因地制宜分步推进，把有稳定劳动关系并在城镇居住一定年限的农民工逐步转为城镇居民。"2012 年政府工作报告更加注重把在城镇稳定就业和居住的农民工有序转变为城镇居民；放宽中小城市落户条件，合理引导人口流向，让更多农村富余劳动力就近转移就业。党的十八大报告也指出，要"加快改革户籍制度，有序推进农业转移人口市民化，努力实现城镇基本公共服务常住人口全覆盖"。一系列政策的出台说明，党和国家已经认识到"农民工"发生的变化，"第二代"或称"新生代"农民工登上了城市化进程的舞台，并成为新产业工人阶层的主体部分⑤。一方面，他们有着强烈的

---

① 柯兰君、李汉林主编《都市里的村民——中国大城市的流动人口》，中央编译出版社，2001。

② 童星：《社会转型与社会保障》，中国劳动社会保障出版社，2007。

③ 王奋宇、李路路等：《中国城市劳动力流动从业模式·职业生涯·新移民》，北京出版社，2001。

④ 在我国，"城镇化"与"城市化"意思相同，出于城市发展的现状，多数情况下使用"城镇化"一词。

⑤ 新生代农民工群体出现了一些新的特征，他们不再是暂居城市，而是倾向于长期居住，居住的时间也在不断地延长，并且有举家迁移的倾向。这一群体几乎没有务农经历，对城市的认同超过了对农村的认同。

留城愿望，另一方面，他们缺乏甚至没有务农经验，其中有相当一部分属于无地农民工①。

2011年2月20日，中华全国总工会发布的一份新生代农民工调查报告，反映了新生代农民工的特点、面临的困难，提出了帮助其发展的对策。作为新生代农民工，他们既和传统农民工一样面临共同的问题，又具有自身的新特征和新诉求。新生代农民工中，67.2%的人受过高中及以上文化水平教育，70%外出前往东部就业。

"新生代农民工"主要是指出生于20世纪80年代以后的农民工。据国家统计局住户调查办公室2011年3月公布的调查结果，新生代农民工占全部外出农民工总数的58.4%。与上一代农民工相比，他们体现出一些新特点：（1）新生代农民工整体文化素质和技能高于上一代。（2）大多数人不再"亦工亦农"，而是纯粹从事第二、三产业。（3）新生代农民工的收入水平相对较低。（4）新生代农民工缺乏相应的社会保障。他们与单位或雇主的劳动合同签订率只有45.5%，参加养老保险、工伤保险、医疗保险和失业保险的比例同样不容乐观。（5）工作压力大，对收入的满意度低。25%的新生代农民工对于当前的工作环境不满意，有接近一半的新生代农民工对当前的收入水平不满意。

2010年5~6月，中华全国总工会研究室在全国25个城市（区）1000家已建工会企业中进行的问卷调查也印证了这一事实。在调查获取的4453个有效样本中，新生代农民工为2711人，传统农民工为1742人，新生代农民工占农民工总数的60.9%，这一比例基本接近国家统计局的数字（61.6%），这说明调查样本的代表性比较高，能基本反映新生代农民工的客观情况。调查显示，新生代农民工普遍受教育时间较长、专业技能较欠缺，其中有高中及以上受教育经历的比例为67.2%，高出传统农民工18.2个百分点。尽管受教育年限普遍更长，但从接受教育的内容来看，绝大多数（62.5%）新生代农民工仍停留在义务教育和普通高中教育阶段，而接受过专业技术教育（中专、中技、职高、大专、高职）的比重尚不足40%（37.5%）。与传统农民工相比，过半新生代农民工未婚，生活经历简单。

---

① 《无地农民工成城市新群体，移民化倾向引担忧》，《经济参考报》2009年10月19日，http://www.sina.com.cn/c/2009-10-19/09/018859020.shtml。

处于 20 ~ 30 岁年龄段的新生代农民工有 59.9% 尚未结婚成家，39.5% 已婚有配偶，而传统农民工中已婚人数所占比例为 93%，高出新生代农民工53.5 个百分点。

调查还显示，新生代农民工多在东部沿海地区就业，外出谋求发展动机强烈。70.9% 的新生代农民工外出前往东部地区就业，超过 3/4（76.2%）的在沿海城市务工，均高于农民工整体水平。超过 80%（81.7%）的新生代农民工就业于第二产业，18% 在第三产业就业。从用人单位的所有制注册登记类型来看，新生代农民工在非公有制企业中的集聚度较高，为 84.3%，高出传统农民工 12.2 个百分点。

"城市是经济、政治和人民的精神生活的中心，是前进的主要动力。"①现代意义上的城市化在发达国家已经有两三百年的历史，而中国的城市化只有一百多年的历史。"民工潮究竟是忧是喜，抑或是喜忧参半，实际上主要应当看这部分人能否最终融入城市生活，并在城市中确立合适的社会地位。"② 然而现实中，作为城市建设者，他们渴望融入城市的诉求却只能成为一个美好的愿望，被排斥在城市边缘，其基本权利得不到应有的保障。

对当代中国农民工的研究经历了一个从生存论预设下的"生存—经济"叙事模式到公民权③视野下的"身份—政治"叙事模式的转变，可以避免生存论预设对于农民工本身的矮化和农民工问题的窄化倾向④。我国体制转轨、结构转型过程中所带来的社会分层结构的重大变迁，迫切需要我们彻底解除传统身份文化的禁锢，赋予城市新移民以公平的身份，在城市中争取应有的公民权。可以说城市新移民的大量涌现，向中国传统的二元社会结构提出了难题，更向政府城乡二元化的社会管理制度和政策提出了难题。如何消除社会排斥现象，这就要求政府必须树立起一个新的指导理念，尽快实现"城市新移民"的城市融入，保障其与城市居民享有同等的公民权，实现社会公平正义，推进城市化进程健康加速发展。

---

① 《列宁全集》（第 19 卷），人民出版社，1954，第 264 页。
② 李培林：《流动民工的社会网络和社会地位》，《社会学研究》1996 年第 4 期。
③ 西方政治学中的重要概念，英文"citizenship"，国内学者译法多样，既可以译为"公民身份""公民资格"，又可以译为"公民权"，在本书中采用"公民权"的译法。
④ 王小章：《走向承认：浙江省城市农民工公民权发展的社会学研究》，浙江大学出版社，2010，第 3 页。

2010 年，时任国家主席胡锦涛在第五届亚太经合组织人力资源开发部长级会议开幕式上，提出了"包容性增长"一词，意指让更多的人享受全球化成果，让弱势群体得到保护，在经济增长过程中保持平衡等。改革开放30 多年来，我们国家发生了翻天覆地的变化，社会各项事业有了明显进步，人民群众的生活水平有了明显改善，但是任何人都无法否认目前我国经济社会发展中所出现的诸如贫富差距、城乡发展不均衡以及贫困等一系列事关社会和谐发展的重大问题，势必影响社会的稳定发展，不利于调动所有积极因素建设我们的国家。这就需要我们树立包容理念来促进经济的增长，最终实现社会全面协调的可持续发展。"十二五"规划纲要中也同样强调要"弘扬科学精神，加强人文关怀，注重心理疏导，培育奋发进取、理性平和、开放包容的社会心态"。2012 年政府工作报告在讲到当年工业化和城镇化发展进程安排时，要求积极稳妥推进城镇化。要遵循城市发展规律，从各地实际出发，促进大中小城市和小城镇协调发展。根据资源环境和人口承载能力，优化全国生产力布局，形成合理的城镇体系，以及与国土规模、资源分布、发展潜力相适应的人口布局。各类城市都要夯实经济基础，创造就业机会，完善基础设施，改善人居环境，加强管理服务，提升城镇化质量和水平。更加注重把在城镇稳定就业和居住的农民工有序转变为城镇居民；放宽中小城市落户条件，合理引导人口流向，让更多农村富余劳动力就近转移就业。加强对农民工的人文关怀和服务，着力解决农民工在就业服务、社会保障、子女入园上学、住房租购等方面的实际问题，逐步将城镇基本公共服务覆盖到农民工。关爱留守儿童、留守妇女和留守老人。让农民无论进城还是留乡，都能安居乐业、幸福生活。

在此背景下，针对中国城市化进程中的这一庞大而又特殊的新群体，如何践行平等、公平、自由的价值理念，为他们在城市中争取公民权，便成为本书所要探讨的核心问题。

1.1.2　研究意义

目前，我国社会正处在从传统农业社会向现代工业社会转型的关键时期。2011 年国务院政府工作报告中明确指出，当前我国所面临的突出问题："我们应清醒地认识到，我国发展中不平衡、不协调、不可持续问题依然突出，主要是城乡区域发展不协调"，强调"要积极稳妥推进城镇化，坚持统筹兼顾，促进城乡区域经济社会协调发展"。2012 年国务院政府工作报告谈到，目前所遇到的困难仍然是，"从国内看，解决体制性结构性矛盾，缓解发展不平衡、不协调、不可持续的问题更为迫切、难度更大，经济运行中又出现不少新情况新问题"。因此，在社会转型、城市化进程加快的大背景下，研究"城市新移民"的公民权问题无疑具有重大的理论意义与现实意义。

1. 理论意义

首先，能够深化对我国现代化建设规律的认识。目前，我国现代化建设正处于社会发展的矛盾凸显期，诸多社会不稳定因素对社会的良性运行产生了不利影响。从经济结构来看，新中国成立后我国社会建立的以户籍制度为核心，包括就业制度、食品供应制度、社会保障制度等在内的城乡二元制度壁垒，进而形成了我国特殊的二元经济结构，使得城乡之间的发展越来越不平衡。随着现代化的发展，这样一种经济结构越来越暴露出它的弊端，而要打破这种城乡封闭的二元经济结构就必然带来这样一个结果——大量农村剩余劳动力从农村纷纷涌入城市。从社会结构来看，随着改革开放的深入发展，开始逐步呈现一种金字塔形结构，贫富差距和城乡收入差距不断扩大。这就迫切要求改变这种不合理的结构，过渡到一种橄榄型结构，即中间阶层占多数的社会结构。城乡差距不断拉大，要实现这一结构的过渡就必须提高以农业人口为主的低收入群体的收入水平。因此，农村剩余劳动力向城市"移民"则成为实现社会结构转变的重要途径。目前，有关农村剩余劳动力城市融入问题已经成为学术界关注的热点问题。但从现有的研究来看，都未能突破固有的范式，且多从社会学、人口学的角度进行分析。本书在前人成果的基础上，通过分析新时期农民工的特点，从移民角度综合运用比较政治学、社会学、心理学的方法，对于农民工问题的深入研究具有一定的理论价值。

其次，能够丰富对中国特色社会主义理论的研究。作为我国公民，城市新移民在现实社会生活中却没能享有与城市居民平等的公民权。学术界目前的研究多集中在赋予该群体以市民或国民待遇方面，以及从经济方面论及如何促进农村劳动力转移以及提高这一群体的收入水平方面，而从公民这一最根本的身份属性去思考解决问题具有现实意义。本书选用西方的公民权理论，并结合我国的实际国情，将拓宽相关问题的理论研究领域，全面分析中国城市化过程中出现的这一特殊群体的公民权问题，提出可行性对策，对于创新中国特色社会主义理论有着重要推动作用。

再次，能够丰富我国的移民理论。移民问题，可以说是一个古老的话题，改革开放 30 多年来，中国移民规模不断扩大，移民问题层出不穷，移民研究亦呈现出空前繁荣的景象。正确认识和高度重视我国农村劳动力转移问题以及"城市新移民"在中国经济社会发展中的地位和作用，这是建设中国特色社会主义事业中的一个重大历史性课题，实现城市新移民的社会融合，无论在理论探索还是实证分析以及政策措施的研究上，都将成为解决问题的关键。因此，本书对国内移民的特殊群体——"城市新移民"的融合及公民权实现角度展开分析，将有助于探索我国移民活动的具体规律，对于我国移民理论的进一步丰富具有重要理论价值。

2. 实践价值

首先，为城市新移民争取公民权有利于社会公正的实现。公平正义作为一个古老的政治哲学范畴，始终是人们的最终价值诉求。然而，我们在享受改革开放所带来的一系列发展成果的同时，社会的不公平问题也相伴而生。需要强调的是，我们不应该忘记这样一个基本的历史事实，即新中国成立以后社会经济发展，工业化、城市化的进展是建立在农业和城市新移民支持和利益牺牲的基础上的。因此，无论从什么角度，实现城乡一体化，共同创建健康、文明、和谐、发展意义上的城市化，维护新移民的公民权等一系列问题的解决，对于社会公正的实现都有着一定的积极意义。

其次，为城市新移民争取公民权有利于我国社会转型的顺利实现。"任何社会的发展，任何现代化的计划，最后都应是人的发展和人的现代化，社会人口的主体发展到何种程度，决定着一个社会的最终发展。"[1] 中国社会转型的一个重要方面就在于城市化，从乡村社会向城市社会转型的过程，就要有大量的农村人口转化为城市人口。"这是中国社会结构的重大而空前的变迁，也是人类历史上规模最大的社会与地理变迁。"[2] 作为这一转型过程中的主体力量，"能否解决好农民工问题是中国能否顺利快速地跨入工业化、现代化的决定性因素"[3]，也是中国能否顺利实现转型的重要因素之一。

---

① 王沪宁：《当代中国村落家族文化》，上海人民出版社，1991，第 7 页。
② 童星：《世纪末的挑战——当代中国社会问题研究》，南京大学出版社，1995。
③ 郑功成：《科学发展与共享和谐》，人民出版社，2006，第 422 页。

再次，为城市新移民争取公民权有利于社会主义和谐社会的建设。改革开放以来，伴随着国民经济的快速增长，我国出现了诸多社会不稳定因素，对社会的健康发展产生了消极影响。正是在这样的背景下，中央政府提出了构建社会主义和谐社会这一重大战略，在省部级主要领导干部提高构建社会主义和谐社会能力专题研讨班上，胡锦涛总书记发表重要讲话，并强调："根据马克思主义基本原理和我国社会主义建设的实际经验，根据新世纪新阶段我国经济社会发展的新要求和我国社会出现的新趋势新特点，我们所要建设的社会主义和谐社会，应该是民主法治、公平正义、诚信友爱、充满活力、安定有序、人与自然和谐相处的社会。"① 作为一个数量日益庞大的特殊群体，城市新移民的权利问题如果得不到很好的解决，和谐社会建设就无从谈起。本书从融合、包容角度对该弱势群体的公民权探寻解决途径，对于建设社会主义和谐社会同样有着重要意义。

最后，为城市新移民争取公民权有利于城市化建设。大量涌入城市的新移民，为城市发展提供廉价的劳动，弥补城市劳动力的不足，这既加快了城市第三产业的发展，又推动了城乡经济的协调发展。但是，在户籍制度壁垒依然存在的情况下，"城市新移民"只是实现了空间位置的移动、生存方式的转变，他们所拥有的农民身份却丝毫未能改变。职业与身份的不一致赋予了城市新移民"边缘人"的社会地位，使之始终处于城乡管理的边缘状态，不可避免地带来一系列的社会矛盾和问题。而矛盾和问题所产生的根本原因就在于城市新移民职业与身份的不一致，虽然他们工作和居住于城市，但在制度上他们却没有被视为城市的一员，被拒于城市之外，如果城市新移民拥有与城市居民一样的公民身份和安定的职业与居所，就能够有效提升新移民建设城市的积极性，有利于解决其在自发流动中所带来的一系列社会问题。

1.2　国内外研究现状综述

综合来说，从目前国内外研究现状来看，国内学者们将这一群体冠以多种称谓，并从不同的角度出发进行了多方面研究，取得了丰硕成果，其中从

---

① 胡锦涛：《在省部级主要领导干部提高构建社会主义和谐社会能力专题研讨班开班式上的讲话》，《人民日报》2005 年 2 月 20 日，第 1 版。

公民权角度进行研究的也不少，但将城市化进程中的转移到城市并打算定居的农村剩余劳动力看做"城市新移民"，运用移民相关理论，并从政治学角度引进西方公民权理论进行分析的研究成果相对较少。由于各国国情及面临的时代背景不同，在有关城市化和工业化进程中农村剩余劳动力转移方面，虽有着相似之处，但均有着各自不同的典型特征，我国的这一问题更是转型时期的特殊产物，在西方，与此相类似的研究并不多，但与此相关的研究可谓硕果累累，尤其是有关公民权理论方面的研究更是纷繁复杂。

1.2.1 国内研究现状

由于国内学者对"citizenship"一词的译法不同，很难断定这一重要政治学概念具体引入我国学术界的具体时间。文献检索显示，2000 年至今，国内学者对公民权理论的研究整体上仍处于起步阶段，研究领域相对狭窄，研究队伍比较薄弱，研究成果大部分是引介西方学者的观点，翻译西方学者的著作。这方面的代表作品主要有褚松燕的《个体与共同体》①、《论公民资格的构成》②，宋建丽的《公民资格理念初探》③。

目前来看，国内对于公民权这一纯西方学术语言的概念仅停留在引介阶段，也有学者尝试公民权理论本土化，如欧阳景根的《建构中国的公民身份理论：作为一种内化伦理的积极公民身份的建设》④。总体来看，有关公民权理论用于解释中国问题的学术成果主要集中在一般性、规范性的建议上，真正深入中国现实政治生活及社会管理过程中公民权的实现及存在问题的实证研究还没有引起学界的充分关注。自 20 世纪 80 年代开始，农民工问题逐渐进入人们的视野并成为学者们关注的热点问题。学者们纷纷从不同视角对这一特殊群体的相关问题展开了多方面的细致研究，可谓纷繁杂陈。

综合来看，学者们多数采用社会学研究方法，选取某个农民工集中的城市为对象，选取其中的样本分析农民工存在的一系列生存问题，成果形式多

---

① 褚松燕：《个体与共同体》，中国社会出版社，2003。
② 褚松燕：《论公民资格的构成》，《上海行政学院学报》2006 年第 1 期。
③ 宋建丽：《公民资格理念初探》，《内蒙古师范大学学报》2005 年第 4 期。
④ 欧阳景根：《建构中国的公民身份理论：作为一种内化伦理的积极公民身份的建设》，《晋阳学刊》2008 年第 3 期。

为调查报告。如国务院①、全国总工会②以及各地区③通过实地调研得出的各地农民工调查报告。

除此之外，有学者从身份视角对农民工群体展开研究。这主要包括两种观点：一种观点认为应赋予城市农民工以国民待遇。其中，毕正华认为："构建和谐社会必须体现民主法治、公平正义的原则。当前农民工面临严重的国民待遇缺失和不公问题，构建社会主义和谐社会，应公正解决农民工国民待遇。"④ 王春光也从社会公正的视角，基于农民工的劳动、就业权益、教育和发展权益，指出解决农民工问题的根本途径是给予农民工国民待遇，并分析提出了实现农民工国民待遇的"路线图"⑤。此外，王慧娟、孔令兵⑥，杨喜梅⑦，李松⑧都持此类观点。另一种观点认为农民工应由农民身份向产业工人身份转化。陆学艺认为，农民工问题本质是农民问题，解决农民工问题就是要解决农民问题。他指出："要用社会主义市场经济的办法，使农民工真正成为二、三产业的工人和职员，真正成为城市居民并融入城市社会。"⑨ 杨云善、时明德也认为，农民工身份转换是解决农民工问题的根本出路。转换的方式是由农民身份转变为产业工人身份⑩。安徽省社科联课题组的研究成果也认为："城市农民工的户籍虽然在农村，但已从农民中分离出来，较大程度地融入了城市社会，不再从事农业生产，正在向工人阶级转化，是中国工人阶级的一部分。"⑪

另一种观点认为农民工是由农民身份向城市市民身份的转化。郑功成指

①　国务院研究室课题组：《中国农民工调研报告》，中国言实出版社，2006。
②　全国总工会新生代农民工问题课题组：《关于新生代农民工问题的研究报告》，2010 年 6 月 21 日，http：//news.qq.com/a/20100621/001705.html。
③　邹农俭：《江苏农民工调查报告》，社会科学文献出版社，2009；《深圳新生代农民工生存状况调查报告》，人民网，2010 年 7 月 15 日，http：//news.sohu.com/20100715/n273527515.shtml。
④　毕正华：《构建和谐社会必须解决农民工的国民待遇问题》，《价格月刊》2006 年第 12 期。
⑤　王春光：《农民工的国民待遇与社会公正问题》，《郑州大学学报》2004 年第 1 期。
⑥　王慧娟、孔令兵：《农民工国民待遇问题——以制度供给为视角》，《农业经济》2009 年第 9 期。
⑦　杨喜梅：《公民主体道德权利与农民工国民待遇问题》，《唐都学刊》2007 年第 6 期。
⑧　李松：《城市化进程中的农民工国民待遇问题》，《理论界》2007 年第 6 期。
⑨　陆学艺：《农民工问题要从根本上治理》，《特区理论与实践》2003 年第 7 期。
⑩　杨云善、时明德：《中国农民工问题分析》，中国经济出版社，2011，第 200、234～236 页。
⑪　安徽省社科联课题组：《城市农民工是中国工人阶级的一部分》，《学术界》2003 年第 2 期。

出："基于农民工是一个较长时期内的过渡现象，国家在解决农民工问题时就需要近期、中期与长期对策统筹考虑。近期解决的关键在于维护农民工的基本权益，中长期需要解决的问题则是确保让农民工平等融入城市、合理分享流入地发展成果和享有充分的民主权利，即实现农民工市民化。"① 刘传江认为农民工市民化是基于城乡劳动力两阶段转移的"中国路径"而提出的理论命题和现实课题②。邹树新认为，"农民工所有的问题是中国社会转型、城市化进程中所不可避免的现象，解决的办法只能是随着城市化的发展，逐渐实现农民工的市民化，转变农民工的农民身份，给予其市民待遇"③。赵立新④，胡平、赵俊怀⑤都持此类观点。

与此同时，学者们对于农村劳动力转移问题进行了大量的研究，多从人口迁移和劳动力流动角度进行。从新中国成立到 20 世纪 70 年代末，国内有关人口迁移与劳动力流动的研究近乎空白。改革开放后，随着社会流动人口大量增加，人口迁移活动日趋频繁，人口迁移和劳动力流动问题成为研究的热点问题。

最早研究该问题的主要代表有马侠⑥和李梦白⑦。关注的主要是劳动力的流动问题，研究内容多为一般性调查，处于感性阶段；伴随着改革开放不断深化，农村人口大量涌入城市，各种社会问题纷至沓来并且日益凸显。学者们的研究成果主要体现在大量的调查成果上：由中国农业银行资助的在 1993 年到 1994 年间，对我国 26 个省、直辖市、自治区的 600 多个县中所选取的 14343 个个案进行的调查；由全国政协和国务院发展研究中心于 1994 年对全国 15 个省、直辖市、自治区的 28 个县中 28 个村的调查；由联合国粮农组织资助的，中国社会科学院于 1994 年到 1995 年间对全国 8 省中的 8 个村庄的流动人口问题的研究⑧；1996 年以后学界开始从大型调查转移到

---

① 郑功成：《对农民工问题的基本判断》，《中国劳动》2006 年第 8 期。

② 刘传江：《中国农民工市民化研究》，《理论月刊》2006 年第 10 期；郑功成：《对农民工问题的基本判断》，《中国劳动》2006 年第 8 期。

③ 邹树新：《中国城市农民工问题》，群言出版社，2007，第 369、370 页。

④ 赵立新：《城市农民工市民化问题研究》，《人口学刊》2006 年第 4 期。

⑤ 胡平、赵俊怀：《构建和谐社会与农民工市民化》，《农村经济》2007 年第 2 期。

⑥ 马侠：《当代中国农村人口向城镇的大迁移》，《中国人口科学》1987 年第 3 期。

⑦ 李梦白：《流动人口对大城市发展的影响及对策》，经济日报出版社，1991。

⑧ 张继焦：《城市民族的多样化——以少数民族人口迁移对城市的影响为例》，《思想战线》2004 年第 3 期。

深入研究过程，并取得了一系列丰硕的研究成果，其中一些研究者还提出了一些有中国特色的城市移民研究理论，主要代表有李培林[①]、蔡昉[②]、李汉林[③]等。

　　"移民"是当代学术研究的热点问题之一。城市新移民作为国内"移民"研究的一个新领域，直接与之相关的成果并不多，与此相关的研究可谓数不胜数，大多源于对农民工的研究，尤其是"第二代农民工"的出现，他们有了在城市定居的基础，并希望融入城市生活。有的学者从空间生存角度展开研究，针对新移民从熟悉的旧环境进入陌生的新环境后的空间生存问题，学者们在研究讨论后形成一个基本共识：新移民对城市的适应本身就是一个生活世界的表现，从不适应到适应的过程，最大的表征莫过于生活结构和行动的转变。空间生存鲜明地体现在新移民的日常生活实践之中，空间生存的形态是文化、经济与社会结构再生产和社会化相互作用的结果[④]。还有的学者从城市新移民的资本续构角度出发，认为城市新移民在迁出地获得的人力资本到了迁入地之后需要经过转化才能发挥作用，实际上是一种重新学习和适应调整的过程。城市新移民面临全新的工作环境，要想在新环境中发挥自身能力，接受一些有针对性的职业培训极为必要。培训辅导的意义不仅在于使城市新移民重构新的人力资本，而且为他们原有的人力资本提供一种有效的补充和延续的方式[⑤]。另外一些学者从风险保障方面展开研究，通过实证调研，对比分析本地市民、外地市民和农民工在劳动福利等方面获得上的差异状况以及建立城市新移民风险保障机制的障碍因素。还有学者认为对于长期在城市工作、有相对固定住所和工作的"城市新移民"，社会保障机制应该是通过规范的、系统的制度来保障他们与城市居民一样享有同等的社会保障权利[⑥]。此外，学者从政治参与、子女受教育、服务管理政策等方面对"城市新移民"问题进行了研究，但整体、系统的研究不多，多停留在对个别城市的调查所得来的经验研究基础上，仅仅集中在对具体现象的直观

---

①　李培林：《流动农民工社会网络和社会地位》，《社会学研究》1996 年第 4 期；李培林：《农民工：中国进城农民工的社会经济分析》，社会科学文献出版社，2003。

②　蔡昉：《中国人口流动方式与途径》（1900～1999），社会科学文献出版社，2001。

③　李汉林：《都市里的村民——中国大城市里的流动人口》，中央编译出版社，2001。

④　符平：《青年农民工的城市适应：时间社会学研究的发现》，《社会》2006 年第 2 期。

⑤　赵延东等：《城乡流动人口的经济地位获得及决定因素》，《中国人口科学》2002 年第 4 期。

⑥　王桂新等：《城市新移民贫困救助和社会保障机制研究》，《人口学刊》2007 年第 3 期。

描述上，所得结果缺少理论概括，缺乏系统性。

目前来说，将从农村涌入城市并打算长期居住的剩余劳动力，看作城市新移民，并从政治学角度引入西方公民权理论的国内研究并不多见，系统性论述的成果更是少见，其中典型代表是俞可平的《新移民运动、公民身份与制度变迁——对改革开放以来大规模农民工进城的一种政治学解释》，明确将进城的农民工视为新移民，把改革开放以来大规模的农民流入城镇称为"新移民运动"，认为："农民工进城是促使中国社会进行重大制度变迁和结构调整的重要动力。学术界不仅要从经济学和社会学的意义上，而且要从政治学的意义上，来认识这场新移民运动对中国社会变迁的深远意义。党和政府不但要从经济增长和社会稳定的角度来制定相应的农民工政策，而且要从维护公民基本权利和推动民主法治的角度来制定相应的法规制度。"① 这为研究城市新移民问题提供了新的研究视角。个别学者选取公民权中的具体权利进行了研究，如莫勇波的《论城市新移民话语权的实现》②；另一些学者运用社会融合、社会认同分析方法对城市新移民问题展开论述，如张文宏③、童星④等；还有一些学者选取个别地区城市新移民作为研究对象，如文军的《制度、资本与网络：上海城市劳动力新移民的系统分析》⑤，在一定程度上丰富了我国国内移民理论，但目前而言，学界从政治学角度对城市新移民公民权问题具体展开论述，未能取得相对完善的研究成果。

从以上研究成果中我们可以发现：国内学者一方面对于公民权理论研究尚处于起步阶段，但学界也开始尝试将纯西方的概念本土化，这是可喜的，对于当前转型期下构建中国特色社会主义政治大有裨益；另一方面学界对于城市新移民问题进行了多种有益的探索，对于本书的写作也提供了帮助。但同时还存在不少问题，例如，多数研究依然使用"农民工"这一称谓，始

---

① 俞可平：《新移民运动、公民身份与制度变迁——对改革开放以来大规模农民工进城的一种政治学解释》，《经济社会体制比较》2010 年第 1 期。

② 莫勇波：《论城市新移民话语权的实现》，《广西社会科学》2010 年第 3 期。

③ 张文宏、雷开春：《城市新移民社会融合的结构、现状与影响因素分析》，《社会学研究》2008 年第 5 期；张文宏、雷开春：《城市新移民社会认同的结构模型》，《社会学研究》2009 年第 4 期。

④ 童星：《"敦睦他者"与"化整为零"——城市新移民的社区融合》，《社会学研究》2008 年第 1 期。

⑤ 文军：《制度、资本与网络：上海城市劳动力新移民的系统分析》，《学术周刊》2006 年第 10 期。

终未能跳出这一概念的限定，似乎凡是进城的农民都要从事工人职业，这样界定不符合当前城市新移民的特征；研究视角多从社会学、人口学角度出发，也有从政治学角度审视农民工问题的，但研究成果较少，且缺乏系统性和深入性；实证研究方面，选取的样本多集中在个别地区，未能形成全国性的样本，不具有普遍意义；大多研究只是选取某一地区新移民展开调查研究，少有运用比较政治学的方法深入分析的文章；多数研究问题剖析得多，但对策欠缺可行性，或者仅仅只是停留在口号上，使得对该问题的研究显得苍白无力。

在新近的许多研究中，人们已不再热心于探讨与公民权相应的"应然"权利体系，而是直接着眼于公民权作为特定共同体的"成员资格"所包含的包容归属之意蕴，将公民权的实质理解为排斥[1]。

1.2.2 国外研究现状

从国外研究现状来看，运用公民权理论研究中国城市新移民问题的并不多。较早从公民权视角系统考察解释我国农民工问题，并指出该群体为城市新移民的是美国学者苏黛瑞（Dorothy J. Solinger），在其著作《在中国城市中争取公民权：农民流动者、国家和市场逻辑》中，苏黛瑞援引布莱恩·特纳（Bryan. S. Turner）的观点，认为公民权的根本特征在于排斥，因为它将权利和特权仅仅赋予那些特定共同体的成员[2]。

西方对于公民权的研究则成果卓著。最早可以追溯到古希腊，但真正明确提出"公民权"概念并形成系统的"公民权理论"，则始于 T. H. 马歇尔（Thomas Humphrey Marshall，1893—1981）。作为英国著名的"公民权理论权威"，马歇尔基于对英国的公民权发展历史的研究，提出了影响深远的马歇尔研究范式，集中体现在其代表作《公民权与社会阶级》中。"公民权"由三个部分组成，即公民权利、政治权利、社会权利。这三个权利归于不同

---

[1] Rogers Brubaker, *Citizenship and Nationhood in France and Germany*, Cambridge, Mass.: Harvard University Press, 1992, p. 21; Zig Layton-Henry, (ed.), *Political Rights of migrant Workers in Western Europe*, London: Sage Publication, 1990, p. 12; Yasemin Nuhoglu Soysal, *Limits of Citizenship*: *Migrants and Postnational, Membership in Europe*, Chicago: University of Chicago Press, 1994, p. 119.

[2] Dorothy Solinger, *Contesting Citizenship in Urban China*: *Peasant Migrants, the state, and the logic of the market*, berkeley: University of California Press, 1999, p. 6.

的发展阶段，公民权利归于 18 世纪，政治权利归于 19 世纪，社会权利则归于 20 世纪①。马歇尔主要感兴趣于第三种类型的权利，即社会权利，正如他所解释的那样，"我尤其感兴趣于公民身份对社会平等所造成的影响"②。20 世纪 90 年代，公民权研究开始作为一个新的领域而出现，并取得了引人注目的发展，最明显体现在围绕这一领域而出现的一系列著作③和论文④中。

由于"农民工问题"是具有中国特色的特殊现象，因此国外没有与此直接类似的研究，但国外学者们对农村劳动力转移进行了大量研究，最早的研究可以追溯到配第于 1690 年在《政治算术》一书中所揭示的关于农业劳动力流入非农产业的内在动力在于比较利益的差异这一规律。到 20 世纪后，克拉克在配第的研究基础上提出了著名的三次产业机构演进规律，揭示了一个国家内从事第三产业的劳动力比重会随着国民经济的发展、人均国民收入的提高而变动，伴随着农业劳动力急剧下降，从事制造业的劳动力比重与经济增长同步，而服务业的劳动力比例则不断增长⑤。

到了 20 世纪 50 年代，农村剩余劳动力转移问题受到了高度重视，并由此出现了许多经典理论和分析模型，这些对于我国学者研究国内农村劳动力转移问题有着重要理论价值。概括来看主要有以下几种：

第一种是起源于英国经济学家拉文斯坦（E. G. Ravenstien）的推拉理论（push-pull theory），在其 1889 年发表的论文《人口迁移的规律》（*the laws of migration*）中，明确提出了人口迁移的七条规律，即短距离迁移为主、首先迁移到城市边缘地带、农村人口向城市集中的特征在全国各地呈现出相似性、迁移伴随着补偿性的方向流动、长距离流动倾向于流入大城市、城市居民流动率较农村居民低、女性流动率较男性高。推拉理论认为，劳动力由农

① Marshall. T. H. , *Citizenship and Social Class and Other Essays*, Cambridge：The University Press，1950，p. 79.

② Marshall. T. H. , *Citizenship and Social Class and Other Essays*, Cambridge：The University Press，1950，p. 7.

③ 据加拿大最大的研究图书馆罗巴茨图书馆 2001 年的一项研究显示，提到公民权的书籍、手稿和报告超过 2600 部，其中有 900 多部在标题中就有"公民权"一词。

④ 由科学网提供的对"社科引证索引"（social science citation index）的一项搜索表明，在 1970 年以来的英文论文中，有 2723 篇聚焦于公民权，其中有 2409 篇将"公民权"用于标题。

⑤ 雷武科：《中国农村剩余劳动力转移研究》，中国农业出版社，2008，第 3 页。

村向城市迁移受农村内部推力和来自城市拉力两种力量同时作用的影响。推力因素包括农村偏低的收入水平、不合理的土地租佃制度以及农产品不利的交易条件等，拉力因素包括城市较高的收入水平、较好的生活环境以及相对较多的就业机会等。

第二种是美国经济学家刘易斯（W. A. Lewis）的二元经济结构模式。刘易斯于 1954 年发表了《劳动力无限供给条件下的经济发展》①，创立了农业剩余劳动力转移的"二元结构模式"。该理论可以说是对农业剩余劳动力转移研究最为系统、最有价值的理论。其研究的中心问题是发展中国家采用什么样的经济发展模式才能从落后的农业国尽快地发展成为先进的工业化国家的问题。然而，刘易斯模型是建立在充分就业的假设基础上的，它不能够解释为什么在城市已存在大量失业人口的情况下，农村劳动力仍然继续向城市流动这一在发展中国家普遍存在的事实。

第三种是拉尼斯（G. Ranis）—费景汉（John C. H. Fei）模式，由美国发展经济学家拉尼斯和美籍华人发展经济学家费景汉提出。作为刘易斯模型的继承者，两人 1961 年在联合发表的题为《经济发展理论》的论文中提出了"拉尼斯—费景汉"这一模型，1964 年又在《劳动剩余经济的发展》著作中进一步扩展了该模型及其理论。从本质上来讲，该理论仍然是采用二元结构的分析方法，以刘易斯模型为出发点，区别在于前者同时考虑工农业部门的发展，明确其发展关系，认为农业劳动生产率的提高和农产品增加是劳动力转移的基本前提。

第四种是托达罗（Todaro）人口流动模式。美国发展经济学家托达罗在《欠发达国家的劳动力迁移与城市农业模型》等一系列文章中阐述了人口流动模式②。托达罗模型最突出的贡献在于引进了"农村剩余劳动力在城市能够找到就业岗位的概率"变量，他所强调的是农民在城市找到工作的概率和承受的成本。这样可以解释农民在城市存在高失业率的情况下仍选择做移民的原因，即移民决策是根据预期的城乡收入差距而做出的，只要在城市中

---

① 〔美〕刘易斯：《无限劳动供给下的经济发展》，《曼彻斯特学派经济和社会研究》1954 年第 5 期。

② 〔美〕托达罗：《欠发达国家的劳动力迁移与城市农业模型》，《美国经济评论》1969 年第 3 期；〔美〕托达罗：《人口流动、失业和发展：两部门分析》，《美国经济评论》1970 年第 1 期。

预期收入比在农村大，就会做出移民的决定。这对于解释我国的民工潮现象很有说服力。

第五种是舒尔茨的农业经济与人力资本理论。美国著名经济学家西奥多·舒尔茨非常重视农业，他强调：农业不仅对现代化有着重要贡献，而且农业本身也应该加入到现代化进程中去，形成了农业经济理论；他首先提出人力资本理论并对经济发展动力做出了全新的解释。他在长期的农业经济研究中发现：土地、劳力或资本存量的增加已经不再是促使美国农业产量迅速增长的重要原因，取而代之的是人的知识与技能的提高。与此同时，他发现工人工资大幅度增长中有一部分没有得到解释，并将这一部分归功于人力投资的结果。因此，舒尔茨在 1960 年提出人力资本学说，并提出中心论点：人力资源的提高对经济增长的作用，远比物质资本的增加重要得多。舒尔茨的理论为我们引导剩余劳动力转移问题提供了一个新的思路。

到了 1980 年以后，关于农业剩余劳动力转移的研究少有产生影响力的理论。人们开始认识到农业剩余劳动力转移过程就是农村经济结构变化的过程，以及城市化水平提高的过程。研究视角开始转入对转移成本的社会影响等问题的论述。

综上所述，国内外学者就与公民权、城市新移民相关的问题进行了一定的定性和定量研究，形成了一些具有代表性的理论和模型，但也存在一些有待完善的地方，如研究称谓不规范、政策建议针对性较弱、学科之间交叉渗透不足、缺乏动态性和比较性研究。特别是现有的移民研究，多关心移民的发生，而研究移民的后果及移民融合转型的相对较少。

1.3　研究路径、方法以及创新

1.3.1　研究路径

本书始终围绕着中国城市化进程中新移民的公民权的核心命题，按照"理论阐释——问题分析——风险剖析——原因探析——个案研究——经验借鉴——路径选择——未来展望"这八大脉络展开论述。

第 2 章从理论的视角明确阐述了"公民权"以及"新移民"这两个概念，并指出其价值基础和理论支撑，为第 3 章分析中国城市"新移民"公民权问题提供依据，目的在于探究影响城市新移民群体平等权利实现的相关因素，寻找实现社会公正的目标、途径和措施，使转型期的中国在社会公正的旗帜下实施社会改革，尽可能减少社会不稳定因素，为建设和谐社会创造条件；第 4 章对城市新移民公民权缺失所导致的社会风险进行剖析，在城市新移民群体规模不断扩充的同时，公民权缺失已经从个人问题演变成为社会问题，极易生成包括治安问题、群体性事件等在内的社会风险，必须引起足够重视；第 5 章针对问题背后的原因展开剖析，从根源上找到问题所在，全方位解析，找到"病根"，以期待更好地"治疗"；第 6 章通过运用个案研究，选取各地典型成功案例进行分析，提炼出有用经验和启示，为该问题的解决提供实例论证；第 7 章围绕国外相关国家处理类似移民问题的案例，运用比较政治学的方法，吸取各国有益的经验并结合我国转型期的国内实际状况，为制定可行对策提供有帮助的参考；第 8 章是本书的归宿点，通过前面的系统分析，最终在中国城市中为"城市新移民"争取公民权，以包容理念的树立为着眼点，从公民权的具体回归，以及具体对策方面如政府、制度、社会等多角度入手，最终达到还城市新移民以平等的公民权的目的，实现社会公平正义，加快城市化建设步伐。

1.3.2 研究方法

有关社会科学研究的方法有多种，不同的研究方法有着各自不同的特征和适用领域。针对不同的研究对象、性质和目的，就必然涉及研究方法选择的问题，选择恰当的研究方法是完成社会科学相关问题研究的重要环节和手段。本书的研究方法综合运用了政治学、社会学、哲学等多学科的一些理论和方法。

首先，以马克思主义、毛泽东思想、邓小平理论、"三个代表"重要思想和科学发展观为指导，坚持辩证唯物主义和历史唯物主义。马克思主义唯物辩证法是关于自然、人类社会和思维的运动与发展的普遍规律的科学，是马克思主义方法论体系的精髓，它主张用联系的、发展的、全面的、矛盾的观点分析一切事物。对城市化进程中"城市新移民"的公民权问题，本书根据马克思主义所主张的彻底的唯物主义精神，坚定地站在最广大人民群众利益的立场，站在国家发展全局的立场，用联系的、发展的、矛盾的观点来看待这一问题产生的原因及其性质。

其次，比较分析法。所谓比较分析方法，就是要通过对事物表面异同的查找，从共性中揭示其本质内核，从差异中去发现其发展趋势。本书通过国内历史的纵向比较以及国外相关国家的横向比较，在比较中观察、认识城市新移民公民权，从而探索社会公平的实现规律。运用比较分析法的前提需要做到保证比较对象之间的现实可比性，有一定的内在联系，并能用同一标准测量和评价。

再次，大样本①分析和案例研究法。没有调查就没有发言权。"城市新移民"作为一个庞大的群体，在城市化进程中面临一系列的问题，我们要真正深入了解，首先需要调查，对于调查得来的数据要认真地分析，才能更好地查出问题的症结所在。从我国目前研究状况来看，学者们多从个别地区出发，没有形成统一的适用全国的对策体系。因此，本书运用大样本分析方法，对各地调查资料进行汇总，得出具有普遍价值的样本资料，以期找到全国范围意义上解决城市新移民问题的良方。同时，对于一些成功案例需要深入发掘，才能借鉴经验更好地去解决问题。因此，本书通过收集和整理国内学者由各地调查得来的大量翔实的实证材料，运用个案归纳、综合统计等科学分析方法，同时结合理论分析方法，加强研究的现实感和深度，这对于解决城市新移民公民权问题具有实际理论性和操作性。

最后，利益分析法。所谓利益分析法，即从利益角度分析人们结成政治关系开展政治活动的深层次动因，进而揭示社会政治的本质及其运动规律。本书运用该方法就是从人与人之间、阶层与阶层之间的利益关系入手，来分析人们思想行为背后的利益动因，从而观察和认识各种社会现象。

此外，具体还包括文献分析法和理论分析法。科学研究永远是建立在前人成果的基础上的，因此了解前人的研究情况，分析、鉴别、整理便显得尤为重要，也是社会科学研究需要运用的基本方法之一。而所谓理论分析法，指的是文中综合运用社会排斥、社会融合、新制度主义等一系列理论，以此为支撑，通过对城市新移民公民权的不平等表现，来论述其不合理之处以及设想的改善措施。

1.3.3　研究创新及不足之处

1. 创新之处

首先，在观点上，本书结合国内外学者的研究成果，认为使城市新移民

---

①　统计学方法，指样本大小 n 趋于无限时，具有特定极限性质的统计方法。

获得公民权，让他们真正享有公民权利，才是解决城市新移民问题的关键路径和根本性举措。突破了过去学术界仅仅将该群体看做城市匆匆过客——"农民工"的局限，避免了对农民工问题研究的窄化倾向。同时以平等、自由、民主等政治哲学范畴为依托，从思想的高度来认识城市新移民问题的本质所在，升华了文章意旨。

其次，在研究视角的选择上，本书选择从公民权的视角研究我国城市新移民问题，结合有关移民的理论，走出了以往从市民化或国民待遇视角研究的视野，对于城市新移民问题提出了新的更加深入的研究视角。

再次，在分析方式上，采用公民权的分析方式，同时跨学科综合政治学与社会学相关理论，从公民权实质排斥问题出发，从城市新移民受到排斥的市民权利、政治权利、社会权利以及文化权利四大维度全面考究他们所面临的公民权问题，最后从社会融合理论出发，将社会学、政治学相关理论完全与城市新移民问题结合起来，使得相对抽象的理论有了可以具体考究的依据。

最后，在研究方法上，综合运用社会学、政治学等多学科研究方法，拓展了研究视野，同时加强了研究深度。

2. 不足之处

首先，马歇尔研究框架虽说十分经典，但作为产生在不同时代背景的西方社会学理论，对中国当今社会城市新移民的公民权研究是否完全适用，本书中并未体现该方面的分析。特别是全球化浪潮中中国的转型，也会对马歇尔公民权理论的扩容提出要求，但本书并未涉及此方面内容。

其次，虽然研究样本取自全国地区，但在多大程度上能够代表全国范围并不清楚，同时，由于城市新移民问题错综复杂，各地区情况发展的不平衡性，也使得调查资料与实践认识存在较多分歧，在分析过程中，难免存在一些片面甚至不得当的认识，需要在今后的研究中进一步深入和更正。

最后，研究方法存在局限性。理论的反思和推论必须扎根于定量的调查统计资料或定性的调查案例资料，由于缺乏专业的定量分析工具，本书一手资料的进一步论证不足，对专业的实证定量定性分析方法掌握不够，从而影响论证的说服力和严谨度，有必要在今后修正。

第2章　理论阐释："公民权"与
中国"城市新移民"

理论是行动的先导。在对城市新移民存在的问题进行研究之前，我们首先需要搞清楚与本研究有关的一系列概念和相关理论支撑。

2.1　概念解析

2.1.1　何谓"公民权"

"公民权"（citizenship）一词，对于我国而言可以说是一个舶来品。外来词语在向本土转化的过程中难免会使人们出现认识上的偏颇，因此，我们需要深入它的基本内涵，来看看公民权理论的历史流派。

2.1.1.1　公民权理论流派

西方公民权理论作为一种研究国家正式成员的个体与国家、社会之间关系的重要的政治理论和社会理论，就其历史发展脉络来看，主要形成了以下理论流派：

1. 公民共和主义传统

公民共和主义传统有着悠远的源流，且存在中肯的一面。该理论发源于古希腊古罗马时代。"公元前6世纪至公元前4世纪的斯巴达和雅典，罗马共和国统治时期近500年太平盛世，开启了公民共和主义的序幕。"① 亚里士多德和西塞罗是这一时期的典型代表。

---

① 〔英〕德里克·希特：《何谓公民身份》，郭忠华译，吉林出版集团有限责任公司，2007，第43页。

亚里士多德在其《政治学》中解释了公民权在不同历史时期和不同国家存在的各种实践形式，在他看来，公民权被界定为一种政治条件或资格，即公民之间不存在政治冷漠的空间，积极参与城邦公共生活，关键在于，公民必须拥有及展示出其良性和美德，即具有公民美德的人就是好公民。好公民必须全心全意地、充满效率地通过其思想和行动来奉献于共同的福祉。最终公民不仅自己受益，也使国家受益。但是，好公民毕竟不是天生的，亚里士多德认为，好公民是教育的结果。他深信，好公民的道德品质必须通过美学教育来达到塑造目的。

以亚里士多德为起点，公民共和主义传统理想流传到罗马思想家西塞罗这里，但他并没有全盘接受亚里士多德的所有解释。他没有就这一主题做统一的论述，而是把它们分散在一系列著作中。作为一名律师，他依法捍卫个体合法的公民权权利；作为一名哲学家，他关注公民道德素质的加强，借以对抗他那个时代所能感觉到的统治阶级的礼崩乐坏。西塞罗在《论责任》一书中说道："一名真正可敬而勇敢的公民，以及有资格担任政府管理的人们，将会避免和厌恶（纷争、骚乱和内战），并将完全献身于公共服务，但却不是出于追求个人财富和权力的目的。……它宁愿将生命置之度外，也不愿做任何违反美德的事情。"[①] 以上便是古典公民共和主义时期的典型代表的主要观点。直到 19 世纪，西塞罗一直是欧洲最有影响的道德哲学家，对于意大利文艺复兴具有重要的影响。

文艺复兴时期，马基雅维利与西塞罗一样，为其时代的动荡而困扰，他是一名现实主义者。他认为，对于维系一个军事安全的国家、一个共和形式的政府来说，良善的公民权具有重要的根本意义，且这种良善的公民权必然比古典思想家所设想的还要有更坚忍不拔的道德品质。他的理论观点集中反映在他的著作《论李维著罗马史前十书》中。其思想可以说是架起了古典公民共和主义和现代公民共和主义之间的一座思想史桥梁。

18 世纪的西欧和北美，对于公民共和主义依然充满强烈的兴趣。让·雅克·卢梭是典型的代表，他甚至称马基雅维利是"最深刻的政治思想家"。在吸取马基雅维利思想的基础上，卢梭突破了古典的藩篱，他写下了

---

① 〔英〕德里克·希特：《何谓公民身份》，郭忠华译，吉林出版集团有限责任公司，2007，第 47 页。

影响深远的政治作品《社会契约论》，创立了"民主共和主义"学说。该学说"继承了马基雅维利对人民的正面评价，并朝着激进的方向发展，建构了人民主权的原则，直接影响了法国大革命及其后的激进革命论述，这是现代共和主义的第一种理论进程"①。此外，还有法国的孟德斯鸠等，公民共和主义观念在随后的新自由主义理论诠释中依旧发挥作用。

总的来看，公民共和主义理论研究的主要内容集中在：根本性问题在于共和政体的合理性论证以及在共和政体中公民与国家的关系，具备公民美德是公民权的一种标志，以公民自由为重要理想和价值追求，公民美德的获得需要公民教育来实现。

2. 自由主义传统

自 18 世纪晚期开始，公民权的公民共和主义阐释逐步让位于自由主义的解释。该理论发源于英国，经过法国大革命以后，得到进一步发展。约翰·洛克和约翰·斯图亚特·穆勒是自由主义理论的早期阐述者。洛克的自然权利理论及自由主义思想，可以说开启了自由主义公民权研究的先河。虽然自由主义公民权理论并没有统一和系统的理论内容与体系，但是它有一个基本问题领域，即国家与公民的关系。在当代产生重要影响的自由主义公民权理论的代表者当首推 T. H. 马歇尔。他可以说是真正明确地提出了公民权概念，并有意识地对它加以研究同时形成系统理论的社会学家。

马歇尔关于公民权理论的阐述主要集中在其著名的《公民身份与社会阶级》一文中，他相对简略地提供了关于战后"福利国家"出现的历史和社会根源及其道德和政治理由的一个最早、最清晰和最有启示意义的研究。他基于英国的历史和经验来解释英国福利国家的发展，在该文中他着重研究了公民权的发展与阶级体系的关系，解释了第二次世界大战后英国实行福利政策的原因，以及公民权的社会权利的性质。通过对英国公民权发展状况的分析，马歇尔提出其基本观点：经济不平等尽管不可能完全被排除，"只要公民身份的平等得到认可，社会阶级体系的不平等也许就是可以接受的"。马歇尔给自己提出了四个问题：在不侵犯竞争性市场自由的前提下，基本的

---

① 萧高彦：《共和主义与现代政治》，《共和、社群与公民》（第二辑），江苏人民出版社，2004，第 15 页。

平等依然能够确立和维持吗？社会主义与市场同时存在将造成何种后果？强调的重点从义务转向权利，这一明显转变将会造成何种影响？推动社会平等的现代动力是否存在无法或不可能逾越的限制？①

他将公民身份分为三个部分，即公民权利（civil rights）、政治权利（political rights）和社会权利（social rights）。其中，公民权利是指由个人实现自由所必需的权利，包括人身自由、思想和信仰自由；政治权利指的是作为政治权力实体的公民，参与行使政治权力的权利；社会权利则指的是从某种程度的经济福利与安全到充分享有社会遗产并依据社会通行标准享受文明生活的权利②。

根据马歇尔的论述，在中世纪，"这三个部分是紧密结合在一起的……因为这些制度是合并成为一个整体的"③。在随后的几个世纪里，马歇尔的探索过程既是分裂性的，又是整合性的：分裂是因为公民身份权利的三要素是分离的，他们取道于各自不同的发展路径，而从整合的意义上说，权利和义务不再隐含有特定地区或地方性身份的含义，即它们已经被国家化了。马歇尔实际上并没有表达一种明确的全国性公民权的含义，他所说的主要是18世纪公民身份的演进过程④。

在马歇尔看来，工业资本主义是公民身份的主要背景，社会权利对于抵抗这一以阶级为基础的不平等来说是必要的。不过，在一个自由社会，一种以绩效为基础的不平等本质是根深蒂固的，国家在这种社会只能够寻求保证机会的平等而非收入的平等⑤。总体而言，马歇尔将公民权界定为："赋予那些完全属于一个共同体成员的人以一种身份。所有拥有这种身份的人在赋予其身份的权利和义务方面一律平等。"⑥

① 〔英〕德里克·希特：《何谓公民身份》，郭忠华译，吉林出版集团有限责任公司，2007，第10页。
② 马歇尔等：《公民身份与社会阶级》，郭忠华等译，凤凰传媒出版集团、江苏人民出版社，2008，第11页。
③ Marshall, T. H., *Sociology at the Crossroads and other Essays*, London: Heinemann, 1963, p. 74.
④ Marshall, T. H., *Sociology at the crossroads and other essays*, London: Heinemann, 1963, p. 96.
⑤ 〔英〕莫里斯罗奇：《重新思考公民身份——现代社会中的福利、意识形态和变迁》，郭忠华等译，吉林出版集团有限责任公司，2010，第20~21页。
⑥ Lister, Ruth, *The Exclusive Society*, London : Child Poverty Action Group, 1960, p. 18.

3. 新共和主义与社群主义

近年来，对公民权的公民共和主义阐释又得到了复兴。与古老的公民共和主义相区别，该理论流派被称为"新共和主义"。它存在两个主要特征：一是美国民主体系的幻灭，参与投票的人如此稀少，以其他方式参与政治的人甚至更少。二是来自于它对自由主义公民身份的批判，认为后者削弱了对于共同体的感情。恢复邻里情谊，加强国家团结是其根本的信念，并由此产生了描述这一思想的"社群主义"概念①。它从共和主义传统中吸取了有关对共同体的感情和对职责的关注的观点，但除其直接政治参与的方案外，更重要的是，它吸取了共和主义对自由的核心关注。社群主义者认为，公民权植根于一种从文化上来定义的社群之中；而自由主义者则认为，公民权建基在个体之上，因而政治共同体是其成员的派生物，而这些成员通常是个体②。

从本质上说，社群主义反对自由主义的个人信条，反对把公民权解释为"享有权利"（enjoyment of rights），这一点为其政治哲学提供了基础。在社群主义者看来，自由主义的群体成员资格概念，尤其是权利概念，过于形式化，忽视了认同和参与的实质性维度，即将一个社群的成员联系在一起的现实纽带。自由社群主义拒绝以道德个人主义来构建群体的公民权概念，而力图将政治共同体建基在一种先在的文化社群上。它所倡导的那种集体主义是一种道德集体主义，个人主义色彩较少，而文化色彩较浓。在这方面，这种集体主义有别于社会主义的集体主义观念，社群主义者所追求的价值主要是文化上的，而不是物质上的。社群主义这种独特的自我概念引起了争议③。

一些学者开始对社群主义展开批判，认为社群主义的概念其实是不明确的，对于社群主义关于社群联系的强调提出了一系列的质疑。但是，社群主义强调共同体生活的价值，抵制自由主义价值对于自私的滥用，这些主张显示了其充分的认识论基础，并且为许多政治家采用。最有影响力的作家当属埃奇奥尼。他在《道德的维度》（the moral dimension）、《社群的精神》（the spirit of community）中诊断出一系列的问题，包括权利与责任之间的不平衡、

---

① 〔英〕德里克·希特：《何谓公民身份》，郭忠华译，吉林出版集团有限责任公司，2007，第 71 页。
② 布莱恩·特纳等：《公民权研究手册》，王小章译，浙江人民出版社，2007，第 215 页。
③ 布莱恩·特纳等：《公民权研究手册》，王小章译，浙江人民出版社，2007，第 222 页。

双亲家庭的衰落、邻里关爱的隐退，所有这些已使西方民主国家经历了各种各样的烦恼①。因此，社群主义存在着显著的优点。

2.1.1.2　公民权内涵

在当今世界范围内，公民概念已经成为一个国际社会通用的概念。但对于中国而言，这一概念被接受的历史并不长。从自轻自贱的草民到屈从权力的臣民，再到后来的解除压迫的人民，最后到现代意义上的公民。

1. 公民及相关概念

从汉字词源学角度考证，"公"和"民"分别有着丰富的含义。所谓"公"，古代典籍中有记载："背厶谓之公，或说，分其厶以与人为公"（《韩非子·五蠹》）；"公之为言公正无私也"（《春秋·元命苞》）；"兼覆无私谓之公"（《贾子·道术》）；"举公义，辟私怨"（《墨子·尚贤上》）；"汉之为汉，凡四十年矣，公私之积，犹可哀痛"（汉·贾谊，《论积贮疏》）。多种解释皆含有公正无私的意思。有关"民"的解释也有很多："古者有四民，有士民，有商民，有农民，有工民"（《谷梁传·成公元年》）；"天子曰兆民，诸侯曰万民"（《左传·闵公元年》）；"民可使由之，不可使知之"（《论语·泰伯》）；"民为贵，社稷次之，君为轻"（《孟子·尽心下》），即主要指的是相对君主、官员而言的黎民百姓、平民。在中国传统文化中，不存在公民这个概念，马克斯·韦伯曾指出："在西方之外，从来就不存在城市公民的概念。"②

"公民"一词最初作为中国的政治词汇大约是在 20 世纪初，近代文人志士在介绍西方宪法的著作中曾提及。康有为可以说是较早提出近代意义上"公民"概念的有识之士③。

新中国最早使用"公民"的规范性文件是 1953 年公布的《中华人民共和国全国人民代表大会及地方各级人民代表大会选举法》，其第 4 条规定："凡年满十八周岁的中华人民共和国公民，不分民族、性别、职业、社会出身、宗教信仰、教育程度、财产状况和居住期限，均有选举权和被选举

---

① 〔英〕德里克·希特：《何谓公民身份》，郭忠华译，吉林出版集团有限责任公司，2007，第 80 页。

② 〔德〕马克斯·韦伯：《新教伦理与资本主义精神》，彭强、黄晓京译，陕西师范大学出版社，2002，第 22 页。

③ 王振东：《人权：从世界到中国》，党建读物出版社，1999。

权。"从一般意义上来讲，公民指的是具有一国国籍的人。《中华人民共和国宪法》第33条明确规定："凡具有中华人民共和国国籍的人都是中华人民共和国公民。"这是从基本法的角度定义了公民的最基本含义。从其产生来看，作为一个法律概念，是和民主政治紧密相连的。这一词语最早产生于古希腊雅典和古罗马城邦时期，在民主政治的雏形上，出现了"公民"这一称谓，也被称为"市民"。到了欧洲封建制时期，伴随着奴隶制的民主共和国形式的消逝，便不再使用"公民"这一概念。直到西方资产阶级革命胜利后，"公民"概念才重新被提出，并开始普遍在各国宪法中得到使用。

从性质而言，公民具有法律属性和政治属性两个方面。法律意义上的"公民"，通常是指具有一个国家国籍，并根据该国宪法和法律享受权利、承担义务的自然人。它具有四个特征：自然人个人属性，而不具有群体的属性；反映个人与国家之间的关系；反映了公民之间一种平等的关系；国籍是其判定的根本标准①。

政治意义上的"公民"指的是参与公共事务从而在政治国家中具有自主性人格的个人。在西方古代社会，政治学意义的公民是"公民"这一概念的最初含义。古希腊城邦国家里，不是每一个自然人都具有政治权利，"凡有权参加议事和审判职能的人，我们就可说他是那一城邦中的公民"②。只有贵族、自由民可以被称为公民，具有真正意义上的权利，参与政治社会生活，而奴隶却没有想要的人格权利。随着社会发展，越来越多的国家开始赋予所有拥有本国国籍的国民以政治权利。在中国，公民的文化底蕴和主体意识与西方有着巨大的差异。也正是这种差异给我们带来了困惑：公民到底是什么？在此有必要梳理一下公民概念在我国历史发展中相关的几组概念。

政治话语的变迁意味着政治文明的转型。中国经历了从臣民到公民这样一个变化过程。

首先来看臣民与公民。"作为一个君主，他应该和他的臣民同样出生于一个族类，而又自然地高出大众之上。"③ "一个国家中的最高权力，对臣民

---

① 谢鹏程：《公民的基本权利》，中国社会科学出版社，1999，第1~2页。
② ［古希腊］亚里士多德：《政治学》，商务印书馆，1965，第113页。
③ ［古希腊］亚里士多德：《政治学》，商务印书馆，1965，第37页。

只有权利并无义务。……如果作为最高权力机关的统治者或摄政者有违法措施……臣民对这种不公正的做法可以提出申诉和反对意见，但不能积极反抗。”[1]　这是西方对于臣民的理解。中国古代典籍记载：“普天率土，莫非臣民。”[2]　“臣，牵也。事君也。象屈服之形。凡臣之属皆从臣。”[3]　近现代后郭沫若在《甲骨文字研究》中考证：“臣民均古之奴隶也。”从以上解释中可以看出“臣”“民”在最初的那种被动、谦卑的地位。虽然中西方臣民产生的历史背景、经济基础、政治制度等诸多方面存在着不同，对于臣民所处的地位、学者理解的角度存有差异，但总体来说，所谓“臣民”指的是，在专制社会下，受到专制社会的全面控制，主体的自我意识淡薄，而又具有强烈依附性的被动服从群体。这与现代公民的主体性及对合理权利的追求形成了鲜明的对比。依附性又进一步决定了臣民的奴性，他们俯首听命于君主，缺乏自主权利。尽管现代社会臣民已经随着最初的社会形态的结束而消逝了，但是臣民意识依然存在，需要公民意识培育来消除其消极影响。对于中国这个古老的具有浓厚封建传统文化思想的国度而言，这显得尤为必要。

其次来看市民与公民。市民，其英文为“citizen”，即城市居民。在西方“市民”概念出现较早。欧洲中世纪后期，市民社会开始兴起。这些“市民不是臣仆，他们可以自由支配财产，不论是谁，只要长期在城市里住过，就永远享有人身自由。城市的自由是产生新的市民阶层的先决条件”[4]。现代意义的市民概念是随着市场经济的发展而产生的。今天的西方社会，市民间的合作和各种市民组织正成为民间、非政府活动的重要组成部分。与西方不同，中国的市民概念是：具有城市户口（身份）、居住在市区内、从事非农事生产劳动的合法公民。最早见于汉代荀悦《申鉴·时事》：“皇民敦，秦民弊，时也；山民朴，市民玩，处也。”近代以来，随着现代化进程的推进，城市化进程迅速加快，城市原住民和大量涌入的农村劳动力逐渐融合成为现代意义上的市民，他们定居城市，不再拥有土地，生活靠自己固定的职业给养。这使得传统的市民概念开始受到挑战，可以预见，随着

---

① 〔德〕康德：《法的形而上学原理》，商务印书馆，1991，第147页。
② 《抱朴子外篇校笺·上》，杨明照撰，中华书局，1991，第61页。
③ 许慎：《说文解字》。
④ 〔德〕迪特尔·拉甫普：《德意志史》，波恩国际出版社，1987，第23页。

工业化和城市化的迅速发展，中国的市民概念将不断被赋予新的内涵。但从一般意义上说，市民首先是公民，只有在确立了公民社会的价值观念后，才谈得上现代市民的意义。其具体指的是居住、工作和生活在城市里的合法公民，平等享有市民合法权利，履行应尽的义务。

再次来看人民与公民。"人民"这一概念在不同的国家和各个国家的不同历史时期有着不同的内容。在古罗马时代，它一般指共和国的"人民、国民"，即贵族阶级。在西方政治学词典里，"人民"（people）一词包含广义和狭义两个概念。前者指的是国家主权的构成主体，后者指的是除国家统治阶级外的被统治者。在我国古代，"人"和"民"不是一个概念。前者指的是人的生物个体和思想、文化、教育个体，后者则指的是社会的最底层。从该词的本意来讲，指的其实就是普通百姓，是一个政治概念。在马克思主义理论中，人民与反人民的人是对抗性的敌我矛盾，是不可调和的。毛泽东说："人民是什么？在中国，在现阶段，是工人阶级、农民阶级、城市小资产阶级和民族资产阶级。……这两方面，对人民内部的民主方面和对反动派的专政方面，互相结合起来，就是人民民主专政。"[1] 我国《宪法》第2条规定，中华人民共和国的一切权力属于人民。由此可见，"人民"与"公民"在我国的区别主要在于公民是法律概念，人民是政治概念；公民相比人民的概念范围较大，包括全体社会成员，而人民则不然，依法被剥夺政治权利的敌对分子不包含在人民的范畴内；人民对应主权，公民对应权利，二者是互补的关系，不可相互替代。

最后来看农民与公民。其英文有两种："peasant"和"farmer"。对于"农民"一词的定义颇具争议。国际上的权威工具书《新帕尔格雷夫经济学大辞典》中对于"农民（peasant）"词条的解释是："很少有哪个名词像'农民'这一词给农村社会学家、人类学家和经济学家造成这么多困难。什么是'农民'？即便在地域上只限于西欧，时间上只限于过去1000年内，这一定义仍是一个问题。"在当代发达国家，农民（farmer）完全是个职业概念。而"peasant"的定义则远比"farmer"复杂得多。它不仅仅是一种职业，而且是一种社会等级、一种身份、一种生存状态。在中国古代意指长时期从事农业生产的人。《谷梁传·成公元年》："古老有四民。有士民，有商

---

① 《毛泽东选集》（第4卷），人民出版社，1991。

民，有农民，有工民。"范宁注："农民，播植耕稼者。"就法律地位而言，我国今天的所有农民只要具有我国国籍，就是我国的公民，享受法律所规定的权利并承担义务。但这其实只满足了公民的形式要件。"公民"作为现代法律和现代民主的产物，公民的实质精神表现为自治精神、怀疑精神、权责意识、参与意识等，展现着公民在国家和市民社会的双重组织生活中的个性与共性、自由与责任、权利与义务的和谐统一，因而在根本上呈现出的是一种主体自由自觉的现代文化。费孝通教授认为，中国乡土社会的基层结构是一个"一根根私人联系所构成的网络"。社会结构"好像把一块石头堆在水面上所发生的一圈圈推出去的波纹。每个人都是他社会影响所推出去的圈子的中心。被圈子的波纹所推及的就发生联系。每个人在某一时间某一地点所动用的圈子是不一定相同的"①。这种社会结构格局最缺乏现代社会所要求的处理陌生人之间关系的公共精神和道德。这样一种乡土社会结构格局决定农民所表现出的价值观念与行为方式与现代公民精神往往是相冲突的。

2. "公民权"含义

"公民权"，作为一个典型的西方学术概念，也是政治学研究里的一个核心议题。在现实的政治生活里，作为一种规定国家与公民之间关系和确立公民对国家的归属与参与意识的概念系统，它关系到民主制度、政治参与、国家与社会关系等重大问题。当前与此相关的社会问题，如移民问题、社会排斥问题、福利改革问题等日渐凸显，人们对于公民权理论内涵的探讨也日益热烈。

公民权的理论内涵具有宽泛性与复杂性。一般意义上的"公民权"仅指公民的政治权利，具体指的是一国公民在宪法和法律上所具有的一种能力或资格，是国家规定的本国公民在国家和社会中所处地位的法律表现。其核心是政治参与权和政治防卫权，既是参与形成国家意志的权利能力，又是以公权利制衡国家公权力（public power）的政治力量②。

在不同的环境条件下，公民权有其特定的含义。海文斯（Murray Clark Havens）认为，公民身份是个体与国家之间在以下问题上的一种关系，即个

---

① 费孝通：《乡土中国生育制度》，北京大学出版社，1998，第 26 页。
② 郭道晖：《公民权与全球公民社会的构建》，《社会科学》2006 年第 6 期。

体在国家中的完全的政治成员身份及他对国家的持久的忠诚①。T. H. 马歇尔在《公民身份与社会阶级》② 一文中将公民身份更多地看作一种权利。普罗卡西认为，公民身份并不等同于对公共体的归属，而是表达了这种归属的实践，它是由行动的方式而不是存在的方式构成，公民身份下的问题不是共同体的认同，而是公共活动③。从以上学者对公民权的定义来看，我们可以发现，有些学者强调的是公民权的权利层面，有的学者强调的是身份认同方面，还有学者强调它的行为意义方面。

在马克思看来，公民权的本质是作为"政治人"的"公权利"（public rights），不同于"自然人"的"私权利"（private rights）④。具体是指，其与一个人在特定政治共同体（通常指民族国家）中所获得的身份资格相联系，即社会成员在这一政治共同体中依照宪法和法律赋予相应的权利和义务。以登哈特夫妇为代表的新公共服务理念的倡导者认为，可以从以下两个方面对公民权加以考察：一是关注的焦点在于有法律体系规定的公民的权利和义务，即公民权被视为一种合法身份。二是公民权涉及的是个人影响政治系统的能力，它意味着对政治生活的参与⑤。

公民权作为一个舶来品，即使在西方国家，也存在着英国、北美与欧洲三种不同的公民权传统，那么，这样一个词语在中国又有着怎样的含义呢？

20 世纪 70 年代末期，中国进入改革开放的新的历史时期。从"民工潮""打工"这些前所未闻的名词中，人们感受到了中国社会在转型。进入21 世纪以来，执政党强化自身建设，新的发展理念在提升，构建社会主义和谐社会，树立科学发展观，全面建设和推进经济、政治、社会、文化建设，中国社会变迁进入了新的层次，中国的公民权问题就在这样一个历史大背景中应运而生。《辞海》将"公民权"定义为："公民依法享有的人身、

---

① Derek Heater, *Citizenship：The Civic Ideal In World History*, Manchester University Press, 2004, p. 251.
② T. H. Marshall, *Citizenship and social class*, Cambridge University Press, 1950.
③ Giovanna Procacci, "Govern Mentality And Citizenship", In Kate Nash and Alan Scott (eds.), *The Blackwell Companion To Political Sociology*, Blackwell Publishing, 2004, p. 345.
④ 马克思：《论犹太人问题》，《马克思恩格斯全集》（第 1 卷），人民出版社，2002，第 13 页。
⑤ 〔美〕珍妮特·V. 登哈特、罗伯特·B. 登哈特：《新公共服务：服务，而不是掌舵》，丁煌译，中国人民大学出版社，2004。

政治、经济、文化等方面的权利。"

综合以上国内外对"公民权"不同的解释，笔者认为可从以下两个层面来定义"公民权"：从法律意义上来讲，指一国公民在法律上所具有的一种能力或资格，是国家规定的本国公民在国家和社会中所处地位的法律表现，也是公民的基本权利和基本义务，是由宪法规定的公民享有的最主要的权利和最主要的义务；从政治意义上来讲，指基于法律确认，公民在政治与社会生活中维护自身权利、履行自身义务的行为。"公民权"本身包含公民的权利和义务，由于义务本身具有的强制力性质，整体上不会出现公民义务缺失问题，从本书的研究对象——城市新移民所处的弱势地位来看，他们更多缺少的是权利。因此，本书只论述公民权利问题。

很少有哪个词汇如"公民权"那样普遍。我们不仅可以从政治人物和新闻记者的口中听到，而且还可以从报纸、书籍和杂志的字里行间读到①。公民权的法律地位已经从其起源地欧洲扩展到了世界各大洲，对于它的研究成为一个庞大、驳杂、变化的主题。随着全球化、现代化的不断推动，移民、民族、城市等一系列问题都与公民权问题有着千丝万缕的联系，对于公民权理论的丰富依然摆在眼前。

2.1.2　何谓中国"城市新移民"

20世纪80年代中期以来，在长期实行城乡壁垒政策后，中国开始了由计划经济向市场经济转轨的过程，改革开放在加快城乡经济发展的同时，也扩大了地区间的不平衡，在此背景下，大规模、不稳定的农村剩余劳动力涌入城镇，出现了大规模、不稳定的城乡人口迁移现象。

2.1.2.1　移民相关理论

1. 西方关于城市移民的相关理论

西方学者在研究城市移民问题方面，主要有以下几种代表性理论：

（1）迁移理论。

1885年和1889年，E. S. 雷文斯坦先后在英国《地理杂志》和《皇家统计学会杂志》上发表一篇题为《论迁移的规律》的论文。该文总结了他

---

① 〔英〕德里克·希特：《何谓公民身份》，郭忠华译，吉林出版集团有限责任公司，2007，第185页。

关于迁移理论的"七大规律"，主要提出迁移大部分是短距离迁移。同时，转移具有"梯次效应"，即由小城镇转移到城市，由乡村转移到小城镇。而长距离转移则涉及转移者对大型工业及商业中心的偏好①。

K. 斯温德尔和 R. G. 福特 1975 年将迁移理论推向前进。他们认为，迁移发生的过程主要由三个要素组成：地区、迁移者和组织。在此，他们正式提出地区可以看作一个空间网络。

（2）推拉理论。

所谓推拉理论，是指基于自然环境和社会经济发展的空间差异来研究移民迁出地与迁入地间所形成的推拉力的外部机制及移民个体差异的内部机制的一种理论与方法。

R. 郝伯尔在 1938 年发表的《乡村——城市迁移的原因》一文中就已指出，迁移是由一系列力量引起的，这些力量是促使一个人离开一个地方的"推力"和吸引他到另一个地方的"拉力"。该理论集中研究移民流动的原因，即对移民群体迁移的影响原因在于迁出地的推力和迁入地的拉力。"潜在的移民通过比较两地或转移前后两种职业的消极和积极因素、预期迁移的利弊来做出是否移民的决策。"②

总的来看，推拉理论集中研究的是对迁移者做出移民行为的影响因素，即来自于迁出地的消极因素以及迁入地的积极因素的影响。同时，在迁出地必定有种由消极因素形成的"推力"把居民向外"推出去"，而迁入地必有种由积极因素所形成的"拉力"把外地居民"拉进来"。但是，作为一种人口迁移理论，该理论同样存在着弱点。该理论只能作为定性比较研究，很难确定推拉力度的强度，这就使其只能起到对一般性现象解释的作用。

（3）托达罗人口模型理论。

在劳动力转移中有关人口流动的研究中，影响力最大的要数托达罗的人口流动模型。他一方面完善了刘易斯有关人口流动模型中对城市就业率的理论，另一方面依靠简单明确的变量明确阐述了影响城乡之间人口转移的原因所在。

---

① E. G. Ravenstein, "The Law of Migration", *Journal of the Royal Statistical Society*, 1885 (48).

② Wu. H., Zhou. L, "Rural-Turban Migration in China", *Asian Pacific Economic Literature*, 1996, 10 (11).

托达罗人口流动模型:

$$M = f(d)f' > 0 \qquad\qquad (\text{I})$$

$$d = p \times w - r \qquad\qquad (\text{II})$$

其中, M 表示从农村迁入城市的人数, d 表示城市与农村的预期收入差距, $f' > 0$ 则表示当城市与农村预期收入差距 d 增大时, 从农村迁往城市的人数增加, 反之则减少, 即 f 为增函数。(II)式中 p 代表的是城市中的就业率, w 是城市居民的实际收入, r 是农村居民的实际收入。

该理论模型表明两点, 即促使劳动力流动的基本力量是出于对受益与成本的理性的、经济的考虑; 而迫使人们作出流入城市决策的, 是预期的而不是现实的城乡收入差异。因此, 在大多数发展中国家城市的高失业率是城乡发展不平衡和经济机会不平等的必然结果。

(4) 社会网络与社会资本理论。

自 20 世纪 50 年代以来, 社会网络理论日趋热门。德国社会学家盖奥尔格·齐美尔 (Geory Simmel) 最早提出"社会网"概念。他指出:"社会是一个过程, 一种具有意识的个体之间互动的过程, 正是人与人之间的互动才构成了现实社会。"[①] 他主张研究个人不能从单个孤立的人出发, 而应该从他所处的社会网络关系角度入手, 即个人进入网络时, 他不仅仅是这个网络中的一个点, 而且会将其他社会网络关系带入现在的网络。

社会资本理论作为一个正式概念, 是在 20 世纪 80 年代由法国社会学家布迪厄 (Pierre Bourdieu) 提出的。他于 1980 年在《社会科学研究》杂志中发表的一篇题为《社会资本随笔》的短文中, 正式提出了"社会资本"概念。所谓"社会资本", 是"实际或潜在资源的集合, 这些资源与由相互默认或承认的关系所组成的持久网络有关, 而且这种关系或多或少是制度化的"[②]。在布迪厄引入"社会资本"概念后, 学者们开始较为系统地论述"社会资本", 影响较大的代表人物是美国社会学家科尔曼 (James Coleman) 和普特南 (Putnam), 尽管不同研究者对社会资本有着

---

① 〔德〕盖奥尔格·齐美尔:《社会学——关于社会化形式的研究》, 林荣远译, 华夏出版社, 2002。

② Pieer Bourdieu, Loic Wacquant, *Invitation to Reflexive Sociology*, Chicago: University Press, 1992, p. 9.

不同的定义，但是大部分学者都认为社会资本指的是一种可以利于行动的资源，与网络和社会结构有关，也与组织、制度、规范意义上的价值、文化有关。

（5）马克思农业劳动力转移理论。

在马克思的经济学著作中，虽没有独立、系统、完整提出城乡劳动力转移理论，却包含了丰富的劳动力转移思想。马克思主义认为："过剩的工人人口是积累或资本主义基础上的财富发展的必然产物，但是这种过剩人口反过来又成为资本主义积累的杠杆，甚至成为资本主义生产方式存在的一个条件。"[①] 尽管 "对劳动的需求的增长，总的来说是同资本的积累相适应的"[②]。但是由于资本的运动时而呈周期性变化，加之其要素时而在各个生产部门间呈不均衡分布，必然引起资本对劳动力绝对量的吸收也呈周期性变化。换言之，"对于资本主义生产来说，人口自然增长所提供的可供支配的劳动力数量是绝对不够的。为了能够自由的活动，它需要有一支不以这种自然限制为转移的产业后备军"[③]。

根据马克思主义经典作家的理论，在社会经济发展的一定历史阶段现代工业才会出现，在一个国家或地区从以农业为主的经济结构向以工业为主的经济结构转移的过程中，必将伴随着农业剩余劳动力向工业部门的转移过程。如马克思所指出的那样："资本积累以剩余价值为前提，剩余价值以资本主义生产为前提，而资本主义生产又以商品生产者拥有大量的资本和劳动力为前提。"[④] 马克思的分析不仅揭示了资本主义形成和发展的残酷历史，而且呈现了社会经济发展的一般规律，即农业剩余劳动力的转移是现代工业发展必不可少的条件之一。

2. 中国移民理论

改革开放 30 多年来，我国学术界在人口学、地理学、文化学、社会学、历史学等不同领域，从人口迁移的动因、方式、机制等角度对移民问题进行了大量的调查以及深入的研究，提出了许多切合我国实际的概念、模型与分析框架，形成了我国移民理论体系的雏形。

---

① 马克思：《资本论》（第 1 卷），人民出版社，1975，第 692 页。
② 马克思：《资本论》（第 1 卷），人民出版社，1975，第 694 页。
③ 马克思：《资本论》（第 1 卷），人民出版社，1975，第 696 页。
④ 马克思：《资本论》（第 1 卷），人民出版社，1975，第 781 页。

（1）移民类型理论。

从宏观全局视域出发，移民通常被分为外部移民和内部移民两大类。李培林等主编的《社会学与中国社会》一书认为，我国的社会学家对移民问题的关注源于我国社会本身正在发生的大规模城乡人口流动现象。作为一种国内的内部移民运动，由于户籍制度与城乡二元结构的双重作用，又使它具有某些国际移民运动的特征。由于流往国外的移民人数与庞大的城乡流动人口相比显得微乎其微，因此，中国社会学家更为关注的是内部的城乡移民问题[①]。

有些学者则通过对典型移民区域的个案调查，总结出移民范式。如由任柏强等合著的《移民与区域发展——温州移民社会研究》，其在书中总结了三种温州移民类型，即"由外向内移民""由内向外移民"以及"由内向内移民"。这三种类型虽然从职业流动上看总趋势都是从农业向工商业流动，但在流动范围上却有国际的、区域间的和区域内的区别，而正是这个流动范围的区别，带来了三个移民群体所面临问题的巨大差异。这具体表现在生活方式、就业取向、劳动和人际关系、文化适应、社会保障待遇、子女教育等各个方面[②]。

（2）社会隔绝理论。

社会隔绝理论的提出主要体现在李培林和其他一些学者对流动人口的研究过程中。在他们考察农村流动劳动力或流动人口在城市中难以定居的原因过程中发现：阻碍流动人口定居的原因不完全在于控制城乡人口流动的制度安排，更为重要的一点是，由这种制度安排形成的一道无形的社会隔绝壁垒，将农村移民排斥于城市"边缘地带"；在此基础上，他们陆续提出中国城乡移民的社会隔绝理论，并指出："由于这种社会隔绝壁垒的存在，农村移民常常难以挤入城市人的生活领域和空间。为了能在城市里生存下去，他们不得不自己创造一些新的领域和空间。"[③]

（3）特殊社会群体理论。

自 20 世纪 80 年代以来，以苏南模式、温州模式等为代表的中国乡镇企

---

① 李培林等：《社会学与中国社会》，社会科学文献出版社，2008，第 495 页。
② 任柏强等：《移民与区域发展——温州移民社会研究》，人民日报出版社，2008，第 30～45 页。
③ 李培林等：《社会学与中国社会》，社会科学文献出版社，2008，第 518～519 页。

业取得的成功，已经证明乡镇企业成为我国农民脱贫致富的必由之路。然而，乡镇企业还是无法完全接收农村剩余劳动力。因此，大量的农村剩余劳动力开始涌向东部经济发达地区及全国各大城市，并逐渐形成我国特有的具有庞大规模的"民工潮"。政府官员和许多专家学者认为，这些劳动力的地区间流动扰乱了社会管理秩序和社会稳定。各大城市的政府部门，为了阻止这些"盲流"① 涌入城市，不断出台各种行政法规与规章，采用各种行政司法手段，遣送或驱赶外来人口，限制他们在城市中的就业。但是这样的措施却适得其反，涌入城市的大军非但没有减少，反而发展迅猛。

事实说明，农民工已成为中国产业大军中的一支重要力量，他们在中国工业化、城市化、现代化建设中发挥着重要作用，这一群体是值得全社会理解、尊重、善待的弱势群体。由此，这一特殊群体成为专家学者研究的重要对象。

（4）文化适应理论。

不论哪种方式的移民，他们在原居住地所积淀下来的文化价值体系，如情感方式、价值观念、道德规范、风俗习惯等，必然会同迁入地的文化体系存在这样或者那样的冲突与矛盾。他们面临移入地的新的文化环境和新的社会群体，深感外界压力冲击较大，不得不尽快调整自身，以适应新的社会环境。因此，有些学者认为，为了生存和发展，移民必然要经历一个由不适应到逐步适应以至基本适应的过程，他们与当地居民必然要经历一个较长的磨合时期。这种磨合，归根结底，是心理的磨合、认知的磨合以及文化的磨合。

2.1.2.2 "城市新移民"内涵

中国移民史可谓源远流长。各地区在自然、社会、历史等各种因素的作用下，地区之间存在着经济发展的显著差异。经济发达地区发展水平高，人均收入高，就业机会多，与此相比较，不发达地区经济差，收入低，就业机会也很少，这种人口发展与经济欠发达之间的矛盾，使得改革开放后，大量的人口在被严格限制了 30 年后，一下子如潮水般涌入城市和经济发达区域，成为中国改革开放新时期以来一个十分引人注目的社会现象。

对于这些涌入城市的迁移人口，该如何给予他们一个贴切的称谓便是摆

---

① 早期外出流动的农村劳动力被赋予了这样一个极具否定性的称谓。

在面前的首要问题。如何界定这一称谓，我们需要先来了解以下几个相关概念。

　　首先，什么是移民（human migration）？国内外学者众说纷纭，至今还没有一个确切的、权威的定义。《英国大百科全书》解释："移民通常是指居住地发生了经常性的变更的个人或团体。由于这一定义取决于经常性的含义，统计学者在收集移民数据时或多或少会做出各自的不同解释。例如，一个声明他的目的是在迁入国居留至少一年的人通常被列为移民。"①《美国大百科全书》的释义是："广义的移民是指个人或团体有相当长的距离的比较经常性的迁移行动。"②《现代汉语词典》把"移民"解释为"迁移到外地或外国去落户（的人）"。

　　以上这些解释中，我们可以看出，无论哪种解释，不外乎是将移民分成两种情况，即迁移出国的移民和在国内移居外地的移民。这样解释就带来了一系列的问题：较大数量才被称为移民吗？有组织的才被称为移民吗？有组织的迁移人口而不以定居为目的也可以被称为移民吗？

　　台湾地区出版的《云五社会科学大辞典》这样来解释："移民是人口动态的一种，普通限于涉及有较长居住变更的人口迁徙，并非指任何一种人口移动。如甲地人口移往乙地从事较长期的居留，这才叫做移民。从甲地的立场看，这是人口外移；从乙地的立场看，这叫人口内移。就其迁徙所及的区域看，国与国间的人口迁徙为国际移民；一国内部的人口迁徙为国内移民，又可分为区域移民和农村都市移民。"③

　　针对本书的研究对象，即国内移民中的农村都市移民，在此，我们需要先考察一下与此相关的几组概念。

　　（1）农民工、新生代农民工。

　　"农民工"一词系张雨林先生在 1983 年首次提出，该词最早出现在 1984 年中国社会科学院《社会学通讯》上，其后使用逐渐广泛。对于"农民工"一词的定义，学者们依然莫衷一是。

---

①　《英国大百科全书》（*Encyclopedia Britannica*）（第 12 册），中国大百科全书出版社、美国不列颠百科全书公司，1984，第 185 页。

②　《美国大百科全书》（国际版）（*The Encyclopedia Americana*, International Edition）（第 19 册），Grolier Incorporaxed，1980，第 97 页。

③　王云五：《云五社会科学大辞典》（第 11 册），（台湾）商务印书馆，1974，第 195 页。

农民工是从农民中率先分化出来、与农村土地保持着一定经济联系、从事非农业生产或经营、以工资收入为主要来源，而不具有城镇居民身份的非农产业从业人员①。这一定义从职业、阶层、户籍三个层面对农民工群体进行了界定。

农民工是指户籍身份还是农民、有承包土地、但主要从事非农产业、以工资为主要收入来源的人员②。这一定义从经济社会转型期的特点来界定农民工，为较多学者所接受，它将农民工与中国的户籍制度、土地制度联系起来，显示出农民工在制度上的特殊性。

"农民工"概念的表述表明，从职业来看，农民工是工人；从社会阶层上看，农民工是处于农民与市民之间的过渡型群体；从户籍看，农民工是农村人口。农民工阶层的形成又是一系列对外来人口带抗拒性质的行政管理制度因素如身份制度、户籍制度、劳动人事制度、地方保护主义等政策作用的结果，这也促成了城乡分割的"二元劳动力市场"的形成，即"在城市中由拥有城市户口的市民所构成的收入较高、劳动环境较好、福利待遇较好、较为稳定的首属劳动力市场；在城市中由持有农村户口的农民所构成的收入较低、劳动环境较差、福利待遇较差、缺乏稳定性的次属劳动力市场。这种二元劳动力市场的隔绝，反过来又会强化农民工在城市中的低下地位"③。

无论学者们从各自的研究角度如何来定义"农民工"，有一个基本的共识，即把农民工看作一个过渡性范畴或历史性范畴。

随着经济社会的发展，农民工群体出现了异质化，即因收入、地位和分配社会资源的权利等方面的差异而产生了社会分层。其中一个典型分化便是代际分化，"新生代农民工"出现在人们研究的视野里。对这一群体的研究开始成为学界关注的热点问题，据国家统计局住户调查办公室 2011 年 3 月公布的调查结果，农民工内部出现了代际更替，1980 年之后出生的外出"新生代农民工"占全部外出农民工总数的 58.4%④。据此推算，我国现阶

---

① 刘传江等：《中国农民工市民化进程研究》，人民出版社，2008，第 12 页。
② 国务院研究室课题组：《农民工问题研究：农民工的规模、结构与特点》，《中国农民工调研报告》，2006，中国言实出版社，第 1 页。
③ 刘传江：《当代中国农民发展以及面临的问题（二）：农民工生存状态的边缘化与市民化》，《人口与计划生育》2004 年第 11 期。
④ 莫荣：《2012 年就业形势：实施就业优先战略，实现体面劳动》、陆学艺等编《2013 年：中国社会形势分析与预测》，社会科学文献出版社，2012。

段新生代农民工总数约 1 亿人。在我国 2.3 亿职工中，他们已经占了将近一半，在我国经济社会发展中日益发挥着主力军的作用[1]。"新生代"农民工的概念最早是由中国社会科学院社会学研究所的王春光研究员于 2001 年提出来的。通过大量调查研究，他验证了"新生代"农村流动人口的群体特征，即年龄普遍偏小，出生于 20 世纪 70 年代末 80 年代初，基本上于 90 年代外出务工经商。新生代农民工的出现也说明中国改革开放后经济结构变迁所带来的农民工群体的变迁。这一新生群体出现了不同于以往的新特征：他们不再是暂时居住在城市，而是倾向于长期居住，居住的时间也在不断地延长，甚至有举家迁移的倾向。2010 年 1 月 31 日，国务院发布的 2010 年中央一号文件《关于加大统筹城乡发展力度　进一步夯实农业农村发展基础的若干意见》中，首次使用了"新生代农民工"的提法，并要求采取有针对性的措施，着力解决新生代农民工问题，让新生代农民工市民化。

时任国务院总理温家宝在北京考察工作时曾说，要像对待自己的孩子一样对待年轻农民工，让他们逐步融入城市生活。这引起社会对新生代农民工的更大关注。"80 后""90 后"已经占到我国农民工总数的 60%。与上一代农民工相比，新生代农民工受教育水平较高，渴望融入城市，重视社会保障，维权意识更强。

（2）人口迁移、流动人口。

传统上把有户籍变动的居住地变化叫作"迁移"，而把没有户籍变动的居住地变化叫作"流动"[2]。所谓"人口迁移"，各位学者对其定义随研究角度的不同而有所差异，总的来说，现有的各种"人口迁移"定义，大致可以归纳为四种类型。

以人口迁移的空间属性为核心的定义，在前者基础上以时间属性或目的属性加以进一步限定，以时间属性和目的属性对"人口迁移"的空间属性加以双重限定，从区域的角度来界定人口迁移。这四种类型的定义侧重点各不同，涵盖的范围也不同，但都强调了人口迁移的空间属性，即人口发生了空间位置移动。

---

①　全国总工会新生代农民工问题课题组：《关于新生代农民工问题的研究报告》，《新华文摘》2010 年第 17 期。

②　蔡昉、林毅夫：《中国经济》，中国财政经济出版社，2003，第 56 页。

所谓"流动人口"，概指所有户籍未经合法变更而流入城市的人口，与合法变更户口而实现正式迁移的人口相对应。但从实际情况来看，流动人口已经分化为在流入地不带户籍地非正式定居和不带户籍继续流动两部分①。

改革开放以来，没有户籍变动的劳动力流动现象越来越普遍，出现迁移与流动的概念混同使用，泛指人口为寻找新的就业机会的跨地区移动②。

（3）农村剩余劳动力、农业剩余劳动力。

剩余劳动力概念首先由著名发展经济学家 A. W. 刘易斯提出来，他认为剩余劳动力是指边际生产率等于零时的劳动力。我国学术界对剩余劳动力存在是没有争议的。

所谓农业剩余劳动力与农村剩余劳动力，二者是有着完全不同内涵的概念。农业是相对于其他产业而言的经济概念，而农村则是相对于城镇而言的地理概念。由于农村劳动力大部分都是从事农业生产的，因此人们通常把农村与农业等同起来，很多时候将农业劳动力与农村劳动力混为一谈。其实，农业剩余劳动力指的是从事非农产业的农民，即其身份还没有或未能得以转化，又在从事非农产业的劳动者。农村剩余劳动力则指的是拥有农业户口但离开土地从事非农经济活动的雇佣劳动者。

从以上概念我们可以看出，农民工、新生代农民工、流动人口、农村剩余劳动力、移民等概念都有着相同重合之处，但又有着各自相区别的内容。本书的研究对象与以上几种概念有重合之处，那究竟什么是"新移民"呢？

俞可平将改革开放以来大量进城农民称为"新移民"。他认为，这种移民和历史上大规模的移民相似，对社会历史的发展影响很大，但是与历史上的移民有很大的区别，也不同于改革开放前的移民。改革开放前的移民，主要是工程性的，即兴修大的水利工程、核武器工程等，具有强制性。历史上也有移民，主要是基于战争、自然灾害的威胁，有的移民也具有强制性，如明朝朱元璋定都南京，下令全国豪强迁往南京。如果按照移民行为以及移民现象的性质来进行分类，则可分为工程性移民、灾害性移民、战争性移民、

---

① 童星、马西恒：《敦睦他者与社会融合——城市新移民的社区融合》，《社会科学研究》2008 年第 1 期。

② 陈敦贤：《流动人口社会保障体系论略》，《中南财经政法大学学报》2005 年第 3 期。

政治性移民和经济性移民。改革开放以来的这次移民浪潮，主要是工程性移民和经济性移民①。

　　有学者指出，"城市新移民"在我国指的是这样一个群体，即改革开放以来通过正式或非正式途径，实现了自身或家庭的区域性迁移，具有定居意愿，并且在移居城市获得相对稳定的工作、拥有固定的住所的特殊群体②。其大致可以分为三类："一类指的是农民工群体，即拥有农村户籍的原农村居民；一类指的是一部分城市居民，即拥有城市户籍但来自其他城市的居民；还有一类指的是一部分高校毕业生，即来自外地的大学毕业生。"③ 由于本书的研究领域主要针对中国在工业化和城市化进程中这一特殊问题，所以，这里的"城市新移民"主要指的是第一类，即狭义上的"城市新移民"，即"农民工"群体中具有"移民"城市意愿的这部分人，或是具有留城意愿的"新生代农民工"群体。因此，笔者认为，"城市新移民"特指 20 世纪 90 年代以来，在城市化和工业化进程中，农村剩余劳动力通过非正式途径从农村迁入城市，并以定居城市为目的的一类"新生代农民工"群体。

2.2　价值基础——自由、民主、平等

　　作为一国公民，法律赋予他们不同的权利和义务。而在这些不同的权利和义务背后，我们发现这种不同就在于：产生于不同的历史背景，代表着不同人群的利益和愿望，表达着不同的意愿和诉求，甚至在背后有不同的价值理念作依托。恰恰正是对这种价值理念的追求才使各种权利和义务具有了存在的合法性。相反，这些理念之间的矛盾运动又推动着权利和义务的不断变化。平等、自由与民主，作为政治哲学的概念范畴，不仅是公民权背后的价值理念，而且是人类社会孜孜以求的价值理

---

①　俞可平：《新移民运动、公民身份与制度变迁——对改革开放以来大规模农民工进城的一种政治学解释》，《新华文摘》2010 年第 1 期。

②　童星等：《"敦睦他者"与"化整为零"——城市新移民的社区融入》，《社会科学研究》2008 年第 1 期。

③　童星等：《"敦睦他者"与"化整为零"——城市新移民的社区融入》，《社会科学研究》2008 年第 1 期。

想，它们一起构成了本书研究的价值基础。只有很好地理解这些价值基础，才能很好地践行它们。

2.2.1　自由——马歇尔公民权理论的价值基础

自由（liberty）价值，即最早发端于17~18世纪资产阶级革命初期的自由主义，是一种把人的自由与人的本质联系在一起的社会思潮，其哲学基础是天赋人权，即认为自由是人类与生俱来的、不可剥夺的权利。在西方资本主义国家里，"自由"理念已成为西方资本主义国家的立国之本。正是得益于自由竞争，才创造了人类社会的发展奇迹，即"资产阶级在它不到一百年的阶级统治中所创造的生产力，比过去一切世代创造的全部生产力还要多，还要大"[1]。但与此同时，资产阶级对无产阶级残酷的压迫和剥削，带来了人的全面异化。对此，马克思、恩格斯在《共产党宣言》中指明了方向："随着大工业的发展，资产阶级生产的是它自身的掘墓人——无产阶级，资产阶级的灭亡和无产阶级的胜利同样是不可避免的；代替那存在着阶级和阶级对立的资产阶级旧社会的，将是这样一个联合体，在那里，每个人的自由发展是一切人自由发展的条件。"[2] 这表明高于资本主义的新的社会形态——社会主义和共产主义是自由人的联合体，其核心价值诉求就是"自由"。所谓自由，就是通过人并且为了人而对人的本质的真正占有，就是人向作为社会的人即合乎人的本性的人的自身的复归，就是彻底地、自觉地保存了以往发展的全部丰富成果的人的全面发展[3]。

马歇尔关于公民权的构成要素理论，认为其包含市民权利、政治权利以及社会权利这三方面要素。其中所谓市民权利，指的是"由个人自由所必需的权利组成，包括人身自由，言论、思想和信仰自由，拥有财产和订立有效契约的权利以及司法权利"[4]，同时指出这种权利发展于18世纪。按照马克思主义的观点，公民权利是历史的产物，每种公民权利的出现都是社会经济结构变化的结果。18世纪正是资本主义制度确立的初期，市场经济体制

---

[1] 《马克思恩格斯选集》（第1卷），人民出版社，1995，第77页。

[2] 《马克思恩格斯选集》（第1卷），人民出版社，1995，第294页。

[3] 《马克思恩格斯选集》（第1卷），人民出版社，1995，第45~47页。

[4] Marshall, T. H., *Sociology At The Crossroads And Other Essays*, London：Heinemann, 1963, p. 8.

已经趋于成熟,既需要破除一切阻碍其前进的束缚,又需要一定的制度来保证它顺利前进。新兴的资产阶级作为市场经济的代言人和受益者更加急迫地需要摆脱腐朽陈旧的封建体制对他们的压制。对人身自由、财产自由的渴望促使他们提出了对市民权利的要求,可以说市民权利的每一项具体内容都体现着资本主义制度的核心价值——自由。卢梭曾言:"人是生而自由的,但却无往不在枷锁之中。"① 对于城市新移民而言,他们或是失去了赖以生存的土地,或是失去了在乡村谋生存的技能,拥有着投身城市的一腔热情,却被诸如土地政策等一系列僵化的制度剥夺了应有的迁徙自由权和财产自由权,这本应是他们作为公民而言所享有的最基本的权利,基本的权利得不到保障,又怎能安心专注于工作,更谈不上为城市建设添砖加瓦了,这将有碍于我国的城市化和现代化建设步伐。

2.2.2　民主——公民权利中政治权利的重要基础

"民主"(democracy)一词源于希腊字"demos",意为人民。它也是现代资本主义制度,乃至现代政治制度的核心价值。在马克思主义理论看来,其最基本的内涵是"主权在民"和"人民当家做主"。马克思主义民主理论揭示了资本主义民主的虚伪性,强调了民主的阶级性、民主与专政的不可分割性以及民主的经济基础和历史范畴,并在反对抽象谈论民主的基础上,把真正民主的实现与共产主义理论结合起来。

马歇尔所指的公民权另一要素,即政治权利指的是"公民作为政治权力实体的成员或这个实体的选举者,参与行使政治权力的权利"②。一国的公民通过自己手中的选票来表达其在公共生活中的愿望和诉求。政治权利可以说是公民对国家的政治生活和政治决策直接参与的一种主动的权利,是各种政策纲领之所以具有合法性的根本依据。它所体现出的基本价值就是民主。民主是以多数决定、同时尊重少数的权利为原则。所有民主国家都在尊重多数人意愿的同时,极力保护个人与少数群体的基本权利。要真正做到民主,就要保护法律面前人人平等的权利,保护人们组织和充分参

---

① 〔法〕卢梭:《社会契约论》,商务印书馆,1996,第8页。
② Marshall, T. H., *Sociology At The Crossroads And Other Essays*, London: Heinemann, 1963, p. 8.

与社会政治、经济和文化生活的机会。城市新移民作为公民的一员，也应当具有这样的权利。但其权利却受阻于户籍等制度的束缚无法得到保障，着实有悖于民主价值诉求，对于有中国特色的社会主义民主政治建设也是极为不利的。

2.2.3　平等——社会权利范畴中的体现

"平等"（equality）一词，是与公平、正义等相近的概念范畴，它可以说是社会主义政治生活中一个具有行为归约性的价值基础，同时也是我国构建社会主义和谐社会的首要价值。正如罗尔斯在《正义论》中所言，"正义是社会制度的首要价值"①。这里所谓的首要价值，指的是社会制度最高的具有普遍意义的价值。从字面意思简单来说，平等是指人们在社会、政治、经济、法律等方面享有相等待遇。从平等的基本含义来看，不仅仅是指实现经济的公平分配，而且具有比经济内容更为普遍的社会行为和政治行为归约性，它是为了适应经济伦理产生而上升为具有普遍性的政治基础伦理。

古代的平等是对于奴隶主和自由民而言的，近代资产阶级的平等虽然将其扩大到公民，然而，资产阶级的平等只是一种政治形式的公正，马克思、恩格斯在揭示了它的虚伪性基础上认为，平等理应是真实的平等，而不公正的生产资料所有制关系是阶级压迫和剥削的根源，只有切实消除这一不公正的根源，才是真正的平等。社会主义的政治原则不但要保障公民在政治上的平等，而且要保障公民经济利益的平等实现。当然这里的平等指的绝不是"平均主义"。

在马歇尔所指出的关于公民权的组成要素中，他强调，"我尤其感兴趣于公民权对社会平等所造成的影响"②。所谓社会权利指的是不论在市场或者国家任何一个领域中所处的位置如何，公民都拥有"从某种程度的经济利益与安全到充分享有社会遗产并根据社会通行标准享受文明生活的权利等一系列权利"③。而公民社会权利的产生与实现，与人们对于发展的看法有

① 〔美〕约翰·罗尔斯：《正义论》，何怀宏、何包钢译，中国社会科学出版社，1988。

② Marshall. T. H. , *Sociology At The Crossroads And Other Essays*. London：Heinemann，1963, p. 17.

③ Marshall. T. H. , *Sociology At The Crossroads And Other Essays*. London：Heinemann，1963, p. 8.

密切关系。虽然社会处在不断的发展变化中，但发展速度各有不同，因此，社会发展所带来的利益是不能平均分配给社会中的每一个人的。市场经济虽然可以带来财富和效率，但却不是完美无缺的，并不是每一个付出辛勤劳动的公民都会得到平等的回报。因此，公民的社会权利实质体现出了平等的价值理念，它通过公民在社会政治生活中的各种社会保障制度和福利、救助制度得以实现。新移民作为城市的建设者，其多种社会权利却得不到保障，反而遭到来自各方面的社会排斥。所谓人生而平等，无贵贱之分。平等作为社会主义政治的基础价值，要求我们立足于国家、社会、人类的利益，排除个人私利、成见，积极为城市新移民争取公民权，实现社会秩序的和谐稳定与繁荣发展。

总之，自由、民主和平等作为当代社会进步与制度合理性的重要价值标准，三者是紧密联系在一起的。要想实现每个人的自由权利，首先需要肯定权利的平等，自由和平等往往是同步的；与民主相比较，权利的平等更为基本；平等观念与原则的实现之间存在差距，权利以及机会的平等要靠公民通过一定社会历史活动去达到。三者之间任何一方不能脱离其他两方面而单独实现，任何一方的进步都标志着其他两方同样的进步。因此，为城市新移民争取公民权，应站在自由、民主和平等的价值基础上，从市民的、政治的、社会的多角度取回一个国家赋予每个公民应有的基本权利和义务。

2.3　理论支撑

理论是行动的先导。要开展研究，首先离不开相关的理论作辅助。

2.3.1　福利国家理论

国家与公民这一对范畴，永远是人们研究和关注的热点。究竟什么样的国家最适合公民的成长呢？围绕这一问题，在 19 世纪末期，西欧一些经济学家就提出了福利国家理论。最早的代表理论，如德国新历史学派的代表人物施穆勒，他认为国家是人们在道义上的结合，国家可以通过办理社会保险和铁路国有化等方式来协调劳资之间的矛盾。英国的费边派也积极倡导福利国家理论，它们主张的是一种温和渐进的改良办法，设法通过选举和代议制，加上现存的资产阶级国家结构，来调节经济以及主持收入再分配，并逐步将土地和资本转归社会所有，最终实现"社会主义"。到 20 世纪初，英国工党建立之时就已经在理论上接受了费边派的许多观点，并且把实现福利国家作为自己的纲领。到了 20 世纪 30 年代，西方资本主义国家经济危机爆发，为了应对此次危机，美国罗斯福在"新政"时期采取了一系列措施，如国家举办公共工程，实行社会保险等，这都体现了福利国家的理论思想。

自福利国家理论产生几十年以来，尽管在其内容表述上各有不同，但根本的思想是一致的，即资本主义国家首先应当以福利国家为目标，最终所有的国家都将走向福利国家，而要实现福利国家的根本保证则是强大的国家财政手段，只有实现了福利国家，才能给全体国民带来福利。

威廉·贝弗里奇可以说是福利国家理论的典型代表，同时也是英国福利国家的创立者。他的主要观点体现在 1942 年发表的《社会保险报告》里，即著名的贝弗里奇报告。这份报告提倡建立这样一种有关社会权利的新体系，即对于失业、残疾、退休收入和健康服务的公民权权利。贝弗里奇的这一社会政策方法体现了马歇尔关于社会公民身份的结构性背景和福利舞台，同时表达了一种从政治或者道德角度进行福利供给的"社会自由主义"立场。对于福利国家理论并不是都持肯定态度的，西方有一些激进派，他们批判福利国家在资本主义条件下建设是虚妄之说，在资本主义体制下福利国家是不可能体现无产阶级和广大劳动人民利益的。但与此同时，他们又对福利国家寄予厚望，希望社会为建立真正体现无产阶级利益的福利国家创造有利条件。但是资本主义国家花费数十年时间所要建立的福利国家，并不是以实现最广大人民的根本利益为宗旨，而是为了实现资本主义制度下的经济稳定。

中国作为当今世界第二大经济体，自改革开放以来，经济增长十分令人瞩目。但依旧摆脱不了仍是发展中国家这一事实，农村人口仍占多数，人均收入依然较低，社会普遍福利水平依旧低下。在这样的背景下，要求我国的社会政策也必须相应调整，不断发展完善社会福利服务和社会保障制度。福利国家理论，虽然并没能真正体现无产阶级的利益，但是其中有一些措施对于发展健全我国社会保障制度，建设和谐社会具有一定借鉴意义。

2.3.2　社会融合理论

社会融合作为一个社会政策概念，起源于欧洲学者对社会排斥的研究。

自 20 世纪 90 年代以来，逐渐取代"平等"概念成为社会政策实践和研究中的核心概念之一。基础理论包括脆弱群体理论、社会分化理论、社会距离理论和社会排斥理论。

脆弱群体理论认为，人类的脆弱性并不意味着所有的脆弱性应该被淘汰从而实现完美的人类，而是意味着人类对脆弱性的尊敬和保护。罗伯特·古丁认为，脆弱群体的脆弱性是我们对他们特别责任的来源①。脆弱性来自于生命中不可避免的一部分，或者来自于社会安排，我们不仅要承认对脆弱性的家人和朋友负有特殊的责任，而且要以更广泛的道义责任去保护社会中的脆弱群体。因为，脆弱性的根源，在于他们由于自身的某种障碍，在现有的经济和社会生活中缺乏必备的竞争能力以及暴露在自然灾害面前并缺乏应对能力，而这些因素几乎都是由他们自身不可控制的原因造成的，而且脆弱群体如果得不到必要的社会保护，很容易被主流社会所抛弃、疏离和排斥。因此，保护脆弱群体应该是一个社会的基本伦理。城市新移民正是这样一个需要保护的脆弱群体。

社会分层理论揭示了社会结构中的阶级或阶层差异以及由于这种差异而导致的社会分裂或社会排斥。首先，每一个阶层都可能形成一个共同体，拥有自己的阶层意识，由此造成一个社会存在多个阶层意识，不仅增加了社会的融合难度，而且可以造成阶层之间的对抗或冲突；其次，社会的分层结构必然存在以富人为代表的上层和以穷人为代表的底层，这两个阶层不仅可能存在剥削关系，而且更可能造成贫富悬殊，从而引发社会动荡。因此，社会分层理论不仅启发人们关注阶层之间的社会融合，而且要求人们更加关注底层阶层的社会融合。当前我国处于社会转型期，不可避免地出现阶层分化问题，更加需要我们处理好这一问题。

社会距离理论最早由法国社会心理学家加布里埃尔·塔尔德在《模仿法则》中提出，使用"社会距离"概念，来强调不同群体之间的客观差异，后来德国社会学家齐美尔对这一概念进行了发展，认为社会距离就是人与人之间"内在的屏障"。芝加哥学派则直接继承齐美尔的用法，并将社会距离这一概念介绍进入美国的社会学界。美国学者帕克指出，距离是存在于集团

---

① Robert E. Goodin, *Protecting the Vulnerable: A Reanalysis of Our Social Responsibilities*, Chicago, IL: University of Chicago Press, 1985.

与个人之间的亲近程度，是一种可以测量表现个人和一般社会关系的理解和亲密的程度和等级①。而最终使得社会距离概念成为社会学中普遍适用概念的则是美国社会学家博卡德斯。在他于 1925 年写成的《社会距离与测量》一文中不仅延伸了帕克对社会距离的定义，即"能够表现一般的前社会关系和社会关系特征的理解和亲密的等级与程度"，而且设计了一种测量这些等级和程度的社会距离量表，为社会融合理论的实证研究奠定了基础②。城市新移民作为中国特有的一个新群体，在进入城市这个陌生的环境之后，他们与市民之间存在着天然的巨大距离，具体体现在交往距离、邻里距离、同事距离以及婚姻距离等方面。影响因素在于经济地位差异、空间隔离、文化差异及非正式制度因素。西方学者关于社会距离的理论解释，对于解释我国大城市不同群体或阶层之间的社会关系有着重要作用。

长期以来，贫困困扰着世界各国的发展。为了消除这一人类大敌，世界各国做出了不懈努力。随着世界经济社会发展变迁，社会排斥问题已经超越贫困问题成为阻碍人类可持续发展的最大问题。最早提出社会排斥（social exclusion）概念的是法国学者勒内·勒努瓦（Rene Lenoir），他强调的是个体与社会整体之间的断裂。有关社会排斥的含义国内外学者各抒己见，但总的来看，学者们对于社会排斥研究可分为两类，即从社会排斥成因角度出发的结构性的社会排斥和从人类生活的不同领域出发研究的功能性的社会排斥。前者指的是被排斥的个体、群体或组织由于自身功能上的欠缺而处于一种"被排斥"状态；后者指由于社会结构的不合理而造成的一些社会排斥、经济排斥、政治排斥以及文化排斥。

城市新移民在进入城市后，受到来自社会的多种排斥，可以说是受结构性、功能性以及来自经济、政治、文化方面的排斥，是属于被动的社会排斥。这种多重不利因素的纠结，不仅会破坏代际之内的社会公正，使得不少人被排斥在社会日常生活之外，陷入一种长期相对剥夺的困境，而且会通过代际传承影响到下一代的发展，从而形成社会排斥的恶性循环，最终影响人类的可持续发展。要消除摆在新移民面前的这一系列社会排斥问题，实现社会可持续发展，该理论有着极为重要的参考价值。

---

① Robert E. Park, *Race and Culture*, The Free Press, 1950.

② E. S. Bogardus, "Measuring Social Distance", *Journal of Applied Sociology* Vol 9, 1925.

此外，有关社会融合理论，马克思主义经典作家也有与此相关的理论。虽然未有专著专门谈论社会融合理论，但包含有关于城乡融合的理论，对于我们正确处理城乡关系、推动城乡协调发展具有重大的现实启示意义。

马克思、恩格斯科学运用辩证唯物主义和历史唯物主义方法，立足于资本主义条件下城乡关系的对立与矛盾，分析了城乡分离的必然性，提出了消灭城乡对立是一个历史过程的观点，最终城乡关系将由对立分离演变为重新融合的状态。在马克思和恩格斯看来，人类社会发展进程中，城乡关系一般要经历由"一体"到"分离"到"联系"最终到"融合"的过程，同时也是社会分工高度发展和人类走向完全自由与解放的过程；紧接着他们进一步分析了城乡之间对立带来的弊端：会造成乡村衰落、城市病态、农村可持续发展遭破坏、城乡间利益冲突尖锐等；最后，他们指出城乡对立只是历史发展的一个阶段，未来社会城乡必将走向融合。

在我国，计划经济体制下所形成的城乡二元格局，在市场经济条件下弊端日益显现。如何统筹城乡发展已经成为党和政府热切关注的问题。2011年我国政府工作报告中明确指出：我们要清醒地认识到，我国发展中不平衡、不协调、不可持续的问题依然突出。其中一个突出表现就在于城乡区域发展不协调问题。

马克思主义为我们找到了问题产生的根源："生产力是人类社会发展的最终决定力量，它直接或间接地决定着社会的经济制度、政治制度和人们的观念形态。一切社会关系、社会制度和社会观念的产生、发展、变革和消灭，归根到底是由生产力引起的。"因此，立足国情，大力发展生产力，才是统筹城乡发展的必由之路。

马克思主义还认为，消除城乡对立，实现城乡融合，应重视城市的中心地位，发挥城市及城市化的积极作用。大工业在农业领域内所起的最革命的作用，是消灭旧社会的堡垒——农民，并代之以雇佣工人。因此，农村中社会变革的需要和社会对立，就和城市相同了。最陈旧和最不合理的经营，被科学在工艺上的自觉应用代替了。

当前，我国正处在体制转轨阶段，城市将成为推进城乡二元结构调整、促进农业产业结构调整、提高农民收入以及协调城乡关系的中心。要充分发挥城市带动农村发展的作用，即加快城市化步伐，减少农村人口，增加城市人口。研究城市新移民，我们要以马克思主义理论为指导，马克思、恩格斯关于城乡融合的理论无疑为我们提供了重要价值。

2.3.3　马歇尔公民权理论

在社会转型的背景下，知识分子制造了大量新的概念，诸如弱势群体、社会公平以及绿色 GDP 等词，借助大众传播，在思想库体制的推动下，新概念可以影响社会意识，进而推进社会变革。

1949 年 2 月，T. H. 马歇尔在伦敦经济学院发表演讲，剑桥大学出版社对此结集出版了《公民权与社会阶级》（*Citizenship and Social Class*）一书，之后被多家出版社一版再版。最新的版本已经改名为《阶级、公民权和社会发展》，是美国康格狄涅州 Greenwood 出版社 1976 年的重印本。第二次世界大战后，英国正处在工党政府建立社会民主福利体制的初期，马歇尔描述了英国最近几个世纪的公民权演变的路径和第二次世界大战后英国社会的变化，构建了社会权利作为基础的理论框架，为 20 世纪下半叶欧洲福利国家体系的建立提供了依据。目前，不论是对于全球范围内的公民社会研究，还是对于处在权利意识复苏期的中国社会，都具有很强的现实意义。

T. H. 马歇尔在成为著名社会学家后，在伦敦经济学院建立了以阶级冲突和社会分层理论作为核心的阶级和人口理论，之后他先后担任了在德国的英国高级委员会的教育顾问和联合国教科文组织社会科学部主任，对于欧洲社会政策的形成都影响很大，使得社会权利这一概念也被纳入 1966 年的联合国权利公约。

在工人阶级处境改善的问题上，T. H. 马歇尔认为，公民地位是绅士生活的实质。虽然一个不平等的社会阶级制度难以消除，但社会必须以一个平等的公民权作为前提和基础，这才是可以被接受的。总而言之，如果缺乏一个机会平等、符合人性和尊严的普遍公民权制度，任何社会差别和社会阶级都是无法想象的，社会会充满压迫、动乱和恐怖；相反，只有普遍的公民权得到保障，一个容忍结果不平等的阶级体系和社会秩序才可以延续，并且使社会差异本身变化为发展的动力。

2.3.3.1　从基本民权到社会权利

社会权利的第一次普遍化是基于 19 世纪英国基础教育的普及，因为教育可以改变贫困家庭孩子的未来，从而提高公民在劳动市场的价值，因此会成为现代社会公民自由的前提基础。T. H. 马歇尔通过对公民权演化的历史考察，在此基础上作了公民权利的划分：基本民权、政治权利和社会权利。基本民权指的是人身权利、财产权利、言论自由、信仰自由等基本人权；政治权利指的是参与政治的权利，其中普遍的选举权是核心；社会权利则认为公民应当享有教育、健康和养老等权利。

　　T. H. 马歇尔把英国公民权利的形成，归纳为"基本民权——政治权利——社会权利"的三个阶段，标志着国家职能和相应制度的转变。在基本民权领域，从大宪章到 1832 年第一个改革法案通过，基本民权被当作法治的准则，独立的司法裁判制度也得以实现，旧的诸如关于新闻审查的许多法律被废除。在经济领域，基本民权表现在劳动的权利上，19 世纪劳工运动的形成是劳动者围绕劳动权利斗争的结果，社会大众对权利的集体诉求改变了原先只属于少数人的地方化和特权化，改变了阶级化的政治权利的分配格局，代议制议会包含着政治权利与基本民权，开始呈现出功能分化和向政治权力专门化的趋向。随着权力向下院的转移，政治参与从原先地方性责任和只属于少数人的责任，转变为大众渴望的权利，使公民普选权的实现变成可能，民主的代议制成为公民普选权利的集中体现。1918 年最终确立了普遍的选举权，公民被赋予了国家的或是政治的意义，不再是只属于地域性的市民。英国、日本等大多数现代民族国家都在这段时间或者稍后实行了普选。

　　在《公民权与社会阶级》表述的演化进程中，社会权利可以追根溯源到传统社团或共同体的成员资格，社会权利不同于政治权利作为基本民权的扩展。工业革命之后，"济贫法—斯宾汉姆兰体系"（Poor Law-Speenhamland system）维持着贫民最低生活保障，但是在早期资本主义过程中，由于社会权利仅仅是针对贫民、贫困病人等所谓弱势群体，所以，社会权利游离于公民权之外。

　　我国实行的城市社会保障安全网与之相似。对政府救济的下岗职工和贫困居民来说，接受最低生活保障就意味着进一步权利诉求的放弃。19 世纪英国的基础教育普及带来了社会权利的第一次普遍化，这不仅改变了所有贫困家庭孩子的未来，而且提高了公民在劳动市场的价值（人力资本），因此成为实现现代社会公民自由的前提。在此前提下，社会权利与基本民权、政治权利一样成为公民权利不可或缺的重要组成，也和一个自由竞争的市场经济有着互相依赖的关系。

2.3.3.2　教育为核心的社会权利内化为公民权的基本内容

只有把教育作为社会权利的核心，并且将其内化成公民权的基本内容，才可能将阶级差异与社会不平等通过公民权的主张取得实质性的改善。T. H. 马歇尔认为，在有关表述"从身份到契约"如何转变的过程当中，梅因指出，诸如财产权等基本民权的价值并不在于是否能够拥有，而在于可否能够取得；而能否取得，又取决于能否保护其取得，而能否保护又在于所有者是否可以解释财产的合法来源。如果教育缺失，如何去向法官大人作出解释？所以，只有把教育作为社会权利的核心，并且将其内化成公民权的基本内容，才可能将阶级差异与社会不平等通过公民权的主张取得实质性的改善。

失业救济所表现出的与教育权相同的就是其对失业者的福利，但是由于所有的劳动者都存在可能失业的风险，这就使得失业救济在实质上将福利惠及所有公民，自然而然，全体劳动者也就都有了对社会保险义务进行分摊的权利；另外，公民健康在作为市场经济中的个人事务的同时，也能够影响社会平等的集体权利，更会使全民强制医疗保险制度的建立受到影响。所有这些都是欧洲的福利国家所称道的社会民主主义的基础，更是我们对新欧洲模式与美国模式加以区分的关键。然而，通过对 T. H. 马歇尔的相关观点进行分析，我们就不难明白，正如同基本民权的确立需要依赖独立的司法、政治权利的实施需要仰仗民主的议会一样，上述社会权利的实现也只能凭借发达的法律程序以及社会服务为主体的国家职能进行真正的转型。对此，担任伦敦经济学院院长、社会学家、英国工党的思想家吉登斯望得更远。他认为，最近 20 年来所开展的研究在 T. H. 马歇尔对公民权利进行三划分的基础上又扩充到了第四个象限——生态权利，这一新的认知必将能够推进到关于全球公民社会的可能性讨论当中。

相比较之下，我们国内的理论界对于 T. H. 马歇尔的社会权利理论却知之甚少，对于欧洲福利国家的体制研究更是少之又少。虽然国内学者在全民教育以及健康等问题上进行过激烈的争辩，但那只是浅尝辄止，就社会权利的基础问题却很难达成共识。自由主义者们往往鼓吹教育和医疗的产业化，却无视社会的权利，他们认为宪政的改革与政治权利的扩大能够缓解由于社会差距过大而导致的社会危机问题；可是"新左派"和老左派却只是一味地强调教育和医疗社会福利本身的属性，过分地看重永远都不可能消除的阶级差异，却回避了普遍公民权本身甚至公民权对社会平等问题所产生的积极意义；新的"大国主义者"们也同样忽视了普遍公民权的存在，根本没有认识到能够为民族国家的建设以及民族国家本身奠定基石的公民权的存在，而是搁浅在精英政治或者精英公民的论点中停滞不前。

尽管如此，在参加公民维权运动的积极分子们看来，他们的实践与努力却已经着实开辟出了一个有别于 T. H. 马歇尔的历史唯物主义"三阶段论"的新模式。通过主张社会权利与基本民权，中国公民的社会维权意识已日渐觉醒，中国民众的公民权利也正逐渐被争取并实现着。

2.3.3.3　马歇尔公民权理论分析与评价

马歇尔所著《公民权与社会阶级》的问世，开启了社会学家们对权利进行研究的新篇章，并奠定了一种公民权社会学（sociology of citizenship）的研究基调。这部著作曾被洛克伍德盛赞为"在视角和概念化的胆略上都决不亚于那些标志着现代社会学起源的经典文献"。然而令人诧异的是，这样一部宏伟巨著除了在社会政策以及社会福利领域被人们所经常引用外，在相当长的时期内却得不到社会学界（尤其是汉语学界）的重视，至于其对社会学所做出的贡献，更是至今都没有被充分认识到。在当今这个"权利时代"，不管站在社会学历史传统的角度看，还是立足于当下的社会现实当中，能够重新并且真正地认识马歇尔的这一经典著作，对于社会学家具有难以估量的重要意义。

首先，公民权的制度化。马歇尔对公民权的论述主要强调的是建立在社会组织以及社会结构之上的公民权与制度基础。他所认为的公民权实际上并非只是一种单一的权利，而是一种复合状态下的权利。更为关键的是，马歇尔在其著作中所论述的公民权三要素都是单独与其相对应的制度机构彼此联系在一起的，从而保障了每种权利的实现都能够制度化。实质上，他是把公民权的区分要素都诠释成一组特定的权利以及能够保证相应权利得以实施的社会制度，这样一来，社会学所研究的权利的基本立场也就显而易见了。

马歇尔认为，公民权三要素在不同历史时期内，都有其各自形成并且发展的特定过程，而且这种过程能够逐渐形成一种"浪潮式"的发展图景：民事权主要发展于 18 世纪，政治权主要发展于 19 世纪，社会权则发展于 20 世纪。在对公民权这三个阶段的大发展所进行的表述当中，马歇尔主要是基于"现代公民权在英国的成长是伴随着资本主义的兴起过程的"这样一个假设，而且他把现代公民权看成"公民权演化的最新阶段，该阶段有大约250年的持续进步历史"①。这样一来，公民权在实质上就成为马歇尔切入现代性的关键入口，他所提出的民权制度（institution of citizenship）就是伴随英国工业革命应运而生的一个现代后果。在封建时期，构成现代公民权的三个因素能够相互交织成一条单线（wound into a single thread）。权利的集中源自于制度机构的混合，并且，伴随着从"古代"向"现代"的转化（differentiation）过程，公民权的历史发展同样经历了根本性的变化：一方面，公民权的三个要素所依靠的机构实行了分化，从而使得每个要素都能够按照自己的原则和步调独立发展成为可能；另一方面，在机构从先前的地方性及一般性特征方面，做到实现国家化和专门化的同时，公民权也就自然地从"地方性制度"过渡成为"国家性制度"。由此马歇尔就能够依据这些而将现代公民权的大发展划分为三个阶段去进行详细的阐述。

民事权从18世纪开始发展，其发展特点是基于已经存在的地位不断地扩充新的权利。依靠一系列法案的颁布以及实施，承认并且保障了英国公民的人身自由、言论自由以及信仰自由等权利。到了18世纪末期，财产权开始被扩展到民事权当中，进而呈现出其当代轮廓。发展到19世纪初期，公众开始接受个人经济自由的原则，自由得到了发展和普及，民事权又自然地与自由地位（status of freedom）联系到了一起，并且使得自由地位也收获了充足的内容，从而为讨论一种普遍的公民权（universal citizenship）提供了更大的可能性。在19世纪早期形成的政治权的发展被当作该世纪的主要特征之一。政治权出现的意义并不在于开创了新的用来提高已经为所有人拥有的地位的权利，而是为了将一些既有的权利给予更多需要的人。最初，政治权主要是被封建贵族所控制着；伴随着选举制度的改革，新兴资产阶级凭借其在市场竞争中的成功，开始逐渐拥有政治权；但是工人大众阶级却仍然被排斥于政治权之外。这就意味着政治权是只享有经济阶级的人的特权。1918年的改革法明确了成年人投票权（manhood suffrage），此次改革将政治权的基础从"经济实力"转换成"个人地位"（individual status），至此，普通民众才在正式意义上获得了政治权。而社会权的发展要比民事权和政治权更为

---

① Marshall, T. H., "Citizenship and Social Class", in T. H. Marshall & Tom Bottomore (eds.), *Citizenship and Social Class*, London: Pluto Press, 1992, p. 7.

复杂。早在 20 世纪之前,社会权发展的特点是与公民权地位 (status of citizenship) 相分离,社会权并不是公民权的组成部分,而是直接表现为社会权原则被公开否定,如斯宾汉姆兰体系 (Speenhamland System)、《济贫法》(The Poor Law) 等虽然提供了现代意义上的社会权利所包含的各项服务,但在现实层面上却主要将其看作一种救济手段,并且要想拥有这种救济就必须要以放弃公民权为前提。所以,在 18 世纪末 19 世纪初,社会权近乎于消失。直到 19 世纪末期,伴随着公共基础教育的发展,社会权又开始复兴并且再次加入公民权的结构中。纵观公民权三要素的发展历程,不难看出:第一,公民权本身就是一个历史范畴,因为它是伴随着历史的推进而不断发展与充实起来的;第二,公民权三要素都有各自的发展思路及发展过程,从而能够促使每个要素可以直接归属于公民权的地位本身;第三,马歇尔对公民权的历史演进所做的表述从总体上展示出了一种由"民事权"到"政治权"再到"社会权"的发展模式。

综上所述,马歇尔所阐述的公民权实质上就是一种彰显社会平等的制度,同时它又处于不断发展变化过程当中,这是因为它本身就蕴含着一种能够迈向更全面、更充分的平等主义的发展潜能。"公民权在所处的社会中是一种发展中的制度 (developing institution),创造一种理想公民权的形象,依照这个可以衡量取得的成就,并引导未来发展的方向。沿着这种方式所设计的道路奋勇前进,就是要努力实现更加充分的平等,构成公民权地位之要素的不断丰富,以及被授予这种地位的人数的不断增加。"①

其次,公民权和社会阶级之间的互动性。马歇尔核心关注的问题是,在地方公民权与社会阶级的互动被当作一种平等制度的公民权发展起来以后,它会对社会阶级中的不平等体系产生怎样的影响?从其所著书目中的章节安排可以很清晰地看出,马歇尔把 19 世纪末期作为界限,分成两个阶段去具体讨论公民权对社会阶级可以造成的影响。如果想深层探究为何选择 19 世纪末期作为分界线的理由,就会涉及马歇尔对公民权三要素的发展状况以及公民权自身所处的发展阶段所做的基本判断,并且在一定程度上由公民权三要素的各自成长程度,以及作为一个整体结构的公民权构型,就能够决定其

---

① Marshall, T. H., "Citizenship and Social Class", in T. H. Marshall & Tom Bottomore (eds.), *Citizenship and Social Class*, London : Pluto Press, 1992, p. 18.

对社会不平等现象的影响程度。不过，在马歇尔对公民权的历史演化所做的逻辑表述中可以很容易地发现，他想要表达的是这样一种思想——随着公民权三要素"浪潮式"的发展，公民权也必然会对社会阶级的不平等体系产生一定程度的冲击和影响。因此，作者拟以公民权发展历史所经历的三个阶段以及其所包含的三个要素中的内在逻辑作为切入点，通过将马歇尔著作中所阐述的18世纪以来公民权对社会阶级体系所造成的三次冲击的不同效果进行详尽呈现。

民事权作为公民权的主要组成要素，在18世纪最先得以发展。由于公民权在起源上本身就带有非常浓厚的个人主义色彩，所以其在本质上自然地就可以反映出人的自由权利和基本权利，进而可以使人们挣脱封建等级身份的束缚，并且自由地参与市场竞争。换句话说，民事权的发展不但可以给予每一个人以自由的地位，而且还可以为资本主义市场经济的发展提供必不可少的自由劳动力。这样看来，公民权与资本主义的个人主义发展阶段也是一致的，不仅不存在冲突，而且可以相互促进彼此的发展。公民权第一次冲击社会阶级体系就是以民事权作为主体而开始的，它强烈地冲击了封建主义等级制度，并与早期资本主义的兴起相切合。伴随着民事权的发展，政治权作为公民权的又一个组成要素，在19世纪也逐渐成长起来。政治权的核心是选举权与被选举权，其本质就在于试图通过议会的选举而进入权力的决策过程当中。同民事权可以促进资本主义经济发展的情形恰恰相反，"政治权则对资本主义体系充满了潜在的危险……即使不是通过暴力和流血的革命，和平地使用政治权力也会导致巨大的变迁"①。当公民权发展到开始涵盖政治权的内容的时候，公民权和英国社会阶级体系就将不再兼容，而是逐渐暴露出更多的冲突性。不过，这种冲突性并不会在实质上影响到对资本主义的阶级结构，原因是，在19世纪，政治权的享受是以经济实力为基础的，而不是以个人地位为基础，这种情况就造成了工人阶级被排除在公民权体系之外。众所周知，这一时期公民权包括民事权和政治权。因此，这一时期，对公民权产生至关重要作用的仍然是民事权；政治权在这一时期，只是民事权的附属品（secondary product），对整个不平等社会阶级产生的作用微乎其

---

① Marshall，T. H.，"Citizenship and Social Class"，In T. H. Marshall & Tom Bottomore（eds.），*Citizenship and Social Class*，London：Pluto Press，1992，p. 25.

微。简而言之，就是说 19 世纪，对整个社会阶级产生第二次冲击的公民权仅仅是民事权，政治权只起辅助作用，民事权和政治权对整个社会阶级体系没有实质性的影响。

与此同时，马歇尔在他的《公民权与社会阶级》一文中指出，尽管在 19 世纪，公民权对整个社会阶级没有产生深刻的社会影响，但是这并不意味着它在这一时期没有任何的发展，相反，它对社会还产生了巨大的影响。一方面，政治权发生深刻变化，它使工人阶级即工人阶级大众通过建立自己的工会（trade union）来集体地行使民事权，从而开创了一种与政治公民权（political citizenship）相平行、并作为其补充的次级工业公民权系统（secondary system of industrial citizenship）①。这种变化主要是基于 19 世纪中期，工人阶级开始作为一种独立的社会力量登上政治舞台，但是由于自身力量的薄弱而未充分行使自己的权利。因此，组建工会、争取政治权利这一方式成为工人阶级提高自己经济地位和社会地位的一种重要手段。另一方面，政治权利的深刻变化也带来了一系列的影响，其中最为重要的一个影响就是它促进了人民民主意识的觉醒。这种民主意识，使得人民意识到社会上人人平等，不仅仅是自然权利（equal natural rights）的平等，而更多的是社会价值（equal social worth）的平等。这种重视社会观念上的平等就为 20 世纪平等主义政策的发展提供了思想基础。

从马歇尔的分析中，我们可以看出，整个 19 世纪，政治权在发展的过程中，并未撼动资本主义的社会结构，但是客观上，它把社会权纳入公民权结构的研究范围，促进了社会权的发展，公民权的范围进一步扩大。至此，公民权就包括民事权、政治权和社会权这三个组成部分。社会权是一种要求获得实际收入（real income）的普遍权利，而实际收入并不按人们的市场价值来衡量②。就此而言，社会权实际上使人挣脱了市场力量，甚至是从市场力量下将人进行解放。这显然违背了资本主义市场经济的市场性原则。因此，马歇尔把这一情况称为公民权与资本主义阶级体系的战争态势。这种"战争态势"是指，两者是敌对的、对立的。这从侧面反映出社会权在这一

---

① Marshall，T. H.，"Citizenship and Social Class"，In T. H. Marshall & Tom Bottomore（eds.），*Citizenship and Social Class*，London：Pluto Press，1992，p. 24.

② 陈鹏：《公民权社会学的先声——读 T. H. 马歇尔〈公民权与社会阶级〉》，《社会学研究》2008 年第 4 期。

时期发生了根本的变化，它不再仅仅代表资产阶级的利益，它开始关注处于资产阶级底层的社会劳苦大众——工人阶级的基本社会权利；它不再仅仅是单纯地关注社会工人阶级的生存状况并报之以同情，而是更多地采取行动，用实际行动改变工人阶级的贫苦状况。由此可见，社会权所引发的第三次冲击几乎撼动了资本主义阶级结构的基础，而且它所带来的一个后果是依据成员身份的权利原则嵌入并扎根于资本主义契约制度内部。这种从公民权视角来研究资本主义社会阶级结构的方式，体现出公民权和资本主义社会阶级之间的对抗性（antagonism），对现代资本主义社会产生了不可估量的社会影响。

这一社会影响主要表现为公民权的内在社会发展动力问题。公民权的内在社会发展动力问题，主要是说，公民权是促进社会阶级发展变化的内在动力，是推动社会前进的重要因素。公民权使得社会各个阶层不断认识到自己的权利，对公民权的认识越深刻，他们就越能推动社会的发展，越能促进社会阶级的更新与进步。反过来，社会阶级本身的变化，也对公民权的变化产生一定的作用。马歇尔指出，这种作用主要是诸如战争、冲突等因素对公民权的影响。这种认识主要是指公民权自身演化的"历史描述"，而并未从本质上给出确定的原因，予以解释。这种简单而又表面化的历史性描述并未突出真正的历史斗争。

在这一点上，吉登斯对马歇尔的观点进行了批判性的补充说明。他认为，"与其将公民权的三个范畴看成公民权整体发展的三个阶段，还不如把它们理解为斗争或冲突的三个舞台即公民权的诸权利是作为'阶级冲突的焦点'出现的；与其说公民权诸权利的普及弱化了阶级分化（但无法消解阶级分化），倒不如说阶级冲突是公民权得以扩展的中介"①。然而，公民权已经对社会阶级产生了巨大的影响，造成社会阶级的冲突，这种冲突推动着公民权的发展，这种发展也推动着社会阶级的发展。在历史的发展过程中，社会阶级的变化正好印证了这一点。17～18世纪，封建地主阶级的落寞、新兴土地贵族的不断发展壮大使得市民的社会需求不断增加，这是一种民事权的进步，是民事权的发展，是新兴资产阶级对封建社会的一次严重抨击与

---

① 褚松燕：《个体与共同体：公民资格的演变及其意义》，中国社会科学出版社，2003，第31页。

动摇；19 世纪，随着资产阶级的不断发展壮大，他们对经济市场化提出了更高的要求，在参与社会生活的过程中，他们不但要求在经济活动中处于竞争的优势地位，而且还要在政治生活中掌握一定的政治权利，保证资产阶级利益的最大化；到 20 世纪，随着工人阶级民主意识的觉醒，工人阶级的社会地位不断提高，他们也要在社会生活的各个方面争取自身的利益，加之劳工运动的兴起，使得公民权的范围不断扩大，使它成为全社会各个阶级的诉求。

由此可以得出，公民权的历史发展过程与社会阶级变化发展的步调是一致的，二者是紧密相关而又协调发展的。

再次，公民权社会学的彰显。公民权社会学的研究开始于马歇尔。他的经典著作《公民权与社会阶级》对公民权的基本理论发展史做出了重大的贡献，在这篇文章中提出的公民权成为后来学者研究公民权的重要基础与经典指南，是公民权发展史上的里程碑。他不但对公民权的历史发展过程进行透视，而且还从不同的维度研究公民权与社会阶级变化的趋势，从中发现两者之间的微妙关系，为后来研究公民权社会学提供了一条有效的途径。它使得“权利”这一词不仅仅是法学、政治学、哲学等学科的专业用词，而且还把“权利”引入社会学中，让人们对社会学中的“权利”进行研究，并产生深刻的认识。在马歇尔看来，公民权的社会学研究主要表现在以下几个方面：

（1）“公民权”概念的正式提出。对“公民权”的研究由来已久，它的提出也经历了漫长的历史过程，我们可以追溯到古希腊时期。在古希腊时期，各位哲学先人从哲学的角度来研究公民的这一权利思想；在近代社会，著名的古典社会学家，如马克思、韦伯、涂尔干、托克维尔等，他们都在各自的研究领域不同程度地涉及公民权问题。上述学者都只是在研究的过程中提到关于公民权的思想，但是真正第一次提出这一概念的是 T. H. 马歇尔，他首次使用“公民权”这一词语，并对其进行了系统的研究。他被称为现代公民权研究的开山鼻祖，他的《公民权与社会阶级》也被誉为研究公民权的经典著作。他对公民权的研究，不仅使公民权纳入社会学的研究范畴，而且开辟了“权利”在社会学中的新立场。他在书中指出，公民权是现代社会发展的产物，是随着社会阶级结构的变化而不断演变的，同时它也推动社会阶级结构前进，是整个社会结构整合的调节器。研究社会学传统问题离不开对它的认识，研究社会秩序问题需要以它为基础。其中，马歇尔对公民权最大的贡献是他用社会维度来研究公民权问题，这使得公民权的研究进一步深化。

（2）公民权三分框架的确立。公民权三分框架的建立，是我们研究公民权社会学的基本分析框架，它有着深远的影响。一方面，公民权三分框架，是指公民权应该包括民事权、政治权和社会权三个组成部分。这三个部分独立构成而又相互依存，缺一不可，共同构成整个社会公民权的基本架构。另一方面，民事权、政治权和社会权这三个要素，不是同时出现的，而是先后出现并逐步发展的。最初的公民权，主要是指 18 世纪的民事权，后来到了 19 世纪，政治权纳入公民权的研究范畴，最后到 20 世纪，社会权的加入，使得公民权逐步完整。简而言之，公民权的演变是一个逐步发展、逐步完善的过程。但是这一研究的分析框架成为后来学者对马歇尔批判和备受争议的地方。有的学者甚至批判马歇尔的这一公民权分析框架是一种进化主义和种族中心主义。

（3）公民权与社会阶级。对公民权和社会阶级的相互联系方面，马歇尔并未提出完整的分析路径，但是后来的学者，如吉登斯、萨莫斯等在马歇尔研究公民权和社会阶级的基础上，丰富了其中的内涵。在马歇尔看来，他认为公民权更多的是通过自上而下的方式而完成的，即公民权主要是通过国家授予公民的一种权利，而不是由公民自己通过社会斗争而争取到的一种社会权利。它强调公民权是一种"自上而下"的方式，而忽略了"自下而上"方式的影响。然而，事实是，在如此激烈而又复杂的社会背景下，公民参与社会斗争远远比国家主动授予公民权来得快，因此，从社会阶级斗争的角度分析公民权与社会阶级的密切关系更为突出，也更为重要。这虽然有异于马歇尔公民权的分析路径，但是不可否认，在全球化的大背景之下，这一方式在现代社会，要比当时马歇尔的公民权分析更符合时代要求，也更有说服力。

马歇尔的公民权理论揭示了公民权在社会学研究中的三个基本领域。

（1）划分社会不同阶层的研究。马歇尔在社会不同阶层划分的研究中，重点研究了公民权在社会分层中的运用。其认为：由于教育对职业结构有一定的影响，这使得公民权成为划分社会阶层的一种重要工具[①]；马歇尔对公

---

① Marshall, T. H., "Citizenship and Social Class", in T. H. Marshall & Tom Bottomore (eds.), *Citizenship and Social Class*, London：Pluto Press，1992，p. 39.

民权与社会阶级之间对抗性的深入分析，也为相关的学者在研究"公民权"在"阶级形成研究"中的作用提供了很好的启发。另外，随着社会分层研究的深入，公民权的概念在研究中的作用被扩展了。例如，格伦斯基的《社会分层》指出把"公民权"作为划分社会不同阶层的基础，同时也是被不平等分配的七种资源形式之一①。

（2）关于社会运动的研究。在马歇尔的研究中，没有明确指出公民权与社会运动之间存在着什么样的关系。但在探索了公民权的主体问题和公民权的发展动力来源之后，我们可以发现公民权和社会运动有很大的联系。这主要表现在：首先，社会运动推动了公民权的发展；其次，公民权促使社会运动的产生；最后，公民权本身（特别是民事权）在社会运动中有很强的潜在发展力。公民权是追求基本权利的社会运动而诉诸的基本概念，甚至可以说，在部分较为激进的定义中，对社会运动的定义就是关于公民权的运动。然而，在公民权和社会运动之间关系的研究中，如何形成系统化的理论和合理化的研究模式，这是一个仍在探索的问题。此外，在全球化发展的大背景下，跨国移民、性别群体、种族群体和生态环境等问题的出现也给公民权的社会运动研究提供了很大的机会，同时，这项研究的发展也面临很大的挑战。

（3）公民社会方面的研究。关于公民社会的研究，西方学界有着不同的看法。从"国家与社会关系的视角"来研究的西方学界，其传统的社会公民理论总体上包括三种②：①英美传统。这种传统理论最先从洛克的哲学发展起来，其主要观点是提倡公民社会应独立于国家。②欧陆传统。这种传统理论最先从黑格尔的哲学发展起来，其主要观点是国家在发展公民社会的同时，还要保证公民社会推进社会共同利益。③以安东尼·葛兰西的理论作为基础的传统。这种传统以意大利马克思主义学者安东尼·葛兰西的理论作为基础，它认为公民社会是国家的对立面。从"公民社会的内部构成"看，在实际研究中可以得出两种分析范式：葛兰西的"组织范式"、马歇尔的"权利范式"。葛兰西认为公民社会包含了政党、工会、各种志愿组织等，

---

① 戴维·格伦斯基编《社会分层》（第 2 版），王俊等译，华夏出版社，2005。
② 涂肇庆、林益民：《改革开放与中国社会：西方社会学文献述评》，牛津大学出版社，1999，第 50 ~ 51 页。

所以公民社会是一个组织概念。马歇尔并没有明确指出过"公民社会"的概念，但他代表了一种不同的类型。马歇尔的理论重在强调"权利"维度。这种"权利"维度要求我们在公民社会组织架构的研究中，必须考虑组织中"享有权利的人"。

马歇尔公民权理论的复兴是在20世纪80年代中后期。在此时，公民权的研究热潮在西方学术界掀起，甚至于在发现公民权概念重要性方面超过了对马歇尔的重视。尽管不同学科会有不同的理论角度、理论立场、研究目的，但这些研究都会在马歇尔的理论中寻找理论资源与研究灵感。在公民权研究中，马歇尔的地位日益得到重视。公民权理论，使马歇尔得到了社会学家的名声，但它却没有在社会学中得到进一步的发展，即使在西方社会学界，公民权研究没有形成主流，也没有系统化的理论体系。在中国，学术界对公民权的研究较少，在理论和研究经验方面都很薄弱。对马歇尔的关注也是近几年才开始的。总而言之，在一种学科视角下，重新认识马歇尔的相关理论有着重要的意义。

2.3.3.4　全球化背景下马歇尔公民权理论的批判

不同的时代背景下，公民的身份有不同的内涵。马歇尔所提出的公民身份也只适用于其所处的时代。他的表述具有一定的局限性，在当代全球化和风险社会背景下出现了新问题。吉登斯认为，马歇尔没有预想到20世纪70年代后所出现的新自由主义运动会对福利型国家制度进行一些批判，而他的表述也仅是在福利国家进一步发展的假设之上[①]。吉登斯进一步批判，马歇尔论述的福利制度是立足于相对稳定的环境条件下的，在当代风险社会背景下需要再次评价[②]。

随着全球化的发展，全球的组织体系发生了很大的变化，这就使得公民的身份概念不能与时代相符。尽管公民身份的概念为保护福利国家提供了理论基础，但是在有些方面这个概念还是显得过时。当今世界的组建离不开两个悖谬性的社会过程：第一，全球化的发展给地方主义、区域自治带来了很大的压力；第二，全球主义、全球政治责任观已经形成并进一步发展。公民

---

① 〔英〕T. H. 马歇尔、〔英〕安东尼·吉登斯：《公民身份与社会阶级》，郭忠华、刘训练编，凤凰出版传媒集团、江苏人民出版社，2008，第23页。

② 〔英〕T. H. 马歇尔、〔英〕安东尼·吉登斯：《公民身份与社会阶级》，郭忠华、刘训练编，凤凰出版传媒集团、江苏人民出版社，2008，第235~236页。

身份的概念仍然在不断的发展变化中，而到目前，我们还没有形成相关的概念工具能描述全球成员资格。

（1）社会权利所主张的基本理念与公民权利、政治权利存在着一定的冲突。社会权利的基本信念是一种家长主义的观念。它认为，个人的市场价值不能作为衡量其福利权利的尺度，这与公民权利、政治权利中主张的契约式的观念很不相同。比如，部分评论者认为民事和政治权利与社会权利在原则上存在冲突。民事和政治权利主张人自由而社会权利则主张集体平等。奥利弗与希特主张社会权利与公民权利、政治权利应当分隔开来。他们认为，社会权利强调福利、服务的再分配，这与提倡市场经济的观念截然不同，然而在维护市场体制正常地、持续地运作中，民事和政治权利发挥很大作用。把公民权利与政治权利看作"第一代权利"，原因在于法律面前的平等与传统的自由主义是相辅相成的。这些观念与资本主义体制的价值观并没有多大的冲突。其中，公民权利提供了维护市场经济正常运作所需要的自由；政治权利则通过民主选择理念来保证市场体系长期的合理性。社会权利和它强调的经济责任则被认为是"第二代权利"。社会权利一般情况下是拥有一些服务的资格。通常是由立法来保障这样的权利，如政府的法律权威通过立法来取得，公共福利的供给通过赋税筹措来得到所必需的资金。所以，社会权利的保障需要高于公民权利或政治权利的资金水平。满足社会权利所需要的经济资源在很大程度上是出于政治意愿。因此，社会权利、经济权利不是剩余的，它们是国家正面行动的结果，不是在考虑个人行动或者自由的法律约束之后才保存下来的权利。

（2）警示公民权利、政治权利被社会权剥夺。由于注意安抚社会公众的生活，社会权很容易使得统治者借机对社会公众所拥有的公民权利、政治权利进行剥夺。例如德国俾斯麦的威权主义体制，其为了取得合法性认同，发展社会保障，渗透民族主义的国民教育，加强国家权力。政府掌控了国家建设进程的速度、方式。在自然资源丰富的地区，国家经常为了提供富足的物质生活而不重视其政治民主的要求。所以在这些国家中，"石油是民主的敌人"。在一些贫穷的政治威权主义国家，社会权利很容易成为国家政权与市民社会的结合点，这些国家往往加大了"民生"的空间而关闭了"民主"的空间。

（3）行政权力随着社会权利的发展而不断膨胀，在这种情况下，行政机构官僚化、行政效率低下等问题开始出现。为了更好地取得社会权利，公民需要把自己放在国家管理体系的社会控制下，对公民权利、政治权利的压制便由此产生。

（4）公民身份理论主要侧重权利的表达，所以没有很好地对义务观念进行塑造。社会义务主要包括照顾（父母照顾子女、自我照顾）、行为控制（家庭暴力的控制、自我控制）、发展（儿童教育，自我发展）。除此之外，还包括生态主义运动中发展衍生出来的代际照顾义务等新型义务形式[①]。过度提供社会福利权的情况，容易导致工作伦理减退和家庭观念减弱等问题。

（5）经济上的冲突主要表现在：提供福利权利所需要的资金支持主要是通过增税，然后，从国家税收中对福利享有者进行财政转移。在一个通货膨胀的发展环境中，以前通过捐款来积累的资金，很难满足如今的社会保险要求所需要满足的资金需求。相反，它们是通过对当前的税收转移来提供资金支持。所以，资金从纳税人的收入中转移到社会保险索取者手中，在这种情况下，私人财产的限制就被加强了。

2.3.3.5　马歇尔的公民权理论对构建中国社会政策的启迪作用

尽管马歇尔的公民权理论产生于 20 世纪 40 年代末，但从现实层面来看，他的理论、观点与当代社会现实、社会思潮的发展仍然存在很大的联系。20 世纪 80 年代末，新自由主义在全球的影响范围不断扩大。由马歇尔提出的社会权在东西方受到严重的冲击。在转型时期的中国社会，市场经济经过了近 30 年的充分发展。作为公民权的一部分，民事权也得到了较大的发展，政治权的发展仍然缓慢。然而社会权被严重削弱，这使得住房、教育与医疗等基本权利日益变成国人头上的"新三座大山"。而且中国城乡二元分割的户籍制度把这个社会中占据人口比重最大的农民群体排除在了普遍的国民待遇之外。这违背了公民权制度所提倡的精神，即每个人作为一个完整而平等的社会成员都应当得到公平对待。由此可以看出，建设并完善中国社会的公民权制度仍然是一个迫切、强烈的任务。

公民权强调的是"平等、赋予、保护"，因此，社会政策的基本理念是

---

① 〔英〕莫里斯·里奇：《重新思考公民身份——现代社会中的福利、意识形态和变迁》，郭忠华等译，吉林出版集团有限责任公司，2010，第 216 页。

公正和平等。平等不仅意味着平等的权利与享受，而且意味着平等的贡献和义务。目前的社会政策，非常重视就业问题，把就业看成中心，认为"工作是最好的福利"。在全球化、新自由主义的发展浪潮中，国家的福利制度并未全部解体，只是结构发生了转型。在这种转型的过程中，政府不能够推卸福利的责任，但是需要转变福利责任的承担形式。与此同时，个人、家庭、社区、市场和第三部门应当与政府一起承担福利责任。在社会福利的制度改革中，我们没有重视社会福利的法律救济制度而是比较侧重社会保障制度建设。因此，这就要求对行政诉讼、宪法诉讼、法律援助等制度建设进行加强。最后，在全球化的形势下，各国所面临的福利问题也存在相似性。在完善我国社会福利制度的过程中，不应该过分强调中国特色。每个国家的福利制度都有自身的特点，没有哪两个国家的福利制度是一模一样的。但是公民资格的一些基本原则、制度的落实具有共性，比如市场经济制度、法治原则等。市场经济既是一种经济制度、经济形态，也是一种社会形态。这主要表现在政治、经济、文化等多方面的现代性上。西方的现代性不是只属于西方，批判现代性也不是将其全部否定，而是希望可以更完善。现代性存在许多不足，但是我们无法超越现代性，在现代性的发展过程中我们必须要考虑到现代性的多种不足。

平等、公正与公民权有着内在的联系。首先，公民权——特别是其中的社会权——促进了平等的实现。公民权是公民资格的核心，在竞争市场经济中公民权是不可缺少的。在财产权上，穷人富人都是相同的。但如果没有社会权，穷人的财产权将不再有意义。社会权的普及缩小了阶级的差别，改变了的阶级结构使得中产阶级最终形成。此外，少数人所垄断的高质量的物质生活与精神生活，因为大众消费的形成而被打破。其次，社会权理论上强调平等，但在实践中并不是这样。由于教育对职业结构有一定的影响，这使得公民权成为划分社会阶层的一种重要工具。因此，马歇尔主张在现代教育中，应当将职业教育、技术教育和价值教育相互融合。在公民资格的不断发展中，社会政策建立起来。社会政策具有两面性，即理论性与实践性。这种两面性不仅肯定了社会政策对于美好价值的追求，同时，为了减少或消弱在实践中的不好效果，明确提出了平等与公正的重要性。

平等是相对而不是绝对的。人类追求平等，但所有人都处于同一地位或者拥有同样财富的平等这种状况从没有出现也不可能出现。因此，现实的平等包括法律上、权利上、机会取得上的平等。平等的内在含义不是消除所有的差别，而是消除一组特定的差别。迈克尔·沃尔泽所说的复合平等就是这种平等。但社会政策中既需要复合平等，还需要公正的分配理念。历代学者对公正一直存在着争论，包括功利主义和权利取向自由主义之争，激进派自由主义和平等派自由主义之争，自由主义和社群主义之争，等等。对于各种理论派的争论，我们可以发现我国的社会政策的平等、公正的价值观念的基本内涵。第一，每一个公民都应平等分配给公民资格，这不但是平等、公正所要求的，也是其他公正分配的基础。第二，社会福利的基本内容中，个人生存的基本物品应该被平等分配，基本物品需要按集体的社会成员来理解且需要与人的基本需要相符。第三，出于对社会和谐建设的考虑，国家需要对其他物品进行功利主义分配。

除了重视平等与公正的理念外，我国的社会政策还需要注意权利与义务相统一的观念。我国处在计划经济时过分地压制了个人权利，个人对集体和国家的责任被过分强调，毫不利己和无私奉献变成整个社会的主流意识形态。在那个时代，理论上的"私"没有法律地位；实践中，仅有很小的生存空间。社会政策，明显地表现为重集体利益、轻个人福利；着重强调政治挂帅和忽视物质刺激。改革开放以后，权利意识在人们的头脑中逐渐发展起来（尽管权利的落实还面临许多困难）。在部分领域中，却过分地强调了权利观念。许多人在争取权利的时候，却没有看到自己的社会责任。如在低保制度中，大量存在着骗保的现象；有些失业人员可以一边领着失业保险金，一边又隐蔽就业。这些现象给新自由主义者批评社会福利制度提供了条件。他们认为，中产阶级努力的工作却给那些不务正业的福利骗子提供了可乘之机，这种现象不仅对中产阶级不公平，也冲击了社会的积极进取文化。

公民资格的平等并不仅仅是享有平等的权利。公民资格是一个不断发展的社会建制，既包括权利也包括义务，其包含的权利并不是无限的、绝对的。社会权和个人对集体的义务与忠诚相辅相成。社会权的现代形式表明，身份对契约的侵害、市场价格对社会正义的服从、权利要求代替自由的讨价还价，马歇尔并不反对这些状况。但是权利要求排挤契约责任时，应当重视公民资格的义务。平等的公民资格还有一层意思，即所有的公民要互相担当维护安全和福利的义务。权利与义务要相互统一，公民在享有福利权利的同时还要承担与之相应的义务。比如领取失业救济金的人要主动承担找工作的义务，以贡献为基础的工作福利将替换以权利为基础的普遍福利。

2.3.3.6　全球化背景下马歇尔公民权理论的批判

马歇尔关于公民身份的论述仅仅局限于其所处的时代，无力回应当代全球化、风险社会背景下面临的新问题。例如，吉登斯认为马歇尔的一系列论述建立在福利国家将深入发展的基础假设之上，没有预见 20 世纪 70 年代以来出现的新自由主义运动对福利国家制度的批判与反思①；吉登斯进一步批判，马歇尔论述的福利制度是建立在相对稳定的环境条件下的，在当代风险社会背景下需要重新评估②。

虽然公民身份的概念依然为捍卫福利国家提供了规范性基础，但是，全球体系组织方式上的某些重大变化使得公民身份概念在某些方面显得多余和过时。当今世界是由两个悖谬性的社会过程建构起来的，一方面，全球化对区域自治和地方主义产生了巨大的压力；另一方面，形成了更加强有力的全球主义和全球政治责任观念。公民身份概念因此仍然处于变化和发展过程中，而我们还没有形成能够表达全球成员资格观念的概念工具。

（1）社会权利的基本理念与公民权利、政治权利相冲突。社会权利的基本信条是个人的市场价值不能成为衡量其福利权利的尺度，是一种家长主义的理念，这与公民权利、政治权利中契约式的观念无法兼容。例如，若干评论者指出，民事和政治权利、社会权利之间存在原则上的冲突，前者是个人自由的基础，而社会权利则围绕集体平等理念展开。奥利弗与希特认为，社会权利应当与公民权利、政治权利截然分离，认为社会权利强调福利和服务再分配，与市场经济唱反调，而民事和政治权利将保障市场体制的持续运作。公民权利和政治权利是"第一代权利"，植根于正式的法律平等，与自由主义传统一脉相承，它们与支撑资本主义体制的价值观没有那么大的冲突。其中，公民权利将保证市场经济成功运作所必需的自由；政治权利通过民主选择理念，保证市场体系持续的合理性。而社会权利和它通常所蕴涵的

①　〔英〕T. H. 马歇尔、〔英〕安东尼·吉登斯：《公民身份与社会阶级》，郭忠华、刘训练编，凤凰出版传媒集团，江苏人民出版社，2008，第 23 页。
②　〔英〕T. H. 马歇尔、〔英〕安东尼·吉登斯：《公民身份与社会阶级》，郭忠华、刘训练编，凤凰出版传媒集团，江苏人民出版社，2008，第 235～236 页。

经济责任被认为是"第二代权利"。社会权利通常是获得某项服务的资格，一般通过立法建立这样的权利，立法授予政府以法律权威，通过赋税筹集公共福利供给所需要的资金。因此，保证社会权利所需要的资金水平显然远远高于公民权利或政治权利。保证满足社会权利成本所需要的经济资源在很大程度上是政治意愿问题。因此，社会和经济权利不能看作剩余的，它们不属于考虑了个人行动或自由的法律约束之后所保留下来的自由权利，而是国家正面的行动结果。

（2）警惕社会权对公民权利和政治权利的"诱夺"。社会权由于强调的是对社会公众进行生活上的安抚，容易使统治者借机对社会公众的公民权利和政治权利进行剥夺或者压制。例如，在俾斯麦的威权主义体制中，德国政府获取合法性认同的统治策略就是，发展渗透民族主义的国民教育和强化国家权力的社会保障，使民族国家建设进程的速率和方式始终在其掌控之中。又如，在一些自然资源极为丰富的地区，如中东国家，常常通过给国家提供富足的物质生活而消解其政治民主的要求，因而在这些国家中，"石油是民主的敌人"。在一些贫穷的政治威权主义国家，社会权利更容易成为国家政权与市民社会的结合点，通过开启"民生"的空间来关闭"民主"的空间。再如，在当前我国政府治理过程中，往往强调用金钱给付等方式平息事态、压制矛盾，但是并没有给当事人一个自由表达诉愿的机会。

（3）社会权利的发展带来了行政权力的急剧膨胀，由此引发了行政机构官僚化、行政效率低下、行政裁量权增加等问题。为了顺利获取社会权利，公民必须将自己置于国家管理体系的社会控制之下，由此造成了对公民权利与政治权利的压制。

（4）公民身份理论偏重于权利话语的表达，缺乏对义务观念的塑造。社会义务包括照顾（父母对子女的照料、自我照顾）、行为控制（如控制家庭暴力、自我控制）和发展（如儿童教育，当然也包括自我发展），此外，还有生态主义运动中发展出来的代际照顾义务等新型义务形式①。在社会福利权过度供给的情况下，容易引发工作伦理减退、家庭观念减弱等问题。

（5）经济上的冲突。福利权利的提供需要包括增加税收和从国家税收

---

① 〔英〕莫里斯·里奇：《重新思考公民身份——现代社会中的福利、意识形态和变迁》，郭忠华等译，吉林出版集团有限责任公司，2010，第216页。

收入中对福利接受者进行财政转移这样的资金支持。在一个通货膨胀的环境下，过去捐款的资金积累难以为当前的社会保险要求提供资金支持。相反，它们是从当前的税收转移支付来提供资金的，因此，这些资金是从当前纳税人的收入中转移到当前的社会保险的索取者手中的。这就强化了对私人财产的限制。

第 3 章　问题分析：中国城市新移民的公民权被排斥

著名政治学家塞缪尔·P. 亨廷顿（Samuel P. Huntington）认为，"现代性产生稳定，但现代化却会引起不稳定"①。随着我国 2011 年全年人均名义 GDP 上升至 35083 元，约合 5432 美元，现代化建设开始迈上新的台阶。对此，党中央在"十二五"规划纲要中明确指出："我国的改革发展处于一个关键时期。既是一个大有作为的战略机遇期，又是一个充满风险的社会转型期和矛盾凸显期，必须科学判断和把握发展规律，主动适应环境变化，有效化解各种矛盾，更加奋发有为地推进我国改革开放和社会主义现代化建设。"

3.1　转型中的国家

要化解我国目前矛盾凸显期存在的一系列诸如城乡、地区差距等方面的问题，顺利度过这一关键时期，就要做好城乡经济社会统筹发展工作，实现从农业的、乡村的和封闭半封闭的传统型经济，向工业的、城镇的、开放的现代型社会经济的转型②。

3.1.1　转型中的中国

"转型"一词，英文通常用"transition"或"transformation"表示，即

---

① 〔美〕塞缪尔·P. 亨廷顿：《变化社会中的政治秩序》，王冠华译，三联书店，1989，第 45 页。

② 钱文荣、黄祖辉：《转型时期的中国农民工》，中国社会科学出版社，2007，第 8 页。

转换或过渡的意思。"一般而言，转型是从命令经济向开放的市场导向经济的转换。转型涉及制度变迁。这意味着资源配置方式和生产方式的改变，意味着所有权结构与激励—约束机制的改变。"①

我国这一概念是在 1992 年以后开始兴起的。最早的含义是指体制转型。著名经济学家厉以宁在《转型发展理论》一书中指出："中国是一个转型的发展中国家。转型是指中国正在从计划经济转变到市场经济体制，发展是指中国正在从不发达状态迈向现代化。"②

目前，我国建设社会主义市场经济的改革已不再局限于体制变革的狭隘领域，而是与发展中国家的现代化进程一道加入世界范围内的"后发"国家的社会转型潮流之中，是一场全面整体的社会结构变革③。

世界经济发展的规律证明，一个成熟的现代经济与社会，其农业产值在国民生产总值中不可能占到高比例，农业劳动力同样不可能在劳动力构成中占到高比例。因此，在我国社会转型的过程中，农村劳动力的转移和农民的移民现象也必然出现。虽然随着我国改革开放的推进，原本牢固的城乡二元结构已有所松动，亿万农民获得了身份自由，带着对城市的美好期许，纷纷涌入城市，由温饱不济到总体小康；但是社会转型的过程还远未顺利完成，城乡二元结构还没有完全消除，城市新移民的权利受到诸多制约与排斥。城市新移民的存在是我国体制转移过程中出现的独特现象，这一问题将伴随着我国社会转型的全过程。

3.1.2　城市化与现代化进程

正处于社会转型期的中国，在有可能陷入城乡、地区间贫富差距扩大、有增长无发展的"现代化陷阱"的同时，城市化与现代化进程的加快成为城市新移民群体出现的又一大背景。

城市化与现代化是当今世界各国发展的必经之路。目前我国这一处于转型期的国家正面临着城市化与现代化进程中所必然凸显的一系列难题。

---

① 姚先国：《过渡经济学讨论：东欧国家经济体制转型》，《世界经济文汇》1997 年第 4 期。
② 厉以宁：《转型发展理论》，同心出版社，1996。
③ 李钢：《国社会转型与代价选择》，《社会科学辑刊》2000 年第 2 期。

作为一个复杂的动态过程，城市化包含着人口转变、产业结构调整、制度变迁、社会进步、地域空间变化、生产要素聚集等多方面的内容，且这些内容在城市化的不同发展阶段以及同一国家的不同区域呈现出不同的表现形式。与其他早期工业化国家一样，我国城市化进程相伴而来的亦是农村人口向城市的大量迁移。

19 世纪，整个西方世界处于由传统农业社会向现代工业社会的变迁当中，遇到了一系列变迁性社会问题，如大量的"城市病"、令人吃惊的贫困和失业、频繁的生产事故和劳动者缺乏安全保证、道德沦丧和人际关系淡漠等。进入 20 世纪后，随着生产力的发展，工人运动的高潮和政府所实行的一系列改良，这些问题已经得到或多或少的缓解。30 年代初西方在经济大危机面前，各国先后进行了社会改革和政策调整，以便加强政府对经济生活的干预，但这又引发了一系列转轨性社会问题，如经济滞胀、官员腐败、犯罪激增等。缓解这些问题又花去了它们几十年的时间。60 年代以后，它们又同世界各国一道，共同面临着一连串全球性社会问题，如环境污染、能源危机等。在西方，由于这三类问题序贯而出，分布不太集中，时间拉得较长，因此，它们在单位时间里所承受的压力也比较小，问题解决起来就显得相对容易。

与西方国家不同，我国的城市化有着自身的独特性。经济转型与实现快速城市化同步进行的过程使得问题更加错综复杂。我国从 1956 年起开始了由农业社会向工业社会的跃进式变迁，而在这变迁的过程中必然会出现大量变迁性社会问题，农村剩余劳动力的转移问题成为我们面临的最主要问题之一；就在我国由农业社会向工业社会的变迁过程中，又恰巧碰上了大规模的社会改革，旧体制刚刚出现漏洞，新体制尚未健全，引发了一系列的转轨性社会问题以及难以避及的全球性社会问题。这样，三大类社会问题集中发生在几十年内，同西方相比，短时间里承受的压力巨大，问题解决起来也就更加不易。"三症并发"会使各种病症相互交错，治理一种病症的药方往往会加剧另一种病症，反之亦然，这就大大增加了治理的难度[1]。

中国城市化水平从 1978 年的 17.9% 提高到 2012 年的 50%。与此同

---

① 童星：《世纪末的挑战——当代中国社会问题研究》，南京大学出版社，1995，第 15 页。

时，人口流动和人口迁移明显加速。20 世纪 90 年代中期以后，许多流入城市的人口定居意愿增强，他们中的相当一部分事实上已经在城市中定居下来，成为"城市新移民"。根据国家人口计生委①统计，2011 年我国流动人口总量已接近 2.3 亿。这样的规模在世界上相当于第五大人口国，仅次于拥有 2.4 亿人口的印度尼西亚。流动人口的平均年龄只有 28 岁，"80后"新生代农民工已占劳动年龄流动人口的近一半。让农民工真正转移成市民，不仅关乎我国城镇化和现代化的未来，也是实现公平正义和维护社会稳定的需要。

对于"城市新移民"来说，身份的城市化要远远落后于职业的非农化。城市化并不只是农村人口向城市人口的简单转移，更不是农村人口在城市简单的空间聚集。城市化指的既是一定地域内的产业结构、管理手段、服务设施、环境条件由小到大、由粗到精、由分散到集中、由单一到复合的转换或重组的动态过程，又是人口规模以及人们的生活水平和生活方式等要素随社会生产力的发展而逐步改变并不断扩散的过程。长期以来，我国只有城市居民和农民的概念，而缺乏公民概念，人们的脑子里根本没有意识到公民身份问题。对于中国城市"新移民"来说，一方面由于城乡二元体制的制约，新移民的身份远远落后于职业的非农化，再加上政府的歧视与监管的缺位，使得他们的公民权得不到有效的保障。另一方面他们目前的生活方式仍然保留着农村传统的散漫性、无序性，生产的季节性及以血缘、乡缘、地缘为主的人际交往方式。"新移民"要融入城市并适应城市的生活方式，也需要自身的不断完善。

3.1.3　新中国成立年以来中国公民权发展脉络

任何一个国家公民权利状况的进步，都是在漫长的历史进程中逐步实现的。1949 年 10 月，中国共产党领导中国各族人民取得了新民主主义革命的伟大胜利，建立了中华人民共和国。这意味着人民是国家的主人，国家的一切权力属于人民，人民的利益是国家政权合法性的基础；这种性质的国家只能是保障公民权利的国家。因此，中华人民共和国建立之初，即把人民的利益写在自己的旗帜上，把充分实现公民权利定为自己的根本目标。中华人民

---

① 现已改名为"国家卫生和计划生育委员会"。

共和国建立 50 多年以来，中国公民所享有的权利，不论深度还是广度，都是此前任何时期所无法相比的。特别是改革开放以来，中国公民的权利状况明显改善。

3.1.3.1 新中国成立至"文化大革命"之前是中国公民权发展的奠基时期

中华人民共和国建立之初，起临时宪法作用的《中国人民政治协商会议共同纲领》便宣称，国家的一切权力属于人民，并据此规定了人民所享有的各项政治、经济和文化权利。1954 年《宪法》是中华人民共和国第一部宪法。这部宪法第三章比较详细地规定了公民的基本权利，其中包括：平等权，选举权和被选举权，言论、出版、集会、结社、游行、示威的自由，宗教信仰自由，人身自由，住宅、居住、迁徙自由，劳动权，休息权，物质帮助权，受教育权，进行文化活动的自由，妇女的平等权利以及控告和取得国家赔偿的权利等。可以说，这部宪法勾勒出了公民权利体系的基本框架，在其施行的最初三四年里，在国家生活和社会生活中发挥了重要作用，为我国公民权利建设奠定了扎实基础。

但是，由于这一时期国家实行的是高度集权的计划经济，强调公民对党和国家的绝对服从，要求公民把大公无私作为道德准则，公民权利完全让位于国家权力。

3.1.3.2 "文化大革命"十年间中国公民权的发展遭受曲折

"文化大革命"十年是新中国民主宪政建设经历的一个严重倒退时期。随着国家政治生活中极"左"思潮的抬头并日益泛滥，1954 年《宪法》逐渐被弃若敝屣。十年浩劫期间，国家陷入内乱，国家的整个法治系统更是彻底瘫痪，公民的权利遭受空前践踏。

1975 年通过的新中国第二部《宪法》对公民基本权利的描述仅有两条，一反常规地将基本义务置于基本权利之前。具体条款上取消了 1954 年《宪法》中"公民在法律上一律平等"的原则，去掉了"国家关怀青少年的体力和智力发展，进行科学研究、文艺创作和文化活动自由"；取消了公民实现权利的物质保障，使公民权利的内容和范围出现了严重的缩减和倒退。1975 年《宪法》强调了公民履行义务是首要的，而享受权利是次要的，缩减了权利，加重了义务。也正因如此，人们将这部《宪法》称为新中国四部《宪法》中最差的一部宪法。

3.1.3.3　改革开放以来中国公民权得到空前发展

改革开放以来，经济建设取得巨大成就的同时，中国公民权利无疑也取得了巨大的进步。第一，"文化大革命"时期以及之前的以阶级斗争方式大规模侵犯正当公民权利的现象得到了根本扭转和制止；第二，公民的生存权状况有了极大的改善，人民的生活水平大幅度提高；第三，公民的言论权状况随着互联网的发展也有了相当的改善；第四，公民的财产权、教育权和社会保障等也有了很大的发展；第五，公民参与政治选举方面也得到积极推进，这是对于我国公民权利进步应有的清醒估计。这些进步的取得，既有党和政府的努力，也有公民的积极争取，党和政府与公民的良性互动，是我国改革开放以来公民权利进步的成功经验。就具体表现而言，这主要体现在三个方面。

首先，对于公民权利的保护提升到法律角度。

1982 年《宪法》初步建立了符合中国实际的公民权利保障体系，其在宪政上的进步之处表现在以下三个方面：（1）突出宣示了公民基本权利在宪法体制中的重要地位，既宣示了"主权在民"思想，又表明了宪政秩序中公民权利所具有的重大价值与普遍约束力；（2）加强了对公民权利和自由的保障，在规定公民基本权利和自由的同时均规定了相应的保障措施，且有相关国家机关的具体职权与之对应；（3）同时规定了基本权利与基本义务，坚持二者并重，体现了权利义务统一性的法律原则，使得公民行使基本权利与履行基本义务具有同等意义。

此后，又通过 1988 年、1993 年、1999 年、2004 年四次修宪，使得法律对于公民权利的规定更加全面，公民的个人权利逐渐得以回归，公民的经济社会文化权利有了国家义务作为保障。

其次，政府对于保护公民权利的态度日渐明朗。

归属于国家的公民权，必然依赖于国家的主导与发展。发展公民权的能力，就成为现代政府的一项基础性能力。在以市场经济为基础的现代社会中，公民权利问题是政治建构和社会管理的核心问题。中国既已选择了社会主义市场经济的发展道路，政府的最基本职能就是要确认和维护公民的基本权利。随着社会主义市场经济的深入发展，我国政府也在社会管理活动中明确肯定了公民基本权利的地位，从总体上说，中央政府维护公民基本权利的指导思想和基本态度是明确的。

2003 年被公众称为"权利年",中国政府采取一系列的措施打击侵害公民权利的行为,在维护公民权利方面做出了巨大的贡献。时任总理温家宝亲自为农民工讨要工资的事在社会上引起了巨大反响,它使保护农民工合法权益的问题提到了各级政府的重要议事日程上,得到广大群众的拥护。这些行动为中国共产党"立党为公,执政为民"的执政理念和中国政府"以人为本"的思想注入了新的血液和活力,更好地体现了全心全意为人民服务的宗旨。2012 年,党的十八大报告进一步提出,"逐步建立以权利公平、机会公平、规则公平为主要内容的社会公平保障体系,努力营造公平的社会环境,保证人民平等参与、平等发展权利"。这从制度设计的角度传递出了中央切实保障公民权利的信号。

最后,公民权利意识的日渐觉醒与不断发展。这具体表现为权利认知的自觉化、权利主张的普遍化以及权利要求的纵深化。

权利认知的自觉化是指随着市场经济带来的主体自主性的增强,越来越多的人开始自觉意识到自己作为权利主体的地位,在特定的社会关系中,开始考虑自己到底有何权利或自己应该享有何种权利;权利主张的普遍化是指权利主体对自己应该或实际享有的权利予以主动确认和维护的频率越来越高,如肖像权、名誉权、知识产权案件层出不穷,行政诉讼日渐增多,平等权及选举权案件开始出现等,均是权利主张普遍化的表现;权利要求的纵深化是权利意识的高层次表现,具体体现为越来越多的中国人要求政府和法律给予更多的权利保护。这表明中国公民的权利意识正在向纵深方向发展。

2012 年 6 月 11 日,国务院新闻办公室发布《国家人权行动计划(2012~2015 年)》(简称《行动计划》)。《行动计划》指出,中国将依法有效保障公民权利和政治权利。制定和实施《行动计划》,以依法推进、全面推进、务实推进为基本原则,其目标是全面保障经济、社会和文化权利,依法有效保障公民权利和政治权利,充分保障少数民族、妇女、儿童、老年人和残疾人的合法权益,广泛开展人权教育,积极开展国际人权交流与合作。《行动计划》的发布将使中国公民权的发展产生更加强劲的推动力。

3.2　被排斥的公民权

美国学者肯尼斯·罗伯特(Kenneth Roberts)通过对上海 18030 名女性农

民工的调查发现，其中的已婚者大多数都是潜在的"定居者"（potential settlers），而不是临时的"流动人口"（temporary floaters）[①]。我国学者文军根据《中国统计年鉴》和国家有关部委的调查数据，测算出近些年来中国每年源于农村的城市新移民人数："1988 年为 700 万人，1994 年上升至 1000 万人，2000 年达到 2100 万人，2002 年增至 2350 万人。"[②] 10 年后，中国城镇人口已经过半。"城市新移民"作为中国城市化进程中国内移民的特殊群体，从动机上来看，他们基本上不是基于"生存理性"外出，而是更迫切地渴望融入城市，不仅希望争取自身的经济、社会权益，也希望在城市拥有自己的"话语权"。然而在现行各种政治、经济、社会因素作用下，他们却连作为公民所应拥有的基本权利都处于一种缺失状态，被排斥在城市的边缘地带。

2011 年 2 月 20 日中华全国总工会发布的一份新生代农民工调查报告，反映了新生代农民工的特点、面临的困难，并提出帮助其发展的对策，希望唤起全社会对他们的关注和关爱。新生代农民工虽与传统农民工面临着劳动权益保障等一些共同的问题，但其面临的问题又有特殊性。

第一，整体收入偏低。据调查，他们平均月收入为 1747.87 元，为城镇企业职工平均月收入（3046.61 元）的 57.4%；同时也比传统农民工低 167.27 元。

第二，劳动合同执行不规范。新生代农民工劳动合同签订率为 84.5%，低于城镇职工 4.1 个百分点。合同签订质量较差，执行情况差。68.2% 的合同对于月工资数额没有具体约定。与用人单位签订合同后，16.8% 未持有正式的合同文本，这为他们与用人单位一旦发生争议时认定劳动关系、维护合法权益埋下隐患。

第三，工作稳定性差。调查显示，新生代农民工外出务工后更换工作的平均次数为 1.44 次。且每年变换工作 0.26 次，是传统农民工的 2.9 倍。

他们更倾向于采取主动与用人单位结束合同的行为。换工作中，88.2% 的人主动提出结束合同。其中 37.6% 的人主动辞职是因为工作"没什么发展前途"。同时，他们更换工作的意愿更强烈，19.2% 的人表示近期有换工

---

① Kenneth Roberts, "Female Labor Migrants to Shanghai: Temporary 'Floaters' or Potential Settlers?" *International Migration Review*, 2002, 36（2），pp. 492–519.

② 文军：《从分治到融合：近 50 年来我国劳动力移民制度的演变及其影响》，《学术研究》2004 年第 7 期。

作的打算。职业发展空间小，无法满足实现自我发展的愿望，导致他们工作满意度较低。

第四，社会保障水平偏低。据调查，新生代农民工养老保险、医疗保险、失业保险、工伤保险、生育保险的参保率为67.7%、77.4%、55.9%、70.3%和30.7%，分别比城镇职工低23.7、14.6、29.1、9.1和30.8个百分点。总体看，他们的社会保险接续情况较差，对于所在单位为其缴纳社会保险的知情程度不高。

第五，职业安全隐患较多。调查显示，36.5%的新生代农民工面临高温、低温作业问题，41.3%的人工作环境中存在噪声污染，36%的人工作环境存在容易伤及肢体的机械故障隐患，存在粉尘污染问题的占34.7%，但是用人单位为其采取防护措施的比重低于传统农民工。其保护条件堪忧，职业病检查、安全培训落实较差。

第六，企业人文关怀不到位。新生代农民工更渴望和企业能够紧紧相融。96.1%的人表示他们关心企业发展，但认为企业"不怎么关心"或"完全不关心"他们的达16.9%。他们认为管理者和普通员工之间关系不融洽的最主要原因是"管理者不关心职工疾苦"，而传统农民工认为是"收入及福利待遇差距过大"。相比之下，新生代农民工更渴望得到来自企业管理者的关怀和关注。

此外，职业培训不理想、加入工会比例较低等因素，也成为阻碍新生代农民工发展的不利因素。

上述调研反映了以新生代农民工为主体的城市新移民在城市中公民权缺失的现状。在借鉴马歇尔有关公民权理论的基础上，结合我国实际国情，笔者将从城市新移民所面临的被排斥的市民权利、政治权利、社会权利以及文化权利等角度展开论述。

3.2.1 被排斥的市民权利

马歇尔认为，公民权包含三个要素：市民的、政治的和社会的要素。"市民的要素由个人自由所必需的权利构成。"① 作为现代政治之基本表征的

---

① 〔英〕马歇尔等：《公民身份与社会阶级》，郭忠华等译，凤凰出版传媒集团，2008，第10页。

民主政治，不论是间接民主，还是直接民主，都是以个体的自由权为前提的，只有自由的个体，才能自主地参与，才能就公共事务有效表达自己独立的意见①。

作为人类追求自由的市民权利，城市新移民的市民权利具体体现为劳动就业、取得报酬，拥有财产、人身自由与人格尊严以及言论、思想与信仰自由的权利。

每个有劳动能力的公民都有获得工作和取得劳动报酬的权利，城市新移民也不例外。根据亚当·斯密的分工理论，那些脏累和危险的工作以及需要更多教育和培训投入的工作，就必须付予高工资，以便对那些损失做出补偿②。这非常符合"补偿性工资理论"，即在员工的特征不变的前提下，从事较差工作的员工得到的工资高于那些在较舒适的条件下工作的员工。高出的部分工资是吸引人们接受不愉快工作条件所必需的差别补偿，即补偿性工资③。接受更多的教育和培训的人由于付出了更多的成本，需要更多的工资补偿，符合人力资本理论。但补偿性工资理论能够成立必须在三个假设前提之下：一是员工追求效用（而不是收入）最大化；二是员工了解对他们十分重要的工作特征信息；三是员工可以有一系列可供选择的工作机会，即员工的流动性④。现实中，城市新移民从事脏累和危险的工作，他们更多的是追求收入最大化，而不是效用最大化，即使他们了解工作的重要性，也会由于缺乏可选择性的工作而无法得到高工资作为补偿。一般来说，劳动力市场结构由供求双方的力量对比决定。总的来看，城市新移民群体劳动力总供给的绝对数量远远大于市场总需求，使得需求方成为就业市场的主导力量。城市新移民只有被动地服从这种分工，成为绝对弱势群体。

在我国城市社会中普遍存在着两个劳动力市场：一个是收入高、劳动环境好、待遇好、福利优越的劳动力市场，可以叫作"首属劳动力市场"；另一个是收入低、工作累、环境差、福利待遇差的劳动力市场，可以叫作

① 王小章：《个体为本，结社为用，民主法治立基——小议公民社会》，《社会学家茶座》2008 年第 5 期。

② 〔英〕德里克·博斯沃思、彼得·道金斯：《劳动市场经济学》，何璋，张晓丽译，中国经济出版社，2003，第 415 页。

③ 曾湘泉：《劳动经济学》，复旦大学出版社，2003，第 194 ~ 195 页。

④ 曾湘泉：《劳动经济学》，复旦大学出版社，2003，第 197 ~ 198 页。

"次属劳动力市场"。就业市场的劣势地位使得他们只能处在次属或非正规劳动力市场上，普遍存在着超时间工作、超强度劳动的现象，而工资却极低，又没有什么福利待遇。大量调查发现，他们的工资收入基本停留在10多年前的水平上，扣除物价因素几乎是零增长乃至负增长，甚至连这样一点点报酬有时都得不到保障，频频出现讨薪问题。他们中的大部分没有和企业签订合同，没有加入工会，更没有自己的组织，工资被有意拖欠，加上讨薪成本高昂——至少是收益的3倍①。城市新移民努力想要成为城市市民，却连最基本的生存权利都得不到保障，反而不断地受到来自劳动力市场和消费市场的排斥。

　　长期以来我国实行的是城乡分治、一国两策的二元体制。改革开放以来，我国逐渐形成农村劳动力、城市中体制内劳动力市场和城市中体制外劳动力市场，由此取代了从前严格的城市农村二元制。但是，城市新移民在如今的劳动力市场上并没有获得应有的平等就业资格，他们仍然是社会排斥的对象。基本上只能在城市体制外劳动力市场就业，而这个劳动力市场是一个非正式的劳动力市场。他们往往集中于一些劳动密集型的私企中，这些企业工资低，工作环境差，大部分都享受不到政府提供的福利保障。排斥是多方面的，更有甚者就是一些城市政府以公共政策的形式，对于城市新移民从业范围做出了明确界定，不准他们进入城市体制内劳动力市场。大部分进入城市务工经商者，其收入水平一般都得到了显著提高，在其家乡的经济地位也有一定提升，属于农村社会中的中等偏上阶层，但是由于受到城市劳动力市场的排斥，他们属于城市社会中收入偏下的阶层。低下的收入水平限制了他们在城市的消费能力和消费方式，这样，城市的中高档消费市场在他们眼里只是富人们的"天堂"。他们只是处在城市消费市场里最边缘的位置，并未过多地感受到社会经济所取得的发展成果，并没有因为大城市而使生活变得丰富多彩。

　　工资作为城市新移民的劳动报酬，是其获取劳动报酬基本权利的具体体现。长期以来，不少城市在就业方面普遍实行总量控制、先城后乡的政策，设置职业和工种的限制，这些在很大程度上限制了城市新移民的劳动选择

---

① 《农民工讨薪成本至少是收益三倍》，http：//www. nc365. cn/article_ Show. asp？ ArticleID = 1416，2005 年 6 月 21 日。

权。大部分只能从事最苦、最脏、最累、最险的行业，工作时间长、劳动强度大，权益得不到保障。即使同样的工作，正式工人享受的权利，城市新移民一般都不能享有，"同工不同酬"现象普遍存在，甚至经常要加班，有时候却拿不到应得的报酬。部分农民工的工资低于各级政府规定的最低工资标准，甚至低于城市最低生活保障标准，更不可能像国有企业职工一样享有失业救济①。

据一项对青岛市外来务工人员的调查研究表明，50%以上的农民工工资为 801～1200 元/月，而如果考虑到加班情况的普遍性，除去加班费，实际工资是非常低的。据调查，高达 24.49% 的农民工表示通宵加班是常事②。据国家统计局调查，2004 年农民工的平均劳务收入为 6471 元，而同年城镇单位在岗职工平均工资为 16024 元，两者相差高达 9553 元。如果以 1.2 亿农民工来计算，2004 年农民工一共少收入工资 11463.6 亿元，相当于国内生产总值的 8.4%③。国家统计局发布的 2011 年平均工资主要数据显示，2011 年平均工资继续较快增长，外出农民工月均收入首破 2000 元，城镇私营单位员工平均工资仅为非私营单位的 57.8%，差距较大。农民工收入为城镇企业职工的 57.4%，加入工会组织的比率为 44.6%。

据全国总工会 2011 年 2 月 20 日调查显示，新生代农民工整体收入偏低，在接受调查的 1000 家企业中，新生代农民工的平均月收入为 1747.87 元，仅为城镇企业职工平均月收入（3046.61 元）的 57.4%，比传统农民工（1915.14 元）低 167.27 元。在与企业发生过劳动争议的新生代农民工中，31.6% 的人认为"劳动报酬"是引发争议的最重要因素。劳动合同执行不规范也是存在的重要问题，新生代农民工劳动合同签订率为 84.5%，低于城镇职工（88.5%）4.0 个百分点。此外，工作稳定性差、社会保障水平偏低、职业安全隐患较多、职业培训不理想、企业人文关怀不到位等，也是制约新生代农民工发展的不利因素和重要问题。

在享有财产权方面，霍尔巴赫（P‐H. Holbach）说："只有财产所有者

① 李金恺：《建立农民工就业服务于保障体系的思考》，《中州学刊》2004 年第 9 期。

② 高红：《公民权视域下农民工权益保护的社会政策体系支持》，《南京师大学报》（社会科学版）2009 年第 5 期。

③ 刘开明：《社会出身歧视：从户籍问题看中国的就业歧视》，《中国劳工研究通讯》2005 年第 15 期。

才是一个公民。"① 我国是社会主义国家，但迄今为止无论在国有还是私有企业中，工人都仍然是雇佣劳动者，没有私产。城市新移民拥有什么呢？从户籍身份上来讲，他们依然是农民，属于他们的财产似乎天然只有土地。《中华人民共和国土地管理法》第二条规定："任何单位和个人不得侵占、买卖或者以其他形式非法转让土地，土地使用权可以依法转让。"② 禁止农民对土地的处置权，对城市新移民迁徙自由造成阻碍。

浙江省农民工自由权利调查正印证了这一点。被访对象 JTD 说："现在土地没人要，送人种植别人都不想要，现在做农业挣不到钱，种子、化肥、农药就要花好多本钱的，如果加上劳力钱，只有亏本，都不愿意做农业了，都往外面跑，在家里的人自己的土地都做不完，他拿别人的地去也就做不出来了。我家里的土地是我兄弟看管的，我没要他交租，他也没要我给看管费，一家人嘛，他怎么也要帮帮忙了。这个东西很麻烦的，丢了不管，几年就变荒地了，政府要找麻烦，说我承包了地就不能让土地荒起来……现在卖又不敢卖。我和我兄弟轮换进城，去年我只好回家做农业，就是因为找不到人管土地。外人不愿意帮这个忙，费力不讨好。"③

当农民打算移民城市的时候，不但无法把使用的土地当成一种资产进行处置，而且要对土地负有看管的义务。这直接阻碍了农民进城，间接阻碍了农民财产权的享有，也就注定城市新移民相比较于城市居民来说，处于先天相对劣势的地位。

在享有人身自由权利方面。我国 1954 年《宪法》规定：公民具有居住和迁徙的自由。到 1958 年《户口登记条例》的出台，开始使得公民的自由迁徙权受到限制，1975 年《宪法》甚至取消了有关迁徙自由的规定，且一直没有得到恢复。近些年来，有关户籍制度的改革不绝于耳，个别地方甚至出台诸多政策，希望破解这一大难题，但往往都流于形式，或是半途夭折。可喜的是党中央在"十二五"规划中已明确提出适时将城市新移民转化为城镇居民。但需要强调的是，政策制定的出发点总是好的，但仅仅一个城市

---

① 〔法〕霍尔巴赫：《自然政治论》（第 11 卷），陈太先、眭茂译，商务印书馆，1994，第 16 页。

② 《中华人民共和国土地管理法》，法律出版社，2004，第 5 页。

③ 王小章：《走向承认——浙江省城市农民工公民权发展的社会学研究》，浙江大学出版社，2010，第 95 页。

居民户口并不能彻底解决城市新移民与原住居民之间的鸿沟，城市新移民需要实现权利的保障。

在享有言论自由权利方面，作为一国公民享有的最基本的权利，言论自由是表达自由的主要形式和基础，是所有其他表达自由形式的不可分离的核心和母体。恩格斯指出："没有出版自由、结社权和集会权，就不可能有工人运动。"① 言论自由权利作为公民的一项重要政治权利，是公民参与政治的基本条件，也是推进社会科学文化和人类精神自由发展的凭借。但是城市新移民的这项权利却被排斥在城市主流社会之外，这在一定程度上与其自身群体文化知识的匮乏以及书面表达意见和愿望的能力欠缺有关。他们其中不乏有文化素质相对较高、具有强烈公民意识的人，可事实上他们亦被排斥在主流媒体之外。例如，中国有无数报刊，不仅有工人群体、知识分子群体、妇女群体、学生群体的读物，但是适合新移民的却少之又少，数千种报刊，却唯独没有属于城市新移民的杂志。从当下城市流行的印刷媒体看，晚报、早报等都市生活类报纸发展迅速，几乎每个省会城市都有至少一到两份面向城市市民的报纸，却未听说哪个城市创办过一份面向城市新移民的报纸。

话语权的缺失带来了利益表达渠道的不畅通。据相关调查显示，有49.7%的新生代农民工认为没有组织代表自己讲话，表达意见、反映问题不方便，久而久之使得他们的心理困惑得不到宣泄，带来苦闷忧郁的情绪，甚至会出现反社会的行为倾向②。

3.2.2　被排斥的政治权利

亚里士多德有句名言："人是天生的政治动物。"城市新移民作为一支日益壮大的社会群体，同样也不可能置身于政治体系之外。按照马歇尔的观点："政治的要素指的是公民作为政治权力实体的成员或这个实体的选择者，参与行使政治权力的权利。"③ 我们认为公民政治权利的内涵指的是公民参与并影响政治生活从而得以在社会生活领域取得自我实现的权利。狭义

---

① 《马克思恩格斯选集》（第 16 卷），人民出版社，1964，第 84 页。
② 邓秀华：《"新生代"农民工的政治参与问题研究》，《华南师范大学学报》（社会科学版）2010 年第 1 期。
③ 〔英〕马歇尔等：《公民身份与社会阶级》，郭忠华等译，凤凰传媒出版集团，2008，第 10～11 页。

上仅指选举权与被选举权，广义上则是指公民对公共事务的参与权，包括表达权、参与社会的管理权等公民权利。

保障公民政治权利是构建和谐社会的重要基石，也是我国社会主义法治建设的核心要求。政治权利理应是城市新移民享有的合法权利。英国学者简妮·珀西·史密斯（Janie Percy Smith）认为，在大多数西方民主国家里，有相当比例的最为脆弱的群体正在被有效的政治话语所摒弃。与此同时，一些社会群体已经开始对政治过程失去兴趣①。城市新移民这个为经济社会发展做出巨大贡献的群体正遭遇这样的命运，不仅在经济上处于弱势地位，而且在法律和社会实践中，在权益表达和行使基本政治权利方面都缺乏足够的空间，正在逐渐被有效的政治话语所摒弃。

由于社会历史和政治体制的不同，不同国家和地区的公民政治权利的发展状况和水平差异很大②。我国的《宪法》赋予公民一系列政治权利，包括选举权和被选举权、结社权、对国家机关的批评建议权等③。因此，从理论上讲，城市新移民作为中华人民共和国的公民，理应享有这些政治权利。事实上，法律上的获得与现实中的享有是存在很大距离的。

1. 选举权

我国《宪法》明确规定：中华人民共和国公民都拥有平等的选举权与被选举权。然而，对于城市新移民而言，这条法规只能成为一个美好的政策设计。事实上，城市新移民已经从户籍所在地的政治系统中脱离出去，但在城市中他们又不能拥有正式户口和市民身份，在中国城市现行政治体制之下，他们也就不得不成为从不或者极少参与政治活动的"政治边缘人"。

我国1995年颁布的《选举法》规定，中国公民只能在户籍所在地选举和被选举。这使得城市新移民已经被排斥在公民所应拥有的选举权与被选举权之外。根据2006年国家统计局对农民工外出后参与村民自治选举的情况进行调查后得出表3-1。

---

① Janie Percy Smith, "Political Exclusion", *In* Janie Percy Smith（ed.）, *Policy Responses To Social Exclusion: Towards Inclusion?* Buckingham; Philadelphia : Open University Press , 2000, pp. 148 – 163.

② 恩靳·伊辛等：《公民权研究手册》，王小章译，浙江人民出版社，2007，第41~46页。

③ 《中华人民共和国宪法》（第二章）。

表 3 - 1　农民工外出后参与村民自治选举的状况

	人数（合计 431）	有效百分比（%）
回村参加选举	16	3.71
未回村让他人代选	78	18.1
知道而没有参加选举	123	28.5
不知道而没有参加选举	214	49.7

数据来源：国家统计局编《农民工生活质量调查》，2006 年 10 月。

　　此外，对各地的调查表明，就全国范围来看，城市新移民回乡参选的比例非常低。如徐增阳等 2001 年在武汉市所做的随机问卷调查 753 份，参加村委会选举的只占 19.3%；邓秀华等 2004 年在长沙对 439 名进城农民工的生存状况与政治参与问题进行的调查结果显示，参加村委会选举的只有 22.16%[1]。据 2006 年对浙江全省农民工进行的调查显示，浙江省农民工在进城后没有参加任何选举的占 81.2%[2]。

　　城市新移民是农民工群体里打算定居城市的那部分人，他们已经做好了在城市生活的准备，与原本的乡村之间保持的联系基本上已经处于真空状态。因此，回村参加选举的有效百分比更低，另一方面由于二元户籍制度的存在，实际上从他们离开故土的那一刻起，就已经被迫放弃了这一权利。

　　选举活动可以说是公民最重要的政治参与方式，也是公民进行有序政治参与的最直接、最广泛的政治权利。然而，城市新移民却不能在暂住地参加选举，更不能被选举。出于同样的原因，他们参与其他相关社会事务的渠道也不畅通。城市新移民成为失去制度化表达机制的弱势群体，带来的直接后果是"决策者无法倾听同为公民的普通民众的声音"[3]。十二届全国人大代表中农民工代表是 31 人，他们所代表的是 2.6 亿人的群体[4]。

　　2. 参与权

　　政治参与权是指普通公民参与制定公共政策的权利，其目的是通过政

---

① 郑功成等：《中国农民工问题与社会保护》，人民出版社，2007，第 514 页。

② 王小章：《走向承认——浙江省城市农民工公民权发展的社会学研究》，浙江大学出版社，2010，第 115 页。

③ 王绍光：《安邦之道：国家转型的目标与途径》，三联书店，2007，第 194 页。

④ 《从 3 到 31：中国农民工全国人大代表人数大幅提升》，http://news.cntv.cn/2013/03/04/ARTI1362374432496171.shtml。

府、社会以保护、增进自身权益。对城市新移民的政治参与权可从两方面来考察：一是作为公民行使选举、被选举的权利，二是作为城市中的居民在生产、生活中行使公民权利。事实上，城市新移民政治参与基本上处于一种缺失的状态：有政治参与意识且经常性参与的人数少，次数不多，范围不广；即使有参与，仅限于个体参与，而非组织参与和团体参与；参与的内容单一，基本上是问题性参与和手段性参与，即只有当与他人或与政府产生利益纠纷出现矛盾时，政治参与才会发生。

政治参与权的缺失导致城市新移民在国家政治资源、利益分配和制度安排上处于不利位置。利益分配是多方力量通过交锋、讨价还价博弈的结果，是一种理性的妥协，从而使社会处于平衡，避免"零和博弈"。尽管各个国家和政府都宣称是代表社会各阶层利益的，但现代政治运行的轨迹表明，理性的政府在利益的分配上可能会采取牺牲社会弱势群体的立场。

塞缪尔·P. 亨廷顿等学者指出，在发展中国家，个人流动将导致社会经济地位的提高，从而带来更高水平的政治参与①。但对于目前我国的实际情况却并非如此，大量农村人口向城市流动，虽然带来了经济收入的一定提高与生活环境的改善，但并没有带来社会地位的显著上升，政治参与水平也未得到相应的提高。原因在于，职业转化与地位、身份转换的不一致使得城市新移民深受传统小农意识影响，现代公民意识不强。在很大程度上，他们在城市社会只是一种经济性"嵌入"，所依存的社交环境还是在"血缘""地缘"基础上的农村乡土社会，这种情况下，土地仍然是相当一部分城市新移民最重要的社会保障。这种城市新移民在流入地以体制外方式生存，他们的社会地位一般极其低下，对流入地区和单位没有认同感，缺乏主人翁意识，几乎不可能产生现代意义上的政治参与②。

政治表达权作为政治参与权的一项具体内容，指的是公民通过宪法规定的手段和机会来表达自己的政治观点和政治态度，从而影响政府政策的行为过程。表达的手段主要是通过汇集成一种集体效应使政府明确感受到某种利益要求和支持意向，以达到影响政府过程的目的。而要达到这种集体效应，

---

① 〔美〕塞缪尔·P. 亨廷顿、琼·纳尔逊：《难以抉择——发展中国家的政治参与》，汪晓寿等译，华夏出版社，1988，第100~102页。
② 刘传江：《当代中国乡城人口流动的中间障碍因素分析》，《中国流动人口研究》，人民出版社，2002，第172页。

城市新移民首先要有属于自己的合法性组织，来喊出他们的呼声，行使政治参与权，表达其利益诉求。但事实上其参与合法组织的比例非常小，也就谈不上表达权利的实现。

就目前来看，城市新移民参与城市党、团、妇联、工会等政治组织和准政府群众组织的比例非常有限。由于地方政府、用人单位以及部分新移民的思想认识问题，工会与社会保障、劳动监察等相关部门的协调问题，一些公有制企事业单位工会并不会接纳他们，还有一些地方干部担心建立工会组织会妨碍招商引资；非公有制企业的工会组织的覆盖率又比较低，还有一些企业经营者害怕加入工会后城市新移民们会借助这一平台组织起来捍卫自身权益，因而竭力阻挠和限制农民工参加和组织工会。另外，还有一些非企事业单位的工会组织有名无实，工会并不能真正代表工人的利益，不能发挥工会保护工人权益的作用[1]；在一些规模较小的单位或大量的民营企业中，则往往没有工会组织[2]。这样，相当多的城市新移民事实上丧失了参加和组织工会的权利，更加难以享有城镇职工同等的民主管理企事业单位的权利。

正如某些学者指出的那样，到目前为止，中国只有《工会法》而没有《农会法》，而工会法的具体条款由于是二元社会结构，在实际操作中对农民工的适用难度很大，约束力不强。这使近1.3亿的农民工不能顺利加入工会。即便个别城市成立了农民工的工会组织，在劳动权益的保护方面与城镇居民仍有很大差别，其权益保护问题仍难以解决[3]。

目前来看，城市新移民主要参与的是一些非正式社团组织、同乡会、宗教组织、个体协会或者其他组织。许多工会、共青团、妇联等准政府组织没有把吸纳城市新移民作为自己应有的职责。城市新移民中的党团人员很少过组织生活，他们的党费、团费也只能回农村缴纳，甚至有的因为长期与组织失去联系基本处于脱离组织的状态，长期不缴纳党费、团费而最终脱离了党团组织。

总的来看，城市新移民的组织参与呈现出一种多元化趋势。有研究指

---

① 周娆：《农民工权益缺失及其保障问题探析》，《社会主义研究》2005年第1期。
② 熊汉富、袁雯妮：《农民进城就业面临的主要矛盾及其解决对策——关于湖南农民工问题的调查与思考》，《湖南文理学院学报》2006年第3期。
③ 梁铁中：《保障农民工政治权利　促进社会和谐发展》，http://www. zhinong. cndatadetail. php? id=6074。

出，有 35.8% 的农民工不属于任何正式或非正式社团组织，有 24.4% 的人参加了同乡会，有 30.3% 的人参加了工会，还有 2.6% 的人参加了宗教组织，参加个体协会的有 7.4%，参加其他组织的有 13.9%[①]。另有研究指出，"加入了城市工会"的农民工仅占 6.3%，"加入农民工自治组织"的也仅占 6.9%，总共加入组织的农民工只有 13.2%[②]。

另外，由于我国长期实行限制性民间组织管理政策，各种非政府组织发展迟缓，导致社会利益结构组织化水平低下，社团组织的发展不均衡，尤其是关注社会弱势群体的组织发展缓慢，这在一定程度上影响了城市新移民的政治参与。他们既没有现有的组织资源可以利用，也缺乏建立自己组织的主动意愿，所以其政治参与要求一般都得不到有效的组织支持，这就更加加剧了其弱势地位。

从自身来看，城市新移民暂时也还不具备足够的主动追求政治权利、参与政治生活的能力。这具体表现为：在参与企业民主管理的政治权利中处于一种受歧视、被忽略的状态，形成了同工不同酬、同工不同权的局面；在城市政治资源分配中新移民缺少甚至没有话语权，原因在于缺乏掌握话语权的渠道。在当代社会，各社会阶层表达意愿、掌握话语权的渠道主要有：通过推举自己的代表人，进入各级代议机构；通过掌握或影响大众传媒等舆论工具，直接向权力部门表达意见；或者直接参政。对于城市新移民而言，由于选举权的缺失，通过推举自己的代表进入代议机构和直接参政的渠道基本上不可能走通；又因为大多数城市传媒主要是针对城市主流人群的，面向新移民的少之又少，所以通过掌握影响大众传媒来向权力部门表达意见也是不畅通的；另外，受到各种客观条件的限制，诸如文化水平、思想观念、法律意识、社会认同程度、时间和精力、经济支持、权力部门认同程度等因素的限制，以个人或者组织名义直接向权力部门提出意见这条渠道往往也是障碍重重。作为城市经济社会发展的重要建设者，城市新移民理应从这种权威性分配中获得基本的政治权利，实现自身的价值。

3.2.3　被排斥的社会权利

马歇尔认为，公民权社会要素指的是"从某种程度的经济福利与安全

---

① 邹琼：《东莞市进城务工青年现状调查报告》，《广东青年干部学院学报》2004 年第 3 期。
② 廖文：《农民工组织建设问题初探》，《长沙民政职业技术学院学报》2008 年第 3 期。

都充分享有社会遗产并根据社会通行标准享受文明生活的权利。与这一要素紧密相连的机构是教育体制和社会公共服务体系"[①]。雅诺斯基认为，社会权利支持公民对于社会地位和经济生活的要求，由四部分组成：促进能力的权利包括医疗卫生保健、养老金、康复治疗以及家庭或个人资讯服务。机会权利包括从学前教育一直到大学研究生教育的各种形式的教育。再分配和补偿权利是对权利受损者的弥补，包括战伤抚恤、工伤抚恤以及其他对权利受侵害者的补偿计划等[②]。

我国《宪法》同样对公民的社会权利做出了规定，明确肯定我国公民有获得物质帮助权、社会保障权、受教育权、婚姻家庭老人妇女儿童受保护权等权利。其中，受教育权可以说是文化权利。文化权利是社会权利的一项重要内容，因此本书将其单独作为一部分来研究[③]。对于城市新移民而言，主要体现在公正的养老、住房、医疗等一系列社会保障权问题。

1948 年联合国大会通过的《世界人权宣言》第 22 条规定："每个人，作为社会的一员，有权享受社会保障。"1966 年联合国大会通过具有法律约束力的《经济、社会、文化权利国际公约》规定，各国应"承认人人有权享受社会保障，包括社会保险"。

社会保障权利问题产生的根源在于 1949 年之后长期的计划经济体制下形成的城乡二元分割体制。在这种体制下，城市的社会保障制度只针对具有城镇户籍的居民，而农民则基本上依靠家庭劳动成员在农业生产上微薄的收入来解决住房、养老、医疗等一系列问题。而随着我国工业化和城市化进程的加速，大量的农民进入城镇做工，他们已经成为新产业工人的重要主体[④]，城市新移民实质上已经不再是事实上的农民，但却依然拥有农民的身份，作为新移民的社会权利也由于这样的身份而处于缺失或受损的状态。

第一，养老保险的参保率低和退保率高并存。随着老龄化时代的到来，养老问题成为我国面临的一大问题。城镇居民养老问题基本已经得到解决，农村居民的养老问题也已逐步得到改善，但是对城市新移民而言，作为城市

[①]　马歇尔等：《公民身份与社会阶段》，郭忠华等编译，凤凰传媒出版集团，2008，第 11 页。
[②]　恩斯·伊辛等：《公民权研究手册》，王小章译，浙江人民出版社，2007，第 22 页。
[③]　在全球化语境中，文化公民权越来越受到关注，因此本书将对其进行专门论述。
[④]　谢建社：《新产业工人阶层——社会转型中的农民工》，社会科学文献出版社，2005，第 243 页。

的边缘人，养老问题的解决仍困难重重。

　　人力资源和社会保障部（简称人社部）发布的"2011 年度人力资源和社会保障事业发展统计公报"显示，2011 年末全国参加城镇基本养老保险的农民工人数为 4140 万人，而 2011 年度全国农民工总量为 25278 万人。按此计算，参保农民工只占农民工总数的约 1/6。需要注意的是，珠三角、长三角等一些农民工在 2008 年出现了退保高潮的情况，这极大地冲击了有着"社会矛盾减压阀"之称的社会保障体系，城市新移民纷纷选择退保，从而将个人账户中的钱落袋为安。这不是因为他们自身目光短浅，而是因为不能转移的养老保险实在难以达到保险的目的；而退保只能退个人账户部分却不能退公基金的现实，又反过来助长了地方追求当地小利益的行为，对退保大开绿灯。这说明一个问题，即养老保险转移存在门槛，退保潮背后的社会有个"症候群"①。究其原因在于：首先，费率过高导致城市新移民的参保率低。这其中一方面是由于城镇企业职工基本社会保险的费率过高，超出了大量使用城市新移民的中小企业的承受能力；另一方面则是由于城市新移民自身缴费能力的不足。其次，转移困难和衔接不顺畅导致退保率高。按照国家的相关规定，男性年满 60 周岁，女性年满 55 周岁，累计缴纳 15 年以上才可以领取基本养老保险，虽然城市新移民已经打算定居城市，但也不意味着他们只是停留于某个固定的城市，无法确定甚至有可能做不到缴费 15 年以上，而有关养老保险的转移问题，使得他们才刚刚跨入社会保障的大门，又匆匆忙忙退了出来，这样的社会保障权利并不真正适合他们的需要，养老保障权利的享有仍然处于缺失状态。

　　第二，工伤保险参保率低，伤残医治赔偿困难。据人社部数据显示，截至 2011 年 6 月底，全国工伤保险参保人数为 16827 万人，其中农民工 6555 万人。而目前，我国农民工超过 2.4 亿人，参保比率仅约 27%。而这一参保比率在建筑等流动性强的行业还可能更低。从工作性质来讲，城市新移民承担了相当部分最脏、最累而且高风险的工作，如建筑、井下作业等，这些工作的伤残率相对较高。事实上许多人在发生工伤事故时并不能得到及时的治疗和经济赔偿。即使对于已经参加保险的城市新移民来说，报销的数额一

---

　　①　《"这钱花得不合算"　农民工"退保潮"考验社保体制》，《国际金融报》2008 年 2 月 28 日。

旦超过一定比例就要自付一部分，这个自付的部分往往令其难以承受而不得不放弃治疗。另外一种比较普遍的形式是已经参保的城市新移民当中有相当一部分是以集体形式参保的，在这种背景下，主动权则往往掌握在企业主手上，如果发生纠纷、出现不利于企业主的情况，赔付就难以有效兑现。

工伤保险对于城市新移民具有极强的现实紧迫性，对于其最基本的生存权来说是不容忽视的，因为他们中的多数，都是家里的顶梁柱，一旦伤残而又得不到及时有效的赔偿，就会导致一个家庭陷入赤贫状态。因此，工伤保障权利的缺失对于从事危险作业的城市新移民而言，所带来的后果是不可想象的。

第三，失业保险和生育保险基本处于未启动的状态。进入工业社会之后，因产业政策调整、经济危机的发生等原因造成的失业后果，已经给个人和家庭带来了巨大的冲击，失业保险的产生则是为应对这些个体难以把握的情况而建立起来的。在我国，大量的农村剩余劳动力已经带着农民的身份跨入了工人或者第三产业劳动者的行列，但他们是以一种非正式就业的形式进入的，和用人单位、雇主和当地政府之间都处于一种短期的松散关系之中，随时可能被用人单位解雇。同时，当地政府为了保护本地市民的就业机会对城市新移民就业的工种、渠道和资格纷纷加以限制。

在这种情况下，城市新移民在面临工业化有可能带来的失业风险的同时，又面临着因户籍歧视而使失业风险进一步加大的问题。2009 年，"河北省农民工失业保险问题研究"课题组经过对河北省 11 个地级市农民工进行随机抽样调查，统计结果显示，占 73% 的调研对象有过失业经历，其中失业 1~2 个月的占 46.8%，失业 3~5 个月的占 34%，失业 6 个月以上的占 19.2%；失业后依靠失业补助金的仅占 1%，不得不通过自我保障或家庭保障度过失业难关的占 83%，等等①。可以看出，城市新移民的失业保险基本处于"零启动"状态，在失业之后不能得到任何社会保障，而只能依靠积蓄或者向亲友寻求帮助。一些从事服装、制造等行业工作的，在老板赶工的几个月拼命加班，而在其他时间则无活可干也没有工资可拿，这种毫无保障的工作状态也使他们在城市生存尤为艰难。

生育保险的缺失则使大量的女工面临着因生育而带来的失业问题和就业

---

① 陈金田：《农民工失业保险问题探究》，《保险研究》2012 年第 4 期。

中的年龄歧视问题，因此，大量从事制造业、服务业工作的女性只能面临着"吃青春饭"的宿命。生育对于她们来说通常就意味着要放弃工作，即使不主动辞职也往往会被老板辞退，而且在离开的时候无法获得任何补偿，相关的《劳动法》等法律法规在现实中难以落实。在此基础上，女性个体及其家庭则承担了生育所带来的所有支出，这在加重他们负担的同时，也加大了社会的不公平。

第四，城市新移民处在城镇基本生活保障和城镇社会救助体系之外。城市居民一般都享有一系列的社会保障。这些社会保障的享有基本上都与户籍制度相关联，城市新移民虽然长期在城市工作和生活，然而由于当今户籍制度的不合理而只能被排除在城镇社会保障体系之外。

城市新移民因为失业而生活困难时只能通过向亲友求助，在得不到帮助的情况下，有些甚至会采取极端的求生方式，踏上了偷、抢等犯罪道路。可见，基本社会保障的缺失给该群体的工作和生活造成了极大的不便，一定程度上还会引发他们对社会的不满，制造社会矛盾。

第五，城市新移民社会保障的制度安排缺失。目前，虽然各级政府在对待城市新移民的社会保障问题上已达成基本的共识，有关的社会保障制度建设和完善已日趋加快，这是令人欣喜的。但整个社会保障制度弊端依然存在着诸如缺乏发展规划、普及程度太低、实质效果太差和困难阻力尚多等一系列问题。

从现行制度安排情况看，制度安排缺失和企业消极对待是目前存在的主要问题。一方面，保障门槛过高，缺乏总体设计。社会保障中一些保险项目本应是社会保险性质，操作也需要按社会保险要求进行，但由于推进困难的问题常常采用其他办法替代。另一方面，制度柔性不足。不论是设计层面还是操作层面，普遍存在柔性不足的问题，其表现在弹性不足和刚性不足的问题上。前者指的是不能针对城市新移民的不同情况予以分类指导、分层施保。后者具体表现在，允许他们在退休前一次性支付个人账户个人缴费部分，这种"灵活性"恰恰违背了社会保险的基本原则，非常不利于城市新移民的未来养老问题。

总之，城市新移民群体在养老、失业、工伤和生育保障权利方面存在严重缺失，工业化的引擎虽然驱动他们进入城市，进入各行各业，但是却忘记赋予他们应有的基本保障和社会福利。

社会权利的缺失还表现为来自社会的排斥，主要表现为社会关系排斥，即个人被排斥出家庭和社会关系。这具体是指社会交往中，交往的人数和频率下降，相应的社会网络出现分割以及应有的社会支持减弱[1]。城市新移民在进入城市社区后，之前的部分社会网络关系出现破裂，继而解体。与此同时，必要的社会参与又使得他们的社会网络强烈地依赖传统的以血缘和地缘为基础的社会关系。但是，他们的工作条件、生活环境决定了社会交往机会的缺乏，来自城市社区原住民的冷漠态度同样令他们望而却步。

实际上，城市新移民与社区居民很少有社会交往，社区融入度不高。这并不完全在于其自身素质不佳，其实是城市新移民对于主流社会的一种自我排斥意识所造成的影响。有限甚至缺乏的社区文化参与和贫乏的社区交往基本注定了新移民的社会网络关系的薄弱，这在一定程度上拉大了城市原居民与新移民的距离。

从城市社区原居民方面来说，对于新移民普遍存在着不包容或漠不关心的态度。大多数的社区原居民对他们的身份和职业持歧视性态度，更加谈不上关心新移民的生活状况，更别提愿意主动与他们交往，帮助他们解决实际生活中的困难。这客观上减少了新移民的社会交往量，更加难以形成共同的社区情感。城市新移民与城市社区之间呈现出的这种非融合状态，也导致城市社区建设缺少了一支重要的主体力量。

3.2.4　被排斥的文化权利

在马歇尔看来，文化权利是社会权利的一个基本方面。而受教育权又是文化权利的核心内容。

社会成员能否公平享有文化权利、公平占有并享用文化资源、享有均等的公共文化服务是公民文化权利实现的标准，也是构建和谐社会的评价标准之一。其中，是否公平享有受教育权是文化权利实现的重要评判标准。1948年2月10日，联合国通过的《世界人权宣言》确立了人人有接受教育的权利的精神和教育不受歧视的原则，此后，受教育权开始慢慢作为公民的一项基本权利，陆续载入各国宪法。我国《宪法》也明确规定，劳动者有接受教育的权利。这当然包括城市新移民在内。

---

① 郑杭生：《中国特色社会学理论的探索》，中国人民大学出版社，2005，第781页。

所谓受教育权，学者们普遍认为，公民的受教育权是受教育主体公平、公正地普遍享有各种类型和形式的教育的权利①，即广义的受教育权，包括公民接受各级学校教育、各种形式教育的权利。城市新移民的受教育权主要表现为接受职业教育和业务培训的权利②。

目前，我国的文化发展出现了地区间的"鸿沟"、城乡"二元结构"与阶层间的"差序结构"。如中西部文化发展明显滞后于东部地区，农村文化发展滞后于城市，贫困阶层的文化边缘化等。城市新移民一般选择进入文化环境相对优越的城市或地区，却没有因此享受到城市文化发展所带来的成果。相反，其文化权利同样处于缺失与被排斥状态。

目前，我国大多数城市新移民的文化生活依然单调乏味，他们很少甚至不参加文化活动，文化权利的实现度较低；政府针对城市新移民的公共文化服务也十分薄弱，甚至有个别地方将他们完全排斥在公共文化服务体系之外，形成了针对这一弱势群体的事实上的文化障碍与文化排斥。这主要表现为城市新移民自身及其子女不能享有与城镇居民及其子女同等待遇的教育。

目前，人类已经进入了一个知识型社会、信息网络社会、终身学习社会，因此，接受教育也是终身的。正如不断学习、继续教育、更新观念、技能培训，都是人继续社会化的过程。这在社会学的词典里称之为继续社会化，在教育学词典里则为继续教育。

人的继续社会化，一般也称人的发展社会化，指的是成人个体为了适应不断变化发展的新形势所提出的角色要求而进行相应的学习过程。它是指继续学习原有的社会知识，继续学习新知识以及新的社会规范与行为方式的过程。农民工继续社会化就是农民工通过不断的、不同的社会交往，学习各种社会文化，参与、融入城市社会的过程。

具体来说，城市新移民继续社会化包括两个方面的含义和两个过程。两个方面的含义：一是个人在社会化过程中通过学习活动，掌握城市社会知识、城市就业技能和规范，取得城市社会成员的资格；二是个人积极参与城市社会生活，适应城市社会环境，积累城市生活经验。继续社会化的两个过程：一是为了让城市新移民适应城市社会环境而对其施加影响，是整合他们

---

① 李招忠：《教育与人权》，《暨南学报》（哲学社会科学版）2000年第2期。
② 胡美灵：《当代中国农民工权利的嬗变》，知识产权出版社，2008，第182页。

新旧价值准则和行为规范的过程；二是为了让新移民主动适应新的城市生活与城市环境，使他们主观能动地反作用于城市生活环境的过程。这主要体现在：首先，城市社会生活技能社会化。通过继续社会化，新移民可获得在城市中生存的基本的社会生活技能，以保证其独立地生存在城市的经济基础。其次，城市社会规范社会化。新移民通过继续社会化，学习和接受城市的社会规范，遵循新的行为准则和新的规则、方式，使他们的行为符合所在城市社会的行为规范。再次，新移民个性社会化。通过继续社会化，培养他们符合城市社会的健全的信仰、情操、兴趣、需要、动机、能力、气质与性格等，使其整个精神面貌体现城市社会的发展方向。当然，城市新移民的继续社会化是一个长期复杂的过程，它不但受到社会制度性因素的制约，还受到经济、法律、道德、社会等因素的制约。由于新移民继续社会化的成功，受益的不仅仅是其本人，还有整个社会，因而需要全社会的共同努力，为新移民更好、更快地社会化提供制度保障[①]。因而，城市新移民继续社会化是个人学习城市社会和参与城市社会的统一。只有经过继续社会化，城市新移民才能逐渐适应城市社会生活，参与城市社会生活，融入城市社会生活。

由于户籍问题、身份问题，加上贫困、受教育程度不高等因素，在城市中新移民被视为"二等公民"。城市职工一般都能享受到培训、再学习的机会，包括政府为城市下岗职工提供的再就业培训机会，增强劳动技能。但进城的新移民往往被排斥在这些机会之外，城市新移民虽然相比他们的父辈们接受了一定的教育，但是对于真正融入城市而言仍然是较少的，文化水平相对是比较低的，公民意识以及相关法律知识仍然不够，更需要通过培训来提升劳动技能；然而，这种培训却始终无人问津，最后只能造成城市新移民的素质依旧不高、劳动竞争力依然不强的恶性循环。国家统计局农村司发布的《2009 年农民工监测调查报告》显示，有 51.1% 的外出农民工没有接受过任何形式的技能培训[②]。

城市新移民"融入"城市与"继续社会化"关系密切。继续社会化与融入城市是一个事物在两个方面的不同表现。继续社会化是从城市社会对新

[①] 戴荣珍：《论城市化进程中农民工再社会化》，www. ahnw. gov. cn/2006nwkx/html/200309/704...33k 2007 - 12 - 17。

[②] 国家统计局农村司：《2009 年农民工监测调查报告》，国家统计局网站，www. stats. gov. cn/tjfx/fxbg/t20100319 - 40262828/. htm。

移民的教化的角度而言，强调的是执行社会化的各种主体对个体进行教化的过程；而融入城市主要是从新移民接受继续社会化的个体角度而言，强调个体在城市社会生活中对周围的环境和继续社会化过程的接受程度。继续社会化是新移民对城市社会的适应、建构和再适应、再建构的复杂过程。而新移民的城市融入，则表现为这样一种成人的继续社会化。他们从农村来到城市，担任了另一种不同于农村生活的社会角色。这种生活环境、角色的大变迁，迫使他们不得不自我调整，在经济生活、价值观念等方面都主动地发生变化，以更好适应新的环境。不难发现，融入性教育是他们在新环境下继续社会化的根本路径。

从整个国家的政治生活现状来看，城市新移民基本没有真正获得其应有的文化权利，获得其应有的公民待遇。不仅如此，由于户籍制度的刚性限制，其子女也同样无法享受应有的教育权利。

首先，较大的经济压力限制了城市新移民对文化权利的获取。收入是影响新生代农民工精神生活的决定性因素。经济状况使其开支主要用于生存消费，而在文化生活方面的支出微乎其微。同时，经济状况的不佳还会连锁引起在文化娱乐时间、居住状况、子女受教育方面的诸多桎梏。

其次，缺乏参加文体娱乐和教育培训的时间。城市新移民除工作时间和睡眠时间外，每天可自由支配的闲暇时间过少，根本谈不上参加文化娱乐和教育培训活动。这也间接证明城市新移民加班普遍、工作时间较长，劳动负荷强度较大。据陕西省社科联调研数据，西安市农民工平均每周工作 6.4天，每天工作 10 小时左右，有的多达 15～17 小时，有 20% 的受访者表示企业一月休假一天，采用双休日的企业不到 5%。其中，"平均每天参加文体娱乐活动的时间"这个问题高达 37% 的受访者回答为零。在西安市区，有 44% 的受访者回答为零。由于闲暇时间不足，城市新移民每周参加教育培训的时间，有 40% 的受访者回答为零，29% 的受访者表示只有 1 小时。在西安市区的新生代农民工中，没有时间参加教育培训的比例高达 57%。

最后，较差的居住环境也制约了城市新移民对文化权利的享有。在陕西省社科联的调研中，新生代农民工居住的主要类型是单位或雇主提供的职工宿舍、合租住房、独立租赁住房，自购房的比例只有 10%。有 8% 的受访者直接居住在生产经营场所。建筑施工单位主要是在施工现场搭建宿舍，条件好的项目部搭建彩钢活动房。无法搭建足够宿舍的施工单位则以施工队为单位集体租住民房。餐饮单位一般都提供集体宿舍，条件较好的单位在营业场所内设置宿舍区，规模较小或营业面积紧张的单位则会租用单元房或招待所供集体住宿。市政施工单位一般也为工人提供集体宿舍，在工程较小、用工较少的情况下，会安排工作车接送工人。当工程较大、工期较长时，一般会在施工现场搭建宿舍。洗浴单位通常在店内为员工提供住宿。商贸单位普遍不为员工提供住宿。各类单位提供的宿舍只针对单身职工，双职工或已结婚职工仍需由自己解决住宿。租住民房的新生代农民工多没有购置电视，工余时间主要是找老乡聊天或是到附近闲逛，由于生活单调，再加上多为分散居住，难以管理，很容易引发事端。居住状况亟待改善是农民工面临的普遍问题。空间的局促对新生代农民工精神文化生活的影响很大：不仅没有文化活动的必要场地，也很难使其接受到城市文化的辐射①。

瑞典著名教育学家胡森（Torsten Husen）认为，教育公平主要指教育机会均等，包括教育起点的平等、教育过程的平等和教育结果的平等②。根据国家第六次全国人口普查数据显示，我国目前大约有流动儿童 2000 万。流动儿童的受教育状况不及全国儿童的平均水平，入学率、辍学情况都令人担忧。据相关数据显示，流动儿童的失学率高达 9.3%。8～14 岁，流动儿童未上学比例为 0.896③。

随着学者对城市新移民子女教育问题的深层次研究，加之新闻媒体的多次报道，解决新移民子女教育的问题已经开始进入决策者的视线。1996 年国家教委印发了《城镇流动儿童中适龄儿童少年就学办法（试行）》，这是城市新移民子女义务教育问题写进政策条文的开端。1998 年，国家教委、公安部联合颁布了《流动儿童少年就学暂行办法》，做出了流动儿童以在流入地全日制公办中小学借读为主的规定。2003 年，国务院办公厅进一步印发了《关于做好农民进城务工就业管理和服务工作的通知》，再次提出要保障城市新移民子女的义务教育权利，并强调流入地接受他们在当地全日制公办中小学入学时应注意的问题。2003 年 9 月，国务院转发教育部、中央编办、公安部、发展改革委、财政部、劳动保障部《关于进一步做好进城务

---

① 褚宸舸：《农民工行使文化权利的困境》，《改革内参》2012 年第 12 期。
② 〔美〕科尔曼：《教育机会均等观念》，张人杰译，《国外教育社会学基本书选》，华东师范大学出版社，1989，第 180 页。
③ 谭舒：《关于农民移民子女的初级社会化问题初探》，《四川大学学报》2004 年第 6 期。

工就业农民子女义务教育的意见》，提出流入地政府负责进城务工就业农民
子女接受义务教育工作，以全日制公办中小学为主①。2004 年 2 月，中共中
央、国务院印发了《关于进一步加强和改进未成年人思想道德建设的若干
意见》，要求"高度重视流动人口家庭子女的义务教育问题"。2006 年 3 月
28 日，在经历了一年多调研的基础上，中央政府颁布了《国务院关于解决
农民工问题的若干意见》，要求"保障农民工子女平等接受义务教育"。为
了实现这一目标，国务院明确提出"两为主"的原则，即以流入地政府为
主，负责农民工子女义务教育；以全日制中小学为主，接受农民工子女入
学。该意见强调，"输入地政府要承担起农民工同住子女义务教育的责任，
将农民工子女义务教育纳入当地教育发展规划，列入教育经费预算，以全日
制公办中小学为主接收农民工子女入学"。同时，要求"城市公办学校对农
民工子女接受义务教育，要与当地学生在收费、管理等方面同等对待，不得
违反国家规定向其加收借读费及其他任何费用"。2010 年，《国家中长期教
育改革和发展规划纲要》要求解决好农民工子女就学问题。落实以全日制
公办学校为主、以输入地为主保障农民工子女平等接受义务教育的政策，全
面取消借读费。研究农民工随迁子女接受义务教育后参加升学考试办法，逐
步实现农民工子女入学与城镇居民享有同等待遇。加强农村寄宿制学校建
设，优先满足留守儿童住宿需求，推动形成以政府为主、社会共同参与的农
村留守儿童关爱和服务体系。2012 年，《国家教育事业发展第十二个五年规
划》和《关于做好进城务工人员随迁子女接受义务教育后在当地参加升学
考试工作的意见》分别对进城务工人员随迁子女享受基本公共教育服务权
利和在流入地参加升学考试的问题做出了规定。

　　尽管政府出台了一系列保障流动儿童受教育权利的政策，但事实上，相
关政策的制定并没有改变城市新移民子女的教育问题，他们中间的绝大部分
只能在流入地的打工子弟简易学校接受教育。这与公办学校自身承载力以及
教育资源限制有关。打工子弟简易学校虽然对于保障流动儿童受教育权利的
实现起到了一定的积极作用，但这类学校的办学条件很差，根本无法提供正
常的教育。此外，还有一部分学龄前儿童，他们几乎都没有进入幼儿园，而

---

① 周桂：《农民工子女义务教育：从教育问题到教育政策问题》，《当代教育科学》2004 年第
17 期。

是分散在建筑工地或居住的社区，这对于这些流动儿童今后的成长也是非常不利的。

3.3   主体自我排斥

在离开乡土社会、踏入城市社区之时，城市新移民原有的生活方式和价值观念跟随他们进入了城市生活，但是，与乡土社会完全不同的城市生活方式和价值观念必然与城市新移民原有的生活方式和观念发生冲突。尽管城市新移民非常渴望自己能够被城市所接纳，融入全新的生活，但其又难以适应城市生活，出现了主体的自我排斥。

3.3.1   自我观念排斥

不管城市新移民是否融入城市，不管他们在城市短期逗留，或者是像候鸟一样不断来往于城乡之间，还是长期移居城市，他们首先面临的都是对城市生活的认知与适应。为适应城市生活与新的职业身份，他们首先必须抛弃熟知的乡村生活知识，进入继续社会化的过程[①]。

城市新移民从农村到城市，看到城市的花花世界，一时间往往都具有强烈的融入城市的欲望，但就其身份来讲，城市新移民仍然是农民，无论他们内心有多么的不情愿，都不得不接受这样的身份。但这不能阻碍他们强烈的留城决心。教育部社会科学规划项目"农民工社会适应问题研究"课题组在 2010 年 7 月份分别在重庆和珠三角地区进行了调查。调查结果显示，倾向于留在城市的农民工比例占到大约一半（50.12%），倾向于回流的也有大约一半（49.88%），但值得注意的是，回流并不意味着他们再次返回农村、返回农业，大部分计划返乡的农民工希望返回他们比较熟悉的环境从事非农产业。计划返回的农民工中有 61.79% 的人希望能在县城定居，这说明有过城市生活经历的农民工从意愿上来讲，希望重新回农村生活的人比较少，大多数农民工希望尽量留在城市从事务工生活[②]。

---

① 朱虹：《打工妹的城市社会化——一项关于农民工城市适应的经验研究》，《南京大学学报》2004 年第 6 期。

② 景晓芬：《马凤鸣 . 生命历程视角下农民工留城与返乡意愿研究》，《人口与经济》2012 年第 3 期。

　　然而，现实往往是残酷的，仅仅拥有强烈的愿望是不够的。在城市新移民试图融入城市的过程中，却出现了原有的农村生活方式和价值观念改变的不适应，即自身在观念上的排斥。这种排斥虽不是城市新移民的主观愿望，却客观存在着。原因就在于农村文化与城市文化之间固有的冲突：一边是重血缘、温情夹杂着传统、落后、愚昧的乡土文化，另一边是现代、先进、文明夹杂着冷漠、重利益的城市文化。文化的积淀往往是久远的，因此，对人们内心的影响也是持久的，不是短期内可以解决的。面对着两种截然不同的文化冲突，面对着内心积淀已久的文化心理，要调和这些矛盾就意味着，既然选择了城市，城市新移民就必须改变自己习惯已久的习俗规范、生活方式以及价值观念，形成与城市社会相适应的生活方式和价值观念。在这一过程中，城市新移民不可避免地会经历心灵上的震撼、孤独与迷茫。

3.3.2　城市居民排斥

　　费孝通在《乡土中国》中指出：乡下人在城里人眼中是"愚、贫、弱、私"的。"乡下人在马路上听见背后汽车连续的按喇叭，慌了手脚，东避也不是，西躲也不是，司机拉住闸车，探出半个头，向着那土老头儿，啐了一口：'笨蛋'！"① 事实上，城里人到了乡下却连麦苗也不认识。同样，进入城市，一些"城里人"依然用"乡下人"的眼光来看待城市新移民，他们受到了来自于城市市民的歧视与排斥。

　　"歧视是指由于某些人是某一群体或类属的成员而对他们施以不公平或不平等的待遇。"② 相对城市居民而言，城市新移民是弱势群体，一些城市居民无视城市新移民的劳动事实，对于城市新移民持歧视态度。根据史清华等的调查，城市新移民在社会身份转化方面受到歧视的比率大约为75%③。

　　城市人在自身优越感的驱使下，戴着有色眼镜来看待那些来自穷乡僻壤的外地人。城市舆论对新移民的一些负面新闻报道则进一步加强了这种群体间的偏见和歧视。有的市民把因体制转轨而导致的下岗失业、福利降低、治

---

① 费孝通：《乡土中国》，上海人民出版社，2006。
② 〔德〕刘易斯·A. 科瑟：《社会学导论》，杨心恒等译，南开大学出版社，1990，第305页。
③ 史清华等：《农民外出就业及遭遇的实证分析》，《中国农村经济》2008年第10期。

安状况下降等归咎于城市新移民，过分强调新移民进城给城市社会带来的一系列消极影响，而忽视积极的一面，并在行为上表现出对城市新移民的蔑视、拒斥，甚至是侮辱。据相关调查显示，有 29.7% 的城市新移民反映本地居民对他们的态度不友好，持排斥态度①。

城市居民对城市新移民的歧视与排斥，必然助长城市新移民与市民彼此之间的心理隔阂，拉大社会距离，影响社会的稳定发展。

3.3.3　社会舆论排斥

城市新移民中的大部分群体虽然在农村长大，接受农村教育，但在脱离校门之后，他们就加入农民工的行列，很少甚至没有务农经历，也缺少乡土情结。相反，对于城市文化的憧憬则更为强烈，少数人从外在来看甚至已看不出与城市居民的区别，城市成为促进城市新移民"现代化的学校"②。但是，城市对他们的到来却没有特殊情感，表现出超乎寻常的冷漠。城市的制度与结构将他们封锁在城市边缘。

与此同时，城市舆论大量的负面报道也在排斥着城市新移民的融入。"传媒既是国家的一部分，也是政治的一部分。"③ 大众媒介与社会发展之间的关系也日益密切，对人类政治、经济、文化各个方面产生了深远影响。

在信息时代的现代社会，传媒对人们的生活更是具有深远的影响，随着报纸、杂志、网络等大众媒介的发展，它们已经完全渗透到公民的生活中。传媒信息作为公民信息来源的主要渠道，如果不负责任地歪曲报道，进行歧视性报道，违背传媒的职业道德和社会责任，则会加重人们对城市新移民的偏见，甚至损害下一代的健康成长。

一些媒体在对城市新移民的相关报道中，总是流露出一种轻视农村、轻视他们的不良倾向。近些年来，"拖欠工资"问题屡屡受到关注，总是有媒体率先曝光一些触目惊心的案例，引起社会的关注，甚至有的媒体借个别采

---

① 钱文荣、黄祖辉：《转型时期的中国农民工——长三角 16 城市农民工的现状》，中国社会科学出版社，2007，第 146 页。

② 英格尔斯等：《从传统人到现代人——六个发展中国家的个人编号》，顾昕译，中国人民大学出版社，1992，第 315 页。

③ 谢岳：《大众传媒与民主政治：政治传播的个案研究》，上海交通大学出版社，2000 年 1 月。

用极端方式讨薪的事件大肆报道，不但没有对城市新移民给予理解，反而认为他们是愚蠢的或是危险的。

　　大大小小的媒体充斥着对城市新移民的偏差报道。如：在京民工长期性压抑，一年多连续奸杀四名女子①；河南一民工要 70 元工钱遭拒后，用匕首杀死包工头②。虽然采用极端方式解决问题是不应该的，但是媒体只看到城市新移民的愚昧、落后、素质低下、犯罪倾向，却没有看到其背后根本原因所在。在这样的媒体环境下，城市新移民原本拥有的诚信、纯朴美德被淹没得无影无踪。这只会加重公众对城市新移民群体的漠视、歧视甚至敌对情绪。

---

① 《在京民工长期性压抑一年多连续奸杀四名女子》，人民网，2004 年 9 月 6 日，http：//www. news. qq. com/a/20040906/000033. htm.

② 三峡热线，三峡宽频网，2004 年 6 月 7 日，www. sina. com. cn/s/2004 - 06 - 05/03252720175s. shtml.

第4章 风险剖析：公民权缺失与社会风险

随着城市新移民群体规模的不断扩充，公民权缺失，使得整个社会面临着巨大的社会风险。当代中国正经历着深刻的社会结构转型、体制变革和社会心理变迁，在风险社会作为全球的必然境遇和根本问题的今天，与此相关的各种风险越发凸显。正如德国社会学家贝克分析：当代中国社会因巨大的变迁正步入风险社会，甚至将可能进入高风险社会。从西方社会发展的趋势来看，目前中国可能正处在泛城市化阶段，存在城市容纳问题、不均衡发展和社会阶层分裂，以及城乡对比度的持续增高等，所有这些都集中表现在安全风险问题上①。

4.1 风险社会视角的城市新移民公民权分析框架

4.1.1 中国所面对的风险环境带有明显的复合特征

学者杨雪冬认为，与许多国家相比，中国所面对的风险环境带有明显的复合特征，这体现在三个方面：一是尽管随着现代化的快速推进，现代意义的风险大量出现，但是由于农业生产方式在许多地方依然占主导地位，所以传统风险依然存在；二是尽管技术风险、制度风险成为风险结构中的主要类型，但是由于中国在进行现代化的同时，也进行着制度改革和制度转轨，所以制度风险中既有过程风险也有结构性风险；三是作为一个快速加入全球化

---

① 薛晓源、刘国良：《全球风险社会：现在与未来——德国著名社会学家、风险社会理论创始人乌尔里希·贝克教授访谈录》，《马克思主义与现实》2005 年第 1 期。

进程的大国，中国国内的多样性以及与国际社会的全面接触直接导致了风险来源的复杂化——风险既可以产生于国内，也可以引发自国外，更可以是二者的互动结果①。贝克在《风险社会与中国》中进一步阐述了社会的不平等如何成为风险的不平等，分析了阶级地位与风险地位的关系，由于生命机会的极端不平等，存在着社会易受伤害性。社会弱势群体可获得的经济和政治机会越边缘，该特定群体或人口越容易受到伤害。中国城市的新移民是社会底层，脆弱的公民权使其越被边缘化，越容易受到伤害。

4.1.2　风险社会视野解读城市新移民公民权是全新的分析框架

全球进入风险社会时代，也进入权利意识的时代，全球范围内公民社会讨论方兴未艾，伴随着城市化进程，中国进入了权利意识苏醒的时代，对公民社会、公民权利的理论及实践认真研究，在中国有深刻的现实启迪意义。T. H. 马歇尔将英国公民权利的形成归纳为从基本民权到政治权利到社会权利的三阶段演化，并标志着国家职能和相应制度的改变。T. H. 马歇尔对公民权演化的历史考察和在此基础上的公民权利三划分：基本民权、政治权利和社会权利。基本民权指人身权利、财产权利、言论自由、信仰自由等基本人权；政治权利则是参与政治的权利，普遍的选举权是核心；社会权利则视公民当然享有教育、健康和养老等权利。

庞大的国内移民群体，其中的精英群体和大量新生代农民工，当以定居城市融入城市为选择，他们并没有获得完全的公民身份与资格，并没有争取到同等的市民权利、政治权利、社会权利，权利的缺失和脆弱性既是转型时期中国社会风险的效应与结果，也反过来推动社会风险的不断生成。T. H. 马歇尔认为，公民地位才是所谓绅士生活的实质，也就是，虽然一个不平等的社会阶级制度也许永远难以消除，但它必须以一个平等的公民权为前提，才是可被接受的。换言之，如果没有一个机会平等、符合人性和尊严的普遍公民权制度，任何社会差别或者社会阶级都是不可想象的，社会将充满压迫、动乱和恐怖；反之，只有当普遍的公民权得以保障，一个容忍结果不平等的阶级体系和社会秩序才可能维持，而且促使社会差异本身转化为发展的动力。

---

① 杨雪冬：《风险社会理论反思：以中国为参考背景》，《绿叶》2009 年第 8 期。

　　风险社会是指在全球化发展背景下，社会处于由于人类实践所导致的全球性风险占据主导地位的发展阶段；在这样的社会里，各种全球性风险对人类的生存和发展存在严重的威胁。社会风险指在一定条件下，某种自然现象、生理现象、社会现象是否发生，以及对人类社会财富和生命安全是否造成损失和损失程度的客观不确定性，是一种导致社会冲突、危及社会稳定、打乱社会秩序的可能性；当可能性成为现实性，社会风险就转变为社会危机。社会风险贯穿人类社会实践和发展的全过程，而风险社会更具有现代性的特征，它是指社会进步的阴暗面越来越支配社会和政治所处的时代。

　　贝克与吉登斯作为风险社会理论的倡导者和捍卫者，提出在现代性力量的推动下，整个世界进入风险社会时代，风险已经全球化。风险理论作为当今哲学领域、社会学领域、政治学领域最流行和具有活力的话语体系，进入了西方文化体系的中心位置。在现代性语境中，风险社会是社会风险在现代性境遇中凸显出的当代和时代的形态和特征。社会风险作为一个贯穿人类发展始终的普遍性概念，表明在任何社会形态中都存在风险性因素和风险性实践，但全球化风险社会的来临，其更深远的意义在于要求我们重新审视社会发展方式的变迁、社会结构的转型、社会心态的嬗变、社会制度的失范，因为上述既是社会风险的效应与结果，又反过来推动社会风险的不断生成。中国融入全球化的过程，既是一个加速经济发展和社会进步的过程，也是参与世界风险社会与自身社会风险叠加、形塑的过程。作为世界风险社会的一部分，中国的社会风险又具有独特的生成逻辑与运行轨迹：转型时期，传统风险和新风险呈现更复杂的农业社会、工业社会和信息社会，其风险样式叠加；经济发展模式、功利主义意识形态、政府能力和利益追求等因素的重合，非理性主义的内在悖论，使得中国以极为独特的方式进入全球化时代世界风险社会。因此，对中国处在风险社会时代的社会风险的研究，仍然需要选择独特的研究主题与视角。本书选取社会风险和城市新移民公民权的建构作为研究主题，力图从新的研究视角和路径来理解社会风险和城市新移民公民权。

　　从公民权利视角研究城市新移民问题，拓宽了研究城市新移民问题的视野。从政治学的公民权视角、社会学的移民视角来研究城市移民融入城市问题，是建立在改革开放 30 年来几亿农民工往城市迁移的基础上；这是一场波澜壮阔的城市新移民运动，是一场触动中国几乎所有领域的政治变迁。研究城市新移民公民权的视角也颇多，但从社会风险视角研究城市新移民公民权构建，在社会风险叠加、社会矛盾丛生的中国也富有理论和现实意义。本书的分析框架是从社会风险的角度分析城市新移民公民权脆弱性的表现，分析造成脆弱性的原因，并从社会风险应对角度出发，提出解决对策。从一定意义而言，城市新移民公民权脆弱性既是社会风险的效应与结果，又反过来推动社会风险的进一步生成和叠加。

4.2　中国社会风险概念、特征与现状描述

风险是伴随着人类活动而存在的，其作为一种客观现象深刻地影响着人们的生活。"人生何处不风险，社会何处无风险"，伴随着现代化的进程，社会已经进入了风险时代。

4.2.1　社会风险的相关概念

从语源学上看，社会和风险根本没有很近的语义渊源，而且在一般情境下也没人把二者相统一，至于社会风险，目前在学术上尚无一个统一的定义。但是，若想深入理解社会中的风险现象和问题，就必须把握社会风险这个词的真正含义。"风险社会"是由德国社会学家乌尔里希·贝克在其著作《风险社会》中第一次提出，自此这个概念进入社会学研究的范畴。此外，对风险社会有深入研究的还有吉登斯、卢曼、拉什等社会学家，由此形成关于风险研究的社会风尚。

风险伴随着人类活动始终，而风险意识也产生于这个过程之中。中国远古社会的一系列占星预言之说，正是源于人们的自然崇拜和对风险的不可抗拒。《中庸》中"凡事预则立，不预则废"的警示，希腊神话中伊甸园的设想，都是人们对未来不可知的担忧。风险源于人类实践，注定其存在的客观性，只是在表现方式上有所不同。

风险（risk）一词最早源于意大利语的"risque"，出现在现代早期的航海贸易和保险业。在早期的用法中，风险被理解为客观的危险，体现为自然现象或者航海遇到礁石、风暴等事件①。后来，当这个词被使用在金融与投

---

① 杨雪冬：《风险社会与秩序重建》，社会科学文献出版社，2006，第 12 页。

资领域，主要用来计算借方与贷方在投资决策时可能出现的后果以后，人们就用它来指代各种各样的不确定情况①。但在日常生活中我们总是把"危机""危险""威胁""不安全"等词语与"风险"等同看待。冯必扬教授认为，风险的定义是损失的不确定性②。一般来说，风险包含着几个要素：不利的结果，即损失；发生的可能性或不确定性；现实的状态；以及人们的主观感知等③。依据不同的标准，风险可划分为以下几种类型：按来源划分，可划分为自然型风险、技术型风险、制度型风险、政策或决定型风险以及人为型风险；按领域划分，有政治领域风险、社会领域风险、经济领域风险和文化领域风险。

社会在学术上存在广义与狭义的鉴定，广义社会的概念是从政治、经济、文化和社会这些方面来阐释的；狭义社会概念则是同政治、经济、文化等性质一样的一个子系统。同样，社会风险在学理上也有这两方面的分野。从广义层面理解，社会风险就是社会损失的不确定性，造成这种损失不确定的因素包括自然灾害、政治因素、经济因素、技术因素以及社会因素等；从狭义层面理解，社会风险是与政治风险、经济风险、文化风险、金融风险、决策风险等相并列的一种风险，是由个人或团体反叛社会行为所引起的社会失序和社会混乱的可能性④。

社会风险是某种可能性，是可能引起社会冲突、扰乱社会稳定和秩序的未知力量，是客观事实与主观意识、有利结果与不利后果的结合体，其在某种程度上是可控的。简言之，社会风险就是某种能够触发社会危机的可能性，当这种可能成为现实，社会风险就能很快变质为社会危机，如此必然引起社会动荡，造成社会秩序的紊乱。就中国社会的总体形势而言，宏观上稳定的同时也暗存严重的社会风险。一方面，中国社会持续进步，经济体系快速发展，政治秩序平稳而有序。另一方面，目前中国部分地区和领域矛盾凸显，且有一些地方还呈现持续恶化的形势，社会风险也在一定程度上累积起来。社会风险的累积对目前的政治、经济、文化、社会构成潜在的威胁，对

①　〔英〕安东尼·吉登斯：《失控的世界》，周红云译，江西人民出版社，2001，第 18 页。

②　冯必扬：《社会风险：视角、内涵与成因》，《天津社会科学》2004 年第 2 期。

③　Ortwin Renn，"Concepts of Risk：A Classification"，In Sheldon Krimsky and Dominie Golding (eds)，*Social Theories of Risk*，Westport，CO：Praeger，1992，pp. 53 - 82.

④　冯必扬：《社会风险：视角、内涵与成因》，《天津社会科学》2004 年第 2 期。

社会稳定和社会秩序极为不利，进而也对社会主义和谐社会的建设形成挑战。可以看到，目前的中国社会已经有了风险社会的特质。与社会风险相关联的还有社会危机、社会矛盾、政治风险三个概念。

首先，社会风险与社会危机。"危机"有两方面的定义，一是潜在的危害与危险，二是事情的危急关头。从第一个方面来看，危机是一种危险的潜在形式，从含义上理解，就是风险。从风险和危机两者关系上看，"危机是风险中的一种，风险包括危机，也就是说，所有的危机事件都是风险事件，但风险事件不一定是危机事件"①。社会危机主要是指源自社会结构层面上的问题，如社会阶层结构的不健全、社会利益结构的失衡以及社会群体之间对立感的增强，而形成程度不同的社会紧张情势和局面②。也有学者指出，社会危机是由于社会中的具体个人或群体普遍地出现危险状况而使彼此不能相互扶持和帮助的危机③。

社会风险与社会危机二者的关系可以从三方面来讲：其一，从形成和发展的过程来看，它们的先后顺序不可逆推。社会风险应该在前，社会危机发生在后。社会风险是一种可能的损失，社会危机是损失已经发生了，社会风险的损失一旦形成，其意义就发生了质的变化，成为事实上的社会危机。概言之，社会危机既包括发生的可能，也包括发生的事实。其二，从造成的危害上看，社会风险的危害相对较小，社会危机的危害相对会大些。其三，从发生的可控性上看，社会风险发生于前期，相对比较好控制；社会危机则发生于后期，相对而言难以控制。"风险是前期形态，危机是后期表现，风险与危机之间是一个连续系统。"④ 最后，风险的社会层面是社会风险，危机的社会层面是公共危机。它们的共同性在于它们的风险都是来自不确定性⑤，都会造成相应的社会危害。概言之，社会风险与社会危机二者是一种辩证统一的关系，它们既相互联系、相互影响，又会相互加重。社会危机源于社会风险。社会危机之所以来源于社会风险，是因为某个国家对不断累积的社会风险不及时控制、化解，进而引发的社会危机爆发；从这个意义上

---

① 朱德武：《危机管理：面对突发事件的抉择》，广东经济出版社，2002，第 8 页。
② 吴忠民：《应重视对"社会危机"的研究》，《北京日报》2008 年 9 月 27 日。
③ 高鹏程：《危机学》，社会科学文献出版社，2009，第 176 页。
④ 童星、张海波：《中国转型期的社会风险及识别》，南京大学出版社，2007，第 21 页。
⑤ 李伯聪：《风险三议》，《自然辩证法通讯》2000 年第 5 期。

讲，社会风险是前因，社会危机是后果。社会危机是社会风险累积的质变，如果社会风险不及时控制和化解，就会导致大的社会危机。从逻辑学的意义上讲，社会矛盾是社会风险的导火索，社会危机是社会风险的爆发和放大。

其次，社会风险与社会矛盾。马克思主义哲学提到，矛盾是无所不在、无时不有的，其存在于事物发展的始与终。这个命题最终所阐释的就是矛盾具有普遍性。矛盾存在于社会之中，社会的发展始终伴随矛盾的斗争，即社会的必然规律。当前我国的社会矛盾表现为多种形式，城乡土地征用、城市规划中的拆迁、国企改制、公共安全与应急滞后、离休干部与退伍军人等方面的问题依然比较突出，社会老龄化、金融泡沫越来越大、社会就业问题、农村养老保险、生态环境破坏、城市外来人员合法权益得不到保障等引发群体性事件的因子与日俱增，部分突发事件引起的利益矛盾和利益冲突，容易成为社会危机的触发点，最终影响社会稳定。社会矛盾虽然很局限，可能只是一个小事情，但其所形成的蝴蝶效应，最终会引发社会风险的形成。从另一方面讲，社会风险的触发往往是由于社会矛盾，即社会风险来自社会矛盾的积累，社会矛盾是社会风险的最初阶段。所以，社会风险的控制必须依赖于社会矛盾的正确处理。

第三，社会风险与政治风险。政治风险最明显的特征就是由于政治利益的博弈而形成的矛盾，以及军事行为引发的暴力事件对人类社会形成的潜在矛盾。政治领域中的最大风险是战争的风险，这是人类面临的破坏力最大的风险，也完全是人类亲手制造的武器反过来用于对付人类自身所导致的人为风险[1]。政治风险还包括极权主义霸权、强权政治、国家分裂、宗教煽动、恐怖袭击等极端势力。尤需提及的是，当下政治腐败也成为政治风险的代名词之一，其最终会导致政治秩序破坏，使政治矛盾激化，从而引起一系列群体性事件和社会动乱。从社会风险和政治风险的宏观关系来看，二者是相互影响、相互作用的。社会风险的累积和激化会形成一定的政治风险，从而影响政治秩序；反言之，政治风险也会触发社会矛盾，进而衍生成社会风险，从相关性上看，二者之间可能相互加重。

按照不同的依据，社会风险可以划分为不同的类型。按社会风险的危害程度划分，可以划分为高度社会风险、中度社会风险和低度社会风险；依据

---

[1]　刘岩：《当代社会风险问题的凸显与理论自觉》，《社会科学战线》2007 年第 1 期。

人类认知的程度划分，可以划分为已知的社会风险、疑似的社会风险和假定的社会风险①；按社会风险涉及的范围划分，主要包括特定风险、基本风险；按照风险来源划分，主要包括外部风险和人为风险②；按照风险的承受能力划分，可分为可承受的风险和不可承受的风险。从我国现有的国情来看，社会风险和社会问题间的关系相当复杂，即社会风险依托或者寄生于社会问题之中，且每个社会问题不仅仅只有一种社会风险存在，而是多重风险的一个合集；若从社会风险的类型来看待二者的相关性，多数的社会问题都与社会风险交织在一起，相互衍生。

4.2.2　社会风险的特征

就目前情况来看，中国社会所面临的问题相当严峻，其集中表现为情况的紧迫性、危害的严重性、事物间的关联性和发生的不确定性等特征。

第一，紧迫性。从现实情况看，中国社会的社会问题已经显得相当迫切，如果没有有效的处理方式，就有可能形成大规模的突发、紧急事件，进而形成巨大的社会危机，因此，政府和社会有必要采取合理的措施予以解决。也可以这样说，这些问题中某一项环节出现问题，其导致的结果是难以想象的。世界经济的一体化为风险的传播提供了新的路径，因此，我们必须有足够的重视。中国居民的基尼系数已经亮起了红色警示灯，且依然有恶化的趋势，贫富差距的拉大正在啃噬着社会稳定的叶子。政治腐败已经严重阻碍了社会的进一步发展和经济的持续发展，并且已经开始动摇党执政的合法性。国有资产流失深刻地影响着经济建设的步伐，并最终会危及政治稳定，造成社会的贫富分化。在"三农"建设的过程中，一系列的群体性事件已经衍生出来，其问题的严重性已经到了必须解决的地步。城乡移民和人口流动所形成的社会排斥问题正深刻地危及社会稳定和社会融合，严重情况下会造成社会分裂和失序。中国目前的就业情势，已经进入了预警区，如没有合理稳妥的措施，就会进一步酝酿出巨大的社会危机。资源匮乏、环境污染问题已经凸显出来，对社会进步和稳定正形成越来越大的危害。总而言之，政

---

① Piet Strydom, *Risk*, *Environment and Society*, Buckingham：Open Universtiy Press, 2002, p. 81.
② 〔英〕安东尼·吉登斯：《超越左与右》，李惠斌、杨雪冬译，社会科学文献出版社，2001，第 42 页。

府和社会需迅速采取实际措施加以解决，任何一个环节出现问题都可能对国家安全、社会稳定造成极大的危害，甚至可能使社会的发展方向出现质的转变，进而对民族国家的未来走向产生深刻影响。

第二，危害的严重性。就当前情况看，中国社会风险表现出了多样性，许多问题一旦处理失当或化解不到位，就会演化成社会危机，进而对整个社会的发展产生巨大影响。进一步拉大的贫富差距会引发一系列的关联性问题，危及社会的平稳运行。农村、农民、农业的问题如果不能得到良好的解决，不仅会使经济发展受到重大影响，也可能使农村社会的基础效果发挥不好。就业是目前社会问题中的焦点之一。中国经济发展、社会稳定要解决的一个难题就是，能否保证人口、经济、社会实现可持续发展。生产安全得不到保障、犯罪猖獗难于抑制、社会诚信流失等问题也对政治稳定、经济发展和社会进步会产生诸多负面的影响。

第三，关联性。关联性体现在很多方面，这些方面相互联系，盘根错节，纠缠无序，如果其中的一项解决不好，就会形成一个问题集，并连锁反应，形成动荡波，引发巨大的社会危机。

第四，不确定性。以往的社会风险相对比较局限，只是在一定的地域范围有影响。人们可以通过经验直接感知，并及时采取一定的方法进行预防。但现代社会的风险已经脱离了以往的藩篱，无论其形式还是结果，我们都无法预知。同时，许多风险因子已经不是一个风险的诱因了，其因果关系已经成了多线条的关联模式，所以，无论用何种方式去预知某种风险的结果，有时是徒劳无功的。一方面，随着社会发展，系统之间的职能之间的联系也在逐步完善，行业之间的联系日益密切，一旦风险形成，它就能很快殃及其他部门，最终形成"复合型风险"模式，这对于风险防范与危机管理无疑是难上加难。另一方面，在世界经济一体化的背景下，世界某一个角落所酝酿的风险，都会迅速向其他地方扩展，并最终形成世界性的危机，那么，一个区域和国家出现某类风险对另一个国家和地区来说都是一种潜在的危险，这就使得每一个国家面对危机都要有足够的防范，尽管如此，预测风险至今是一个世界性的难题。这也是化解社会风险、控制社会危机的困难之处。

4.2.3　中国社会风险的现状描述

从社会的发展历程来看，中国现代化的发展其实是利益分配与再分配以及利益分化不断加剧的一个过程。自十一届三中全会之后，中国进行了改革开放，迈进了现代化建设的新时期，其现代化的进程也步入了快速发展的轨道，并取得了可喜的成绩。然而，我们也应该看到，目前现代化进程所表现出的特质是利益不能够合理分配与利益不断分化的一个过程，这种特质导致社会风险在某种程度上的累积。

　　首先，中国现代化的发展从整体上看一直实行的是不平衡战略，这样导致的结果是在利益分配上的不平衡。在新中国成立后很长的历史时期内，其中包括改革开放之后的这段时间，中国一直采取重点发展、周延扩展的战略，也可以说是某种不平衡战略。这种战略在相当长的时期内，推动了中国社会主义现代化建设，促进了整个社会的发展，成效显著。但当这个历史阶段达到某个点的时候，这种战略的负面效应就慢慢显现出来了，其主要表现为某一个层面或者某一个领域极大地受益，而其他领域或者层面却始终受损，这样的社会所表现的就不是和谐均衡的发展，而是一种片面、不均衡的进步。尤其是20世纪90年代后，中国的市场经济体制逐步建立并完善，但国家却没有对一些不利的因素加以足够的重视，当这种不平衡的战略与市场经济的不利效应结合，就加剧了这种所谓不平衡发展所造成的利益分化和利益分配不均。在经济层面，对"以经济建设为中心"做了绝对的、片面的理解，出现了单纯追求GDP增长的情况，并忽视人的发展，忽视人与自然的协调发展；在社会层面，阶层分化和利益分割加剧，一些地方或领域劳资之间的力量对比发生重大变化，劳动关系处于失衡甚至严重失衡状态，出现强资本弱劳工的局面①；从精神层面来看，市场经济的趋利性使人在精神上出现了盲目状态，人的经济理性顷刻间爆发出来，随之而来的就是诚信缺失、道德下降、信仰缺失等问题；从人与自然的关系来讲，对自然掠夺性的开发，以高消耗、低产出推动经济增长，最终导致人口、资源、环境之间不能协调发展。中国不平衡发展战略就使各个社会阶层、各个社会领域出现利益上的不均衡，并且在投入与产出上也表现为不均衡，进而加剧各个主体之间的矛盾和冲突，衍生出一系列社会问题。

　　其次，现代化的进步使利益分化加剧。从现代化发展的历程来看，中国社会阶层结构逐渐分明，利益分化显著加剧，个人与社会的相互作用所形成

---

① 郑功成：《构建和谐社会：郑功成教授演讲录》，人民出版社，2005，第56页。

的价值关系也在发生着变化。改革开放以来，中国社会的发展使得许多人成为发展的受益者，但就受益程度来讲，各个主体的差别也是相当大的，而本来的利益结构和利益主体也发生了显著变化。当前，中国社会利益分化的特征是：从利益平均化到利益多极化、从利益依赖性到利益独立性、从利益稳定性到利益多变性①。利益分化从分层上看其表现形式可以归纳为利益主体多元化、利益实现途径多样化和利益观念的更新。英国学者拉尔夫·达尔道夫（Ralf Dahrendorf）的研究表明："现代的社会冲突是一种应得权利和供给、政治与经济、公民权利和经济增长的对抗。"② 所以，利益分化如果进一步加剧而又不进行及时控制的话，社会风险就会增加，最终成为社会冲突和社会动荡的诱发因素。

第二，社会转型与制度转轨导致利益分配的协调机制缺失。从某种程度上讲，中国社会风险的累积与其社会制度的变革和社会转型密切相关。从西方风险社会的逻辑来看，现代化的发展到了一定阶段后，必然产生社会风险，并由此进入风险社会。西方学者一直认为，现代社会本身就是一个风险社会，这是现代性的一个显著特征。德国社会学家乌尔里希·贝克（Ulrich Beck）认为，当前，"现代性正从古典工业社会的轮廓中脱颖而出，正在形成一种崭新的形式——（工业的）'风险社会'"③。他认为："风险概念是个指明自然终结和传统终结的概念；或者换句话说，在自然和传统失去它们的无限效力并依赖于人的决定的地方，才谈得上风险。"④ 英国学者安东尼·吉登斯（Antong Giddes）也认为，风险概念标识了现代社会与前现代社会的根本差异。在自然和传统消亡后生存的世界，其特点是从"外部风险"逐渐向"人造风险"的转移⑤。在改革开放之后的 30 年内，社会转型过程中，乌尔里希·贝克和安东尼·吉登斯所说的"自然终结"和"传统终结"，这些特征也表现得特别明显，如此，社会风险其实是一种历史的必然。

---

① 桑玉成：《利益分化的政治时代》，学林出版社，2002，第 124～126 页。
② 〔英〕拉尔夫·达尔道夫：《现代社会冲突》，林荣远译，中国社会科学出版社，2000，第 3 页。
③ 〔德〕乌尔里希·贝克：《风险社会》，何博文译，译林出版社，2004，第 2 页。
④ 〔德〕乌尔里希·贝克、威廉姆斯：《关于风险社会的对话》，载薛晓源、周战超主编《全球化与风险社会》，社会科学文献出版社，2005，第 4 页。
⑤ 〔英〕安东尼·吉登斯、克里斯多弗·皮尔森：《现代性——吉登斯访谈录》，伊宏毅译，新华出版社，2001，第 194～195 页。

更加重要的是，对于中国而言，不仅仅是社会转型导致社会风险的增加，在社会转型的同时，中国还面临着制度转轨，因而缺乏成熟的、合理的利益分配与协调机制，这加剧了当前中国社会风险的累积①。当前，中国经济体制已经脱离了计划经济的藩篱，正向市场经济过渡，政治体制也从权力集中体制向更加公平民主过渡。在这个转型过程中，传统的分配形式和协调机制慢慢殆尽，取而代之的新的分配机制和协调机制却尚未完全建立。

改革开放前，中国大体上是一种"相对"的平均主义的利益关系形式，这种形式之所以说它是"相对"的，主要由于它是建立在区域间不平等关系上的，而且从来没有重视个体在其中所做出的贡献，这个过程中最终形成的结果本身蕴藏着极大的不公平。冲破这种利益分配与协调机制，重建新的分配与协调方式，就成为下一步改革的重心。但是，冲破已有的利益分配与协调机制，建立成熟的、公平的新模式目前尚没有完全的现实证据，也就是说应然的并没有形成。社会转型与当前缓慢的利益分配与协调机制的形成理所当然地成为一对矛盾，这应该是中国社会许多问题产生的重要原因。如贫富差距进一步拉大、腐败问题在治理上尚无成果、国有资产无端被窃取、诚信体系岌岌可危、市场秩序混乱等，这些问题都与这对矛盾分不开，使得构建社会主义和谐社会在前进道路上步履维艰。

第三，经济全球化背景下国际利益裂变的压力。在中国进入世界经济的历程中，一方面，由于市场开放中国获得了不少利益，然而，"入世"从来是一把双刃剑，在获得极大利益的同时，中国也累积了相当的风险因子，其中国际利益裂变的压力最为主要。经济全球化是把世界看作一个大市场，但实际情况是这种全球化从建立之初就为发达国家所主导，其在利益获取和发展上处于明显有利的地位，而发展中国家却处于剪刀差的下端，为人刀俎。在经济全球化大背景下，各个国家的利益取向不同，着重点也不一样，有些国家可能会完全沦为牺牲品。英国学者戴维·赫尔德（david held）等人认为："全球化是一个深刻分化并充满激烈斗争的过程。全球化的不平衡性使得它远不像整个星球都体会到的那样是一个日趋一致的过程。"② 美国学者

---

① 熊光清：《当前中国社会风险形成的原因及其基本对策》，《教学与研究》2006 年第 7 期。
② 〔英〕戴维·赫尔德、安东尼·麦克格鲁：《全球化与反全球化》，陈志刚译，社会科学文献出版社，2004。

约瑟夫·E. 斯蒂格利茨（Joseph. E. Stiglitz）也认为："西方已经驱动了全球化的日程表，以发展中世界的代价确保它储存不均衡的利益份额。"① 在世界一体化过程中，中国面临更多、更大的压力，比如经济安全、政治安全、文化安全、环境安全等，这无形中也就增加了中国的经济、政治、文化与生态各方面的风险。

值得看重的是，世界一体化的推进与社会风险的增加是同时存在的。乌尔里希·贝克认为，现时代人类已经进入世界风险社会。在世界风险社会中，非西方世界与西方社会不仅共享相同的空间和时间——更重要的是——也共同分享第二现代性的基本挑战②。不仅如此，经济全球化条件下发展中国家与发达国家之间权力的不对称性，使发展中国家相互依赖的敏感性和脆弱性更强，发展中国家所遇到的风险或遭遇危机的可能性更加不可预测和不可控制，这样，在全球化过程中，发展中国家无疑面临着比发达国家更大的风险③。中国是一个发展中国家，面对世界一体化的大趋势，其所承担的风险相较于发达国家要多得多。中国从世界一体化过程中受益的同时，这个过程所具有的风险传递机制和生成机制也使中国在发展中遭遇到更多的社会风险。融入世界其实也是一个融入世界风险社会的过程，而在这一过程中，中国面临的社会风险会必然加大。

4.3　社会风险的生成动因

4.3.1　社会生产方式的变迁

社会生产方式的变迁，导致社会层次的变化，社会结构变革和冲突成为社会风险的主要动力。"物质生活的生产方式（始终）制约着整个社会生活、政治生活和精神生活的过程。"④ 一种生产方式既能使整个社会生活走

---

① 〔美〕约瑟夫·E. 斯蒂格利茨：《全球化及其不满》，吴英姿译，机械工业出版社，2004。

② 〔德〕乌尔里希·贝克：《世界风险社会》，吴英姿等译，南京大学出版社，2004，第 2 ~ 3 页。

③ 〔美〕罗伯特·基欧汉、约瑟夫·奈：《权力与相互依赖》（第 3 版），门洪华译，北京大学出版社，2002，第 9 ~ 20 页。

④ 《马克思恩格斯选集》（第 2 卷），人民出版社，1995，第 32 页。

向总体化，也能使社会生活变得脆弱，从而发生断裂。在社会生产的链条中最薄弱的环节是城市新移民，其不堪一击的公民权利难以承受这样的分裂，从而催生了各种各样的社会风险。改革开放以来，人们的生产方式多种多样，这就使得人与生产资料的结合也呈现多种形式，而相应的生产资料配置也发生了巨大的变化。生产力是生产方式的基础，最终通过生产关系表现出来，生产力和生产关系的相互作用构成了生产方式变迁的实质所在，这种复杂的过程必然会催生其他的社会危机和风险。生产力和生产关系相互作用是社会发展的动力，这种作用关系又外在地表现为冲突和风险，而城市新移民运动即是这对矛盾运动所导致的生产方式变迁的运动。在这个社会结构中，"农民工"得不到保障，城市通过商品市场的讨价还价，廉价地购买了他们的劳动和服务；但他们在分享劳动成果的时候却遭到城市的拒绝，城市新移民权利的脆弱性在这个时候就明显地表现为：缺失与争取，排斥和融合。总的来说，城市新移民公民权的脆弱性使得这个阶层在利益取得上缺乏保护并易受损害，他们中的很多人已经被城市边缘化了。反观之，他们承担了传统结构解体所衍生的风险：经济生活难以保障，政治生活无处申述，伦理道德功能减退，生态环境进一步恶化。尽管其生产方式及其变迁不是风险的唯一因素，但正像恩格斯所说，一切社会变迁和政治变革的终级原因，不应当在人们的头脑中，不应当到人们对永恒真理和正义的日益增进的认识中去寻找，而应当到生产方式和交换方式的变更中寻找；不应当到有关时代的哲学中去寻找，而应当到有关时代的经济中去寻找[1]。

4.3.2　社会结构的转型

社会结构的转型带来了社会风险，风险作为一种衍生品存在其中，当然，这也是转型所必然要承受的。社会转型从形式上看是由传统结构向现代结构的转换，转换必然有打破和重建的过程、碎裂和再造的运动，而这种运动本身就是激发社会风险的一种动力源泉。社会风险是一种结构风险，所以社会结构的转型必会生成社会风险。风险可以看作一种代价，是转型带来的实际回馈，我们要认知风险，并对其进行预警和控制，在风险治理中寻求一种发展结果与代价后果相均衡的和谐与平衡。在我国，转型这一概念是在

---

[1] 《马克思恩格斯选集》（第3卷），人民出版社，1995，第617～618页。

1992 年以后开始流行的。最早的含义是指体制转型。著名经济学家厉以宁在《转型发展理论》一书中指出："中国是一个转型的发展中国家。所谓转型，是指中国正在从计划经济转变到市场经济体制。"①

当前，我国建设社会主义市场经济的改革已不再局限于体制变革的狭隘领域，而是与发展中国家的现代化进程一道加入世界范围内的"后发"国家的社会转型潮流之中，是一场全面整体的社会结构变革②。

我国目前处于矛盾凸显期，存在诸如城乡、地区差距问题的一系列矛盾，要化解这些矛盾，就要做好城乡经济社会统筹发展工作，实现从农业的、乡村的和封闭半封闭的传统型经济，向工业的、城镇的、开放的现代型社会经济的转型③。中国目前正处于社会大转型时期，这个过程中转型有可能会陷入城乡、地区间贫富差距扩大的"现代化陷阱"之中，因为城市化与现代化进程必然导致城市新移民群体的出现。城市化与现代化是国家向更深层次发展的有效路径。而我国正面临着城市化与现代化进程中产生的一系列难题。

与西方国家相比较，我国的城市化有着自身的特色。经济转型与城市化进程加快的矛盾交织，使得问题更加错综复杂。我国从 1956 年起开始了由农业社会向工业社会的跃进式变迁，而在这变迁的过程中必然会出现大量变迁性社会问题，农村剩余劳动力的转移问题成为面临的最主要问题之一；就在我国从农业社会向工业社会变迁的过程中，伴随着改造旧体制弊端的大规模的社会改革，进一步引发了一系列的转轨性社会问题；此外，还存在难以避及的全球性社会问题。这样一来，同西方相比，我国"三症并发"，在短时间里承受的压力巨大。各种病症相互交错，治理一种病症的药方往往会加剧另一种病症，反之亦然，这大大增加了治理的难度④。

随着城市化、工业化和现代化步伐的加快，农村剩余劳动力的转移不断呈现新的特征。一方面，城市化进程的加快需要大量的农村劳动力充实其劳动力资源，为城市建设储备人力资本；另一方面，工业化进程的加快使得产业工人成为紧缺资源。与此同时，现代化进程的加快使得农民工脱离农村后

---

①　厉以宁：《转型发展理论》，同心出版社，1996。
②　李钢：《中国社会转型与代价选择》，《社会科学辑刊》2000 年第 2 期。
③　钱文荣、黄祖辉：《转型时期的中国农民工》，中国社会科学出版社，2007。
④　童星：《世纪末的挑战——当代中国社会问题研究》，南京大学出版社，1995，第15 页。

不再回乡，而是进一步定居城市，这就是城市移民的根源所在。

对于"城市新移民"而言，身份、地位的确认要远远落后于职业技能的城市化。城市化不是城乡人口交流、转移的一个简单过程，也不是农村人口留居城市，形成空间上的聚集区。城市化的概念既涉及一定的地域产业结构、管理手段，也有相应的服务设施和环境条件，它是一个由小到大、由粗到精、由分散到集中、由单一到复合的动态过程；还可以说成是人口规模、人们的生活水平、生活方式随着社会发展变革而逐步异化并向周围扩散的一个过程。一直以来，我国只注重市民和农民的概念区别，从不真正理解公民的概念，人们从来也就没有公民身份意识。对于城市的这批"新移民"而言，一方面，由于城乡二元结构的制约，其身份认同要远远落后于职业的认同，再加上制度保障的不完善和相应的监管力度差，使得其真正的公民权利难以得到保障；另一方面，城市移民的生活方式仍然保留着农村传统的习惯特性，传统乡间的血缘、乡缘、地缘是他们进行交往的主要方式。那么，这部分人想要融入城市，其自身必须得到改变。

4.3.3　社会分层的激化

改革开放30年来，我国社会结构在各方面都发生了深刻的变化，社会阶层进一步分化并加剧，一些新阶层不断发育并成长起来。社会阶层的分化必然导致人们在对社会、经济、生活方式及利益认同上产生不同的认知心理，甚至会产生比较严重的利益分歧。社会阶层不断分化，新的利益群体产生，利益格局越来越走向多元化，这必然引起社会阶层在生活空间上的重新定位。农民工作为新兴阶层，在争取经济、政治、文化利益中往往处于下风，这必然会造成他们远离社会其他阶层，与他们产生隔阂，发生抵触和冲突，从而引发社会的不安定和社会动荡。社会分层，是依据某一同一性的标准，把社会成员划分为高低有序的不同等级、不同层次的过程和现象。社会学家发现社会发展的结果总是存在着不平等，无论是人与人，还是集团与集团，也像地层构造那样层次分明地有序排列，所以我们可以用地质理论上的"分层"概念来分析社会群体，于是就形成"社会分层"理论。中西方学者都曾提出过这种阶层的区分模式，影响比较大的有：卡尔·马克思把工业社会分为资产阶级、无产阶级和小资产阶级。马克斯·韦伯则从市场能力和市场中的机会视角对阶层进行了划分，他根据社会群体在政治、经济和社会领域中的实际权力影响，把人们划分为不同的群体集。美国社会学家赖特·米尔斯则通过工人的职业性质把工人分成白领与蓝领。以美国的奥林·赖特为代表的新马克思主义学派把从业群体按工作性质分成 12 个层次，但这种分法已经脱离阶级本身。美国社会学家劳埃德·沃纳等人也依据不同的标准发明了六层次分法。这种分法与奥林·赖特有点相似，实际上是把上、中、下三个阶级又分别进行了细则分配。部分学者同时还把目光集中到社会主义国家，分析这些国家在社会转型中的社会分层问题。

卡尔·波兰尼（Karl Polanyi）提出"市场—再分配"的二元分析框架。他认为社会主义国家的改革显然就是由计划生产转向市场分配。美国社会学家倪志伟的"市场转轨理论"谈到市场主导下的再分配形式，带来不曾预料到后果：参与市场竞争的再分配者，即某些国家社会主义中的部分特权阶层，丧失了其原来的一部分特权，相对的底层群体，则是市场化改革中的获益者。围绕着市场转轨中特权阶层的特权与地位是升是降，学术界也曾有过争论。匈牙利学者汉吉斯、波兰学者斯坦尼斯基认为，权力的作用在市场转轨的过程中是不会消失的，拥有权力的干部有可能会利用已有的权力给自己重新缔造一个阶层，而所谓的政治职务将成为其积累财富的手段。这就是著名的"精英再生产理论"。

社会分层与社会冲突一旦交织在一起，就会形成社会风险的动力源。当一个社会结构要进行整合时，那么就会有多种力量参与其中，在中国，城市新移民在争取自己权益的同时，不可避免地要和其他社会力量进行博弈，在有限的空间内争夺恒定的资源数量，如此，摩擦和冲突是必然的。随着社会分层愈演愈烈，社会冲突也显得相当敏感，而进一步的社会分化就会产生，由此，分化、对立、冲突也就对个体和社会生活构成威胁与风险。近年来的群体事件，就是典型的阶层分化引起的。

我们必须有这样的观念，伴随着人类社会进一步发展，社会分层引发的一系列社会风险也会如影随形，而这种社会分层最终会形成社会风险。反言之，社会风险的控制也离不开社会分层。马克思的阶级斗争理论指出，在私有社会体制下，阶级斗争是一种最主要的社会冲突类型，它带来罢工、革命、社会解体与更替，马克思的阶级斗争理论是基于财产的不平等，而科赛和达仁道夫的理论则是基于权力的不平等分配而产生的冲突，但科赛的理论还提到社会冲突在某些情况下又会使对立阶层握手言和，这样同时也缓解了社会对立所存在的风险，达仁道夫一直强调社会的双重性，一面是稳定、和谐与共识，另一面是变化、风险与强制。功能主义学派帕森斯认为，社会分层是一种价值体系的描述，人与人之间的先天差异和后天差异使得社会分层最终形成，但是我们应该看到社会分层的两面性，即它既能塑造公平、和谐的局面，也会导致社会动荡和秩序紊乱。当前，城市新移民对于权力身份的追求，诱发了社会风险与冲突，这对整个社会生活而言也是一种威胁。当然，另一方面也能促进社会的体制与结构的转型，我们要从正反两个角度来理解城市新移民公民权的脆弱性及其引发的社会风险，就其本身而言，对社会阶层达成共识、处理风险也有积极意义。

4.4　城市新移民公民权缺失会引发社会风险

4.4.1　阻滞社会流动，社会缺乏动力和发展后劲

社会流动是指社会群体从某一种社会状态转移到另一种社会状态的过程，这种转移从其发生的方向来看主要有两种最基本形式：水平流动和垂直流动。水平流动是指社会成员职业上的平行变化，但另外的收入、声望、社会地位却是相对静止的；垂直流动是指一个人职业上从上到下或者从下到上的变动。社会流动从内容上看是一个社会的固有属性，"社会的最少受惠者"的社会流动对促进社会进步具有特殊的价值和意义。

城市新移民的社会流动是社会发展中的一种社会现象。"推拉理论"和"两部门理论"提到，农业部门的收益从来是递减，而工业部门才是具有相对较高的生产率和利润率，因此，在农村的边际生产率等于或接近零值的剩余劳动力，会自然地流向城市地区。在中国，家庭联产承包责任制的实施在很大程度上调动了农民的积极性，促进了农村生产的发展，使农村的剩余劳动力在很大程度上得到了运用。而有限的农业资源和逐步提高的农业生产率对农村剩余劳动力队伍有着明显的积极效应。农业收益的低下与城市收益的高效率推动了农村剩余劳动力自动流向城市。在市场经济不断发展的背景下，城市经济的发展与产业链的逐步升级，使得一部分劳动力流入城市，客观上减少了农村的剩余劳动力。

自20世纪80年代，便出现了一波又一波的"民工潮"。随着经济社会

的发展与城市化的推进，城市所接纳的移民会越来越多。据国家统计局数据显示，截至 2011 年，全国农民工总量已达 2.5 亿人。

但是，中国目前的城市新移民特征表现为水平移动，向上流动却显得动力不足。城市新移民在短时间内职业会转变，接着就是经济地位的改善，但其社会地位和身份仍然保留当初的特质，他们无法享受市民的权力，也没有相应的社会保障措施。长此以往，城市新移民的社会认同和自我认同的危机感就会油然而生，于是，当初踌躇满志闯天下的民工，最终成为城乡过渡带上的边缘人，这部分人无所归依，因此蕴藏着巨大的社会不稳定因素。城市新移民随着空间饱和慢慢地开始停滞，流动空间也逐渐缩小。这使得中国的城市化进程在某种程度上受到了限制。

一个开放的社会，每一个社会成员都有着上升的愿景，他们不愿停留在上一辈的记忆中，而应该在不同阶层中垂直流动，这种流动是必要的，只有这样，社会公平效率才能得到保证，社会发展才具活力。具体而言，城市新移民的社会流动主要受到以下因素影响：

（1）制度环境因素。结构理论提到，人类实践活动有两个侧面：结构与主体，行动中的结构性与结构下的行动性相统一。显然，作为结构性要素的各种制度与规则是影响行为主体行为的基础性因素。然而，目前城乡二元结构形式如壁垒，把城市新移民挡在了制度之外，所有的行为与生活都限定了层层规约。城乡关系的改善目前只能在经济层面运作，因此，从制度上改变农民的社会身份还遥遥无期。户籍制度的限制成为诸多因素中的核心，包括就业、住房、教育、医疗保险等在内的城乡二元结构正阻碍着城乡移民的路，最基本的环境支持还没有真正形成。

虽然户籍制度进行了多项尝试，且在某些方面真正实现了制度性保障，但是，其基础仍然是城乡二元的因果之本，从内在上，其并没有取得实际效果。户籍制度如果进行周延研究的话，它还涉及就业、住房、教育、社会保障等制度。城市移民的星星之火，遭遇着制度的横加阻拦，民工有着与城市居民一样的职业环境，却永远得不到一样的认可，身份游离于体制之外，也同样成不了体制之内的人。身份与地位的差别，一直是顶在民工头上脱不下的帽子。二元管理体制下，城市长期存在两个劳动力市场："首属劳动力市场"和"次属劳动力市场"。前者代表收入高、福利待遇较好、社会地位较高的劳动力市场，后者是较前者等而次之的劳动力市场。城市新移民大多是在后者就业，纵使如此，就业的行业和工种还会受到一定的限制。

由于户籍制度壁垒，大多数在城市买不起房子的民工只能住在棚户区，因为即使经济条件允许，他们也享受不到现行廉租房、经济适用房等优惠政策；民工子女的教育一直是社会关心的焦点，但目前不公平的限制依然存在；社会保障体系从来就没有真正向新的移民开放。因此，民工边缘化是一种必然的结果。因为制度上没有相应的保障措施，农民工等移民很难与城市居民一样分享社会发展的成果，他们的生存与发展面临困境。

从体制上看，城乡二元的分野硬性地制约着农民工的流动，这是我们能明确感觉到的；而与之相配合的管理思维或认识角度及其制度惯性则是我们没有注意到的。制度惯性简单地讲，就是习惯性的排斥，习惯性的歧视，没有制度、政策、法律规范，这种现象的最终结果会影响制度、政策目标的有效实现。制度惯性会使农民工在心理上孤立，导致他们迈向城市的脚步停下来。

（2）人力资本弱势。在社会学上，社会流动的一般规则有先赋性规则与后致性规则两个基本类型。在现行的社会结构下，先赋性规则与后致性规则客观且辩证地作用于社会成员的流动。随着经济制度过渡的成熟，各种开放性影响因素逐渐增强起来。在社会地位的获得和实现社会流动机会中，个人后致性因素的作用越来越重要。人力资本是与生俱来的特质、后天获得的技能、具有经济价值的知识、技术、能力、资历及健康等因素之和。它直接影响着人们的就业取向、职业定位与收入水平。城市新移民中社会职业流动及经济社会地位的提高成为流动的主要途径，所以，人力资本已经成为民工流动的关键因素。

社会学研究得出这样一个结论，城市新移民人力资本越高，其改善经济和职业地位的意愿就越大，相应的流动意愿也越强烈，从而促进社会流动；相反，如果人力资本相对较低，城市新移民不适应现代化的新事物，那么，社会流动速度就会受到制约。人力资本的价值高低来源于人们的投入，如知识、技能、能力等方面，而教育水平则反映人力资本的投入程度。目前，城市新移民的人力资本整体低下，在竞争中处于相对劣势，这也是城市新移民向上流动的主要制约因素。由于人力资本不足，城市新移民从事的职业一般是声望较低、技术含量不高、收入也不高的类型，而城市新移民职业的要求低下性与较差的累积性也致使他们的职业始终层次不高，上升的可能性一般很小。

教育或者因教育获得的能力，已经成为社会流动最主要的助推器之一。然而目前，教育不公平已经成为城乡新移民获得技能的主要阻碍因素。一般而言，城市新移民能获得的教育资源质量相对比较低，这就造成城市新移民及其子女在技能获得和自我提升上所能够获取的资源有限，严重影响了社会流动的顺畅。

在城乡二元结构下，农村教育资源相对投入不足，教育水平和教育质量更是难以保证，农村基础教育发展一直停滞不前，所有的这些都不利于农村人力资本的培育和劳动力的可持续发展。教育资源城乡分布不平衡，农村教育水平总体滞后并在短时间内很难有所提高。职业教育和技能培训虽可补充这方面存在的一些不足，但这些项目目前还未带来效益，且实施过程尚存在诸多问题，如覆盖不广、供需不足及没有针对性等，提升城市新移民人力资本的动力相当有限。城市新移民子女在城市的教育因制度限制和相应的政策支撑小，难以起到实效，而留守儿童的教育培养问题仍是尚待解决的困局。即使部分公办学校向城市新移民子女开放，但总是存在这样那样的问题。一方面是对主流价值观的渴望，另一方面却是制度性的自我否定。一些农民工子弟现在开始盛行反学校文化，他们通过无视学校的规范和教师的权威而保持自己的独立和自尊，自愿提早进入次级劳动力市场，重复上一代人走过的路，穿着上一代人的衣衫，这无疑加速了阶级再生产的进程。以上两种机制都没有推动社会流动，反而助长了阶级再生产。其所造成的社会风险是随时的、隐性的、缓慢的，但所产生的后果却是严重的。

（3）社会资本缺乏。人是群居动物，在一个群居的社会里，人与人之间总是发生着这样那样的关系。社会关系网络是以个体为核心而展开的一系列社会关系的总称，对个人而言，社会关系网络是一种不可或缺的社会支持系统。个体通过社会联系摄取稀缺资源并由此获益的能力即社会资本。社会资本存在于社会关系网络之上，其外在的表现形态是社会关系（这里主要指非制度性社会资本）。社会资本推动了社会流动的运行。中国传统文化注重关系的习惯与制度不完善的结果，使社会资本作为一种非正式的因素在各个方面起着重要作用。

城市新移民在城市主要依赖"地缘、血缘、亲缘"的社会关系网络；

而新型社会关系网络的构建却受多种因素的制约，社会网络结构的形成是一种单一化的发展模式，所以，城市新移民在社会资本上呈现整体不足的情况，这对城市新移民的社会流动而言，无疑又是一块绊脚石。

在传统学术意义上，人们缺乏正式渠道和制度保障来获取充实的社会资源，以使他们能够融入市民社会的圈子，因此，城市新移民主要依靠传统的"三缘"关系获取在城市立足并发展的机会，而这也必须是在相应的结构制度下节约成本的一种合理选择。但"三缘"关系的社会网络异质性太弱，不可能为城市新移民带来充足的资源和促进社会发展的资本积累，且其"内循环"与"封闭型"特点在一定程度上也弱化了城市新移民的社会资本，那么，城市新移民想要提升社会地位的打算就会落空。

城市新移民新的社会关系网络的建构和社会资本的积累，主要依赖于其在城市得到发展并融入城市，实现社会身份与地位的提升。新型社会关系网络有许多新的特征，如城市新移民与城市社会的相互融洽、对城市社区的根本认同，是一种工业化、城市化、市场化相契合的并以业缘、契约关系为主要内容的开放型社会关系网络。然而，社会排斥始终是横亘在新型社会关系和社会资本积累之间的深沟，这使得新的社会网络的构建面临现实挑战。社会网络相对具有封闭的特点，具体表现在系统内部行动者之间的依赖、联合和资源共享，但对于系统外部的人员是排斥的。城市新移民在踏入城市的那一刻起就面临着社会关系排斥的壁垒。城市社会为了保护本体性和安全性，维护现有社会既定的利益关系，采取各种不同形式来封闭社会的大门。这种区隔意味着城市的拒绝，不接纳移民的到来，因此新移民一般难以享有所有的资源、权利和公共服务。

因身份和社会地位的不平等，城市新移民基本上不与城市居民有实质性的联系和交往，在身份和地位上也就难以得到认可。城市新移民与城市主流社会相对隔绝的这种弱联系使其在某种程度上形成认同危机和疏离感，并选择了"内倾化"的社会交往模式，这也更加固化了城市新移民传统关系网络。而城市新移民人力资本弱势大大限制了其经济地位与职业地位改善的机会，不利于新的社会关系网络的拓展。转型期民间组织尤其是城市新移民组织的不发达、不完善，也制约着城市新移民现代社会资本的建构①。

---

① 刘红燕：《农民工社会流动的现实困境与对策分析》，《河北学刊》2012年第1期。

4.4.2　容易引发社会治安问题

改革开放以来，随着我国市场经济体制的建立和城市化进程的加快，人、财、物开始大量流动，特别是农村剩余劳动力大量涌向城市，经济落后地区的一些居民不断流向经济发达地区，逐渐形成由于经济动因而大量流动的城市新移民。城市新移民的涌入，一方面促进了市场经济的发展，为城市建设和当地的经济发展提供廉价的劳动力；另一方面，城市新移民尤其是广大农民工，由于受劳资纠纷、歧视、城乡反差引起的心理失衡等种种因素而诱发各种犯罪，犯罪率呈逐年上升趋势，已成为影响城市社会治安的一个普遍而严重的问题。城市新移民犯罪之所以会对社会治安尤其是城市社会治安与稳定产生严重的影响，主要是由城市新移民犯罪的特点所决定的。

4.4.2.1　犯罪特点

城市新移民的文化水平普遍较低，几乎不掌握国家的公共权力；与这些特点相对应，城市新移民犯罪类型中智力型犯罪较少，而贪腐渎职类犯罪更是少之又少。种种数据表明，城市犯罪率的不断上升尤其是盗窃、抢劫等财产犯罪率持续上升，与城市新移民密切相关。由于经济因素是城市新移民违法犯罪的最大动因，其主要犯罪表现类型为侵财型，其中以盗窃、抢劫、诈骗等侵财类犯罪最为突出；而当一些农民工生计无着时，往往铤而走险，大肆偷盗抢劫，甚至杀人劫财。农民工是城市里的特殊群体，这一特殊群体就特殊在他们处于城市边缘的身份地位，这种身份地位为他们在城市里的社会地位作了定格，他们的行为特征便也打上了这一边缘阶层的深深烙印，他们的犯罪表现形式趋于多样化，如杀人、抢劫、盗窃、强奸、诈骗、贩毒等，但仔细分析，还是不可避免地带有这一阶层特有的特征。

第一，城市新移民犯罪具有突发性，多数城市新移民犯罪出乎人们的意料之外，很难把握这类犯罪的规律性而难以提前防范。

第二，隐蔽性强、流动性大。犯罪分子行踪不定，即使城市新移民中的犯罪分子在农村老家有住所，但外出到城市谋生时，也常常居无定所。他们有些人一方面尽力谋求正当职业，另一方面又做假证件乘机进行盗窃、诈骗等犯罪活动，这给公安机关破案设置了不少障碍。

第三，具有一定的团伙性。来自农村的城市新移民大多是靠亲戚朋友的介绍而流入城市的，他们刚来城市时的适应能力并不强，其必然会试图寻找有着同样背景和社会地位的人群互相依靠。特有的乡土观念和陌生的城市环境使他们容易形成群体。久而久之,城市新移民的犯罪呈现出团伙性的特点。这些群体一旦走入歧途,就有可能演变成抢劫、盗窃、制假贩假等各种犯罪团伙。在犯罪时,他们分工负责,互相照应。刚开始的几次犯罪活动得逞,加之人多,使这些群体胆子越来越大,大案愈来愈多,对社会造成的危害越来越大,影响越来越恶劣。上海市公安局某分局对500名在押扒窃违法犯罪人员的问卷调查报告显示,500人中固定参与结伙作案288人,占58%,经常参与结伙的127人,占25%,上述两类人员共计83%;单独作案的只有85人,仅占17%。而75.8%的团伙成员并非是纯粹的地缘化组织成员。值得注意的是,团伙成员87.9%是有前科劣迹的职业扒手,因而更具抗侦查打击能力。

第四,具有低级性、贪婪性和凶残性。大多数来自农村的城市新移民,文化水平较低,不少人是文盲或法盲,加之城乡之间贫富差距的影响、灯红酒绿的城市世界的强烈刺激、盲目的求富欲望和狭隘的小农意识,使他们一部分人产生了一种强烈的反社会倾向,为一时之快或贪图钱财而不计后果,犯罪动机低级,手段残忍,往往伴随着很大的破坏性,其中最为典型的就是利欲性犯罪。利欲性犯罪是指因具有强烈的物质欲望,并由这种欲望作为内驱力推动犯罪动机外在化行为,以各种手段非法占取公私财物的犯罪。城市新移民常见的利欲性犯罪有抢劫、盗窃、走私、诈骗、赌博、敲诈勒索、拐卖人口等。这种利欲性犯罪有时呈现极度的贪婪和不计后果,如偷割通信电缆,只是为了变卖其中的铜丝;盗窃窨井盖,仅是为了将其作为废铁卖;为了获得手镯,将他人的手砍下。他们的行为给社会造成巨大危害。

第五,流窜性。城市新移民为城市流动人口的一部分,决定了城市新移民犯罪具有流窜性这一突出特征,它是由这一群体本身的流动性决定的。流窜性犯罪由于其在地域上的跨越性,大大增加了破案的难度,低破案率则助长了流窜犯罪的嚣张气焰,从而对社会的危害不断升级。近年来,各地破获的诸多大案要案中,跨越异地作案者居多。那些流窜案犯往往在一个城市作案后,紧跟着又窜到另一个城市连续作案,以逃避当地警方的追捕。这种不断地流窜异地作案,走一线、害一片的犯罪方式,常常手段残忍,不计后果。据统计,2007年流动人口犯罪占当地全部刑事案件的比例,北京市为46.2%,上海市为53.6%,天津市为30%,广州市为69.2%,西安市为

53%，重庆市为 53.9%，杭州市为 50%，温州市为 48.6%，南京市为 47%，东莞市为 85.4%，深圳市为 97%。据 2012 年 5 月 23 日法制网报道，2011 年，北京市检察院第二分院共审查受理 230 件重大刑事犯罪案件，其中来京流动人口重大刑事犯罪案件 178 件，占北京市检察院第二分院共案总量的 77.4%。这种现象并非北京独有。统计显示，上海的犯罪案件，72% 以上是非本地户籍人口所为；杭州外来人口犯罪已经突破 90%。专家分析，流动人口犯罪除本人文化水平低下，心理素质较差，心态容易失衡之外，就业、就医、住房、社会保障等政策歧视导致不公正待遇也是不争的现实。流动人口与城市新移民的成分在很大程度上一致，此群体的犯罪率提高，给城市社会安定带来极大的隐患，已成为困扰城市社会治安的一大难题。

第六，地域性。有关调查显示，近年来，农民工中"同乡"纠集进行的共同犯罪约占农民工犯罪案件的 10%。团伙作案，其社会危害往往更大。在城市新移民中，民工帮会是近年来涌现出的一个比较典型的秘密的社会型非正式组织。有调查表明，黑社会、会馆势力的渗透及民工组织的癌变是城市新移民犯罪的新趋势。由于大量的城市新移民主要来自农村，他们具有浓厚的地域观念和乡土观念及排外心理。因此，城市新移民犯罪团伙成员通常以血缘、地缘关系为纽带，通过连帮带的形式组成三三两两的小团伙或人数众多的大团伙进行犯罪活动。甚至出现了一个地方一人来沪犯罪，带动一批人来沪犯罪的情况，如 2006 年 8 月，上海浦东警方捣毁一犯罪团伙，年初来沪的何某 QQ 聊天时大肆吹嘘"到上海赚钱很容易"，招揽多名老乡来上海实施盗窃，在川沙、张江、北蔡、花木等地入室盗窃 10 余起，案值人民币 10 余万元。上海曾经出现的"苍山帮""淮阴帮""淮安帮""阜阳帮"等犯罪团伙，就曾臭名昭著于沪上。这种地域性犯罪特别讲究"江湖义气"，一人被抓，其家人的生活费由团伙负责，若供出同伙，其家人则遭到团伙报复，其危害性远胜于一般的松散型团伙犯罪和个犯。

第七，严重的社会危害性。城市新移民中的犯罪分子胆大妄为，偷、摸、扒、夺、骗、抢，若在实施犯罪的过程中"受阻"，则施以暴力，往往置对方于死地也无所顾忌，不仅侵犯了社会主义的公私财产，给国家和人民带来了巨大的经济损失，也对人民的生命安全造成严重威胁，破坏了城市建设和发展，更严重的是破坏了社会治安秩序，使得人们尤其是城市居民精神紧张，缺乏安全感。这也严重割裂了城乡居民之间的关系，给社会稳定留下了阴影。

第八，低龄化。目前，有相当数量的农村孩子由于厌学或家庭经济拮据中途辍学而流入城市打工，城市新移民中的相当一部分是未成年人。未成年人因为年龄太小，不具备合法打工的资格，所得报酬极低。这些涉世未深的青少年，在强烈的经济收入落差刺激下，很容易成为犯罪分子的教唆对象。未成年人之所以容易犯罪，是因为在流动过程中，正常的社会化过程中断，失去了社会化监护主体应有的监督和约束，自我控制能力差，易受城市中不良因素的影响和污染而走上犯罪道路。城市新移民中的青少年作为城市中一个庞大的、特殊的群体，同时又作为未来社会的中坚力量，其犯罪的低龄化倾向，是我国城市乃至整个社会未来发展的潜在威胁，它不得不引起全社会的关注和警惕。

4.4.2.2　犯罪原因

第一，迫于生计。绝大多数城市新移民从家乡出来时带足了回程的路费，也就是说，一旦进入不了劳动力市场，城市新移民是准备好退路的。但是，当他们花光随身所带的全部资费，身处异乡却和自己亲友无法联系，不能够从他们那里得到及时接济，在举目无亲、走投无路时就有可能违法犯罪。对城市新移民来说，有一个很简单但是普遍的逻辑，那就是"一切为了生存"。生存是人的最基本需求，当这一需求得不到满足时，任何社会规范在生存的本能面前都会显得苍白无力。美国著名心理学家马斯洛的需要层次理论指出，人的需要是多元的、分层次的，包括生存需要、安全与保障的需要、爱与归属的需要、尊重的需要、自我发展的需要。前四者属于基本需要（因缺乏而产生的需要），自我发展的需要即存在的价值或者后需要。这五者可以合称为内部环境。同时，前面这些需要的满足依赖于外部环境，即满足需要的先决条件（包括自由、正义、秩序、挑战或者刺激等）。农民工因为迫于生计而走向犯罪，在农民工于城市务工的整个过程中都有可能发生。这在一定程度上可以说是人生存的本能使然。

第二，非法维权。城市新移民进入城市务工，辛辛苦苦干活，目的就是为了多挣些钱，带回家以便改善自己家庭经济状况，谋求更好的发展。付出劳动，得到报酬，这本是天经地义的事。但是城市新移民经常遇到被拖欠工资的问题。更有甚者，有些包工头对于努力尝试寻求通过正当途径讨要工资的城市新移民百般刁难，让其受尽屈辱。大部分城市新移民在被拖欠工资以后，往往选择了含着辛酸和伤恨，忍气吞声地离开自己务工的城市。而少部分城市新移民却选择了非法维权的方式来捍卫自己的权益。究其原因，这与以下内容有关：①依法维权成本过高、耗时费力；②城市新移民关心的是如何尽快拿到理应属于自己的劳动所得，对任何通过合法程序维权都需要有一定的时间作为保障却缺乏了解；③司法腐败、劳动监察部门执法不力。

这些共同造成城市新移民在被拖欠工资以后，少部分人不愿意通过劳动监察、劳动仲裁及诉讼等合法方式解决劳动争议，而选择绑架、非法拘禁、故意伤害、杀人等暴力和极端手段进行维权，结果使自己走上了"自救式犯罪"道路。所谓城市新移民"自救式犯罪"，是指"当城市新移民的生存和发展受到威胁或合法权益遭到侵害时，他们以犯罪的手段来维护自己的权利或者权益"。它属于非法维权。城市新移民犯罪见诸媒体最多的也就是此类犯罪。而这类犯罪往往容易引起社会中下层的同情。

第三，不法分子教唆。刑满释放人员、逃犯混杂在城市新移民之中，使得城市新移民中鱼龙混杂。此处逃犯包括四类人员：已被公安机关确定为犯罪嫌疑人但因逃逸而尚未归案的犯罪嫌疑人、从看守所脱逃的犯罪嫌疑人或被告人、从劳教场所脱逃的劳教人员、从监狱脱逃的罪犯。在刑满释放人员之中，部分人认为自己之所以被公安机关抓获，原因在于自己"运气不好"，没有来得及"远走高飞"，抓住只好自认"倒霉"。这种情况在只有部分犯罪嫌疑人被抓获归案、部分犯罪嫌疑人逍遥法外的团伙性犯罪案件中表现得较为突出。还有一部分刑满释放人员在服刑期间通过在监狱里的几年"反思"，对犯罪经验的相互"切磋"与"交流"，认为个人反侦察能力大大提高，因而在还没有踏出监所大门时，就在策划重操旧业或者下次的"行动计划"。而这部分人出狱后往往混杂在城市新移民中异地"谋生"。

刑满释放人员、逃犯混迹在城市新移民之中，其中部分人在"损他心"的驱动下，出于各种目的，通过言传身教或者唆使、传授犯罪方法等方式，自然会使城市新移民中潜在的不法分子数量增加。加上这些近乎将犯罪"职业化"的罪犯，城市新移民犯罪人数逐年增多。

第四，法制观念淡薄。城市新移民来自农村，而在农村普法类法制教育活动开展得非常有限，加上受教育程度相对较低，受传统观念影响较深，对有些行为是否构成犯罪缺乏明确认识。这样在无意识中就触犯了刑法。许多城市新移民有着诸如义务帮忙运赃、买赃自用等行为，又不侵犯他人，恐怕谁也管不着；只是传授作案方法，自己又没有去实施，不大可能构成犯罪；只是准备但却没有真正去实施，不可能构成犯罪之类的错误认识，而不知道义务运赃不是义务帮忙，买赃自用就等于花钱"买罪"（《刑法》第 312 条），传授作案方法同样也是犯罪（《刑法》第 295 条），结果触犯了刑法。

小偷小摸在农村好多地方被认为是小事，没有什么大不了的，不会构成犯罪。但是盗窃数额在 500~2000 元，或者在一年之内连续盗窃三次以上，就有可能构成盗窃罪。在农村普遍存在着"告人一状，十年不忘"的观念，而使得人们除了万不得已不愿意采取诉讼这一权利救济的最后一道防线来维护自己的合法权益（自然也有怕诉累和并非十分经济等方面的考虑）。正因为如此，在农村大量存在着"私了"——以赔钱的方式解决纠纷的现象。即便是在一些刑事案件（非自诉案件）中，这种现象也大量存在。因而，在农村形成只要有钱绝大多数事情都可以"摆平"（即解决）的错误观念。带着这样淡薄的法制观念，进入法制观念相对较强的城市，仍然按照自己原有的观念和行为方式行事，一定程度上在某些城市新移民身上就注定会发生诸如此类的违法犯罪行为。

第五，缺乏积极向上的业余生活。城市接纳城市新移民，获得了自身发展，同时却忽略了他们这个和市民同样有着七情六欲的群体。他们夜晚没有电视看，更谈不上提高自身文化素质。由于城市新移民白天流血流汗地干活，而在晚上却没有积极向上的业余生活，睡觉、赌博、喝酒、看录像、光顾舞吧等顺理成章地成了绝大多数城市新移民业余生活选择的范围。

第六，不良环境的影响。淫秽物品、舞吧、工地附近的艳舞等这些露骨、极尽挑逗之事的色情表演，加上长期两地分居产生的性压抑，其严重的社会危害性就更不用说了。这也是部分城市新移民实施卖淫嫖娼等违法行为和犯强奸罪的原因之一。需求产生供给。城市新移民中的女性大多缺乏一技之长，较长时间找不到工作，部分人因迫于生计而去卖淫。毋庸讳言，卖淫群体中也不乏有些年轻女性嫌务工工资太低、挣钱太苦太累，转而立足自身年轻美貌优势，开发自身"资源"，在既能够快速获得较高收入，也能够同时满足自身生理需求这种"双赢"情况下去卖淫者。有些女性农民工几乎将卖淫职业化。

第七，缺乏正确的致富观念。城市新移民在城市中务工期间由于人生地不熟，特别是初次来到城市者，很难找到收入相对可观的工作，因而往往收入低下。但是在与他人（主要是城市新移民之间）比较时，就会产生不公平感，在与市民相比较时，这种不公平感就会更加强烈。美国行为科学家亚当斯于 1967 年提出了公平理论。"该理论的主要内容是：公平是平衡稳定状态，个体对所得报酬是否满意，不是看绝对值而是看相对值，每一个体把自己的报酬与贡献的比率同他人的比率作比较，比率相等则认为公平而努力工作。"在城市中，在这种强烈的不公平感和急于发家致富、摆脱窘迫的经济状况的双重驱动下，有些城市新移民就打起了歪主意，想通过非法敛财，"快速致富"。

第八，城市"匿名"效应的负面影响。城市"匿名"效应给包括城市新移民在内的少部分人的违法犯罪提供了可乘之机。在城市里，市民之间空间距离近，而心理距离却很远，住户之间隔壁邻居"锅碗瓢盆之声相闻"，却相互不知道近邻姓甚名谁、高就何方，更不用说相互帮助和监督——除非彼此是同一个单位，或者入住以前就已经彼此熟悉。城市里市民中彼此防范心理较强，"不要和陌生人说话"基本上是市民教育孩子防范"坏人"的口头禅，"事不关己，高高挂起"观念比农村盛行，这些都是不争的事实。这是城市中各种违法犯罪行为（包括城市新移民违法犯罪行为）比较容易得手的原因之一。城市新移民来到城市务工，除了他自己及少数亲友外，根本无人知道他是谁，因而在熟人社会里形成的相互监督机制几乎失效，从而自我约束相对较弱，使得他们对于一些不道德行为，甚至违法犯罪行为，只要无人注意监督，就敢肆意妄为。此为原因之二。原因之三在于，刑满释放人员、逃犯混杂在城市新移民之中，这部分人由于在原来生活的熟人社会中易于被别人发现、防范和歧视，而在城市茫茫人海之中由于彼此很少知道对方历史，有利于他们隐姓埋名，逃避法律惩处，同时对他们的防范相对于熟人社会而言较少。由于防范较少，如果他们再犯，也相对比较容易得手。由于易于得手，所以他们中部分人也就敢于一犯再犯。

第九，原住居民对城市新移民的歧视。由于某些人是某一群体或属类的成员，而对他们施加以不公平、不平等的待遇，这种情形我们称之为歧视。在中国这样一个有着深厚的论出身、看身份、讲等级传统观念的国家，市民在日常生活中对城市新移民产生歧视在所难免。市民普遍具有一种比城市新移民高人一等的自我优越感。他们在与城市新移民接触的过程中有意无意地就会流露出歧视。这种歧视本身就潜藏着危险。然而，对城市新移民的歧视，当地政府有时候也不例外。城市新移民进入城市，但却没有取得城市户口。既然没有城市户口，那么他们在城市的居住就只能是"非法"的，或者"暂时"的，当地政府就可以因为各种原因剥夺他们的"居留权"。如果遇到什么大型活动就限制城市新移民进城，驱赶一部分城市新移民以确保城市的所谓"安全"，如 1990 年亚运会和 1999 年建国 50 周年"大庆"期间就是如此。奥组委就曾在 2006 年 9 月 27 日辟谣，奥运期间北京劝返农民工的说法毫无根据。

综上所述，新移民犯罪有城市新移民自身文化和知识缺乏、心理素质低下、社会心态失衡等因素，但根本上是制度和文化的歧视。像户籍制度这种人为地对国民进行的二元分割，客观上使得市民享有更多的权利，如就业、住房、医疗、社会保险等，而城市新移民却被排除在本该享受的同样待遇之外。尽管我国社会制度在不断完善，但是这种制度设计上的缺陷却客观造成了对城市新移民的绝对剥夺，使市民具有高于城市新移民的优越感，对"另类"的城市新移民缺乏认同感；同时客观上也"增强"了市民歧视城市新移民的"理由"。而现实或者可能的犯罪这一加害和被害关系，更容易激发人们相互排斥、否定与自身的社会地位、身份、社会阶层之间具有较大差距者。这也是针对城市中城市新移民犯罪问题，学者们仁者见仁、智者见智的原因所在。

4.4.3　容易引发群体事件

自 20 世纪 80 年代城市新移民大批进城以来，随着转型期社会制度和社会背景的变迁，城市新移民所面临的社会诸多问题也经历着变迁，并随着社会的前行而积累和传递着。弱势群体的合法权益屡遭侵害，诉求渠道不畅，维权之路艰难，社会地位低下，对政府、社会不满等原因而导致城市新移民群体性事件的接连发生，其规模、参与人数、严重程度逐年增加，对社会的影响也越来越大。城市新移民群体性事件已成为我国社会转型期利益矛盾和热点问题积聚的突出反映，尤其是在 2009 年受金融危机影响大批城市新移民失业的背景下，更增加了问题的严重性及紧迫性，如果处理不好，有可能演化成某种社会危机的爆发点。因此，这一问题已引起党和政府的高度重视，也引起学术界的广泛关注。

4.4.3.1　群体性事件的概念内涵

"群体性事件"的概念有一个历史演变的过程。20 世纪 50 年代初至 70 年代末，群体事件多被称为"群众闹事""聚众闹事"等；到 20 世纪 80 年

代初又被称为"治安事件""群众性治安事件"等；20 世纪 80 年代末至 90
年代初，又被称为"突发事件""治安紧急事件""治安突发事件""突发
性治安事件"等；而到 20 世纪 90 年代中后期又被称为"紧急治安事件"；
20 世纪 90 年代末期至 21 世纪初期，群体性事件成为一个专有名词，又称
"群体性治安事件"或"群体事件"。2009 年 9 月，《党的建设辞典》时隔
20 年后再出版，在整部辞典的 1015 个词条中，1/3 是新词，群体性事件等
被收入其中。对群体性事件在提法上的变化，体现出我国社会以及党和政府
对聚众性的、影响公共安全与公共秩序等社会问题的认识过程：从原来认为
其属于"聚众闹事"范畴并施以打击并处理，发展到认为该类事件有一定
的合理起因并需要依法妥善处置；由直接定性为违法事件，转而发展到强调
事件的突发性、事件的复杂性，并进而在提法上模糊其性质。这种称谓的变
化反映出人们对群体性事件的认识随着社会发展而不断深化，也从侧面反映
了党的指导方针一直在顺应社会发展趋势而实时做出相应的调整。

　　但对群体性事件的概念内涵，不同的研究角度有不同的看法。法律实践
研究领域多是将群体性事件以违法犯罪的特性来加以界定，例如，公安部在
其发布的《公安机关处置群体性治安事件规定》中就将群体性事件定义为：
聚众共同实施的违反国家法律、法规、规章等，扰乱社会秩序、危害公共安
全、侵犯公民人身安全与公私财产安全的行为。社会学研究领域则主要从集
体性和社会危害性来界定群体性事件，如韩金贵就认为群体性事件是指某些
利益诉求相同或相近的群体或个别团体、组织，在其利益受到一定损害或不
能满足时，受到策动，并经过酝酿，最终采取的非法集会、游行或集体上
访、集体罢课、罢市或罢工，集体围攻党政机关、重点建设工程或其他要害
部门，集体阻断交通、集体械斗甚至集体打、砸、烧、杀、抢等行为，以求
解决其自身群体问题，并可能造成甚至引发某些治安后果的非法集体活动。
而公共管理研究领域更多地从突发性和危害性来进行界定，譬如，陈月生将
群体性事件界定为受特定的中介性社会事件刺激而突然爆发，以寻求共同利
益的人群为主，采取自发或者是有组织的聚众方式，与公共秩序和安全爆发
矛盾或对抗的行为和活动[1]；而根据中国行政管理学会课题组的观点，群体
性突发事件指因人民内部矛盾而引发，部分公众参与并形成有一定组织与目

①　吕世明：《警察对群众事件的应有认识》，《世界警察参考资料》1989 年第 6 期。

的的集体上访、集会、阻塞交通、围堵党政机关、静坐请愿、聚众闹事等，并且对政府管理和社会造成一定影响的群体行为①。

由于经济发展、社会转型，导致我国社会利益格局分化，形成不同的利益群体，一方面是由于不同群体之间的利益差距不断扩大，不公平性增强，另一方面是由于部分党政机关及领导干部还肆意侵犯民众的合法权益，加剧了矛盾的爆发，这些矛盾积累到一定程度就导致群体性事件的爆发，城市新移民作为社会弱势群体甚至社会最底层，受到的不公平待遇和伤害最多。因此，从公共管理研究的角度，群体性事件应该定性为人民内部矛盾；而且从性质上来说，当前我国发生的绝大多数群体性事件虽然客观上对社会、政治、经济秩序造成危害，但都是对正当权利、权益的诉求，并没有严重的政治目的，只是形式上属于违法性质，对社会秩序和党、人民政府公众形象的破坏程度也是比较大的，且容易被黑恶势力或者境外反动势力所利用，如果处理不当，可能造成更加严重的政治问题，因此需要高度重视，正确加以处置和处理。

4.4.3.2　群体性事件的一般特征

我国学术界和实践界通过对大量群体性事件的系统研究和考察，总结出这类事件的一些主要特征。

第一，群体性。"群体"可以从字面意思理解为聚集的人群，一方面是规模数量上比较大，另一方面群体内部的个体之间往往不是独立的，而是相互联系的。所以群体性事件的群体性特征也可以从这两方面来理解，一方面反映了群体性事件中涉及的人群比较广泛，而另一方面也说明参与群体性事件的个人有一定的相似性，这种相似性往往是社会阶层的相似和利益诉求的相似，也正是由于这种相似性，将他们组成一个巨大的群体。群体性的强弱可以在一定程度上反映事件涉及范围的大小和事态的严重程度，群体性越强，说明反映的问题越突出，涉及的人群越广泛，事态也就越严重，而策动者的组织领导能力和政府部门的处置策略也影响群体性的发展。

第二，组织性。组织性是指群体性事件中群体内部结构的一种特性，群体性是从规模和数量上来描述群体，而组织性则从分工上来描述群体，是与

---

① 中国行政管理课题组：《我国转型期群体性突发事件主要特点、原因及政府对策研究》，《中国行政管理》2002 年第 5 期。

自发性相对的一个特性。以往的群体性事件大多是自发性的群众行为，并不具有组织化。但近年来，群体性事件的组织化特征逐渐明显。一方面，群体性事件中参与者的角色分工细化，有鼓动者、组织者、信息传输者等，参与者为达到共同目的，进行最大限度的合作。另一方面，群体性事件中的计划性增强，组织者事先都经过周密的计划，不但目标明确而且行动统一①。可以说，组织化程度的提高从侧面反映了民众权利意识的增强，基于以往的自身经历，近些年来民众逐渐意识到集体行动的必要性，通过有组织的集体性行为团结起来，增强在利益博弈中的力量，并引起相关政府部门的重视。

第三，冲突性。冲突性可以理解为矛盾的激化导致不同群体间的摩擦，群体性事件是各种矛盾不断积累的结果，所以冲突性也是必然的外在表现形式。冲突性并不一定是激烈的，有些群体性事件中，冲突性表现得较为平静，群体的行为较为理性，冲突不会对社会造成重大影响，可以称之为群体性事件中的一般冲突。而类似于围攻党政机关，阻塞交通，甚至打、砸、抢、烧等行为是属于比较严重的冲突，会对社会造成重大的负面影响，可以称之为暴力冲突。值得注意的是，冲突性和群体性一样，都是可以动态演变的特性，如果一般冲突处置不当则很可能会演变为暴力冲突，所以要致力于一般冲突的处理，避免其演变为暴力冲突。

第四，公开性。公开性是指群体性事件的参与者一般会以罢工、集会等公开的形式向党政机关和社会公众表达自身的利益愿望和诉求。体现在地点的选择上，参与者通常选择一些公共场所或党政机关所在地进行相关诉求活动，或盘踞在公路、铁路等重要交通干道上，更大范围内扰乱社会公共秩序；体现在时间的选取上，一般集中在一些重要的国际国内节日或活动，如五一、中秋、春节、国庆期间，特别是会选择在党和政府的重要活动期间，如"两会"前夕及期间等。群体性事件参与者往往因矛盾或者困难未予解决，在大众和平喜庆的日子里更容易引发对其处境的不满，继而产生更加愤怒的情绪。另外，由于受中国人长期传统节日情结的影响和追求政治稳定的需要，社会公众需要和平喜庆的气氛，社会管理者也需要稳定安宁的局面，

---

① 陈奇：《群体性事件的基本特征及预防处置策略》，《中共福建省委党校学报》2007 年第 9 期。

因此恰恰是在这些重要的时间点上，群体性事件的参与者可以利用公众需要和平喜庆、党和政府需要稳定的心理向相关部门施加压力，增加筹码迫其就范，从而解决困难和矛盾①，导致群体性事件影响更广更深远，破坏力更大。

第五，利益性。利益性是群体性事件的又一核心特征。马克思曾说过，"人们奋斗所争取的一切，都是同他们的利益有关"②。同样，每一起群体性事件都有具体的目标指向，可能是权力机关，或是社会单位，或是另一部分的群体，更或者是某个人、某件事，但诉求者最初的动机和主要目的都为了解决特定的利益问题③。尤其是在当前经济加速发展和社会转型的前提下，我国社会各阶层的利益格局加剧分化，并形成了不同的利益群体。随着不同群体之间利益差距的不断增大和肆意侵犯民众的合法权益的行为增多，群体矛盾也越来越深，积累到一定程度就会导致群体性事件的爆发。

4.4.3.3　城市新移民群体性事件

城市新移民来到陌生的城市，虽然忐忑不安，有所担心，但还是对未来怀有美好希望的，认为在城市能够获得更多的机会，获得更好的生活。但现实不公平的残酷远远超出了预期，其主观感受被剥夺与排挤，"当人们对美好未来本有所期望，但突然之间又开始对现实这些期望的前途大失所望，只有在那个时候他们才会被充分地召唤起来进行冲突"④。美国社会学家默顿认为，在人们认为自己实际得到的和期望得到的、自己得到的和他人得到的之间存在很大差距时，就会产生一种被他人或社会剥夺的主观心理感受，是自认为没有得到公平待遇后的不满与积怨的结合。当某一群体普遍产生相对剥夺感时，他们就可能采取集体行动来强制性地纠正这种剥夺⑤。城市中新移民多数处于社会弱势底层，他们在市民权利、政治权利、社会权利诸多方面严重缺失，使得他们在公共稀缺资源的获取上处于劣势，导致他们成为城市中最脆弱但又有最多不满与积怨的群体，矛盾的燃点极低，容易引发群体

---

① 顾培东：《试论我国社会中非常规性纠纷的解决机制》，《中国法学》2007 年第 3 期。
② 《马克思恩格斯全集》（第 1 卷），人民出版社，1956。
③ 陈月生：《群体性突发事件构成要素、特征和类型的舆情视角》，《理论月刊》2006 年第 2 期。
④ 〔美〕乔纳森·H. 特纳：《现代西方社会学理论》，范伟达等译，天津人民出版社，1988，第 234 页。
⑤ 转引自陈潭等《群体性事件：若干理论的多向度阐释》，《政治学研究》2009 年第 6 期。

事件。

城市新移民群体性事件主要指由城市新移民组织或参与并具有一定规模的集体罢工、集会或阻塞交通、围堵党政机关、聚众闹事等在结果上可能对社会秩序和政府管理造成重大影响的行为。作为群体性事件的一种，它具有群体性事件的一般特征。但是，由于城市新移民群体性事件也有自己的独特特征，并且这些特征与群体自身的特征息息相关，了解和分析这些城市新移民群体性事件的独特特征，对党和政府如何妥善处理城市新移民群体性事件具有一定的启示意义。

第一，事件的"燃点"较低。2011 年广东增城事件中一起没有人员伤亡的简单纠纷案就引来上千农民工聚集，现场曾有几百人起哄，并连续两日引发大批群众聚众滋事、破坏公共财物事件。可以看出，随着新生代城市新移民公民权利意识的增强，在各个方面都表现出强烈的权利意识，他们更容易生气，也更愿意显示自己的怒气。根据社会燃烧理论的思想，引发群体性事件的起因越小，就说明"燃点"越低，同时也说明相关社会矛盾积累程度越高。新生代城市新移民文化程度较高，维权意识强，维权行为也更主动。新生代城市新移民自身权利意识的增强与滞后的利益表达渠道缺失之间产生了直接的矛盾，这种矛盾是新生代城市新移民群体性事件的"可燃物"，当矛盾越积越深，可燃物也就越来越易被点燃，达到一定程度后，一件很小的事情就能将矛盾激化。引发群体性事件的"燃点"大幅度降低，也从侧面表明政府公信力的下降和新生代城市新移民对政府的信任危机。

第二，其中的"非经济利益"诉求逐渐增多。20 世纪 80 年代，第一代城市新移民外出就业的目的相对单纯——挣钱，所以对劳动权益的诉求也相对较低，甚至认为社会保障和职业健康等其他劳动权益可有可无，只要能够按时足额领到劳动报酬即可。而对于新生代城市新移民而言，由于就业背景、家庭环境和个人价值观念的不同，为他们外出就业创造了相对较高的起点，对劳动权益的诉求向更高层次发展。他们就业选择不仅看重硬件条件——工资，更看中软件环境——福利待遇、工厂环境、企业文化乃至今后的发展机会等。在 2010 年的本田罢工事件中，工人们除了要求增加工资收入外，还有一项要求，就是变革公司管理制度，工人们表达了强烈的参与企业管理的愿望。

第三，理性和暴力并存。城市新移民群体受教育程度逐渐提高，而且由于生长在法治社会的大环境下，法律意识比较强，所以在提出自己的抗争时，也相对比较理性，比如在 2010 年的广州南海本田罢工事件中，工人们就确立了"和平、理性地争取权益"的总策略，将"提升工资薪酬"的斗争局限在厂区内，提出了"非暴力不合作"的观点，采取平和的停工、静坐等手段来提出自己的抗议，对社会秩序影响较小；但另一方面，我们也可以看到新生代城市新移民群体性事件暴力的一面，比如增城事件就显示了一定的暴力性，之所以出现暴力行为，与社会上的不法分子有关，但同时也说明有部分的农民工法律意识淡薄，抱有"法不责众"的心理，趁机发泄自己对社会的不满，这种现象很容易被社会上的不法分子所利用，将合理的群体性诉求转化为违法犯罪行为，对社会秩序造成重大影响。

第四，泄愤现象增多。传统的城市新移民群体事件一般都是基于直接经济利益诉求，比如讨要工资等。但近年来群体性事件中的"无直接利益冲突"现象开始发生在新生代城市新移民群体性事件中，并且有一定的蔓延趋势。2006 年 10 月，记者钟玉明、郭奔胜等通过调查发现，一种"无直接利益冲突"的特殊现象出现在粤、沪、苏、浙等发达地区的群体性事件中，这类群体性事件又称为"社会泄愤事件"[1]，即群体性事件中的众多参与者与事件本身没有关系或无直接关系，只是由于长期遭受的不公平导致的大量不满情绪，让他们将矛头指向政府，借机表达、发泄不满情绪。主要由新生代城市新移民群体参与的广东增城事件，就是一起典型的"无直接利益冲突"群体性事件，谣言在这次事件中扮演了重要角色，事件的症结既是当地民众不相信政府发布的消息，又源于新生代城市新移民长期以来饱受歧视而积累的各种怨恨，包括严重被剥夺感，使其对政府产生敌意，于是借机进行发泄。

一方面，城市新移民有着较高的社会期望，但却长期享受较低的工资待遇，处于相对较差的工作环境中，这使得他们在现实中渐渐失去了方向，并且在与城市居民对比的过程中，产生了强烈的被剥夺感，这种剥夺感积累到一定程度会形成对社会的一种敌意，正是由于这种敌意，所以才会产生一定的报复行为；另一方面，城市新移民群体内部的相互同情感，也使得在同伴受到不公正待遇时，很容易地激发这一群体的一种团结情绪，进而会出现群

---

[1]　于建嵘：《当前我国群体性事件的主要类型及其基本特征》，《中国政法大学学报》2009 年第 6 期。

体围观、讨要真相的场面。

第五，事件传播手段现代化。随着网络社会的发展，互联网成为最广泛的传播工具，同时也成为一个十分重要的舆论平台，也在城市新移民群体性事件的组织、交织、放大等方面扮演着重要角色。互联网的普及以及手机网络的便捷，打破了信息传播理论中"把关人"的限制，并大大加快了信息的传播速度，使得网络成为新生代城市新移民群体性事件交织放大的一个理想场所。另外，互联网打破了传统的地域限制，使群体性事件的传播半径也迅速增大，参与人群也迅速扩张。在"2010 年广州南海本田群体罢工事件"中，工人们通过 QQ 群进行信息互换，这个群上有工人、记者、律师、劳工维权专家，记者们向外界传递真实的状况，争取外部舆论的支持；专家们向工人们提出专业性的指导建议，使得罢工在一个平和的状态下进行，为工人们取得集体谈判权起到了至关重要的作用。

可以看出，新生代城市新移民不仅有较强的维权意识，更懂得如何接触新媒体来维持自己的权益，通过网络扩大事件赢得关注和支持，增强自己的话语权。因此，新生代城市新移民群体性事件的形成方式和传播途径也都发生了显著变化，出现了网内网外互相影响、互相推动的新特征，这些特征同样也存在于其他类型的群体性事件中，大大增加了群体性事件的防范阻力和处置难度。

第六，事件的受关注程度较高。由于城市新移民群体的庞大和对社会的重要程度，所以社会各界对城市新移民群体性事件都比较关注；另外，网络等现代化平台的传播，更使得城市新移民群体性事件的受关注程度越来越高。通常，城市新移民群体性事件的主体是城市新移民本身，但是随着社会各界特别是媒体关注度的提高，城市新移民群体性事件的参与主体已经不再单一，而呈现多元化。比如 2010 年南海本田罢工事件，很多专家学者给这些城市新移民进行法律方面的援助，大批网民参与讨论，关注事态的进展，声援城市新移民群体。因此，从某种意义上说，这些专家学者、全国各地的网民也是这次群体性事件的参与主体，只是他们不在现场而已。

4.4.4　容易危及政治稳定

4.4.4.1　政治稳定与政治参与概述

政治稳定指政治体系在根本秩序上的连续，一般涉及政治权力承继是连续的；政治权力格局是有序的、稳定的；政治文化分布是相对同一的；政治体系由于是开放的，从而具有很强的适应性。政治稳定与政治参与有很强的内在关联性。

当一个群体受到严重的政治排斥，而它在某种情况下又特别需要以一定的方式和途径参与政治过程，以便影响政治决策和政策实施的时候，这一群体就可能会采取非法的或极端的政治参与方式和途径，从而对政治稳定形成冲击。严重的话，有可能使一个国家的政治发展进程受挫。

在一定条件下，政治参与可以使党和国家领导人及时调整人们的利益要求，缓和社会利益集团对于社会分配不公的不满情绪，增加人们对统治阶级的认同感，但是政治参与并不必然导致政治稳定，这是因为"任何政体的稳定都依赖于参与水平和政治制度化程度之间的关系……要保持政治安定，就必须在政治参与发展的同时，一个社会政治制度的复杂性、自主性、适应性和凝聚性也必须随之提高"①。政治参与制度化渠道不畅，公民政治参与渠道就会被堵塞，人们的情绪就会得不到宣泄，愿望无法表达，利益得不到保障，因而找不到解决困境的出路，在矛盾尖锐化的时候，往往由一点小小的火星，引发全国性的政治动乱。在现代化的过程中，特别是在落后国家高速推进现代化的过程中，由社会转型带来的利益失衡、价值失落、生活困难和精神上的痛苦等社会问题，其发展之快速和强烈程度都远远超过西方早期实行现代化的国家。由此所引发的公众失望、不满、愤恨的情绪，最终都会集中到政治上来，集中到政府的政策和制定政策的政府首脑身上来。如果这种异常强烈的失望、不满、愤恨情绪得不到充分的表达和宣泄，其后果就如同一个处在高温、高压状态下的锅炉缺乏保险阀门一样危险，只要有某个诱发的因素，就可能引起爆炸事件的发生。社会公众就会转向制度外的渠道，如暴动、罢工、骚乱等方式，表达其利益要求，向政治体系施加外部压力，非制度化政治参与将导致政治不稳定。

目前，中国正处于这种制度化参与渠道不畅影响着政治稳定的困境之中，一方面，被经济发展动员起愈来愈多的民众开始有意识地保护自己的利益，并力图在社会政策中为自己争得更有利的份额。另一方面，政治体系改革的成果

---

① 〔美〕塞缪尔·亨廷顿：《变革社会中的政治秩序》，王冠华、刘为等译，三联书店，1989，第79页。

还不足以使政治体系的民主性和开放性达到能容纳各种社会利益群体进行广泛政治参与的要求。两者的相互作用是导致中国社会主义市场经济进程中政治不稳定的重要原因。在政治现代化过程中，政治参与影响政治稳定的突出方面就是政治参与制度的不完善、不健全，这降低了公民对政治主动参与的程度。为了发展社会主义民主政治，必须扩大公民政治参与程度。中国在公民政治参与上建立了诸如人民代表大会制度、中国共产党领导下的多党合作与政治协商制度、基层群众民主自治等制度，取得了显著成绩。但是，由于民主政治建设的复杂性和艰巨性，在这些制度的具体措施及贯彻执行实践中还存在这样或那样的问题。在政治参与中，还存在着"有法不依、执法不严、违法不究"的现象，公民参政行为得不到有效的法律保证，从而阻碍公民积极有效地进入国家政治生活中，最终影响政治现代化的进程①。

4.4.4.2　城市新移民政治参与的主要问题

第一，制度化政治参与悬空，非制度化政治参与激增。公民参与政治需要相应的制度保障，从公民政治参与与制度的关系方面可将政治参与分为制度化参与和非制度化参与。制度化参与是公民在现有制度框架内进行的政治参与，如法律所认可的投票、游行等政治参与行为，制度化参与具有合法性、合理性和均衡性的特点；与之对应的是非制度化参与，它是公民突破现有制度规范的参与行为，也是在社会正常参与渠道之外发生的活动，如越级上访、非法游行、打击报复、暴力对抗等，非制度化参与通常具有破坏性和非理性的特点。在社会转型期，由于政治参与的制度化发展水平与公民政治诉求之间具有不平衡性，非制度化参与的存在是不可避免的。但是，过多的非制度化参与将严重破坏法律的严肃性，威胁社会的和谐、稳定。

当前，种种障碍的存在使城市新移民的制度化政治参与悬空，非制度化政治参与激增。城市新移民在体制上被边缘化，无论在乡村还是城市中都很难有效地进行制度化参与。因而，制度化参与这种理性、合法的政治参与模式实际上处于虚置状态。与此同时，城市新移民在城市工作和生活中面临着诸多问题，如工作条件差、工资被拖欠、受到歧视等，加之他们受教育程度普遍提高，公民权利意识不断增强，并懂得如何维护自己的合法权益，但因

---

① 陶森修：《公民的政治参与对政治稳定的影响及对策研究》，《西北师范大学》2009 年第 4 期。

为制度化参与渠道堵塞、权益代表机构缺失、某些政府部门推诿以及制度内参与成本过高等因素，使他们在正当利益受到侵害时，更多地倾向于政治贿赂、越级上访、暴力抗法、非法游行等非制度化手段，甚至会选择殴打绑架雇主、自杀等极端方法，造成重大的群体性事件。

当城市新移民通过制度化参与方式，不能实现自己的利益诉求时，往往就会通过寻求制度外途径解决，而且他们愈发认识到在维权过程中仅将抗争止于企业内部的做法难以对雇主造成压力，必须将问题"严重化""外部化"，只有得到社会的关注，特别是得到政府的重视，才有可能彻底解决问题。

因此，非制度化政治参与不仅破坏政治民主化的发展，而且对我国和谐社会的建设造成严重的冲击。如果不给予正确引导，就会扰乱社会秩序，给社会稳定带来极大的威胁和挑战。

第二，政治边缘化，参政态度冷漠。城乡二元户籍制度的限制使城市新移民无法真正融入城市，他们的政治生活如同其生存状况一样，处于边缘化状态。按照我国的户籍制度，离土离乡不脱籍的城市新移民只有返乡才能参与选举，行使自己的参政权利。然而实际情况却是，城市新移民对农村选举态度冷淡，在农村的民主权利长期处于缺失状态。其中主要是时空阻隔、信息不畅、返乡成本大等原因，但最重要的是返乡选举与自身利益相关性小。

城市新移民长期生活在城市中，城市管理与他们的利益息息相关，他们希望通过城市政治参与来赢得经济地位、社会地位，保障自身的合法权益。但是由于户籍的限制和城市政治参与制度的缺失，城市新移民在城市政治参与方面无法实现自己的民主权利。城市新移民非常渴望融入城市，参与政治生活，但真正参加城市选举的比例却很低。新生代农民工不愿在农村行使政治参与权利，又无法得到城市政治参与的资格，成为政治边缘人。这导致他们的合法权益得不到保护，经济条件得不到改善，从而更使其漠视政治参与。

第三，政治情感欠缺，参政意识薄弱。我国经历了两千多年的封建社会，在中国传统文化和封建思想的影响下，形成了权威崇拜和与世无争的政治文化。这种文化的长期积淀，制约了城市新移民政治参与意识的觉醒，导致他们的民主政治情感低迷。同时，这一群体政治意识不坚定，容易对城市青年过度模仿，对自由主义疯狂崇拜以及对西方政治文化、生活方式盲目追求，这些都导致他们对现实生活中的不公现象大发牢骚、疯狂攻击，进而反映出他们政治情感欠缺、缺乏归属感。

城市新移民参政意识薄弱，导致他们在不满现行政策或自身利益受到侵害时，不知道或不愿意向相关部门反映情况，很少通过有效行使政治参与权去改变处境。这充分说明城市新移民不善于运用合理的途径维护自身合法权益，表达利益诉求。

第四，政治素质偏低，政治参与效能感较弱。文化素质较低，参政知识匮乏；传统思想严重，参政意识薄弱，这两方面原因导致城市新移民政治素质偏低，政治认识水平相对不高，很难正确认识政治参与的作用。2009 年的一项调查显示：只有 23.5% 的农民工认为参加选举是行使政治权利，是公民的基本义务。在城市新移民中，虽有部分人具有一定的政治参与意识，但因为政治素质低，他们政治参与的程度也不高。即便有少数城市新移民参与政治，也多是因为利益驱动或是自身权益受到侵害。政治效能感是指公民针对自身政治参与行为影响力的主观评价。通常来讲，政治参与程度与政治效能感呈正相关关系，而政治效能感的高低又直接影响参与者的主动性。对城市新移民而言，如果政治参与能为自己带来比较大的利益或地位的提升，他们则愿意参与；若是规则阻碍，参与又不能为自己带来功效，他们会轻易放弃参与权利。由于我国农村复杂的利益关系，城市新移民回乡参与政治不能为自己带来利益；而在城市，因政治参与困难，他们表现出对争取政治权利较为冷漠的态度。

第五，组织缺乏，参政真空化。城市新移民作为城市中的弱势群体，他们在生活和工作中经常遇到各种权益被侵害的情况。因此，城市新移民要维护自己的合法权益，实现政治参与，必须以一定的组织为依托，形成代表城市新移民利益的维权组织。城市新移民还没有广泛形成统一、规范的合法组织。另外，大多数维权的合法组织只具象征意义而少有实质意义，况且组织数量很少，更无能够代表城市新移民权益的组织结构。城市新移民在城市既没有利益代言人，也没有权益组织，他们的诉求很难影响到政府决策，话语权被架空。在这种没有代言组织、缺少社会事务参与渠道的情况下，城市新移民的政治参与能力低下，政治权利处于真空状态。

第六，网络参政程度、效能较低。网络是把双刃剑，它的普及虽然拓宽了公民参政的方式，为城市新移民政治参与提供方便且廉价的渠道，但是也存在不足之处。例如，由于城市新移民自身素质不高、网络参政的程序烦琐等原因，导致网络参政意识不够，程度不强；地方一些相关部门对网络参政的重要性没有足够的认识，导致网络参政的建设滞后，且在处理民众建议时容易受到主观因素影响，出现处理民众建议不合理、速度缓慢等现象，导致城市新移民政治参与的兴趣降低，网络参政效能不大。除此之外，网络信息来源良莠不齐，导致政府和城市新移民在选取信息时成本增加，这在很大程度上减少了政府和城市新移民的互动，降低了网络参政的效能。

4.4.4.3 政治风险的形成过程

当今中国，是生存逻辑与风险逻辑交融的时期，对城市新移民群体等弱势群体来说，面临生存逻辑与风险逻辑选择时，首先选择生存逻辑。由于相对剥夺感所带来的生存空间的挤压，当他们的被剥夺感超出忍耐的限度，抱怨和不满积累到一定程度，或者说生存受到挑战，必然会以极端的方式来纠正这种剥夺，从而体现出生存至上的原则，冲突就会应运而生。冲突本身就是风险，而且冲突会造就更大的风险，比如社会失序。社会失序一旦超越了一定的阈值，即各种社会规范对社会成员的行为完全失去约束作用时，社会进入无序状态，国家的政治稳定也会受到影响。

在选择生存原则时容易引发冲突与对立，带来社会秩序的失衡。当社会规范不足以约束其成员的失序行为时，带来的一系列社会风险又会危及整个社会各个阶层。城市新移民作为一个庞大的群体，其失序行为容易形成共鸣与共振，但波及的范围和影响的深度难以预料和掌控。当前，随着社会矛盾的加剧、社会问题燃点的降低，社会危机事件"无直接利益或甚至无相关利益"的特点越来越显现，"官二代""富二代"的标签多体现为弱势阶层对强势阶层剥夺和挤占的不满，由此引发网络讨伐甚至群体性危机事件的多发。从社会心理学角度解释，同一群体以共同的利益、目标、愿景为基础而组合起来，极易对共同的利益受损、目标失落、愿景打破而产生共鸣，共鸣在特定的背景下释放，会由局部冲突引发大规模的群体事件。当达到一定的规模时，又会引发社会危机，这时的社会情绪极易和某种激进思潮相结合，引发社会动荡甚至政治危机。随着社会冲突升级，最终演变为严重政治危机的例子有很多，诸如前东欧国家的"匈牙利事件""布拉格之春"、伊朗的"白色革命"以及"阿拉伯之春"等历史事件都告诫我们，在城市化和现代化进程中，市民权利受损的群体或者被城市排斥和利益团体剥夺的社会群体，诸如城市新移民，其市民权利的逐步获取和保障是化解局部社会冲突、化解社会危机的关键。

当前，对城市新移民的政治排斥，增加了中国政治发展的风险。这表现在以下几个方面：政治排斥使城市新移民缺少合法的政治参与方式和途径，增加了扩大有序政治参与的难度；在今后一段时间里，随着城市新移民政治参与意识的增强，其政治参与的要求与城市政治系统所允许的合法政治参与程度之间的矛盾会扩大，从而可能抬升城市新移民对当地党和政府的不满程度，增加政治冲突的风险指数，并会降低城市政治系统应对政治性突发事件的能力；城市新移民是一个规模较大的社会群体，他们所受到的政治排斥可能会影响其对许多社会问题的政治鉴别能力，以及对政治性突发事件的应变能力和抗挫能力。这些因素累加起来，必然会增加中国政治发展进程中的政治风险。

4.5 结论：在风险治理中建构城市新移民公民权

4.5.1 强调风险共存和共担意识

风险社会强调共存意识，我们要从这个高度看待城市新移民的重要性，不能成为社会的短板。一般意义上，财富聚集与风险分配流向不同，财富向上层汇聚，风险向下层转移。上层依靠权势、金钱、信息等优势会规避一些风险，转嫁给边缘和弱势阶层。但这是暂时的和阶段性的。城市新移民全球风险社会最重要的特点是内在全球性与均等化，迟早以平等的方式危及所有的人，人人存在着风险命运，所以要强调风险共存和共担意识。要通过提高现代性的反思能力建构防风险体系，科学认识在风险社会的语境下研究城市新移民公民权建构的意义。以西方现代化道路的教训和当前全球进入风险社会时代作为参照坐标，将中国社会界定为高风险社会极具反思意义。城市新移民公民权的建构以转型中国高发社会风险为坐标，在浓厚而合理的忧患意识和危机意识之下，既对传统社会发展方式与城市新移民公民权脆弱缺失进行反思检讨，又认识到在现代化的自反特性下，风险作为一种普遍的生存境遇，城市新移民国内公民权的建构过程本身也是一种认知风险、批判风险、超越风险的过程，公民权建构的过程本质就是一种风险性生存方式，城市新移民融入城市的稳定与和谐的平衡只能是一种动态的过程而不是结果。

4.5.2　建立完整有效的风险预警机制

风险社会强调责任风险预警意识，建立完善的风险预警机制越来越成为共识；与此同时，要建立体制机制来保障公民权。政府主导，建立完善的法规，依法进行风险预警和治理是关键措施，这方面还处在探索的初级阶段，政府层面往往风险意识薄弱，应对技能不足，仓促决策，匆匆上阵，缺少完备的风险预警体系和风险预警计划。民众由于长期缺乏风险应对的教育，信息不对称，缺乏知情权，风险意识淡漠且容易产生恐慌心态。所以，建立完整有效的风险预警机制很重要。但消除当下社会风险隐患的关键是要真正建立体制和机制保障公民权，特别是弱势群体，诸如城市新移民的公民权。

4.5.3　优先推进社会权利

与风险社会的秩序不是等级的、垂直的，呈现出无序性相反，公民权的建构要优先推进社会权利。19 世纪末期之后，社会权利开始正式嵌入公民权的结构之中。当公民权包含社会权利之后，马歇尔认为，公民权的平等原则将发生意义深远的转折，而且它对社会不平等的影响将从根本上不同于此前[①]。虽然马歇尔公民权分析范式产生的时代背景已经过去，动机也有差异，且马歇尔公民权分析范式存在自身缺陷，但当今中国城市新移民公民权建构优先推进社会权利确实是最明智的选择。在新中国，按理想的类型划分，如果前 30 年主要解决的是国家权力问题，改革开放 30 年则关注的是公民的经济权利。而在当下，中国政治发展的优先选择则是以社会保障为主的公民的社会权利[②]，这也是中国政治发展的选择。

4.5.4　建立责任共担意识

城市新移民的公民权建构，要从风险社会和责任伦理双重视角去进行，和建

---

①　Marshall，T. H.，"Citizenship and Social Class"，*In* T. H. Marshall & Tom Bottomore（eds.），*Citizenship and Social Class*，London：Pluto Press，1992，p. 24.

②　杨光斌：《社会权利优先的中国政治发展选择》，《行政论坛》2012 年第 3 期，第 5 页。

立风险社会的道德之维同样重要，在构建城市新移民公民权时，每一个个体、团体、组织和政府要为城市新移民公民权的缺失承担相应的后果，为由此导致的社会危机承担相应的责任。城市新移民公民权脆弱性导致的风险在很大范围内体现的是制度性风险，与政治决策的失误和公共治理的失范密切相关。从一定意义上讲，责任原则是解决当代中国社会可能面临的风险问题的最根本、最切合的原则，也是城市新移民公民权建构的基本原则。责任特别是政府责任，既是风险治理的核心理念，也是城市新移民公民权建构的关键所在。建构国家组织、非政府组织、企业、家庭、个人的风险复合治理的同时，城市新移民公民权的建构同样需要国家、市场、公民三位一体，多管齐下地综合进行。市场与公民社会不仅是现代社会的基本组成要素，也是现代治理的基本机制。对于中国来说，随着市场经济体制的逐步完善，目前更重要的是建立一个积极的公民社会，维护个人权利，增强相互宽容[1]。

4.5.5 将风险文化融入公民权建构中

风险社会的公平性特征，使得每个个人和群体都难以逃避，所以建立风险共担的风险文化具有必要意义。新中国成立以来，二元体制下，中国农民为工业化和现代化做出巨大牺牲，改革开放以来，农民工又为中国经济发展和城市建设做出巨大贡献，这场意义重大的社会制度变迁中，城市新移民公民权利的缺失和脆弱，既是风险的成因，又是风险的结果。作为二元体制和国家不均衡发展策略副作用的承担者之一，风险社会的危害在他们身上进一步叠加。社会不公平加剧了风险共担理念和文化形成的难度，更惶谈风险共担机制的建立。只有将风险共担的文化和机制融入公民权建构当中，增加各方特别是弱势一方的参与与合作，分清责任，达成共识，才是风险消解与公民社会建构的关键。

---

[1] 杨雪冬：《风险社会理论与和谐社会建设——杨雪冬研究员访谈》，《国外理论动态》2009 年第 6 期，第 6 页。

第5章 原因探析：城市新移民公民权缺失的动因

城市新移民公民权被排斥问题的原因有多重，根本原因在于制度。正如有学者所指出的那样："制度安排的惯性使改变了生活场所和职业的农民工依然游离在城市体制以外。"[①]

5.1 制度性因素障碍

诺斯认为，任何一项制度的产生，都是社会成员之间相互博弈的结果。目前来看，影响城市新移民争取公民权的制度性因素主要包括以下几方面：

5.1.1 二元户籍制度障碍

在20世纪后期，市场与流动人口结伴而行，共同挑战中国城市户口这一最基本的政治制度，促成一场制度变迁的到来，"流动人口正在促使着眼于静态管理的户籍制度向动态管理制度转变"[②]。1984年，中央政府颁布了允许农民自理口粮到小城镇务工经商的政策，首次允许农村人口向城镇迁移，由此开始出现了户口登记和暂住制度。虽然当初户籍制度建立的本意是为了防止新中国成立初期经济建设过程中过多的人口流动到城市，避免因城市人口膨胀而滋生社会问题，对于当时计划经济体制下的社会发展有着积极意义。但是在市场经济条件下却将农民排斥在国家提供的利益之外，"因为户口——非常像西方社会的公民权资格所发挥的作用那样——决定了一个人的

---

① 李培林：《流动民工的社会网络和社会地位》，《社会学研究》1996年第4期。
② 丁水木：《现行户籍管理制度初议》，《社会》1987年第1期。

全部生活机会，包括社会地位、薪水、福利、食物配给（当它还在发挥作用的时候）以及住房保障"①，因而就像自由国家以居住资格来排斥外国移民的政治参与一样，中国的户口同样起到了阻止流动农民在城市履行公民权的作用，正是"这种严厉的户籍登记制度妨碍了流动人口成为合法的迁移者"②。

我国户籍制度实际上是一种"社会屏蔽"制度，它将一部分人屏蔽在分享城市社会资源之外。我国的城市新移民只要还戴着"农民"的帽子，就注定无法和城市居民分享同等的权利，这种现象在户籍制度建立之初就清楚地显示出来③。

不可否认，户籍制度在我国历史上曾经起到过一定的积极作用，在早期它在利用城乡价格剪刀差积累成本、为政府提供基础数据等方面有着积极影响，从而使国家可以迅速建立起较为完备的工业体系，并且户籍制度在维护治安、打击犯罪等方面也起到了巨大的作用。

但是随着市场经济的发展，户籍制度在限制人口流动的同时也阻碍了经济的发展，既不利于我国农业人口非农化和农村人口城市化的顺利进行，也不利于形成全国统一的劳动力市场，并且进一步加剧了城乡差别，阻碍了城市新移民的城市融入，使其更加难以获得与城市居民同等的机会及社会地位。这也进一步影响了他们投身城市建设管理的积极性、创造性。

第一，部分户籍政策和措施阻碍城市新移民的城市融入。

美国学者苏戴瑞对中国的户籍制度非常关注，她指出："户口作为一种既有的制度，在经济开始转型之后的很长时间里坚忍不拔的延续着……当本世纪即将落幕的时候，市场刺激的影响仍然没有改变官方的城市公民权模式。"④ 并指出，暂住在中国都市中的乡下人，在许多方面遭受的歧视程度要超过某些国家和地区那些逗留在城市、等待城市化的农民。中国城里人享受的权益远远超过进入城市的新移民，由此导致的城乡差距之大，在世界其他地方是未曾见到的⑤。根据有些学者关于阻碍农民工城市融入的户籍政策

---

① 宫希魁：《中国现行户籍制度透视》，《社会科学》1989 年第 2 期。

② 吴瑞君：《关于流动人口涵义的探索》，《人口与经济》1990 年第 3 期。

③ 蒋月等：《中国农民工劳动权利保护研究》，法律出版社，2006，第 123 页。

④ 〔美〕苏戴瑞著《在中国城市中争取公民权》，王春光等译，浙江出版联合集团、浙江人民出版社，2009。

⑤ 〔美〕苏戴瑞著《在中国城市中争取公民权》，王春光等译，浙江出版联合集团、浙江人民出版社，2009。

和措施归纳情况①，笔者认为，户籍政策和措施对于城市新移民融入城市的阻碍具体分为直接阻碍与间接阻碍。

直接阻碍的政策和措施表现有：一方面，对于农业户口和非农业户口的划分依然如故，户口仍然具有"身份"性质。改革开放以来，户籍制度已经不再是解决粮食供给的主要方法，但城市新移民要想真正从农业户口转为非农业户口，成为户籍意义上的城市居民，似乎仍然不是职业、生活来源和居住地的变化所带来的，更需要的是"身份"的变化。尽管近些年来，有关户籍制度的改革逐渐开展，在一定程度上淡化了农业户口和非农业户口的划分，但目前只有极少数的城市完全取消了户口这种区分，城乡之间的户籍壁垒并没有拆除。依附在户口之上的各种公民权因此也难以实现。另一方面，在城市新移民进入城市之初便受到政策的限制。1980 年，城市规划会议确立了将"严格控制大城市，合理发展中等城市和小城市"的城市发展方针写进 1989 年的《中华人民共和国城市规划法》中，不仅在理论上割裂了城镇体系的完整性，而且在实践中限制了城市新移民的自由迁移。这种"按人们的主观愿望在城镇体系中特定规模等级（如建制镇）中安排人口"的做法，显然与户籍改革所要达到的目的——人口实现自由迁移相抵触。

还有一些政策和措施间接阻碍着新移民的城市融入。从我国现行户籍制度的政策目标出发，户籍制度不是独立发挥作用的，政府同时采取了一系列的就业保护、社会制度等相关配套措施，使得城市新移民在城市就业不能受到应有的保护、被排斥在城市社会保障体系之外。首先，在城市就业保护方面，城乡分割的二元就业体制依然存在。传统劳动用工制度和人事制度逐渐转向企事业单位自主用工、个人自主择业的制度。但几乎所有的大中城市，特别是大城市，政府对户口不在本地的外来人口，特别是城市新移民，在一定程度上采取排斥的态度。这种实质上的地方保护主义，间接阻碍了新移民的城市进入。其次，城市社会保障对于新移民的排斥性。作为城市新移民，不论是永久性的定居还是暂时性的流动，都涉及社会保障问题。在我国目前的二元户籍制度和就业体制下，城市社会保障基本上只限于城镇就业人员，尽管有些城市已经开始对城市新移民的社会保障实施试点性的尝试，但是在

---

① 梅金平：《不确定性、风险与中国农村劳动力区际流动》，中国财政经济出版社，2003，第 53～55 页。

实际执行中，由于政策措施设置并不符合城市新移民的实际需要，加上城市与城市之间、城市与乡村之间无法实现对接，使得在执行过程中出现了参保意愿不足、退保频繁等一系列问题，出现了一种有权利却无法享受的局面。

第二，户籍制度所带来的歧视问题。新制度主义贡献者法格·福斯特（J. Fagg Fost）认为，所有制度都执行着两个职能，其中一个是仪式职能，即制造或维持身份、权力、等级、特权和传统，或者是制造或维持种族、肤色、性别等方面的歧视。当前的户籍管理制度就维持了这样一种身份，即将全体社会成员划分成为拥有两种不同身份地位的社会阶层。城市新移民与普通市民相比较，因户籍身份的限制，不能享有和市民一样的诸如社会保障、住房、子女教育等一系列社会资源以及福利待遇。出于维护社会稳定的考虑，政府要求城市新移民按照规定申报暂住户口登记和申领暂住证。这一制度设计也使得城市新移民被看作有别于城市居民的"外来人口"。这样一来，制度的歧视性效果在新移民这里显现无疑。在与市民关系最紧张的时候，就业、福利待遇、执法、社会交往等领域内，都曾经发生了市民对新移民社会歧视的现象①。歧视是市民维护自己强势地位的行为，而这种歧视的产生原因之一就在于城乡分割的二元户籍制度。

正如西方社会学家凯博（Kabeer）所指出的那样，当制度机制化地拒绝对某些社会群体提供资源和认可，使他们不能完全参与社会生活时，就会导致社会歧视（排斥）。虽然社会各界对于户籍制度改革的呼声很高，也有一些地方进行了相关改革和探索，但是仍然收效甚微，存在改革的不彻底性，如一些地区虽然取消了农业户口和非农业户口的名称，但并未真正改变附加在户口上的不平等制度。现实中往往只是在户口登记上取消了两种户口，而实际上仍然存在着城镇户口与农业户口的差距，涉及社会保险、银行贷款和公共服务、选举权和被选举权等一系列的权益。制度所带来的歧视性后果进一步影响着城市新移民的心理认同，在无法获得与城市居民同等就业机会和社会地位的同时，很大程度上影响了他们投身城市管理的积极性，甚至成为社会的不安定因素。

第三，现行户籍管理制度已不能对城市新移民进行有效管理。2000 年进行的第五次人口普查，瞒报、拒报、漏报现象严重，如陕西省应该登记的

---

① 朱力：《群体性偏见与歧视》，《江海学刊》2001 年第 6 期。

人数少了 200 万，湖南省则少了近千万。我国城市新移民正以高速率持续增长着，原先的户籍制度已经远远不能适应新的历史条件下这样大量、频繁地在城市之间以及城乡之间流动的管理需要，如果不对其进行改革，这必然会引起管理与普查工作的混乱。

马格利特（Avishai Margalit）在《正派社会》一书中认为："在文明社会里，社会成员相互不羞辱，在正派社会里，制度不羞辱人。"① 由政治制度造成的是对公民的羞辱。正派社会不伤害社会成员的公民荣誉，也就是说，正派社会没有二等公民。正派社会以一律平等的公民身份形成一个人人同样受尊重的群体。群体认同的根本问题是，人在什么意义上从属于一个社会，人如何属于一个社会，这些都体现为社会制度如何对待它的成员。公民身份是以他的权利和义务来界定的，投票选举、集会、服兵役、担任公职、司法诉讼和自卫的权利等。谁的权利和义务受到不公对待，谁就成为二等公民。二等公民不只是受限制的"公民"，而且更是被矮化的人；二等公民不只是剥夺了人们的基本生活资源，而且被当作本质上不充分的人，不是完全能负责的成人。户籍制度就是一种羞辱人的制度。国务院新闻办于 2012 年 7 月 19 日举行新闻发布会，国家发展和改革委员会副主任胡祖才介绍《国家基本公共服务体系"十二五"规划》有关情况。胡祖才在发布会上表示，提供基本公共服务是政府公共服务职能的"底线"，由政府负最终责任，将来基本公共服务要跟户口、户籍地逐步分离，基本公共服务要成为群众的基本权益。制度设计的公正与公平，是促进社会和谐的基础，改革制约城乡协调发展的二元户籍制度日渐成为社会各界的共识。尽管早在 1998 年 7 月底，国务院就出台了旨在改革"二元结构"户籍体制的新的户口管理政策，时至今日，国内户籍改革总体进展依然缓慢，改革目标也远未实现。究其原因，附加于户口之中的各项福利待遇很难被一一剥离。在此背景下，尽管上海、广东等地区都在尝试以"积分入户"为主的户籍改革，但结果却并不令人满意。道理其实很简单，在公共服务水平地区差异明显的背景下，完全放开户籍管理，显然是一座城市难以承受之重，而只要仍然存有一定的"门槛"，则几乎不可避免地受到公平性的质疑。

① Avishai Margalit, *The Decent Society*. Trans. Naomi Goldblum, Cambridge, Harvard University Press, 1996. p. 1. Avishai Margalit, 1951 年生于荷兰，耶路撒冷希伯莱大学哲学教授。

5.1.2　社会保障制度障碍

英国是西方国家中最早实行社会保障制度的，其目的是保护低收入者和有特殊困难者，并注重增加全体公民的福利。1941 年，以威廉·贝弗里奇为首的一个调查英国社会保险现状的委员会提出了题为《社会保险及有关服务》的报告，即著名的"贝弗里奇报告"。该报告认为，社会保障就是保障劳动者的收入达到最低生活保障，在此基础上，国家所组织的社会保险和社会救济的根本目的就是劳动者付出相应的劳动就应得到哪怕是最低的生活保障。贝弗里奇认为，社会保障是指人民在失业、疾病、伤害、老年以及家主死亡、薪资中断时，予以生活经济的保障，并辅助其生育婚丧的意外费用[1]。这是一个描述性定义，大体上能反映各国社会保障制度的共同特征。

在我国国内，一般认为，社会保障指的是国家依法强制建立的、具有经济福利性的国民生活保障和社会稳定系统；在中国，社会保障应该是各种社会保险、社会救助、社会福利、军人保障、医疗保健、福利服务以及各种政府或企业补助、社会互助保障等社会措施的总称[2]。其本质在于维护社会公平，进而促进社会稳定发展。

城市新移民是我国制度变迁与社会转型期间所出现的特殊群体。自1991 年以来，进城务工经商的农民工数量一直在增加。人力资源和社会保障部发布的中国 2011 年人力社保事业发展统计公报显示，截至 2011 年，我国农民工数量达 2.5 亿人，其中外出农民工约 1.6 亿人[3]。大量农民工频繁往返于城乡之间，呈现出典型的"边缘性"特征。究其原因，除了土地制度、户籍制度、劳动制度、个人素质方面的因素之外，社会保障对其城市融入具有重要的作用。由于他们不能享受城市的社会保障，一旦面临生存困境，势必严重阻碍新移民的城市融入。

城市新移民社会权利的缺失很大程度上在于我国现行社会保障制度存在的弊端。其具体内容有很多，一些是制度设计上的影响，一些则是操作技术层面的，此外还有来自观念、资金等方面的原因。

---

① 陈良谨：《社会保障教程》，世界知识出版社，1990，第 1 页。
② 郑功成：《社会保障学》，商务印书馆，2000，第 11 页。
③ 韩宇明：《中国农民工总数超 2.5 亿　养老金累计结存 1.9 万亿》，《新京报》2012 年 6 月 5 日。

第一，以户籍制度为基础的二元社会保障体制。城市新移民的社会保障权益缺失，最直接的深层原因就是我国以户籍制度为基础的二元社会保障体制。城市实行的是国家－单位负责制，而农村则是以集体保障为主，国家适当扶助为辅。因为国家在城乡社会保障中承担的责任不同，尤其是近些年来城乡经济发展差距的不断加大，导致我国目前的社会保障制度在一定程度上出现城乡之间、新移民与市民之间二元割裂的状态。

城市新移民因其占有的人力资本、社会资本非常有限，很难实现正规就业，获得全面社会保障。因此，经济学家舒尔茨就认为，在基本生活未得到完全保障的情况下，维护仅有的土地权益是城市新移民理性的选择。然而，对于城市新移民、无地农民以及毫无务农经验的新生代农民而言，土地权益已经在事实上基本丧失了。

第二，社会保障立法的不健全。城市新移民社会保障缺乏相应的立法，使社会保障工作的强制性原则难以实现。从根本来说，我国目前的社会保障法在立法上就已经存在着诸多问题，如立法体系不健全、立法工作滞后、人大立法少、行政法规及规章多、立法层次不高、法律效力低、实施机制弱等。有的地方更是没有出台相关地方性法规。另外，作为最为权威、正式的社会制度的相关法律，在具体操作实施过程中主要侧重于城市劳动者，没有专门保护城市新移民权益的法律法规，或是缺乏对其同等的法律解释，使得他们的社会保障工作难以实现强制性，这也是造成目前侵害新移民社会保障权益现象存在的原因之一。

第三，社会保障制度门槛高。社保制度门槛太高、转移难。由于现行养老保险制度规定按月享受基本养老金的最低缴费年限为 15 年，又不能实现转移接续，使得城市新移民对现行社会保险制度信心不足。现行社保制度主要是针对城市原国企职工设计的，明显不适合他们目前的需求。加上目前我国养老和医疗等主要社会保险制度被分割在 2000 多个统筹单位内运行，各统筹单位之间政策不统一，难以互联互通，养老保险关系无法实现转移接续。

此外，近年来，社会保障资金的短缺状况已经使得维持原社会保障体系力不从心，更加谈不上负担起城市新移民这个庞大的群体。

从以上我们看出，目前我国社会保障制度所面临的一系列问题，成为城市新移民社会权利缺失的重要因素之一，虽然我们看到社会保障制度正处在改革攻坚时期，历史旧账需要偿付，转制成本需要承担，保障基金来源不充足，资金上有很大困难，但并不能因为这样就无视城市新移民这一为城市建设做出贡献的、更加需要社会保障的弱势群体的权益。

5.1.3　二元教育制度障碍

雷恩哈德·本迪克斯（Reinhard Bendix）把"获取基础教育的权利和义务"视为"或许是最接近于国民公民权的最普遍实现"，因为这是政府运用自己的权威去保障的一项权益，也是要求有适龄儿童的父母去履行的法定义务[1]。

党的十八大报告提出："大力促进教育公平，合理配置教育资源，重点向农村、边远、贫困、民族地区倾斜，支持特殊教育，提高家庭经济困难学生资助水平，积极推动农民工子女平等接受教育，让每个孩子都能成为有用之才。"从这个意义上看，教育公平是最大的公平，不仅关系到个人的发展，而且关系到国家的长远兴旺发达，是我们当前促进教育事业发展、维护社会公平、构建和谐社会的理想追求。

正因为教育是实现人类平等的伟大工具，它的作用比任何其他人类文明都要大得多[2]。与城乡二元结构相对应的二元分割的教育，是我国目前城乡教育差距不断扩大的重要原因。与此相伴随的是农村教育经费严重困难，其中农村义务教育经费的主要承担者是乡镇一级。据有关资料显示，在 20 世纪 90 年代末，乡镇负担的农村义务教育经费接近 80%，而中央、省与地区三级负担的尚不足 15%，教育经费的不足导致农村教育步履维艰[3]。城市义务教育由国家财政负担，而农村义务教育则由农村当地政府支撑。流入地政府对流动人口学龄儿童的入学并没有法律上的责任。由于城乡间经济发展水平与财政收入来源的差异，二元分割的教育制度导致城乡资金投入的严重失衡，使农村教育经费处于贫困之中。城乡教育奖金的投入失衡又导致教育资源配置不合理。我国优质的教育资源，诸如优秀的教师、良好的硬件设施等，大多集中在经济发达地区，并且与偏远落后地区的差距越拉越大。大多

---

① Bendix, *Nation-Building and Citizenship*, 1977, p. 87、102.

② 〔美〕约翰·S. 布鲁贝克：《高等教育哲学》，王承绪译，浙江教育出版社，1998，第 71 页。

③ 刘社建：《切实消除二元分割的教育制度》，《中国财经日报》2005 年 2 月 16 日。

数城市新移民都居住在城乡结合部，那里的教育资源原本就没有很大的优势，又承受了最大的人口压力，所以就产生了教育资源配置不合理的问题。以上诸种原因导致城乡间教育差距居高不下。

2010 年中央"一号文件"要求在"十二五"期间促进城乡义务教育均衡发展。加快在农村普及高中教育，改善义务教育办学条件，做到县域内学校办学条件大致均等，促进农村义务教育质量大幅度提升。鼓励有条件的地区率先将高中阶段教育纳入义务教育范围，全面实行免费的农村职业教育，这是促进教育公平的又一重大举措，既符合农村发展需求和农民家庭意愿，也具备实施的基础条件。争取在"十二五"期末，农村高中教育普及率达到 75% 以上，2020 年前实现基本普及的目标。在普及农村高中阶段教育的进程中，要坚持分区规划、分类指导，始终把农村中等职业教育作为发展重点，巩固中等职业教育现有助学政策成效，继续实施中央和地方财政分地区按比例安排专项，逐步使免费政策惠及进入中职学校的所有农村学生。

2012 年教育经费的预算按照国务院 22 号文件的要求进行安排。教育经费投向薄弱环节和关键环节。从区域上而言，投向农村地区、少数民族地区和革命老区；从教育发展阶段而言，投向学前教育阶段和义务教育阶段。此外，还必须包括困难学生助学经费。"十一五"期间，农村义务教育全面纳入公共财政保障范围，中央与地方各级财政将累计新增农村义务教育经费约2182 亿元，其中中央新增 1254 亿元、地方新增 928 亿元。2010 年，农村义务教育阶段中小学公用经费基准定额全部落实到位。农村义务教育经费保障机制改革是党中央、国务院总揽全局、高瞻远瞩做出的关于教育工作的一项重大决策，是一件功在当代、利在千秋、影响深远的大事，也是建设社会主义新农村、推进公共财政建立、减轻农民负担的重大举措。这项改革将从根本上解决农村义务教育投入责任不清、总量不足的问题，是我国教育发展史上的又一重要里程碑。

明确各级政府责任，建立中央和地方分项目、按比例分担的机制。这次改革从明确各级政府责任入手，建立中央与地方分项目、按比例分担的经费保障机制。在资金的总体安排上，体现了"中央拿大头"的原则。对免除学杂费和提高公用经费保障水平资金，中央与地方的分担比例，西部地区为8:2，中部地区为 6:4，东部地区除直辖市外，按照财力状况分省确定。对校舍维修改造资金的分担比例，中西部地区为 5:5，东部地区主要由地方承担，中央给予适当奖励。对贫困家庭学生提供免费教科书的资金，中西部地区由中央全额承担，东部地区由地方自行承担；对寄宿生补助的生活费资金，由地方承担。

强调省级统筹，管理以县为主。这次改革明确规定，农村义务教育经费实行由省级政府统筹落实、管理以县为主的制度。省级政府负责统筹落实中央转移支付资金，统筹确定省级及省级以下各级政府的经费分担责任，统筹制定辖区内经费保障机制改革的各项具体政策措施。县级政府要将农村中小学各项经费全部纳入预算，科学合理地分配资金；建立健全科学规范、高效快捷的资金拨付制度，确保资金及时足额到位；建立健全农村中小学各项财务管理制度，加强监督检查，提高资金使用效益。地市和乡镇级政府，也要按照有关规定，履行好对农村义务教育的应有职责。

5.1.4　土地制度障碍

现存不合理的土地制度可以说是城市新移民争取公民权的又一大障碍。从社会稳定的角度讲，实行以家庭联产承包责任制为主的土地制度在一定历史时期内曾经发挥积极的作用。但如今以家庭联产承包责任制为基础的土地制度已经严重阻碍农业产业化的变革发展。尤其在城镇化过程中，土地流转制度不够完善，影响了对失地农民的合理补偿[1]。

家庭联产承包责任制实质上是在坚持土地集体所有制的基础上，实行统一经营和分散经营相结合的双层经营体制。自建立以来使农业生产脱离长期停滞的困境，农村面貌发生了变化，其积极作用是值得肯定的，但是，这种一家一户的小生产，能解决的仅仅是温饱问题。从 20 世纪 80 年代后期开始，小规模、家庭式的生产严重阻碍了先进农业技术的应用，大部分农村经济发展速度减缓，甚至倒退，农民收入水平基本处于停滞状态。城市改革中不断出现的房地产投资热、工业项目热，以及城市化发展和交通基础设施建设，导致耕地不断减少，农业劳动力大量剩余。家庭联产承包责任制的历史局限性暴露无遗，虽然 1978 年后，我国推行以家庭联产承包责任制为主的多种形式的土地责任制，使土地在集体所有的前提下实现了所有权与经营权的分离，调动了农民的生产积极性，但是随着时间的推移，它的弊端也日益

---

[1]　钱明星：《物权法原理》，北京大学出版社，1994，第 130 页。

显现。家庭联产承包责任制没有依据市场经济的等价交换原则公平竞争合理地使用土地，造成土地低价位无流动使用。这也就意味着，只要拥有农村户口便自然地获得土地联产承包经营权。而这种权益实际是一种没有直接财产内容的身份权，很难成为农民一项独立的财产权，更加不能进行有偿转让或出租。此外，小规模的分散经营方式，导致农业生产水平低下，农业生产收入水平低下，使得农民经营土地的积极性降低。

与此同时，随着农村大量耕地被征用，一些农民失去土地，这一群体被称为"失地农民"。按目前我国土地征用的速度计算，"失地农民群体"将从目前的3500万人左右增至2030年的1.1亿人①。土地是农民赖以生存的基本条件，失去这一基本保障，也就意味着他们必须转换生存方式，成为城市的新移民。

现行的城乡土地二元制度是制约城乡统筹发展的主要障碍。要实现统筹城乡发展的目标，重点是解决农村集体土地产权的市场化、资本化和财产化问题，突破点是实现农户宅基地的财产权流转，从而使农民获得应有的公民权利和平等的市场交易地位。土地制度是中国经济社会制度安排的核心内容。1949年中国革命成功的社会基础无疑是土地制度的变迁及由此引发的广大农民对拥有土地所有权的人心所向，20世纪80年代初中国改革的起点是农户对土地承包经营权的获取。但是在计划经济体制时期建立的一整套土地制度安排中，传统城乡二元经济结构所形成的集体土地所有权和国有土地所有权的物权不平等关系仍然被维系。农村集体土地所有权作为一种受到严格限制的产权，国家和政府对其用途、流转、处置、收益进行了严格管制，因而其所有权并不具有产权经济学中一般意义上的完整产权性质，即缺乏产权所有者的绝对意义的支配权和转让权。在集体土地（承包地、乡村公共用地及农户宅基地）向国有土地产权转变的征用过程中，存在明显的交易地位不对称情况，从而有悖于市场经济要求的权利平等的基本准则。在限制交易的法律制度背景下，农民的宅基地与地面附着物——房屋的产权相分离，其物权的财产特征无从体现，因为作为财产的价值实现必须通过交易和替代物效用的参照才能被体现出来。而财产不能被有效转让和交换就意味着资源的有效利用和配置受阻，从而决定了我国农村集体土地资源利用普遍存

---

① 包永辉、陈先发：《乱征地引发农民无地无业之忧》，《瞭望新闻周刊》2003年第23期。

在的低效率状况。

改革开放 30 多年来，我国农村集体土地的制度也与时俱进地发生一些变化。首先，农村改革初期的农户土地承包后，政府对农用土地生产用途的严格管制向相对宽松的市场导向转变。20 世纪 80 年代初期，广大农民虽然取得了耕地的承包经营权，但政府仍然要求按田亩来合同定购粮食及其他农产品，直到后来通过农村产业结构调整取消粮食合同定购，改为用货币缴纳农业税的政策。目前已基本不限制耕地的生产经营项目和农作物品种，近年还完全取消了农业税赋并实行若干补贴政策。其次，农民承包土地期限长期化，由"增人增地、减人减地"和集体内调整的不稳定的承包关系向《土地承包法》规定的农民承包权 30 年不变的政策规定转变，农户取得了承包土地的长期性经营使用权及家庭成员的使用继承权。再次，农村集体建设用地由非市场化内部利用向市场化的流转交易转变。乡镇企业用地通过集体和乡镇政府无偿调配与使用的状况已彻底转变，全面实行市场化的土地租用、承包、出让、转让、抵押、作价入股、作价出资等流转方式。近年更是通过《宪法》《土地管理法》《物权法》《担保法》等加以规范和保障。但是，现行的城乡二元结构的土地管理制度安排仍然未从根本上被打破。

第一，现行制度严格限制农村集体土地的非农化利用的产权交易市场途径，规定耕地的非农利用必须通过国家的征用方式，转变为国有土地后再由政府划拨、出让及招拍挂给用地单位。在实际操作中，有相当部分土地并非公益性质利用，而是在"国家建设"名义下的城市利益集团的经营性利用。加之地方政府"以地生财"的逐利行为，不断抬高城市土地价格，最终对城乡居民居住水平的提高和经济发展带来负面效应。这种土地价格"剪刀差"对农村集体土地所有者的利益损害非常明显。

第二，在实现城市化、工业化过程中始终未肯定农民本应拥有的土地财产权，从而严重限制了农民的自由迁徙和社会身份转变。这在于现行土地制度体现了国家和乡村集体之间的土地所有权分割，但却没有明确界定出集体和农户之间的权利边界，尤其是农户与集体组织之间的土地财产权益边界更为模糊。如农民没有自由退出集体经济组织而获取属于自身的那部分土地财产价值的权利，一旦改变农村居民身份必须无偿退出具有长期经营权的承包的土地，对具有永久使用权的私产性非常明显的宅基地也不能变卖为财产带走。这种制度安排使得大批转移在外的农村居民既不愿放弃承包土地，也不能有效率地处置住房和宅基土地，往往形成劳务输出地区的耕地粗放经营甚至抛荒，以及大量的住房闲置。大规模的"两栖型"人口流动形式和农村劳动力的非完全转移，造成国家实际上要为之配置两套土地资源，因而是对稀缺土地资源的极大浪费。

第三，作为利益主体之一的政府强化对土地市场的垄断和行政管制，限制农村集体土地市场产权交易活动的空间，使我国土地市场化水平远远低于资金、劳动力、生产资料、生活资料等生产要素市场化水平，与"现代产权制度"的要求极不协调。这集中体现为对农村集体建设用地中的乡镇村企业用地和农户宅基地的产权转移、流动、交易加以种种限制（尤其是与信贷有关的抵押权）。在利益驱动下使有关交易被迫采取一些非透明公开渠道进行。如利用农村建设用地发展起来的"小产权房"，即是农村集体、农民和乡镇政府同中央政府之间的复杂利益博弈的结果。土地交易多方绕过上级政府直接进行农村集体土地的商品性住房开发。尽管政府明确禁止城市居民购买"小产权房"，并宣称"小产权"房屋的买卖合同不受法律保护，但迄今仍屡禁不止，开发出售活动仍然普遍存在，甚至愈演愈烈并公开化。至于绕过耕地占用指标的行政计划管理的"以租代征"方式的农村集体耕地非农化使用现象，更是对这种政府行政化的"世界上最严格"的土地管理制度安排的挑战。这些问题都充分说明，缺乏同城市国有土地平等地位的城乡土地制度安排和相关政策运作机制已严重失灵，启动统筹城乡一体化的土地制度改革势在必行。

5.1.5　单位制与社区制障碍

单位制是计划经济体制的一个重要特征，也是中国城市社会管理的一项重要制度安排。在《共产党社会的新传统主义》一书中，美国学者 Andrew G. Walder 提出了单位和单位依附理论。他认为，社会主义国家所有的资源都由国家来统一分配。一方面，单位的资源来源于国家，国家要实现再分配的功能必须依赖单位，国家和单位之间形成依附与庇护的关系；另一方面，职工依附于单位，其所需的生活必需品都通过单位来分配，职工和单位之间同样形成依附与庇护的关系[1]。

---

[1]　Andrew G. Walder：《共产党社会的新传统主义》，龚小夏译，牛津大学出版社，1996。

　　"单位管理"是中国特有的社会管理形式和基本人口管理制度。每一个成年公民都有一个单位，这个单位可以是企业、商店、学校、军队、生产队、党政机关、研究部门、文艺团体等。单位不仅能够影响其成员的职业、收入、住房、升迁以及生老病死等最重要的生活和工作，也负责对其成员进行政治教育、处罚、奖励和迁移。简言之，单位就是个人领取工资的劳动组织，是个人社会地位、社会保障、社会交往的保证和后盾，是个人的保护者、监护者和终身依靠者。单位制具有三大特征：（1）所有的单位都有一定的行政级别或隶属于某一个政府部分，并有一体化的党组织的领导；（2）具有一套职工福利保障制度；（3）单位对职工具有控制的权力，职工无法随意选择或离开自己的工作单位①。在中国，20 世纪 50 年代以后形成的城市社会都是以"单位制"为主体的，各个企事业单位从属于各级政府，城市成员从属于各个单位，单位包揽成员一切的事务。鉴于单位在中国社会生活中的极端重要性，许多学者直接将改革开放前的中国成年公民称为"单位人"；而在改革开放之前，证明单位"成员身份"（membership，又译"成员资格""成员权利"）的工作证是仅次于户口簿的重要身份证件。首先打破传统单位制的，也正是这场由劳动力流动引发的新移民运动。大量的农村劳动力进城打工经商，他们离开了原先在农村的单位"生产队"，因而后者就难以对这些已经外出的成员实施有效管理。这些外出农民来到城镇后，要不根本就没有固定的单位，要不即便有相对固定的单位接收他们，也往往不能给予他们正式的成员身份，从而也就无法对他们进行有效的管理。与这种从"单位人"转变为"社会人"的情况相适应，改革开放后中国政府对传统的单位制进行了适时的改革，逐渐从以单位管理为重心转向以属地管理为重心。这一制度转变的标志，是 1985 年全国人大常委会正式颁布的《中华人民共和国居民身份证条例》，中国开始推行居民身份证制度。2003 年，全国人大常委会又通过了《中华人民共和国居民身份证法》。居民身份证从此取代户口簿和工作证，成为中国公民最重要的身份证件。

　　随着改革开放的不断深入，工业化与城市化进程不断加快，如何提高城市管理这一任务显得尤为紧迫。在政府包办一切的单位体制下，"条块分割"管理资源浪费严重，管理效率低下，使得社会的分工专业化、集约化

---

　　①　卢汉龙：《单位与社区：中国城市社会生活的组织重建》，《社会科学》1999 年第 2 期。

与有效合作难以进行，这样的状况在一定程度上影响了城市经济社会发展的进程。面对着日益庞大复杂的城市，如何解决好新移民的管理问题，基层政府迫切需要改革传统的单位体制，建立新的适合城市长远健康发展的体制与机制，即社区制，使国家权威深入基层，动员社会各种力量参与城市现代化建设，加速城市现代化发展的进程。"社区"一词，已经成为与城乡居民密切相关的常用词汇。

在中国，除了单位管理外，每一个人都必须接受其户籍所在地的属地管理。对于那些没有单位的无业居民，属地是其唯一的管理单位。在城市，居民的属地管理制度就是街道和居民委员会制度，简称"街居制"。从法律上说，城镇的街道和居委会并不是一级行政管理机构，街道是区政府的派出机构，而居民委员会则是居民的自治组织。但事实上，它们履行着三种不同的重要职能，即行政管理、公共服务和居民自治。随着政府人口管理的重心由单位制逐渐转向属地制，传统的街居制面临严峻的挑战。一方面，原先由单位承担的部分人口管理职能转到街道，如属地成员的社会保险、就业、卫生、党务等，街道在维护社会秩序中的重要性变得更加突出；另一方面，街道面临着许多新的管理事务，其管理对象不再仅仅是户籍居民，还包括外来人口。在经济发达的沿海城市，一些街道的外来人口甚至大大超过户籍人口。在20世纪80年代末和20世纪90年代初，一些城市开始试行街居体制的改革，出现了一些不同的街道管理模式。这些改革的总趋势，是将城市的街道变为社区，以社区作为城市管理的基本单位。同时，将社区的行政管理、公共服务和居民自治三种基本职能进行分离，设立不同的组织，履行不同的职能。

简单来说，"社区"，英文为"community"，是指生活于同一地区的人口。国外对于社区的解释，是指地域范围较小，但在该范围内居民之间相互关系较紧密，这样一个传统性较强的地方社会。在我国，"社区"一词最早出现在费孝通先生的《江村经济》中。目前，对于社区的解释大致分为三个层面：从社会学角度解释，社区指的是，"有一定地理区域，有一定数量人口，居民之间有共同的意识和利益，并有着密切社会交往的社会群体"。从经济学的角度解释，社区则指的是具体的人群居住的地域概念。从社会管理的角度解释，社区是由有着共同的归属意识和利益关系的居民所形成的聚居地域环境。具有特定共同性的人群和人居环境是其基本要素。在这里，我们所指的社区主要从社会管理角度来理解。

近年来，一些学者指出，城市政府在开展社区建设，对社区居民提供各种服务和社会救助的时候，没有将城市新移民群体以及他们的聚居区纳入建设计划之内。事实上，将城市新移民纳入社区建设的范围，让他们参与到城市的管理当中来，具有多方面的价值：可以丰富他们的生活，解决他们的生活困难；帮助他们转变价值观、生活方式和工作方式，促使他们尽快融入城市社会①；保障社区的安定团结，防止他们与城市居民的不良摩擦②。然而，就目前来看，社区在解决这一问题上存在一些弊端：由于资源获取主要依靠的是政府，居委会作为社区建设的法定主体，在实际操作过程中，仍然没有摆脱作为政府社区分支机构的角色；组织资源的有限性导致对于城市新移民的发动性作用不强；社会并没有培育出可以发挥作用的中间组织；社区工会组织功能没能得到有效发挥。

5.2　政治权力障碍

政治权力是众人集合起来的公共力量，超越个人、集体乃至社会之上。政治权力的形成既有自然基础，又有社会基础。人们在与自然斗争、社会交往的过程中，需要集体的力量来克服自身软弱的劣势，也需要用它来处理个人、集体、社会、国家、民族之间的关系。政治权力的出现和发展是人类文明的需要。

5.2.1　政治权力的形成

马克思主义者认为，政治权力形成的重要条件在于人们之间的利益关系。利益的内在矛盾运动，促使不同的利益主体之间结成社会利益关系，而这种利益关系的存在和发展，则促使不同利益基础上产生的各种实际力量之间形成特定的力量对比关系。在这些特定力量的对比中，相对强大的一方对另一方构成制约关系，成为政治权力的主体。政治权力实际上是在特定的力量对比关系中，政治权力主体为了实现和维护自身的利益而拥有的对政治权

---

① 聂洪辉：《农民工对城市认同感的缺失探析》，《内蒙古农业大学学报》2006 年第 1 期。
② 吕斐宜：《农民工与城市居民和谐共处心理基础调查研究》，《江汉论坛》2006 年第 4 期。

力客体的制约关系，形式上是特定的公共权力。相对于政治权力主体的根本目的来说，政治权力本身只具有工具的意义，就此而言，政治权力具有工具性的特点。政治权力的这种工具性与政治权力主体利益中目的与手段之间的矛盾紧密相关。特定的利益既是政治权力主体求取和维护的特定目的，又是政治权力主体积聚政治力量，使政治权力得以形成和发展的特定手段，因此，相对于政治权力主体利益的手段性来说，政治权力虽然是一种目的和价值，可是，相对于这种利益的目的性来说，政治权力又只是一种手段，是实现利益价值的价值，如同恩格斯所说，政治权力不过是用来实现经济利益的手段①。

　　因此，从根本上说，政治权力的性质是由所属政治权力主体的利益本质决定的，由于利益本质上是特定社会关系的体现，因而政治权力的根本性质最终取决于特定社会关系的性质。就全社会范围来讲，政治权力的根本性质是和特定的社会形态联系在一起的。在阶级社会中，政治权力的根本性质首先是它的阶级性，政治权力是统治阶级镇压和剥削被统治阶级的工具。在社会主义社会，政治权力本质上属于无产阶级和广大劳动群众。政治权力的阶级性是国家产生与发展的必然表现。在这一根本性质的大背景下，政治权力在运动中还表现出一些具体的特征：（1）强制性。强制性是权力的固有属性。这是权力的阶级性的自然延伸。在日常生活中，权力主体可以用奖酬、说服、暗示等方式使权力客体服从，当这些方式达不到目的时，最后便不得不实行强制手段。在行政系统中，上级之所以能命令下级，主要是上级具有强制性的权力。（2）公共性。政治权力又被称为公共权力。这是因为，一方面政治权力主体总是以国家的名义行使权力，并且也总是服从和受制于社会整体性发展的需要，所以为全体社会成员所认同；另一方面，政治权力还具有对全社会公共生活进行组织、调节和治理的功能。因而政治权力具有公共性的特点。在以公有制为主体的社会主义社会，政治权力本质上是无产阶级和广大劳动人民的公共权力。只是在私有制社会，政治权力才是"私有权力"。（3）扩张性。社会生活中的政治权力，由于具有合法化外衣、强制力保障，易使人产生高高在上、无所不能的抽象直觉，这样，握有政治权力

---

① 恩格斯：《费尔巴哈和德国古典哲学的终结》，《马克思恩格斯选集》（第4卷），人民出版社，1972，第246页。

的具体的行为主体在私欲的支配和物欲的引诱下，往往自觉或不自觉地将之运用到极致。这就是政治权力的扩张性。这种扩张性特征，在某些条件下则会朝侵犯性、排他性和腐蚀性方向发展。（4）动态发展性。政治权力是一定背景下的政治权力，也是与其他实际政治力量相互作用的政治权力，因此，随着社会的发展和力量相互作用的变化，政治权力也会不断发展变化。政治权力的动态发展性主要体现在两个方面：一方面，它表现为政治权力具有内在的延展要求。为了实现更广范围和更新内容的利益要求，政治权力必定要变更自身能力、作用范围、作用方式和作用强度。另一方面，它表现为政治权力构成要素的更新变化。随着生产力技术水平的提高和社会文化水平的发展，政治权力诸构成要素也会随之更新。由于政治权力是在特定社会关系和力量对比关系基础上形成和发展的，因而能否推动社会生产力的发展就成为决定政治权力强弱的根本原因，而当某种政治权力不能推动生产力发展时，政治权力就会从本质上弱化乃至让位于新兴政治力量。

综上所述，政治权力（political power）是权力在政治领域的特殊表现，是政治主体对一定政治客体的制约能力。这具体体现在实现某种利益或原则的实际政治过程之中。一般来说，政治权力的主体主要是国家。从城市新移民权利排斥现状来看，政治权力因素可以说是一个重要的原因。

5.2.2　政治权力与公民权利的关系

政治权力与公民权利是有着严格区别的，但作为矛盾统一的两个方面，二者之间也存在必然的联系。近代的社会契约论者认为，公民权利先于政治权力而存在，政治权力是为了保护公民权利而存在的，公民权利是公民自然享有的，由上帝赋予；而政治权力是由公民通过社会契约赋予的。因此，公民权利是本源，政治权力则是工具。这也符合马克思本人的意思，政治权力只有履行了它的公共管理职能才有存在的可能性。

公民权利与政治权力既有一致的方面，又有矛盾的方面。其一致性主要表现在：第一，从政治权力来源的角度讲，政治权力根源于公民的权利，是公民权利在一定条件下的集中和转化，无论是政党的权力还是政府的权力，其作为一种政治权力，与其他公共权力一样，首先属于一种契约权，这也符合中国的宪法原则，我国《宪法》规定，"国家的一切权力属于人民"。人民是我国唯一的权力之源，一切权力属于人民，人民是国家和社会的主人。

政治权力与公民权利在本质上是一致的，其最终目的具有同一性。政治权力的实现，本身就包含公民的正当利益的实现。第二，从价值和功能的角度看，维护公民权利，实现政治权力与公民权利的统一，是政治权力的目标指向和价值依归。政治权力与公民权利内在的一致性，在价值、功能上则表现为手段与目的两个方面的统一。"国家的政治、经济、社会生活，以维护个人自由为最终目的，国家的作用不是干涉或支配个人的生活，而是以法律为手段维护秩序，以排除对于个人自由的妨害。"由于政治权力是一种超越于个人之上的力量，它有巨大的规模效益，可以通过强制手段使义务得以履行，因而政治权力是保护公民权利最有效的工具，是其他权利保护措施无法相比的，国家的出现及其存在的合理性也正是为了保护个人权利和节约交易费用之需要。公民权利是至高无上的，是本源的，具有终极目的和最高价值意义。相比之下，政治权力则是派生的，是特定历史条件下的一种工具性法权，是完成特定历史任务的一种工具。第三，从权力确认的形式看，民主选举是实现公民权利与政治权力一致性的基本媒介。市场体制作为社会资源配置的一种方式，不仅意味着经济资源配置的市场化，还意味着政治资源配置也要市场化。可以说这是造成政治权力腐败的体制和机制上的重要原因。政治权力资源配置的市场取向，就是指公民以市场规则为基础，以民主选择为机制，把自己管理公共事务的部分权力转移给他们的代表。核心是变政治权力资源配置由人治模式转变为法治模式。就干部资源的配置来讲，就是要由少数人从少数人中选择少数人的自上而下地安排干部变为多数人从多数人中选择少数人的自下而上地选择干部，其目的是实现政治权力资源配置的最优化。以上三点，是政治权力和公民权利的应然问题，但是在现实生活中，实然和应然之间经常出现矛盾，甚至背离。

公民权利虽然是行政权力的源泉和基础，但是，作为人们相互之间的认可和承诺，又是非常脆弱的，最易受到来自外界的侵害。因此，在现实社会经济生活中，不受保护的权利是无法交易和实施的；不受保护的权利等于没有权利。行政权力可以成为公民权利的保护神，但同时行政权力又可能是公民权利的最大侵害者。在中国，公民权利往往被理解为是由国家认可的、旨在增进国家统一和繁荣的手段，而非由自然赋予的旨在对抗国家干预的保护机制。在此情景下，民众对行使自身权利的诉求很可能是对国家权力的强化而不是挑战。在这样一种意识下，权利就变成在上者对在下者的恩赐，在上者可以根据需要对权利作出规定。这与中国古代的父母官情结、天子牧民等封建意识实际上是一致的。因此，为了实现国家的现代化转型，迫切需要对权力与权利的关系做出新的说明。

5.2.3　政治权力与公民权利的博弈

在现实生活中，政治权力和公民权利的具体内容和实现形式是不同的。公民权利表现为自下而上、由里及表的影响力量，而政治权力则表现为自上而下、由表及里的控制力量。这种控制的硬性力量非常容易对公民权利影响下的软性力量造成侵害，成为公民权利的最大侵害者。其次，在政治资源总量既定的前提下，政治权力不适当地加强，或者公民权利不适当地扩张，都会导致二者关系的不和谐，破坏各自的发展。最后，权力在运行过程中具有变异性。政治权力一旦形成，往往表现为独立于公民权利之外、凌驾于公民权利之上的一种物质力量。哈耶克认为，"政府运用强制性权力对我们生活的干涉，如果是不可预见的和不可避免的，就会导致最大的妨碍和侵害"。由于政治权力具有扩张性，保障权利的权力很容易异化为侵害权利的权力。事实上，在其他个人和组织的侵害面前，个人不仅可以自卫，而且可以寻求政治权力的保护，甚至可以诉诸社会正义和人类理性，而在政治权力的侵害面前，常常是个人无以自保，社会正义和人类理性都显得苍白无力。政治权力变异的常规性外在表现是权力腐败，发端于对公民权利的藐视，发展于对政治权力的经营，毁灭于群众基础的丧失。因此，必须限制政治权力，勘定公民权利与政治权力的界线，以最大限度地保障公民权益。

在历史形成的利益格局中，政府是最为强大、最具优势地位的权威性集团。它拥有足够的权力与强有力的工具维护社会秩序。政府包括中央政府和地方政府。作为全国人民利益的代表，中央政府在维护社会公正、促进整个社会的和谐发展方面负有重大责任。城市新移民问题的解决，中央政府无疑承担着较大的责任。

地方政府的作用也不容忽视。然而，由于地方局部利益与国家整体利益之间存在一定冲突，地方政府往往在解决城市新移民问题上带有一定程度的倾向性。从本地区眼前利益出发，对于中央政府决策的落实不到位。存在对如何解决这一系列问题认识上的偏颇以及价值取向上的偏好，因而导致政府行为的缺失与扭曲，成为阻碍城市新移民争取公民权的主要原因之一。

　　城市新移民的转移与流动可以说主要是受到政策的影响并受政治力量的支配。在城市化建设决策中，政府占据绝对的支配地位，广大农民基本没有决策权。在有关城市的各项制度安排中，城市新移民始终是被动的接受者，他们不可能对有碍于其公民权实现的制度做出任何变动。在这样一种背景下，中国城市化的方向、速度、规模、水平和形式的选择完全服从和服务于实现政府各项目标的需要，政府行为成为影响和控制城市新移民转移与流动的最重要因素。

　　其中，城乡分割政策仍是当前城市新移民迁移的障碍因素。城乡二元经济结构，这样一种差距明显的社会经济状态，是发展中国家从传统的农业社会走向现代化和工业化必经的过渡形态。政府出于在特殊的历史背景下快速推进工业化的需要，长期实行严格的城乡分割政策，使得二元结构的形成成为影响当前中国社会转型的重要因素。由城乡二元经济结构体制导致的城乡分割、政策不平等、社会不公平等一系列问题，在人们思想上形成"重工轻农、重城轻乡、重市民轻农民"的意识，继而在政策的制定上，出现"先工业后农业，先城市后农村，先市民后农民"的惯性思维。

　　中国政府大力推进市场经济体制全面改革时期正好是经济全球化新浪潮兴起之际。在经济全球化浪潮推动和国家开发开放沿海地区政策引导下，国际资本和产业结构转移到中国沿海地区，国内财政投入向沿海地区倾斜，从而快速形成沿海经济发展极。同时，国家全方位立体化开放格局基本形成，沿江、沿边和内陆省会城市大部分开放并享受优惠政策，大中城市二、三产业也得到一定程度的发展。这样，国民经济结构再次发生重大改变，这次经济结构的变化主要是城市经济的快速提升和东部地区经济地位的快速上升，市民公民权利有了进一步发展；农业在国家扶持下得到发展，而农村的乡镇企业开始萎缩，农民被迫大量跨地区务工，因而农民公民权利还是得到一定程度的推进，但是外出务工农民即农民工的公民权利在城市受到歧视性对待。一方面，农民的劳动权利和自由迁徙等权利获得更多的保障，但是另一方面他们在城市中所能从事的职业、行业都受到各地政府的限制，劳动收益等权利也不同程度受到限制和歧视。因此，城市新移民即使进入城市，其农民身份依然决定着其社会地位，由于生产要素的配置仍受城乡壁垒的阻隔，城市新移民并未因此获得更多的权益。

　　不合理的政府行为会影响城市新移民的发展及其下一代的成长。自改革开放以来，中国经济社会实现了快速发展，城乡之间的交流增多，但是并没有从根本上解决城乡二元分割和隔离的问题，中国不完善的市场经济发展仍然体现了城市和农村两个市场各自的发展。城乡市场之间的流通障碍没有完全打通，严重阻碍了统一的市场经济体制的进一步完善。而这种隔离体制与市场在自发中产生的诸多问题相联系，造成经济社会发展中出现了更多的不公平、不平等、不协调。最为典型的就是二元分割的户籍制度，在此基础上附加一系列的相关权益，城市新移民无论走到哪里，都要戴着"农民"这顶帽子，享有的只是作为农民所拥有的权利，然而随着地域的转换，就连那么一丁点儿的权利都无法享有。另外一个突出的表现就在于政府对教育的偏向，教育公平问题进一步凸显，具体表现在国家教育投入不公，明显重城市、轻乡村。城市新移民即使进入城市，却限于教育政策规定的根据户口划区入学的制度，将其子女阻挡在大门外，不仅让这种二元结构陷入恶性循环的历史怪圈中，而且成为提升国民文化素质过程中的一大硬伤。

5.3 经济因素分析

发生在中国的城市新移民社会排斥问题，其实质是利益的冲突和社会权利的缺失。如克莱尔（Clare）所指出的那样，"他们往往由于民族、等级地位、地理位置、性别以及无能力等原因而遭到排斥。特别严重的是影响到他们命运的决策之处，根本听不到他们的声音"，而"各种社会排斥过程无不导致社会环境动荡，最终危及全体社会成员的福利"①。

5.3.1 利益群体多元与冲突

目前我国正处于新旧体制转换与更替的社会转型期，由市场经济体制所带来的利益分化及其利益结构的变迁，意味着社会资源在社会成员中的重新分配。而利益结构的变迁过程不可避免地带来利益的分化，然而，随着改革开放的发展，市场经济体制的完善发展，使得社会元素日益多样化，代表各自不同利益的群体也呈现多元化发展趋势。不同利益之间的相互博弈不可避

---

① 克莱尔·肖特：《消除贫困与社会整合：英国的立场》，《国际社会科学》（中文版）2000年第 4 期。

免会带来一些消极影响，最突出而又影响较大的是政治腐败、社会利益分化及由此而来的贫富差距与不公正问题。

社会利益结构的纵深发展，带来了社会财富的重新分配。这种重新分配更多的是将社会财富迅速大量地积聚到少数人的手中。由此产生了一个暴富阶层，虽然部分富裕起来的阶层会为社会慈善事业做出贡献，对于现代化建设与社会和谐有着积极意义，但是，更多的情况是，这一阶层在消耗着社会资源和财富，最终拉大贫富分化，容易激化社会矛盾。

社会利益竞争的最终结果是不同的利益群体之间不断产生分化，并呈现固定化模式，不同利益群体之间的利益差异逐渐转化为利益的矛盾和对立，特别是那些有着直接利害关系的群体之间，利益的矛盾和对立更是在不断地加深。从目前来看，中国的社会利益冲突主要表现为利益受损的社会群体与政府之间的矛盾与冲突。马克思主义始终认为，国家是一种从社会中产生但又自居于社会之上并且日益同社会脱离的力量[1]。因此，国家总是以社会代表者的身份，即第三者的身份来调节社会利益冲突，这也就避免了群体间利益冲突直接指向国家这一情况的发生，然而，国家如果不让各个利益团体自己表达利益，却要包办其利益表达，那么当某一利益团体利益损失却又得不到及时补偿时，他们的不满就不可避免地指向国家。国家便成为矛盾的直接对立方。所以，要避免这种不正常的现象，政府应该允许各个利益群体，特别是弱势群体自己表达利益，同时从中加以调节和控制，以使博弈达到某种平衡。

30 年改革开放，经济社会的不平衡发展，社会阶层分化，已形成多元利益结构主导下的利益集团对峙格局。社会阶层的刚性化趋势又使各利益集团间的矛盾越来越难以调和，冲突四起，甚至激化。

随着中国市场经济体制的逐步建立，社会资源的分配方式及劳动产品的分配方式均已发生根本性变革，由此导致社会转型期利益格局的重新调整，也不可避免地出现不同利益群体和利益需求之间在一定程度上的冲突。由于改革本身就是一场社会利益与权利格局的重新调整，在计划经济体制下一元化利益格局被打破后，新的多元利益格局已形成，而新出现的多元利益格局必将对原有的社会阶级、阶层、利益群体产生撞击，而产生新的利益矛盾。

---

[1] 《马克思恩格斯选集》（第 4 卷），人民出版社，1995，第 114 页。

在多元利益格局下，不同社会群体间利益诉求的差距会加大，甚至形成明显的矛盾冲突。例如，"户籍制"使得进城务工的农民工即使在城市工作10余年也无法冲破既有的种种政策与制度限制，而始终是"农民工"，致使自己和家人在就业、工资待遇、定居、子女教育、社会保障等方面永远无法享有与城里人相同的待遇。但城市的既有居民却希望继续维护"户籍制"，以保持自身的"优越身份与地位"，减少各种"竞争"，进而维护基于城乡分割的各种福利保障等利益。再譬如，在医疗和教育改革中，为了维持和发展教育与医疗事业，曾允许医院和学校在行政拨款之外自行筹资，即通过市场化收费的方式获取资金。但由于缺乏对医院和学校在收费方面相应的制衡措施，从而出现了"乱收费""滥收费"的现象，而这就与普通公众要求平抑医药费和学费的愿望发生矛盾。

这一切都在明白无误地昭示，中国社会的利益结构已呈多元化格局。不同的社会群体有了不同的利益诉求，并且不同利益群体和集团对国家和社会的各类具体政策和制度的态度已存有很大分歧，甚至对立。在改革过程中常常出现的针对"改革"的反思以及与之伴随的种种抗议和质疑，究其根源和实质，乃是不同社会群体表达和伸张自身利益的一种方式。

社会因利益分化，致使中国利益多元化时代来临，原有的社会凝聚力因此被击散，冲突随之而起。但是应该看到，利益多元化不仅是社会改革开放的必然结果，也是推进社会进步的新生动力。也正因为如此，改革需要深化，利益需寻找平衡。因为利益差异的客观存在，在某种程度上能提供社会伸张和实现其目标的动力与空间，也能激发社会的创造性，从而推动整个社会进步。中国社会从单一利益结构转向多元利益结构同样也是一次历史性的跨越和进步，目前缺失的是，如何在多元利益结构中寻找重建社会和谐的新利益机制，探索新的社会凝聚力。

社会凝聚力是构成社会群体的共同要素。一个社会群体成员之间之所以有吸引力而成为"群体"，其主要来源：（1）共同的文化价值准则；（2）共同生活生产中形成的利益间的相互依存关系。眼下中国需要整合的正是不同利益群体间的矛盾，需要建立一种新型的适应多元利益结构的"利益协调机制"，以促成社会利益之间相互依存关系的重新结合。在中国，说起社会治理和利益平衡，人们总寄希望于政府权力的干预。毫无疑问，直至目前中国的政府系统在社会中仍发挥着重要的治理和平衡职能。但应看到，随着中国利益结构的多元化，现有的政府系统已需要改革，以适应日益变化的社会治理的要求。

5.3.2 利益阻力

"权利的基本要素首先是利益，利益既是权利的基础和根本内容，又是权利的目标指向，是人们享受权利要达到的目的之所在，所谓权利，实际上就是人们为满足一定需要追求一定利益而采取的一定行为资格和可能。"[①]可见，利益为权利追求的根本目的所在。

"集体排他"概念由美国社会学家帕金（Frank Parkin）提出，指的是社会中的主导群体已经握有社会权力，但是既得利益者不愿意与其他群体共同分享。例如主导群体担心移民具有潜在的破坏性，因而从制度层面对这一群体加以社会排斥[②]，城市新移民渴望被城市所接纳，然而利益阻力却剥夺了他们本该享有的权利。

一方面，来自地方利益的阻力。一些地方政府从维护本地居民利益出发，制定一系列限制性规定。在一些地方政府眼中，城市新移民的出现，一定程度上侵犯了城市居民的利益。诸如公共资源的紧张状况、城市犯罪率的不断升高以及城镇就业率的持续下降等问题归因于城市新移民群体，因而制定了一些限制性的规定，保护城市居民的利益。另一方面，来自城市居民利益的阻力。由于历史的原因，城乡之间居民收入差距很大，城市居民作为利益的受益方，面对城市新移民的涌入，出于对自身利益的捍卫，天然地对该群体持有排斥心理。此外，城市新移民缺乏一定的利益表达渠道，阻碍了权利的表达和实现。

2010 年 12 月 4 日，国务院国资委国有企业监事会主席熊志军在中国（海南）改革发展研究院举办的"收入分配制度改革与加快转变经济发展方式"国际论坛上，谈及当前中国收入分配差距问题时如此警告：如果不加快推进改革，利益格局一旦固化和膨胀，就会形成巨大的社会钳制力。收入分配的调整必然涉及现有利益格局变动，最大阻力将来自既得利益集团。如果不能冲破现实中正在日益固化的利益格局，市场经济的分配秩序将难以建

---

① 文正邦：《有关权利问题的法哲学思考》，《中国法学》1991 年第 2 期。

② 戴维：《社会学》（第 10 版），李强译，中国人民大学出版社，1999，第 52 页。

立，甚至对改革形成负面的影响。

中国现阶段收入悬殊，主要成因有三：第一类，由于人的先天禀赋与后天努力不同，按市场经济的分配原则，自然会产生收入差距，这是正常的。第二类，由于改革中体制不完善，造成"制度漏出效应"，产生诸如"灰色收入"等问题。第三类则是由于区域发展不平衡和改革不平衡所造成的。而后两者造成的收入差距都是不正常的，只能靠加快市场取向的改革解决。

最值得注意的是由于制度漏出效应造成的收入差距。30多年来，中国作为转型经济大国，十几亿人创造的财富存量和增量相当大。在转轨过程中，由于制度、体制的不完善，巨大的财富就从制度缝隙里漏出，造成收入悬殊，政府必须有所作为。中国实行渐进式改革，其好处是过渡平稳，风险比较小，但是这也使中国建立市场经济体制的时间拉得非常长。如果改革不加快推进，一旦停滞下来，利益集团的格局一旦固化和膨胀，就一定会形成巨大的社会钳制和改革阻力。

首先是渐进式改革形成的"双轨制"，最初是价格双轨制，后来发现，很多领域都有"双轨制"问题。进入市场的那部分，有的进入快，有的进入慢，有的进入彻底，有的进入不彻底，这种制度性的差异就会在收入分配上体现出来。其次，不合理的制度造成收入分配起点不公平。最大的起点不公，莫过于城乡二元结构导致农村转移劳动力的歧视性就业与分配，使农民工成为中国社会主要的低收入群体。而正是这一群体长期的低工资、低福利促进了中国高投资高积累的发展模式。中国有两亿多农民工，其收入水平大概是城市职工收入的一半，先不算福利待遇，仅不能同工同酬这一项，每个农民工一年就少收入近万元。"两亿农民工是什么概念？放任对农民工年复一年的剥夺，这是中国经济赖以成长的一个条件，但却是不可持续的。"再次，资源配置的非市场化。目前，中国的很多资源并不是按市场经济规则配置的，国有商业银行的信贷资金也不是完全按市场经济配置的。中国土地、房地产、矿产资源等这些最重要的资源、要素，至今都没有完全进入市场。"这些要素或资源，到底靠什么在分配？目前令人担忧的就是政府的过度管制及由此带来的寻租活动。各级政府在资源配置中的问题：第一，介入得过多过深；第二，权力运行不规范、不透明；第三，缺乏严格的监管；第四，分配制度改革不到位。这也拉大了收入差距。"因此，今后必须以政府职能转变为中心，完善市场经济体制，充分发挥市场机制在资源配置中的基础性作用。同时，至少要做到"三个均等化"，即基本公共服务均等化、福利保障均等化、就业报酬均等化。借此解决城乡居民、大小城市、发达和不发达地区、体制内和体制外各类成员的国民待遇问题。

5.4 社会因素分析

所谓公民社会，指的是同政治国家相对应的政治社会，是组织化的政治存在，区别于分散的自然人社会的经济存在或民事主体存在。非政府组织是公民社会的核心力量。公民社会的特性和作用是让各个社会阶层有其组织和表达民意的渠道来参与国家政治，影响国家的决策。

公民社会具有下列三个要素：（1）由一套经济的、宗教的、知识的、政治的自主性机构组成，有别于家庭、家族、地域或国家的一部分社会；（2）这一部分社会在它自身与国家之间存在一系列特定关系以及一套独特的机构和制度，得以保障国家与公民社会的分离并维持二者之间的有效联系；（3）一整套广泛传播的文明的或公民的风范[1]。雅诺斯基指出，公民社会表示国家领域、由志愿组织组成的公共领域以及涉及私营企业和工会的市场领域这三者之间的一种有活力的和相互做出反应的公开对话领域。正如哈贝马斯所言，公共领域与大众传媒以及公众舆论的关系密不可分[2]。

5.4.1 社会媒介组织

根据哈贝马斯的公共领域理论，大众传媒是现代社会公民行使自身权利以及对公共事务进行理性、批判性审视的平台。因此，媒体参与政治过程的本质就在于：它是行使自身权力对权力运作进行监督的一种直接民主形式，是公共领域的一个重要功能。

雅诺斯基分析认为，媒体作为私营公司或公有机构，从本性上及绝大部分活动上来看，是在公共领域之内，尽管他们可能与市场领域或国家领域有重叠，很大部分的公众对话在很大程度上是由媒体解释、操控，甚至由媒体

---

① 〔美〕爱德华·希尔斯：《市民社会的美德》，邓正来译，亚历山大主编《国家与市民社会》，中央编译出版社，2002，第33页。

② 〔德〕哈贝马斯：《公共领域的结构转型》，曹卫东译，学林出版社，1999，第34～35页。

来构成的。当媒体组织是国有机构时，它们是一只脚踏在国家领域，一只脚踏在公共领域。当媒体组织是私营机构时，它们和别的公司一样，是立足于市场领域。但媒体无论是私有或公有，它们的活动都显然在公共领域①。由此可知媒体在公共领域所发挥的重要作用。

可以说现代传媒技术的发展为广大公民参与公共政策制定和公共事务的讨论提供了一个较好的平台。尤其是电视媒介的出现，使越来越多的人可以关注更多的公共事件；互联网的出现，不但进一步扩大公众的视野，而且可以提供一个发表自己意见和看法的平台，使广大公民参与到公共事件的讨论中。可以说，通过大众传媒和互联网来关注公共问题、表达公众意愿、影响政府决策，是在民主政治发展中社会成员参与公共事务方式的常用形式，也是公民行使自己的言论自由权、政治参与权、社会监督权等公民权的重要途径。

根据原中华人民共和国新闻出版总署发布的数据，2011 年全国共出版报纸 1928 种，平均期印数 21517.05 万份，总印数 467.43 亿份。其中全国性报纸 217 种，占报纸总品种的 11.25%；省级报纸 825 种，占报纸总品种的 42.79%；地、市级报纸 869 种，占报纸总品种的 45.07%；县级报纸 17 种，占报纸总品种的 0.88%。2011 年全国共出版期刊 9849 种，平均期印数 16880 万册，总印数 32.85 亿册②。从以上统计数据我们可以看出，国内的媒体硬件环境已经逐步得到改善，客观上为公众参与公共事务提供了较为充分的媒介技术条件。但是，仅仅数量众多并不意味着公众参与同样拥有良好的媒介环境。

自新中国成立以来，媒体作为"党的喉舌"，是宣传执政党意识形态和政府政策的工具。在相当长的一段时期里，媒体的职能主要是将业已制定的法律规章制度公之于众，起着大力宣传的作用。在这种模式下，虽然媒体的数量众多，但是公众对公共事务并没有实现实质性的真正参与。从政治层面看，政治改革的步伐与社会经济发展的要求相比依然滞后。根据国外一些学

---

① 〔美〕托马斯·雅诺斯基：《公民与文明社会》，柯雄译，辽宁教育出版社，2000，第 21 页。

② 《2011 年全国新闻出版业基本情况》，中华人民共和国新闻出版总署网站，http：// www. gapp. gov. cn/cms/website/zhrmghgxwcbzsww/layout3/indexb. jsp？ channelId ＝ 493&infold ＝448190&siteId ＝21。

者的看法，实际生活中流行实用主义和社会达尔文主义。有人认为中国目前的政治类型为后集权主义或党国权威主义，其突出特征为政治上的集权主义和经济上的消费主义。

传播的表现要义是在社会转型当中寻求新的调解形式，重新定义政治与经济、国家与社会、个人与社会共同体的发展。新闻媒介是这种社会调解的重要形式之一。当代中国的新闻媒介体制决定了媒体本质上依然处于从国家回归社会的过程之中，作为政府和执政党主流意志的表达者，媒介在现有的制度框架中其自身自由表达的合法性建构尚处于现在进行时态，因此，有观点指出，在这种氛围下，兼之新崛起的公共关系业和广告业的侵蚀，传媒有可能出现哈贝马斯所谓的"再封建化"和"双重封建化"的危险①。

随着改革开放的深入开展，市场经济体制的逐步建立以及民主法治观念的逐渐树立，国家对于新闻媒体的管制相对放松，媒体有了一定的独立性和自主性。与此同时，媒体也逐步树立了市场本位和受众本位的观念，开始关注市场领域和公共领域。特别是20世纪90年代末以来，以中央电视台1994年创办的《焦点访谈》和1996年诞生的《新闻调查》等节目为代表，出现了一大批捍卫社会公正的新闻媒体。可以说，大众传媒已经和公众共同参与到与政府和其他权力机构的互动之中。但是这并不能说大众传媒已经完全实现了公众利益真实表达的渠道，对于城市新移民而言，新闻媒体仍然没有将这一领域相关问题报道清楚。可以说，作为城市的边缘群体和弱势群体，城市新移民并没有得到大众媒体的充分同情和支持。媒体对新移民的问题关注不足，报道不多，对涉及城市新移民权益问题没有作深层次的报道，使得社会各方面对城市新移民面临的处境和问题认识不足。甚至还有些媒体存在歧视性报道的问题，有意无意贬低这一群体，把与城市新移民有关的负面事件影响扩大化，引起社会对城市新移民的误解与反感。

5.4.2　非政府组织

从20世纪80年代开始，非政府组织（Non-Governmental Organization，简称NGO，或非营利组织，Non-Profit Organization）首先在西方国家兴起，

---

① 展江：《警惕传媒的双重封建化》，《中国传媒报告》2003年第3期。

并迅速在全球范围内传播，被人们视作"市场失灵"以及"政府失灵"的最佳解决方案。目前，NGO 在世界各国日益构成一股非常重要的社会力量，无论是各种协会、基金会，还是民办的非营利性的学校、医院、社会服务机构等，它们通过独立自治与志愿参与的机制，实现着多样的公共需求，致力于人类美好生活的追求。除"非政府组织""非营利组织"此类称呼之外，国内通常还使用这类词语来指代民间组织、公民社会、第三部门等。

伴随着从计划经济体制向市场经济体制转轨的过程，政府同样面临从对市场的直接干预到对市场间接干预的过程，在这个过程中，第三部门作为一个新的社会空间出现在政府、企业之外，各种非营利组织也就成为这一空间里主要的新组织实体。

在中国，所谓非政府组织指的是不以营利为目的，主要开展各种志愿性的公益或互益活动的非政府社会组织。这一般包括三方面的属性：非营利性、非政府性、志愿公益性或互益性。具体活动内容包括日常性活动以及项目性活动。其中，项目活动遍布社会的各个主要方面，主要集中在以下六个领域：环境保护、生态和资源的保护；对弱势群体的权益保护；城乡社区服务；救助贫困和促进发展中国家的经济社会发展；经济中介，包括各种形式的行会、商会、企业家协会等由经营者组成的经济中介组织，工会等由劳动者组成的经济中介组织，律师、会计师、审计师组成的专业性事务所的经济中介组织；慈善救济等①。

非政府组织在维护城市新移民公民权方面大有可为。20 世纪后期，世界范围的"全球社会革命"凸显了非政府组织的价值。非政府组织最大的特点是以服务公众为宗旨，从事公益事业，不以营利为目的。在发达国家，热心于社会公益事业的非政府组织十分发达，它们在很大程度上弥补了政府的不足，在改善弱势阶层处境、消解来自弱势阶层的不满和维护社会稳定方面发挥着不可替代的作用。然而，从目前我国非政府组织所发挥的功能来看，其作用并没有得到充分发挥。

比如，面对城市新移民权利实现中的就业权问题，除工会外，其他形式的非政府组织可以利用现有新移民在初始社会资本的基础上形成的社会网

① 金罗兰：《我国非营利组织与项目管理》，《北京工商大学学报》（社会科学版）2005 年第 6 期。

络，为他们提供非营利性或免费的服务，对中小企业的行为进行交涉、监督，成为政府、企业和城市新移民沟通的桥梁。

在现阶段"强资本—弱劳工"的劳动关系条件下，全国范围内还有相当一部分非公有制企业没有建立农民工工会，有些已成立的工会组织也是形式多于实质，维权职能乏力①。

5.4.3　社会支持系统

另外一个重要问题，就是城市中间的社会层面缺少对外来移民、新移民的这种社会支持系统。由于新移民要在城市中间重建自己的生活，具体包括经济的、物质的、社会生活、精神生活等，遭遇到各种各样、纷繁复杂的问题。与此同时，各种各样的生活压力、心理压力、情感危机、身份认同危机等会相伴而来。这不仅仅是城市新移民面临的问题，也是拥有较高学历的大学毕业生所面临的问题。在其他国家有各种各样的社会团体，如"第三域"等组织，为公民提供着各种各样的社会支持。即使需要政府提供财政的社会保障，也需要各种社会群体来付诸实施。从我国目前来看，城市主要是由政府的各级部门在管理。因而，类似社区的一些机构，它们主要的服务对象还是拥有城市户口的市民群体，住在社区内的新移民几乎是被排除在社区之外的，没有把他们作为自己的工作对象、服务对象。此外，也缺乏各种社会组织团体的支持。

5.5　公民主体因素

城市新移民公民权问题固然在于制度性的障碍、政治权力因素的制约等方方面面，但与城市居民以及城市新移民自身因素同样有关。

5.5.1　转型时期城市居民的偏见

罗宾·科恩（Robin Cohen）写到，20 世纪有一门"鬼神学"频频地缠绕着移民，即人们用移民中某些人的最消极的特性——犯罪、偷税漏税、侵

---

① 操申斌：《对当前农民工工会履行职能的思考》，《乡镇经济》2005 年第 10 期。

蚀福利——来推断和刻画所有移民①。城市居民对于城市新移民群体有着较强的抵触心理。另外，威廉·洛维（William T. Rowe）的研究表明，导致中国城市居民歧视新移民的因素在于："部分是因为他们漂泊不定的地位使得他们显得好像更容易犯罪，有越轨行为，（但是）最根本的原因是因为他们是外来人，他们滞留在那里，就已经破坏了游戏规则。"② 这种偏见具体体现在对城市公共产品短缺的归因、公共秩序遭破坏的归因。

首先，有关城市公共产品短缺问题。由于城市公共产品提供的短缺，城里人认为新移民的到来只会导致更多的供给不足，水作为最具竞争性的公共品，使用者增加，必然会减少原使用者享用的数量。其原因主要来自伴随经济改革过程而来的一系列问题：经济不受节制地发展、生活水平快速提高、工业化加速以及污染加重——所有这些都会对城市基础设施和资源供应不断提出巨大的需求③。排外的成见使得资源短缺的真正原因与随意指责问题相混淆，无论问题的根源在哪里，问题的解决却是高代价及费时的。面对这些困难，在短期内，城市居民只能利用不卫生的水，筹集资金进行污水再利用，或简单地忍受用水短缺。此外，面对电力资源的短缺、城市交通的拥堵、粮食的短缺等一系列问题，出于歧视与排外的心理，城里人最终都将缘由归结于城市新移民这一弱势群体。根据帕金的社会分层理论，排外的表现方式有两种："集体排他"与"个体排他"。城市居民有关公共产品问题短缺的归因本质上属于"集体排他"，即将某个社会群体整体地排斥在公共资源之外。这一现象最终导致城市新移民的各项公民权不可避免受到一定程度的损害甚至是完全地被剥夺。

其次，有关公共秩序遭受破坏问题。在许多城市居民眼中，农村暂住人口的到来会破坏他们所享受到的特有的和谐生活环境。《第三只眼看中国》一书就表达了这一假定的看法："城市居民的收入以跟经济增长相同的速度增加，但是，农民的收入并没有如此增加。所以，当农民进城，就会产生嫉

---

① Robin Cohen, *The new helots*: *migrants in the international division of labour.* Aldershot. Hants, England: Avebury Brookfield. Vt. USA: Gower Pub. Co., 1987. pp. 186 – 187.

② Rowe, HanKow: *Conflict and Community in a Chinese city*, Standford, Calif.: Stanford Univ. Pr., 1989, p. 231.

③ Edward B. Barbier, *Natural resources and economic development*, Cambridge University Press, 2007, pp. 5、9、12、16.

妒、自卑甚至仇恨。这种情绪不但会阻碍他们成为城市人，而且将会通过犯罪表现出来。"① 20世纪90年代中期对北京、广州和上海的一次民意调查发现，社会秩序差已然成为"头号公共敌人"，因为调查对象认为流动人口是他们感到不安全的"根本原因"②。由于政府对流动人口的管理处于真空状态，一些流动的习惯性罪犯隐藏在无辜的城市新移民中间，市民们就将他们与其他人混为一体看待。城市新移民成为所有没有得到解决的犯罪活动罪恶者的替罪羊。确定无疑的一点是，城市居民将令人不安的变化归咎于对进城新移民的偏见。事实上，即使少数的城市新移民犯了罪，根本原因在于他们处于被排斥的地位，始终被排斥在主流社会之外。从一定意义上讲，更多的情况下城市新移民是犯罪活动的受害人。因为在新移民与城市居民的交往过程中，不讲公正和施加侮辱的煽动者可能往往不是新移民，而是他们的邻居、雇主或者警察。正如有些学者在相关访谈中提到的那样：

> 我们这些到处流动的人遭受了很大的损失……
> 为什么你们不告发他们呢？
> 谁敢用鸡蛋去碰石头呢？
> 那么为什么不向公安局报案呢？
> 我们宁可受一时之苦而不愿招惹更多麻烦。如果有人向你"借钱"，你就知道，他有很多弟兄支持③。
> 警察说："你们外来人口成千上万地到北京打工，我们真的没有足够的警力去保护你们。所以你们必须自己从哪儿摔倒就从哪儿爬起来。"④

不可否认，无论背后原因如何，城市新移民中存在一些所谓的"盲流"，但是根据1988年底上海的一项研究显示，上海流动人口达到209万人，但是发现其中只有2.8万人或者1.03%的人是盲流⑤。城市居民对于

---

① 〔德〕洛伊宁格尔：《第三只眼看中国》，王山译，山西人民出版社，1994，第64页。
② 《明报》1996年3月6日第C2版，转载于 *FBIS*1996年3月15日第31版。
③ 葛象贤、屈维英：《中国民工潮："盲流"真相录》，中国国际广播出版社，1990，第94页。
④ 葛象贤、屈维英：《中国民工潮："盲流"真相录》，中国国际广播出版社，1990，第31页。
⑤ 上海市统计局编《上海流动人口》，中国统计出版社，1989，第39页。

"盲流"的夸大揭示了他们对于事实与虚构的混淆。从以上分析中，我们不难发现，许多问题以及城市居民对这些问题的认识都源自把外来的城市新移民视为非市民而进行排斥和歧视的实践与态度。

如果城市居民能让新移民不受歧视地参与到城市机制运行中来，无论对于城市居民自身而言，还是市场机制的运行以及城市的秩序稳定来说，都是互利共赢的，但是，城市居民在看到自身利益结构似乎要面临瓦解的时候，却选择了对外来的城市新移民持以偏见、排外的态度：城市居民单纯站在城市社会经济发展的角度看问题，无视城市新移民自身的基本权益；政府从经济发展的全局出发制定政策，在一定程度上忽视了对城市新移民利益的保护；历史遗留下的在工业化过程中所形成的以牺牲农民利益为代价的政策，在城市新移民社会保障权益保护上存在惯性作用。

总而言之，城市资源仅仅属于城市市民所有，城市的管理者往往出于对既得利益的维护，在制定相关政策时更多考虑的是城市居民利益的获得与保护，而不是真正考虑城市新移民的权益问题。在这种情况下，城市新移民各方面的公民权自然就难以争取实现。

5.5.2　城市新移民的自我局限

作为一国的公民，对城市新移民来说，公民权的实现也有赖于自身的积极争取。但事实上由于自身的一些局限，制造了诸如有权不争取的不合理局面。

第一，知识素养偏低，文化程度偏低。2006 年 8 月国家统计局在全国范围内开展的城市农民工生活质量状况的专项调查显示，文盲占比 2.57%、小学文化程度占比 12.74%、初中文化程度占比 52.04%、高中文化程度占比 26.67%、大专及以上文化程度占比 5.98%。国家统计局发布的《2011年我国农民工调查监测报告》显示，在外出农民工中，文盲占 0.9%，小学文化程度占 10.7%，初中文化程度占 62.9%，高中文化程度占 12.7%，中专文化程度占 5.8%，大专及以上文化程度占 7.0%。

由于农村经济环境的制约，农村教育始终相对落后，教育经费短缺，政府在农村教育的相关调控方面只起到了控制作用，并没有真正解决农村教育问题，使得一方面辍学率较高，另一方面由于教师工资无法保证导致人才流失严重，教育质量难以保证。加上继续教育与职业培训空白的状况，导致学习渠道不畅通，文化程度相对低下。

城市新移民的法律素质有待提高。随着社会普法宣传力度的加大，法律制度体系的逐步完善，城市新移民的素质有所提高，但整体水平仍然比较低。在其权益受到侵害的情况下，往往采取极端处理方法，要么选择忍气吞声，要么选择报复社会。根本原因就在于法律知识的欠缺，不懂法、不知法，在利益遭受损害时不知道如何行使权利，如何申请法律救济，相反会导致行为走向法律的反面。城市新移民对于法律的认识不到位，主观认为只要不触犯法律即可，不明白法律所具有的保护功能。中国青少年研究中心发布的《中国新生代农民工发展状况及代际对比》研究报告显示，新生代农民工法律意识整体比较淡薄。仅有 16.7% 的青年农民工真正了解劳动法，大多数青年农民工只是了解一点，而 15.3% 的人则一无所知。

知识素养偏低，不仅弱化了城市新移民的经济地位与社会地位，直接影响其参与第二产业、第三产业工作的技术含量，而且在其面临社会困境时无法找到正确的维权途径，最终造成公民权得不到基本保护。

第二，乡土习惯与价值观差异明显。凡勃伦曾经指出，个人在技术和经济领域中的地位决定了他的看法和思想习惯①。不同的社会阶层具有不同的阶层文化，文化和地位差异造就了不同的习惯与价值观。有时候，新移民所有的边缘焦虑和生存痛感，不仅基于"生活在别处"的不习惯与不方便，而且基于文化身份的失落，包括由此引出的被"他者化"的痛苦。

第三，自组织化程度较低。美国学者 G. E. 梅奥等人主持的著名的霍桑试验表明，在正式组织外还存在着非正式组织，即在正式组织中为满足人们不同的心理需求，人们自发形成的没有正式结构的群体组织。组织对于效率的提高有着重要的作用。同样，对于城市新移民而言，仅仅依靠政府的善政来维护基本公民权是难以保证和实现的。但是，身为弱势群体的城市新移民，寄托依靠自身力量又是不现实的，这就需要一个代表该群体利益的组织产生。

从目前来看，城市新移民组织参与程度较低。这主要体现在实际参与度以及参与意识方面。据中华全国总工会统计数据，截至 2011 年 9 月底全国

---

① 〔德〕刘易斯·A. 科瑟：《社会学思想名家》，石人译，中国社会科学出版社，1990，第228 页。

工会会员中共有农民工会员 9656 万人，只占农民工总数的 1/3 多一点。

第四，缺乏对城市的归属感。所谓归属感，是佛洛姆（E. Fromm）理论中的术语，意指心理上的安全感与充实感，属文化心理的概念。它是指一个个体或集体对一件事物或现象的认同程度，并对这件事物或现象发生关联的密切程度。

考察城市居民对于该城市的归属感，可以通过两大相对独立的层面——群体意义上的城市归属感和地域意义上的城市归属感，或对城市居民的群体归属感和对城市的地域归属感来进行考虑，前者侧重于从社会和思想心理、文化观念方面展开分析，而后者主要是从经济和物质等客观条件角度进行分析。

我国学者米庆成将城市新移民的"归属感"划分为两个层面：对城市的地域归属感和对城市居民的群体归属感。在他看来，前一层面主要是从经济和物质等客观条件角度进行分析，后一层面侧重于从社会和思想心理、文化观念方面展开分析，这两个层面之间既相互独立又相辅相成。无论城市新移民在年龄、成长背景、个人心理逾期等方面存在多大差别，在经历一段时间的城市生活后，新移民对于城市的地域归属感都非常强烈，高度认同和依恋城市生活。但这并不意味着城市新移民获得了城市的归属感。由于主客观因素、外界环境以及制度与自身观念等多种因素的影响，他们的身份认同程度和被城市同化的程度偏低，与城市原住居民之间存在隔阂、疏离，甚至是摩擦和冲突，对城市居民群体缺乏归属[①]。

古斯塔夫·勒庞（Gustave Le Bon）曾经说过，促使文明洗心革面的唯一重大变化，是影响一定群体的思想、观念和信仰的变化，城市新移民原有的农民观念虽已残破不全，却依然保留着强大的力量，取而代之的观念仍处在形成过程中[②]。

乡土意识未彻底根除，新移民自然没有城市社区意识、城市社区归属感和城市主人翁体验。

5.6　历史性因素

有一个数据引自艾伦·刘（Alan Liu）的研究，他考察了山西省的情

---

① 米庆成：《进城农民工的城市归属感问题探析》，《青年研究》2004 年第 3 期。

② 〔法〕古斯塔夫·勒庞：《乌合之众》，冯克利译，中央编译出版社，2005，第 2 页。

况，认为 20 世纪 80 年代中期，一个外出打工的建筑工赚得的收入是种田农民的 8 倍①。这一数据实质上反映了城乡收入差别之大令人咋舌。

城乡二元格局的形成，从历史根源来看，主要在于城乡二元制度的影响。帕森斯理论认为，制度形成的过程中，互动双方的需要和文化模式是制度化的重要组成部分。二元制度的形成发展也是在诸多社会现象的共同作用下完成的，其中包括当时特殊的历史文化环境。由于制度在不同阶段具有不同的功能，满足不同的需要，所以制度也会不断变迁，在不同时期出现历史性、阶段性变化。

新中国成立初期，国际国内面临着一穷二白的国力基础、西方资本主义国家经济封锁、东西方两大阵营军事对峙等严峻形势。因此，在新中国成立后的相当长时期内，其首要和迫切的任务，仍然是在周边地缘政治环境险恶、国内人口众多和资源匮乏的条件下，尽快摆脱贫穷落后的面貌，建立自己独立的国民经济体系，完成从农业国家到工业国家的转变②。为了改变旧中国的落后面貌，尽快实现工业化，政府选择了优先发展重工业的战略方针和计划经济体制。在当时的历史条件下，要发展工业，所需的资金、劳力和原料只能通过"牺牲"农村经济来实现。

与此同时，为了最大限度地节省开支，降低消费水平，国家实施了控制城乡人口的策略。据统计，到 1978 年，我国百万人口以上的特大城市只有 18 个，50 万～100 万人口的大城市 27 个，20 万～50 万人口的中等城市 60 个，小城市则由 1957 年的 114 个减少到 82 个，建制镇由 1956 年的 3672 个减少到 2600 多个③。此外，还有农产品统购统销制度、"政社合一"的人民公社制度以及城乡户籍制度等。实质是为"优先发展重工业"服务的，但是在国家具有绝对权威的条件下，确立了农业服从工业、农村服从城市的社会资源分配格局，最终形成城乡二元分割的格局。随之而来的是一系列有关城乡之间、城市之间居民生活资料的不同供应标准，使得城市与乡村之间、市民与农民之间在经济和生活保障等方面存在较大的利益差别，包括户籍管理制度、统包统配的劳动就业制度和社会保障制度等一系列制度实

---

① Alan Liu, *Economic Reform*, *Mobility Strategies and National Integration in China*, p. 196.
② 江业文：《试析新中国户籍制度形成的历史背景》，《西安文理学院学报》2005 年第 1 期。
③ 陈立：《中国国家战略问题报告》，中国社会科学出版社，2002，第 99～100 页。

质上成为阻挡农村人口进入城市的坚实壁垒，也使得同为中华人民共和国公民，却被深深打上农民和市民的阶层烙印，无法实现享有同等的公民权。

直到 1956 年农村社会主义改造高级社普及以后，平均主义、大锅饭挫伤了农民的生产积极性，大量农村人口开始冲破制度束缚进入城市。1959年，全国城市人口达到 12371 万人，1960 年进一步增至 13073 万人，分别比 1957 年的城市人口数增加 2422 万人和 3124 万人。3 年时间内，在原来基础上增加了 31.4% 的城市人口①。伴随着农村人口大量涌入城市，二元稳定格局受到影响，与此同时带来了一系列城市问题，诸如城镇人口饱和、住房、交通以及就业等；另一方面，农村劳动力过度流失，使得主要依靠原始生产方式的农业生产出现劳动力短缺现象。面对这样的历史现状，国家为了维持为重工业优先发展战略和计划经济体制环境下形成的城乡二元分割稳定格局，就必须以牺牲公平为原则，采用更加严厉的措施和政策限制农村人口流动，这也是历史的必然选择。中共中央、国务院于 1957 年 12 月 18 日联合发出《关于制止农村人口盲目外流的指示》，要求城乡户口管理部门严格户籍管理，切实做好制止农村人口盲目外流工作。次年，第一届全国人大常委会通过的《中华人民共和国户口登记条例》明确规定："公民由农村迁往城市，必须持有城市劳动部门的录用证明，学校的录取证明，或者城市户口登记机关的准予迁入的证明，向常住地户口登记机关申请办理迁出手续。"通过这一条例，形成了以严格限制农村人口向城市流动为核心的二元户籍制度，实现了与劳动就业制度、教育制度和社会福利等二元制度的协调一致。具有中国特色的城乡二元体制至此形成。全体公民被人为地划分为不可逾越的"农业户口"和"非农业户口"，耸立在城乡之间的"户籍墙"坚不可摧。

1978 年十一届三中全会之后，城乡二元制度的弊端完全暴露出来。最突出的一点就在于损害了《宪法》赋予公民的基本权利②。《宪法》规定，公民在法律面前一律平等，这说明公民在同等条件下处于同等的地位，在经

---

① 武力：《中华人民共和国经济史》（上册），中国经济出版社，1999，第 50 ~ 52 页。
② 曹建章、赵敏：《试论现行户籍制度对流动人口基本权利的影响》，《甘肃高等师范学报》2002 年第 1 期。

济、政治、文化等方面享有同等的权利与义务。但城乡二元制度，人为地将城乡之间筑起一道鸿沟，伴随着工业化水平的大幅提高，农村的城镇化却基本处于停滞状态，公民被事实上一分为二，成为具有不同价值与不同等级的社会身份。历史条件的变化使得原本的合理制度失去了存在的基础，二元户籍制度不但没有发挥作用，反而成为现代化进程中经济发展的阻碍。政府逐渐开始对二元制度结构进行一系列的改革，并首先从农村开始推进，极大地解放了农村的生产力，大量农民离开土地进入乡镇企业就业。

到 20 世纪 80 年代中后期，随着改革开放与城市改革的深入发展，城市化进程中所带来的对劳动力强烈的需求，特别是经济特区与沿海开放城市对于劳动力的需求，使得国家调整限制政策，大量农民开始进入城市，成为中国特有的"农民工"群体。至此，农民工问题便成为我国政府以及学术界所关注的问题，各种各样的有关制度改革的对策以及国家政策的出台，一定程度上打破了坚固的二元城乡格局，各地逐渐从本地区实际出发，推行户籍改革措施，如上海 1994 年推行的"蓝印户口"政策，1999 年推行以现居住地为主的人口与计划生育管理，即凡居住地内的育龄人群，居住社区负责提供有关计划生育的宣传、管理、服务，逐步改"户籍制"为"居住地制"①。2003 年，各地区又进一步推出新的户籍改革措施，停办蓝印户口，取消农业户口与非农业户口类别，推行城乡户口一体化，如河北省 2003 年 10 月 1 日正式实行新的户籍管理规定，取消农业户口与非农业户口性质划分，凭出生医院证明落户，实行居住地登记户口，并不再收取城市增容费②。2009 年以来，包括上海、深圳、广州等全国数十个城市都已经出台户籍改革的措施。在这些城市，居住证正在逐步取代暂住证，持证者将可享受与当地居民相同的社会保障、医疗服务、教育等公共服务③。

虽然从中央到地方都在积极探寻改革户籍制度的办法，也取得了很大的进展，但是，户籍制度改革依然没有走出二元格局体系，城乡二元化结构一直未能消解，城乡居民在各项权益的享有上始终未获得根本意义上的平等。这种城乡不同的身份制度，以及衍生出的两种完全不同的生产力水平和文化

---

① 李和平：《户籍改革——居住证管理是户籍制度发展的必然趋势》，《上海综合经济》2001 年第 10 期。

② 《农村百事通》，江西科学技术出版社，2003，第 19 页。

③ 《推进户籍改革需要更多有效措施》，《南方日报》2012 年 8 月 21 日。

价值形态，主要是内部制度安排形成的，有其内在的历史原因。作为农民工现象在新时期演变的必然产物，城市新移民面临着不仅在空间地域，而且在社会认同方面的明显分界，以及由此带来的政治、社会、经济、文化权利享有的差别，这最终造成城乡居民之间不平等的差异问题，也引发了城市新移民争取公民权的问题。

第 6 章　个案研究：国内外城市新移民
公民权实现经验启示

农村剩余劳动力转移问题是各国在工业化、城市化进程中不可回避的问题，中国同样无法避免。作为发展中的农业大国，农业人口占总人数的 2/3 之多，城市化的发展也就意味着要使大量的农业人口转变为城市人口。自 20 世纪 80 年代以来，这一问题已经逐步凸显，出现了具有中国特色的"民工潮"现象。

6.1　国内相关案例研究

随着现代化的进一步发展、城市化的持续推进，当年的"农民工"早已悄然换代，他们已经不单纯出于经济目的来城市谋生，而是渴望融入城市，成为其中的一分子，但是城市却尚未做好接纳的准备，即便他们已身处都市繁华闹市，国家制度却依然将他们推向城市边缘，同样身为社会主义国家的公民，却不能享有同市民一样的基本公民权，这对于城市新移民以及城市化发展而言都是有害而无一利的，是有悖于社会公正原则的。可喜的是，随着平等、自由、民主一系列理念日益深入人心，也随着新移民群体文化素质、年龄结构、权益诉求的不断变化，其要求公平享有公民权的呼声也越来越高，各地政府也意识到了自身的责任，并进行相关的有益探索。本书主要选取新移民集中输入地作为案例，这样可以使分析更加具有典型性、针对性，希望可以从中找出可行经验，最终为争取城市新移民的公民权提供有益借鉴。

6.1.1　深圳模式：实现新移民社会保障国民待遇

深圳位于中国南海之滨、珠江口东岸，与东方明珠香港一水之隔。深圳作为中国改革开放的窗口，以激情、敢闯、创新和实干的精神，在不到 30 年的时间里，从一个不到 2 万人口的边陲小镇，发展成为一座社会和谐、经济繁荣、功能完备、环境优美的现代化都市，创造了世界城市化、工业化和现代化的奇迹。

深圳市作为我国"劳务工"① 的集中聚居地之一，目前已吸纳了来自全国各地的 800 万外来务工者②。自 20 世纪 90 年代以来，经过 20 年的探索，深圳逐步在全市建立起养老、医疗、失业、工伤和生育医疗保险等覆盖范围广、管理手段现代化的社会保障体系，成为全国劳务工参保覆盖面最广、人数最多、参保比例最高的城市③。

现在工作和生活在深圳的 1000 多万人口中，95% 以上是 1980 年建立经济特区后来到深圳的新移民，或者是"深圳土著（native）"的后代。如今的"深圳人"包括全国 31 个省、直辖市和自治区的新移民，形成"鼓励创新、宽容失败、脚踏实地、追求卓越"的城市精神和移民文化。这座充满阳光和现代化气息的城市，经济和社会协调发展，人与自然和谐相处，志愿者与弱势群体携手共行。在这座"最受农民工欢迎的城市"，人们喜爱读书并富有爱心，被誉为一个没有冬天的城市。

深圳市原代市长王荣曾说，在深圳，"农民工"这个概念将会消失。"农民工的下一代来到深圳，他们不会像父辈那样回到原来的土地而是选择留在深圳。"④ 2010 年深圳市总工会发布的《深圳新生代农民工生存状况调查报告》认为，目前我国城市化的步骤滞后于工业化，原有的户籍、用工、福利等社会制度形成一种结构性壁垒，导致新生代农民工在城市中处于移而不入的状态，长期畸形发展会影响到社会的和谐稳定。报告同时建议，消除不公平的制度性障碍，给予农民工群体以平等的公民权。

新生代农民工中，男性占 46.8%，女性占 53.2%。男女比例基本持平，女性比例略高于男性。在男女比例上，新生代与老一代不同，老一代农民工中男性员工占 62.1%，女性员工占 37.9%，男性比例明显较高。在深圳，农民工平均年龄为 27.6 岁，新生代农民工平均年龄为 23.7 岁，其中，年龄

---

① 深圳政府官方文件：将外来务工人员成为"劳务工"，其中包括农民工。
② 于松柏：《完善对农民工的支付服务》，《金融时报》2012 年 12 月 24 日。
③ 徐恬：《深圳参保劳务工全国最多》，《深圳商报》2006 年 10 月 20 日。
④ 《农民工概念将消失》，《南方农村》2009 年第 5 期。

在 20 岁以下的有 680 人，占 21.7%；年龄在 20～25 岁的有 1452 人，占 46.2%；年龄在 25～30 岁的有 1004 人，占 32%①。

新生代农民工受教育程度明显高于老一代，他们大部分接受过九年义务教育，受过高中教育的要多于受过初中教育的，小学文化和文盲比例低，受过初中教育的占 33.7%，受过高中教育（中专/中技）的占 44.9%；在老一代中，受过初中教育的有 40.4%，其次是受过高中教育的，占 38.2%，小学文化程度、文盲的比例要多于新生代农民工②。

新生代与老一代最大的不同就是他们愿意在城市中生活和工作，一旦失业就意味着失去基本的生存保障，不愿回农村就会继续留在城市过着流动的生活，所以更需要失业保险保障。建立安全社会保障体系可以避免他们沦落为游民或所谓的问题农民工。

第一，城市新移民基本养老保险制度的确立。深圳市于 1992 年在全国率先推行了社会统筹与个人账户相结合的新型企业社会养老保险制度。规定缴费基础为：以本人的月工资总额为缴费基数，设有上下限，幅度为本市上年度城镇职工月社会平均工资的 60%～300%；缴费比例为月工资总额的 13%，其中用人单位缴纳 8%，个人缴纳 5%，缴费的 2% 计入统筹基金，11% 计入个人账户。2006 年 5 月 18 日，深圳出台了《深圳经济特区企业员工社会养老保险条例》（修正案），对原条例做出了修改。

首先，有关缴费与待遇发放标准。根据 1992 年条例的规定，农民工参保在累计缴费满 15 年，或非深圳户籍员工在退休前的 5 年连续缴纳养老保险费，在男满 60 岁、女满 50 岁时，可以享受按月领取养老金的待遇，享受的标准是上年城镇职工月平均工资的 20% 加个人账户的 1/120，同时退休后可享受医疗保险待遇。修改后的条例则取消非深圳户籍员工在退休前的 5 年连续缴纳养老保险费的限制条款。条例修正案规定了有关养老保险关系转移与续接问题：可以转移的养老保险关系，按照规定转移并终结在本市的现有养老保险关系；无法实现转移的，经本人申请，可以一次性领取个人账户累计额，并终结本市的养老保险关系；愿意继续保留在本市的，本人重新返回

---

① 深圳发布《新生代农民工生存状况调查报告》，http://www.sznews.com，2010 年 7 月 15 日。

② 深圳市总工会：《深圳新生代农民工生存状况调查报告》。

本市就业并按规定继续缴纳养老保险费的，实际缴费年限可以和个人账户积累额累积计算；达到国家规定退休年龄但不满缴费年限时，一次性领取个人账户累积额，并按本条例相关规定领取一次性生活费，终结在本市的养老保险关系。这样的规定，一方面确定了以养老保险关系转移为优先的原则，另一方面又解决了农民工参保退保的现实问题①。

其次，有关最低缴费基数。根据 1992 年条例的规定，最低缴费基数为本市上年度城镇职工月平均工资的 60%。但是大部分城市新移民从事劳动密集型工作，工资水平较当地水平而言相对较低，实际工资低于最低缴费基数，这样一来其直接后果是加重了企业和城市新移民的负担，进而会导致退保的问题。新条例根据深圳城市新移民的实际情况，从提高覆盖面的角度出发，把相应的缴费基数调整为不得低于当年度最低月工资标准，使新移民的缴费基数与实际工资挂钩，减轻了企业和员工的缴费负担，有效提高了企业与城市新移民参保的积极性。

据相关资料显示，截至 2006 年 9 月，深圳基本养老保险参保人数已达416 万人，其中劳务工参保约 300 万人，覆盖了全市所有企业、企业化管理的事业单位、城镇个体经济组织及其人员、农村城市化人员②。截至 2012年 3 月，深圳基本养老保险参保人数达到 760.64 万人。

总之，新修改的条例草案，使深圳建立起适合深圳劳务工实际情况的养老保障制度。无论在劳务工的覆盖面而言，还是与城镇职工待遇平等对待方面，都建立了相对合理公平的全面覆盖养老保障体系。

第二，城市新移民专门医疗保险制度的建立。1996 年 5 月，深圳市政府颁布了《深圳市基本医疗保险暂行规定》，对本市户籍员工参加综合医疗保险和农民工参加住院医疗保险做出了相应规定；到 2003 年 5 月，深圳市又颁布了《深圳市城镇职工社会医疗保险办法》，明确规定农民工也可以参加综合医疗保险，且不分本市户籍员工还是农民工，前提是要经过单位申请；2005 年 3 月，深圳市政府又出台了《深圳市劳务合作医疗试点办法》，这一系列有利政策的出台，使得深圳在不足一年的时间里，参加合作医疗的劳务工就达到 124 万人，劳务工合作医疗保险参保人数加上参加住院医疗保

---

① 方兴业：《劳务工社保最低缴费基数降低》，《深圳特区报》2006 年 5 月 19 日。
② 徐恬：《深圳参保劳务工全国最多》，《深圳商报》2006 年 10 月 20 日。

险的劳务工人数达到 293.95 万，占全国参加医疗保险劳务工人数的
43.1%，在全国大中城市中排首位①。为进一步完善劳务工医疗保险制度问
题，2006 年 5 月 17 日，深圳市政府又正式颁布了《深圳市劳务工医疗保险
暂行办法》，准备建立劳务工医疗保险制度，面向所有的非深圳户籍员工，
继续降低缴费标准：每人每月缴 12 元，单位缴 8 元，个人只缴 4 元即可；
保障水平不断提升，既保住院又保门诊；就医网点分布合理。深圳市劳动保
障局的统计数据显示，2005 年 3 月到 2006 年 9 月，深圳劳务工医疗保险门
诊就医 168.89 万人次，住院诊治 5231 人次。门诊报销比例为 77% 左右，比
原来的 75% 提高了 1.82 个百分点；住院报销比例为 58.18%，比原来的
35.08% 提高了 23.1 个百分点。仅仅 4 个月的时间，深圳劳务工医疗保险参
保人数，就从 2012 年 5 月劳务工合作医疗试点结束时的 137.3 万人，增加
到 9 月底的 306.73 万人②。截至 2012 年 7 月，深圳市异地劳务工医疗保险
参保人数达到 503.85 万人。

　　第三，城市新移民工伤保险全面覆盖。对于城市新移民而言，工伤保险
的作用显得尤为重大，直接关系到自身以及家庭的存续。早在 1993 年 12
月，深圳市人大常委会已经通过并颁布了《深圳经济特区工伤医疗条例》，
这是全国第一部有关工伤保险的法规，无论是深圳居民或非深圳居民，都实
行相同的工伤保险办法，这解决了对于城市新移民而言最急迫的人身安全保
障问题。具体措施包括：实行目标责任制，建立起完善的责任追究制度；改
变社会保险捆绑式缴费的办法，允许企业优先参加工伤保险，扩大了覆盖
面；灵活的缴费办法，规定在同一月内企业参保人员流动后，允许互相代
替；加强检查，建立奖惩机制，对于少数违规企业严厉处罚，并予以媒体曝
光，对于重工伤保险的参保企业予以奖励。

　　深圳市形成的一整套较完备的工作机制，使得企业与劳务工参保热情高
涨。据相关资料显示，截至 2006 年 9 月深圳市工伤保险参保人数已达 717
万人。其中，劳务工参保 617 万人，占总参保人数的 87%，基本实现了工

---

① 《深圳劳务工老有所养病有所医》，http：//www.gzgh.org.cn/_ layouts/ghpub09/Lists/
　　Open.aspx？NavId = 8&ID = 2354，2006 年 11 月 27 日。
② 《深圳劳务工老有所养病有所医》，http：//www.gzgh.org.cn/_ layouts/ghpub09/Lists/
　　Open.aspx？NavId = 8&ID = 2354，2006 年 11 月 27 日。

伤保险全覆盖①。深圳市的社会保险制度取得的成效，对保障在当地就业的城市新移民的社会权利以及维护社会稳定发挥了重要作用。

6.1.2　昆山模式：实现对城市新移民的全面接纳

20 世纪 70～80 年代，苏南人突破计划经济体制束缚，开中国农村工业化先河，推动经济实现由农向工的转变，形成举世瞩目的苏南模式，被邓小平同志称为"中国农民的伟大创造"②。目前，苏南地区广大干部群众在科学发展观指引下，对苏南模式的创新和提升，经过连续几年的企业产权改革转制和探索适合自身特点的发展道路，形成了"新苏南模式"。正以农民工市民化为切入点，破解城乡二元难题。伴随着城市化、工业化进程的加快，苏南地区以其特有的活力，在积累财富的同时，吸纳了大量的农村剩余劳动力，遍布在国有企业、民营企业、中外合资企业、乡镇企业，在区内 17651 平方公里的土地上，共有户籍人口 1400 万，而外来农民工达700 多万③。

江苏昆山作为"新苏南模式"的典型，在经济快速发展的同时也很好地容纳了人数超过本地人口的农民工，成为名副其实的"移民城市"。大量涌入的农民工不仅缺乏高效的制度保证，更是加重了城市负担，给城市的基础设施带来巨大的压力，形成典型化的农民工问题。对此，昆山市进行了大量有益的探索，对于实现新移民公民权问题有重要借鉴意义。

昆山市位于长江三角洲东部地区，东临上海，西靠苏州，市域面积 921平方公里，是一个新兴的以外向型经济为主的工商城市。2011 年，全市户籍人口 72.36 万，登记在册的外来暂住人口就达 128.37 万④。

作为一个传统的农业县，可以说今天昆山市所取得的成绩是本地人与外地人共同努力的结果。随着当地经济的发展、社会的进步，越来越多的外来人口来到这里，成为城市新移民。昆山市统计局数据资料显示，昆山市1995 年登记外来人口总数为 50906 人，1997 年登记 63672 人，1999 年登记 95000 人，2000 年登记 131326 人；而 2000 年以来增长速度更快，2000 年登

---

① 深圳市社会保险基金管理局网站，http://www.sz.gov.cn/cn/xxgk/xwfyr/wqhg/hxsh/。
② 《新苏南模式的内涵与特征》，《扬子晚报》2007 年 2 月 14 日。
③ 高峰：《苏南地区外来农民工市民化长效机制的构建》，《城市发展研究》2006 年第4 期。
④ 《2011 年苏州市、昆山市国民经济和社会发展统计公报》。

记的外来人口总数为 13.5 万人，2001 年登记 20.5 万人，2002 年登记 37.7 万人，2003 年登记 47.7 万人，2004 年登记 62.5 万人，年均增速为 48%。截至 2004 年底，昆山市登记外来人口与本地人口比例已基本达到 1∶1，目前外来人口已经超过本地常住人口，需要强调的一点是，昆山外来人口定居趋势上升，相当一部分外来人口已经在昆山购房，且人数在不断增加①。其中城市新移民主要包括两种：一种以打工为主，占到外来人口总数的 85%，主要从事体力劳动，分布在工厂企业，文化程度一般不高，多来自贫困地区，这类人员安于现状，数量较多，居住相对集中；另一种即自由职业者，占到外来人口总数的 4.5%，主要从事建筑业、服务业、小商业等。总的来说，符合城市新移民特征的外来人口，占到约 89.5%。

作为一个不折不扣的移民城市，昆山市政府针对移民所带来的一系列问题，以科学发展观为指导，从建设和谐社会的高度出发，开展了涵盖组织建设、制度建设等内容的"新昆山人"建设工作，善待城市新移民，营造和谐的制度环境及人文环境，较为成功地解决了当地城市新移民权益保障问题，形成一套被外界称为"昆山经验"的解决移民问题的办法。

昆山市在实施"新昆山人"的计划中，非常注重对外来人口的权益保护，在接纳和管理外来农民工方面做得相当好，通过一系列理念创新、组织设置、制度安排，形成一整套有益经验。

第一，转变观念，消除歧视，接纳城市新移民。昆山市的经济发展最早是依赖招商引资，因此，追求单纯的经济指标，在使用城市新移民劳动力的同时也对其进行了诸多限制。随着外来人口的不断增多以及对经济社会发展作用的日益明显，昆山政府逐渐认识到外来人口的积极作用，开始逐步转变观念。从过去过分关注新移民的不足，转变为强化服务职能，做好社会管理工作。对城市新移民逐渐消除歧视，一视同仁，将其视为社会发展的动力，提出"新昆山人"的概念，这一概念的提出不仅意味着新移民拥有了与原居民平等的待遇，同时意味着城市新移民与本地人口在文化和心理上的融合。江苏社会科学院研究员徐琴在接受《中国经济时报》记者采访时说：

---

① 董李峰：《农民工社会接纳的个案研究——基于昆山市的调查》，载邹农俭等著《江苏农民工调查报告》，社会科学文献出版社，2009，第 91 页。

"'新昆山人'这个名称的诞生，折射了一座移民城市对待移民心态的转变。"①

第二，维护新移民权益，建构全面社会政策体系。2004 年，昆山市政府专门成立了"新昆山人工作委员会"，使其与 19 个政府部门形成联动机制，努力解决外来人口所面临的就业、劳动、住房与社会保障等各方面权利的缺失问题，使"新昆山人"的合法公民权得以实现。

首先，加强就业管理与服务，构建开放的劳动力市场，维护新移民平等就业劳动权。（1）开放劳动力市场，建立平等竞争机制。自 2000 年起，昆山市将新移民与本地劳动力统一纳入就业管理与服务范围，取消一切就业服务收费，实现无门槛就业；城乡统一的劳动力市场，平等竞争择业，以市场为基础，实行双向选择。江苏省于 2003 年率先推出政策，打破城乡壁垒的户籍制度，取消了农业户口与非农业户口的性质区别，使户籍问题不再成为农民在城市定居、工作的障碍。（2）落实完善同工同酬。在统一的劳动力市场上，实现新移民与本地劳动力一样同工同酬、同等享受工资待遇，并建立了一整套行之有效的工资保障制度，避免拖欠工资行为。昆山 60 多万外来人员中，建筑工人超过 15 万，对此，昆山专门成立了首家行业工会，即昆山市建筑企业工会联合会，并出台了一系列维护建筑工人就业权益的规范性文件。其中，2003 年由昆山市劳动局、建设局和总工会联合出台了《昆山市建筑工人工资支付担保办法》，制定了工资担保制度，使由事先担保取代事后追讨的这一举措有效地预防和遏制了一些企业拖欠工资的现象。2004 年，由昆山市总工会和建设局、劳动和社会保障局发出联合通知，要求职工持有的工资卡记录必须与企业的工资档案数据一致，是否领到工资要以职工亲笔签字为证。（3）加强就业指导，创造良好就业环境。昆山成立了外来劳动力就业指导中心，市法律援助中心专门成立外来人员法律援助站，市区和各镇区建立社区服务站。从 2000 年起，城市新移民被纳入统一的就业管理与服务范围，取消所有的就业服务收费，实现无门槛就业。（4）加强劳动安全和职业病防治工作。为了最大限度地减少安全事故发生和职业病危害，一方面，主动开展职业危害项目申报告知、企业职业病危害专项检查和

---

① 章剑锋：《一个"新昆山人"经历的城市化》，《中国经济时报》2005 年 12 月 28 日，http：//finance. sina. com. cn/roll/20051228/1018469629. shtml。

宣传《职业病防治法》等工作；另一方面健全工作网络，建立安全生产责任追究制，真正做到工作前移、重心下移。（5）发展职业中介，为新移民搭建良好就业平台。政府加强对中介市场的监督管理和业务指导，建立劳动保障、公安、工商部门和妇联等配合协调的工作机制。规范劳务中介行为和收费，目前全市已有各类职业中介机构175家，并成立职业中介行业协会。

其次，实施集居工程建设，保障新移民的居住权。2004年4月，昆山率先取消了住房公积金贷款的户籍门槛，非昆山户籍的企业职工购置住房可与当地职工一样享受公积金贷款。昆山在对待新移民居住问题上，摒弃了传统的劳动力管理模式，而逐渐向居民管理模式转换。昆山政府制定了《昆山市外来人员"集居工程"实施意见》，各级政府、部门和社会累计投入资金3亿元建设供新昆山人居住的打工楼或其他集中居住区。集居住宿融管理与服务于一体，主要包括三种管理形式：企业内部的校园管理式、社会面上的旅馆管理式、建筑工地的营房管理式。目前昆山市已建成的集居点达65处，建筑面积近百万平方米，正在建设的建筑面积达14万平方米。除此之外，对社会面上的出租房和"三无人员"分别实行的是房屋出租的卡片式管理和救助式管理。一系列的措施很好地保障了新移民的居住权利，改善了居住条件，为新移民公民权的实现创造了良好的基础条件。

再次，完善社会保障体系建设，切实维护新移民利益。社会保障制度被称为社会稳定器和"安全阀"。昆山市在接纳城市新移民的过程中，充分认识到社会保障对于新移民发展以及对社会稳定、经济发展的重要作用，积极探索，切实把他们纳入社会保障这张安全网中。

昆山按照"谁用工、谁负责，谁主管、谁负责"的原则，凡签订劳动合同的，企业必须按照正常规定为员工缴纳"五险一金"，即养老、医疗、失业、工伤、生育保险和住房公积金。在按规定缴纳各项保险金后，新移民可以享受保险的各项待遇。养老保险方面，单位与个人每月缴纳养老金，按一定比例计入个人账户，在到达法定退休年龄时，可以享受到按月领取的养老金，如不满足180个月的缴费月数，也可以办理一次性支付手续，享受一次性养老金领取；医疗保险方面，将单位和个人缴纳的医疗保险费按年龄段划出一定比例计入个人医疗保险账户，并发放医疗保险卡；工伤保险方面，遭遇事故受伤或致残后，可要求单位或个人直接向劳动保障行政部门提出工伤认定申请；失业保险方面，当职工非因本人意愿中断结业时，可凭有关材料到失业保险经办机构办理申领失业保险金手续，按照相关规定领取失业保险金。

完善的社会保障体系，使得新移民纷纷愿意参保，据资料显示，2003年，昆山新增养老保险 6 万多人，其中外来工人口 4.5 万人，占参保人数的 73%。历年累计外来工参保总数达到 10 万多人[①]。

第三，构建全方位服务体系，全面接纳城市新移民。首先，昆山通过新的组织设置对农民工工作进行统筹管理。2004 年 4 月，市委成立了以市委书记挂帅的新昆山人工作委员会，办公室设在市总工会，劳动、卫生、建设、法院等 22 个部门为成员单位。开发区、各镇也按要求相应成立新昆山人工作领导小组。市总工会作为新昆山人工作委员会办公室，切实履行职责，加强协调，抓好各个层面、各个环节措施的落实。为了强化服务，市总工会专门成立了新昆山人服务中心，作为专门为参与昆山建设的新昆山人及其子女提供服务的一个窗口，服务中心以法律援助、权益维护、就业指导、医疗帮助、就学咨询、来访接待为主要职责。其次，市卫生系统制定了《昆山市关爱新昆山人子女健康活动档案》，为 14 岁以下的新移民子女免费体检。再次，积极发掘街道、社区为新移民服务的功能，有效衔接社会管理与企业管理，填补对于新移民服务管理的真空。街道、社区想方设法为新移民排忧解难，为新移民提供一站式免费服务。这维护了良好的社会治安环境，消除了生活中的许多矛盾和问题，减少了社会压力，同时也为新移民更好地投入城市建设提供了保障。

第四，加强新昆山与老昆山人之间的互动，提高新移民文化心理认同。新移民进入城市所面临的一个最大问题便是受到城里人的排斥，与市民的联系很少，很难向城市主流社会认可的方向靠拢，分享城市文明成果。对于这种新老昆山人在文化和心理上的隔阂，昆山市政府有着理性的判断和认识，采取了一系列措施促进昆山居民与新移民的沟通和交流，努力使新老昆山人和谐相处、相互促进。例如，昆山市通过建设各类公共文化活动场所，开展多样的文化娱乐活动，以此丰富新移民的业余生活。新闻媒体定期开设专栏，为新老昆山人之间的交流搭建平台，使越来越多的新移民感受到尊严，享受到权利，进一步激发热爱昆山、建设昆山的热情与责任，更好地建设美

---

① 李浩昇：《善待与接纳：对昆山市农民工市民化经验的解读》，《人口研究》2008 年第 6 期。

化这座城市。此外，为了让新移民更好地了解昆山、认同昆山，2004 年 4 月，昆山市发行了国内第一本专门服务于城市新移民的书——《昆山新市民幸福指南》，这本册子囊括了新移民生活工作中的各个方面，真正从新移民各项权利的实现出发，做到细致入微。

总之，昆山市正以一种包容融合的理念接纳城市新移民，当地政府采取了一系列切实可行的措施保障"新昆山人"的就业权、受教育权、政治参与权、经济利益权、生活居住权等公民权的实现，使新移民与原居民权力共享、和谐发展。

6.1.3　成都模式：实现城乡一体化

2009 年上半年《中国新闻周刊》发表了一篇题目为《试图改变中国农民命运的成都实验》的文章，不仅在全国两会上引发热议，也引起了学术界的注目。牛文元认为成都在破解城乡二元差距上开了个好头，具有全国性示范意义；王春光等人认为成都找到了破除城乡二元结构的方法；易中天则认为"成都方式"蕴含着普遍规律，这就是科学、民主与法治，分别体现在成都搞"城乡一体化""基层民主建设"和"规范化服务型政府"上[1]。笔者认为，成都推进城乡经济社会统筹的做法，无论被称为方式，还是模式或者范式，都是一种适应成都实际情况的行之有效的探索之路。

2007 年 4 月，国内最著名的调查机构零点集团公布《中国公众城市宜居指数 2006 年度报告》，在城市包容性排行榜中，三亚、成都和深圳居前三[2]。所谓包容性，是指外来人员在城市里不但可获得物质条件的满足感，而且还能迅速融入当地生活圈子，融入当地社会文化，安居立业，获得深层次满足感。此次有关包容性的调查内容，包括 7 个问题：就业、沟通、做邻居、就学、子女结婚等，结果表明，在我国的主要城市里，本地人对外地人的包容程度不如表面所见那么高，城市之间包容性表现得分差异较大[3]。

---

① 易中天：《成都方式——破解城乡改革难题的观察与思考》，广西师范大学出版社，2007，第 2 页。

② 《城市包容性成都全国第二》，《华西都市报》2007 年 4 月 24 日，http://www.infocom.cn/195009_ newstopic.htm。

③ 《城市包容性成都全国第二》，《华西都市报》2007 年 4 月 24 日，http://www.infocom.cn/195009_ newstopic.htm。

在统筹城乡、"四位一体"科学发展战略指导下，成都市高度重视新移民问题，努力改善人居环境，大力规范行业秩序，积极推进城乡一体化进程，制定实施了一系列涉及新移民权益保障的政策措施，多项改革走在全国前列，城乡建设保持了持续快速健康发展，城乡面貌发生显著变化，城市化水平进一步提高。

2007 年 7 月，成都市总工会与有关部门联合对成都市统筹城乡综合配套改革进程中的城市新移民问题进行了长达一个多月的调研。内容涉及采矿业、制造业、建筑业、服务业等 13 个行业门类、74 个行业大类、1115 家用人单位，覆盖全市 19 个区（市）县和高新区。成都市现有城市新移民总体规模为 195 万人左右，集中分布在第三产业和建筑业、制造业。

其主要特点包括：

首先，从来源、分布和受教育程度来看，具有集中性。成都市新移民在输出地来源上以本市和省内为主；在就业行业分布上以第三产业为主，达 52.2%；在占从业人员比例上以建筑业和第三产业为主，建筑业占 73%，交通运输业占 78.1%，住宿和餐饮业占 68.4%；城市新移民在技能素质方面总体水平较低，61.5% 为高中以下文化程度，49.6% 没有参加过劳动技能培训。

其次，总体上较为认同城市生活。在工作条件、生活质量、收入水平和社会地位四个方面，"城市新移民"的认同度都高于 65%。面对未来的打算，43.7% 的"新移民"明确表示想在城市安家。

再次，户籍制约不明显。调查显示，成都市 78.7% 的"新移民"基本没有遇到因户籍而出现的同工不同酬情况，只有 6.7% 的"新移民"认为户籍制度是造成城乡差别的主要原因。

最后，工资兑现情况较好。2007 年，全市仅有 3.5% 的"新移民"工资经常被克扣，5.1% 的"新移民"工资经常被拖欠，这说明全市劳资关系总体上较为和谐。

"城市化"正成为成都市政府城乡统筹改革的着力点。但是，城市新移民面临的社保衔接、入户城市以及如何充分就业等，一直是成都面临的重大棘手问题。

对此，成都市政府按照党的十六大有关城乡建设的指导思想："统筹城乡经济社会发展，建设现代化农业，发展农村经济，增加农民收入，是全面建设小康社会的重大任务",在充分调查研究和试点思考的基础上,于2003年开始在全市实施"统筹城乡经济社会发展,推进城乡一体化"的工作部署。到2004年,相继出台18个配套文件,形成致力于破解城乡二元结构难题的一系列规范制度。此外,还专门建立中国·成都—城乡一体化网站。形成独具特色的成都模式。

总的来讲,即确立"三个集中""三大重点工程"以及"六句话"的基本方法。"三个集中"具体指的是工业向园区集中、耕地向规模经营集中、农民向城镇集中。"三个集中"的核心和基础是以工业化为核心的产业发展。"三大重点工程"指的是在农村推行的农村发展环境建设工程、农业产业化工程和农村扶贫开发工程。所谓"六句话",包括:以中心城区、县城和有条件的区域中心镇为重点;以科学规划为龙头和基础;以产业发展为支撑;以建立市场配置资源的机制为关键;以制定和完善相关政策为保证;以农民生产、生活、居住方式的转变为着眼点和落脚点①。

此后,成都市政府相继推出了一系列政策措施统筹城乡发展,如2008年4月11日,成都市政府发布《促进进城务工农村劳动者向城镇居民转变的意见》,扫除了社保、户籍两大障碍。2010年11月,成都市委、市政府出台《关于全域成都城乡统一户籍实现居民自由迁徙的意见》,提出彻底破除城乡居民身份差异,推进户籍、居住一元化管理,充分保障城乡居民平等享受各项基本公共服务和参与社会管理的权利。

到2011年2月22日,成都市人力资源和社会保障局召开的新闻发布会宣布,自2011年4月1日起,成都市非城镇户籍从业人员综合社会保险与城镇职工社会保险并轨。农民工长期以来不能与城镇职工同等享受社会保险待遇的情况,在成都即将成为历史。

成都市人力资源和社会保障局副局长张小江表示:"由于户籍制度改革,成都不再区分农民和城镇居民,也不再有'农民工'这个称呼。全域成都城乡劳动者将同等享受社会保险待遇。"②

综观成都市政府在推进城乡一体化发展的进程中,其主要探索在于:

① 成都市发展与改革委员会:《成都推进城乡一体化的思路和实践》,《宏观经济研究》2005年第9期。
② 《成都取消农民工称呼,城乡劳动者享同等社保》,《华西都市报》2011年2月23日,http://cd.qq.com/a/20110223/000001.htm。

首先，科学规划，全面推进"三个集中"。发展规划作为未来经济社会走向的重要蓝图，对于能否实现各方面科学发展起着至关重要的作用。鉴于此，成都市在编制国民经济和社会发展"十一五"规划中，着眼于城乡经济、社会、自然和人的协调发展，突出重点环节，着重抓好县政府所在地和有条件的区域中心镇的市域城镇体系规划。在科学规划的基础上，全面推进"三个集中"，即通过对工业集中发展区投入资金加快基础设施建设，进而提高园区的承载能力，推进工业向园区集中；通过对条件具备的城区和农村地区实施面向农民的新居工程，集中开发，提升农民生活质量，推进农民向城镇集中；立足成都市人均耕地面积不足一亩的现状，加快土地利用从外延粗放型向内涵集约型转变。坚持合理、科学、高效利用土地的原则，在不改变土地所有制性质的前提下，采用竞标承包、集中承包、股份合作、土地租赁等多种方式，引导土地利用发展方向，促进土地向业主集中①。

其次，优化公共产品配置，统筹城乡发展。在市场经济中，政府所履行的职能主要是为全社会提供公共产品，监管经济秩序。成都市政府在推进城乡一体化的过程中，主要不是针对竞争性资源配置，而是对于市场失灵时以非竞争性、非排他性为特征的公共产品的供给。成都市委、市政府采取政策资源组合配套、系列推出的方式，在城乡一体化建设过程中，主要致力于加强农村的教育工作。加强帮困助学工程，强化教育强乡镇建设工程，保障进城务工农民子女接受义务教育，发展成人教育工作，统筹城乡教育改革和发展。展开农村医疗救助，加强农村药品监督供应网络的管理，建立新型农村合作医疗制度。强化农村村组管理体制改革、市县乡财政管理体制的改革，建立公共财政制度，实施中心城区农民新居工程等。

再次，统筹机制，全面推进城乡一体化。

（1）建立城乡统筹的社保制度。2003 年初，成都为农民工专门推出"农民工综合社会保险"，包括工伤、养老、医疗三大块，缴费比较低，但是享受与城镇职工一样的待遇。2004 年初，针对征地"农转非"劳动人口，成都推出"失地农民社会保险"，提供养老和医疗保险。2006 年，成都开始在金牛区、金堂、双流三地试点推出"城镇居民医疗保险"。该险种专门针

---

① 成都市发展和改革委员会：《成都推进城乡一体化的思路和实践》，《宏观经济研究》2005年第 9 期。

对城镇低收入人群。

成都先后建立实施了城乡居民一体化养老保险、城乡居民一体化医疗保险制度，实现了被征地农民社会保险与城镇职工社会保险并轨，农村居民与城镇居民养老、医疗保险并轨，但农民工综合社会保险还自成体系。"将农民工综合社会保险并入城镇职工社会保险制度后，就可全面消除城乡社会保险制度碎片，真正实现城乡社会保险制度城乡一体。"张小江说。成都的综合社会保险，是地方性社会保险制度，只有并入城镇职工社会保险，才能实现养老、医疗保险关系跨地区转移接续，从而促进人力资源按市场机制配置和合理有序流动。

截至 2010 年末，全市城镇职工基本养老保险参保 348.01 万人，城乡居民养老保险参保 168.5 万人；失业保险参保 186.67 万人，工伤保险参保 179.78 万人，生育保险参保 272.31 万人；失地农民社会保险参保 79.08 万人，城乡基本医疗保险参保人数达 1217.41 万人，农民工综合社会保险参保人数达 133.3 万人，基本实现应保尽保①。

（2）建立城乡统筹的医疗卫生制度。立足于农村医疗卫生水平较低的现状，成都市全面实施新型农村合作医疗体系，不断增加参合覆盖率，解决农村医疗无保障的问题。同时，对农村药品采用科学化管理，已经进入城乡集中配送网络，基本建立起城乡统筹的医疗卫生制度。成都 2011 年城镇职工基本养老保险、基本医疗保险、失业保险、工伤保险、生育保险参保人数分别达 442.47 万、476.94 万、249.94 万、257.01 万、361.04 万，城乡居民基本医疗保险参保率达 98.6%，成都社会保险保障水平正在不断地提高。成都人社局 2011 年率先实施农民工综合社会保险与城镇职工社会保险并轨接续，将 140 余万农民工全部纳入城镇职工社会保险体系，实现农民工与城镇职工平等享有社会保险待遇。成都还完善农村居民利用耕保基金参加养老保险机制，落实公共财政补贴城乡居民参加医疗保险责任，地方财政刚性预算安排耕保基金补助农民参保 28 亿元；投入城乡居民参加基本医疗保险补贴 15 亿元；妥善解决了未参保集体企业退休人员基本养老保险等历史遗留问题，"老工伤"纳入工伤保险统筹管理基本完成；稳步扩大城乡社会保险

---

① 《成都农民工与城镇职工享同等社保待遇》，《中国联合早报》2011 年 3 月 4 日，http://www.nbd.com.cn/newshtml/20110304/20110304193645717.html。

参保规模，城乡居民养老保险参保人数达 269.93 万。

此外，成都还在全国率先实施城乡居民基本医疗保险"可选择"门诊统筹制度，全市在 2011 年共有 13.47 万人次享受"可选择"门诊统筹报销，报销比例达 51.14%。2012 年成都市人社工作的计划是：将扩大城乡社会保险覆盖面，基本实现"应保尽保、人人享有"；完善城乡社会保障制度间的衔接转移办法，实现无障碍转移接续；完善企业年金制度，推动实施职业年金制度；进一步推进医疗保险付费方式改革，深化按病种付费、按人头付费改革，推行总额预付；通过多种举措，确保完成城镇职工基本养老保险、基本医疗保险、失业保险、工伤保险、生育保险参保人数分别达到 450 万、487 万、255 万、262 万、366 万，以及城乡居民养老保险参保覆盖率达到 90% 的目标任务。

（3）建立社会管理的城乡一体化机制，推进城乡基本公共服务均等化。成都对 223 个乡镇公立医院、2396 个村卫生站实施了标准化建设。由市县两级财政投资近 20 亿元实施了农村 410 所中小学标准化建设和区（市）县职业学校建设……2008 年 11 月，成都推出村级公共服务和社会管理改革，由财政每年对全市 2396 个村按每村年均不少于 20 万元拨付公共服务配套资金，促进城乡公共资源均衡配置，并提出到 2020 年，基本实现城乡基本公共服务均等化。这项改革在全国第一次对村级公共事务进行了详细分类，第一次将农村公共服务和社会管理支出纳入公共财政预算。成都实施了城乡贯通的"大部制"改革，对规划、农业、交通、财政、教育、卫生、社保、民政等 30 多个部门实施撤并和职能调整，推动政府管理和服务向农村覆盖和延伸。2008 年，成都实现全市城乡居民基本医疗保险政策统一、待遇一致；2010 年，成都建立城乡一体的居民养老保险制度，实现了城乡社会保障制度全面并轨；成都将农村劳动者按常住地纳入城乡一体的就业服务体系，并建立起覆盖城乡困难群体的就业援助体系……成都在全国率先建立起城乡一体的基本公共服务制度，让每位城乡居民都劳有其位、病有所医、老有所养、学有所教、住有所居。

具体内容如下：①建立城乡统筹的卫生制度。提高农村医疗卫生水平，全面实施新型农村合作医疗体系，参加合作医疗的人数已达到 265.6 万人，参加率达 70.8%，已有 310 个乡镇卫生院划归县级人民政府管理。农村药品采用科学化管理，已经进入城乡集中配送网络，成都市积极推进公立医院改革，成立医院管理局，初步形成监管部门、出资人代表、事业单位法人三者相互协调的体制格局，为提高公立医院运行效率、促进不同所有制医疗卫生机构有序竞争，营造了良好环境。②建立城乡统筹的教育制度。政府注重农村教育投资，先后投入10余万元改造农村中小学危房；安排1000万元用于乡村学校信息建设，科学调度教育资源，推动城市优质教育资源与农村教学对接，抽调了400名优秀教师到乡村学校支教；实施农民培训工程，引导农民学习各项技术，已经培训农民80.3万人次。③建立城乡统筹的就业制度。实行统一的劳动力市场，取消农民进城就业限制，建立425个充分就业社区和577个劳动保障工作站，2004年成都市城镇新增就业人数7.2万人，城镇登记失业率3.1%，低于全国平均水平1.2个百分点，被国务院评为全国再就业先进工作单位。④建立城乡统筹的管理体制。开展新一轮乡镇行政体制改革，推行高效管理，优化乡镇布局，调减乡镇办事机构400个，裁减乡镇干部8%；改革乡镇财政体制，探索预算县乡共编、资金集中收付、财务分级核算等管理方式，逐步把农民公益性事业负担转为财政负担。

城乡一体化，是一项重大而深刻的社会变革。这不仅是思想观念的更新，也是政策措施的变化；不仅是发展思路和增长方式的转变，也是产业布局和利益关系的调整；不仅是体制和机制的创新，也是领导方式和工作方法的改进。成都市政府审时度势，成为城乡一体化改革的先行者，也为成为国家级统筹城乡综合配套改革实验区奠定了良好基础。成都的经验是否能够在更广阔的范围内推广应用，取决于其能否有效地转化为相应的政策和制度。党的十七届五中全会《建议》和"十二五"规划纲要都明确提出，要认真总结统筹城乡综合配套改革试点经验，积极探索解决农业、农村、农民问题新途径，这是党中央、国务院对统筹城乡综合配套改革试点工作的高度肯定，也包含着对下一步深化改革的殷切期望。

6.1.4 珠海模式：新劳动者，社会创业样本

第一，"政府、企业、社会公益组织三方结合"运作模式反映了珠海市在城市新移民社会融合方面的努力。

珠海协作者是由北京市协作者文化传播中心与伟创力公司联合创办，同时珠海市民政局参与组建的非营利的服务组织。志愿者主要是外来务工人员，服务对象也主要以外来工与社区居民为主。这是不同于"上海模式"

"深圳模式""江西模式"的第四种模式或"珠海模式"，是政府、企业、公益组织三方共同推进的运作模式，作为全国社会工作的试点，"政府、企业、社会公益组织三方结合"的运作模式有待支持和推广。运作资金不足是目前珠海协作者面临的问题，因此，政府购买志愿服务项目，可以推进社会公益组织的健康持续发展。

作为中国第一个设立在工业园区的社会工作服务机构，珠海协作者从2009年成立至2012年，从开始只有2名工作人员和3名实习生的小规模，发展到现在，已经拥有200多名志愿者、开展活动超过1200次、服务农民工和流动儿童群体超过10万人次[①]。自创办以来，珠海协作者的价值观是"助人自助"，对服务对象充满责任感，立足园区，首创政、企、民"三方推进"的社会工作模式。

珠海协作者地处有着约11万名务工人员的新青科技工业园。开办以来，珠海协作者的服务对象已经超过10万人次。农民工因接受别人的帮助而被协作者感动，从而成为志愿者去帮助他人，这已经成为这里常见的良性循环。志愿者团队由200多名一线工人组成，开展的活动包括情感关怀、个案救助、文化学习、文娱活动、企业社工培训和日常性公益服务等在内的活动和服务。服务次数累计已经超过1200次，取得了良好的社会效益。每天下午的放学时间，珠海协作者的活动室就变成30多名社区小学生固定的写作业地点。每到节日，协作者会固定组织社区人员开展诸如"清明风筝寄哀思"的活动。通过"向日葵计划"，11名农民工接受了集中封闭式社工技能培训和服务实践，成为熟悉社工服务理念与方法的专业志愿者。珠海目前只有8家类似珠海协作者这样的民办社工机构。虽然全市通过国家社会工作者职业资格考试，最终成为社工师、助理社工师的有264人，但是这些人大多出自民政部门以及居委会，或者是高校教师，大部分没有直接从事专业社工工作。所以，专业社工还远远不能满足需求，能够进入工业园区和村镇服务的社工机构与专业社工更是少之又少。虽然农民工是弱势群体，但也可以通过学习掌握专业社会工作技能，根据社会工作的助人自助的

---

① 珠海特区报：《"珠海协作者"成立三年　服务农民工超10万人次　"三方推进"社工模式切实可行》，http://dmq.gd-info.gov.cn/shtml/dmq/jrdm/2012/05/18/61118.shtml，2013年5月5日。

专业理念去建设工业园的自我服务体系是可行的。

第二，珠海特殊的农保模式为解决农村大范围养老保险提供经验。

伴随中国经济增长的城市化过程非常迅速，但是城市进程中的失地农户，低廉的补偿金在很多地方不足以维持家庭温饱，更不用说作为一种保险去保障自己的老年生活。珠海农保模式虽然有缺陷，但仍可以为如何在大范围内解决农村养老保险提供经验借鉴。作为全国新农保工作先行先试地区，珠海市在 2006 年就率先建立的新农保制度是个人缴费、集体补助和政府补贴相结合的模式。据《南方农村报》2012 年 12 月 29 日报道，截至 2012 年 11 月底，珠海市农民和被征地农民养老保险参保人数达 21.2 万人，参保覆盖率达 100%。珠海的新农保制度，是一个值得借鉴的样板。

农村的养老保险模式套用城市养老保险的风险就在于其不可持续性。在老龄化形势严峻的情况下，当期参保人的钱实际上被用于支付给领保人，随着领保人数增加，在参保人数没有增加或减少的情况下，资金将难以为继。研究表明，只有在参保人和领保人的比例在 4∶1 的时候，模式才能基本保持平衡。经济学家曾毅的研究发现，中国的人口老龄化速度快速发展会打破 4∶1 的平衡，在城市，2005 年，3 个在职人员供养 1 个退休人员；到 2030 年，2 个人供养 1 个退休人员，到世纪中叶则基本上是 1.5 个在职人员就需要供养 1 个退休人员。总之，在城市养老保险模式捉襟见肘的情况下，养老保险必须寻找新的出路。

珠海的做法是：各个村统一在每月发放给农民的生活补助中扣除部分金额去缴农保。从形式来看，是强制农户缴钱，扣除金无法支配。尽管这也许是一笔很小的费用，但是对于急要用钱的农户而言，其依然丧失了一种用钱的权利。珠海在这种情形下提供了个人月缴 40 元、60 元、80 元、100 元四档供选择，农民选择的缴费额度越高，村股份合作公司和区镇政府的补贴也增加更多。缴费形式按照农民收入特点，可以按月、季、年缴纳，并且中断的也可以续上。避免了农户急需用钱时还要再缴纳养老保险的困境。另外，珠海市政府每年从土地转让费中提取一定比例的资金，作为长寿风险建立的风险储备金，因为每个农保个人账户中的钱只能发到 75 岁，以后的养老金支取就从风险基金中发放。珠海农保的另一个特点是，留下连通农保与城保的路径。经济条件较好的农民可以直接参加现在的城市社保，享有较高的保障水平。如果农民开始参加农保，有经济能力之后可以参加城保，参加农保的时间将会被计入城保中进行累计，农保的钱会被转到城保账户，反之也可以。农保与城保实现互转，这是珠海模式最重要的贡献。珠海新农保通过个人缴费、集体补助和政府补贴相结合的新农保制度实现了全覆盖，其较高的养老金水平值得借鉴。

2006 年，珠海新农保政府补贴标准为个人缴费额的 15%，2008 年、2009 年和 2011 年分别提高至个人缴费额的 20%、35% 和 50%。目前补贴每年最高可达 660 元，是国家新农保办法确定的每人每年 30 元最低补贴标准的 22 倍。基础养老金也由 2006 年每人每月 100 元提高至 165 元①。

广东省出台的农保政策也以珠海模式为借鉴。这对于广东的农户是一个利好消息。虽然珠海农民与被征地农民的养老保险是为珠海的农民量身打造的，能否完全展开推广仍存疑问。但在政府财力、农户条件等有近似条件的其他地方均可以借鉴。

6.2　国外城市新移民相关案例研究

"移民"是当代国际学术界研究的热点问题。从近 30 年西方学术界对移民问题的研究来看，多重学科都已经纷纷介入现代移民研究领域，并形成许多富有特色的理论。全球化进程加剧了全球范围内的人员流动。国际移民组织（IOM）发布的《2010 世界移民报告》称，近年来全球跨国移民数量增势明显，截至 2010 年已达 2.14 亿人②，这使传统的、相对于国家定位的公民与公民教育问题成为国际社会关注的领域。

从新中国成立初期的人均 GDP 不足 100 美元，到改革开放初期的 200 美元，再到 2003 年的 1000 美元，中国的经济也在这一次次的突破中实现着质的飞跃。2008 年中国人均 GDP 首次突破 3000 美元③。而到 2011 年，中国人均 GDP 则达到 5414 美元。从西方工业化国家的工业化进程来看，当一国农村人口开始大规模地流入城市时，该国也就正处在人均 GDP 超过 1000 美

---

① 《珠海率先建立新农保制度，覆盖率百分之百》，《南方农村报》2012 年 12 月 29 日，http：//www. nfncb. cn/article - 64149 - 1. html，2013 年 5 月 5 日。

② http：//news. cntv. cn/20110217/100382. shtml。

③ 《五年涨两倍，中国人均 GDP 破 3000 美元》，《环球时报》2009 年 3 月 9 日，http：//www. huanqiu. com。

元的发展阶段。

伴随着城市化的高速发展，由农村向城市迁移的人口持续增加，我国至少在今后若干年，这一群体都是一个规模巨大、本身经历着巨大转变，同时又影响着中国经济发展和社会转型的群体。这一被大多数学者称为农民工的特殊群体，就其本质而言就是一种"劳动力移民"（labor migrants），或者更准确地说，他们现在只是一群寻求定居的非组织化或非正式的农村劳动力移民（unofficial rural labor settlers），尤其是那些已经在城市居住多年的农民工，他们中相当一部分都有在城市定居的渴求，只是由于户籍制度等原因，他们这一简单渴求难以实现。但是，他们多数已经获得相当稳定的工作和固定住所，并且主观上具有长期定居于所在城市的愿望。虽然我国城市新移民问题与西方国家相比，有着自身的特殊性，但同时又有着相似性。

从西方国家劳动力的流动来看，基本上都是在市场力量的引导下完成的，政府在其中发挥了一定的作用。一些发达工业化国家，通过制定正确的人口流动策略并进行一定的制度变革，很快完成了农村人口向城市的转移，并带动国民经济的持续发展。而一些发展中国家则由于照抄照搬西方发达国家的人口流动模式，没有考虑本国的实际，最终导致其工业化和城市化的畸形发展，拖累了国民经济的发展。

因此，我们非常有必要借鉴和吸收西方工业化国家农村人口劳动力转移以及在转移过程中对劳动者权利保护的经验与教训，为实现我国农村剩余劳动力的顺利转移和对"城市新移民"公民权的保护提供理论支持。

6.2.1　发达国家模式

从世界范围来看，与发展中国家存在大量农村剩余劳动力的情况相反，个别国家甚至出现了劳动力短缺现象。从历史角度来看，发达国家的城市移民是伴随着工业化的推进过程而发展的，其非农化、城市化以及市民化基本是同步的。到 20 世纪 70 年代，一些发达国家农业就业人口在就业人口中的比重大多数下降到 10% 以下，其中英国为 2.6%，美国为 3.9%，加拿大为 6.7%，法国为 10%，日本为 13.8%[①]。但这些国家受本国经济、历史、文

---

① 杜志雄、张兴华：《世界农村发展情况及城乡关系演变趋势和政策分析》，《调研世界》2006 年第 7 期。

化、制度环境等因素的影响，其农村剩余劳动力转移的具体模式呈现出不同的特征。在发达国家中，英国、美国和日本分别代表了不同历史时期及不同发展背景下农村劳动力转移的三种典型历史模式。

1. 英国——强制性非农化移民模式

英国是世界上农村人口向城市流动最早、规模最大的国家，其城乡关系的转变速度明显超越了同时期的其他欧洲国家。

11～15 世纪是英国城乡关系演变的初期阶段，穷人是这一时期大迁徙过程的主角，迁移的主要目的是为了生存，距离也比较长。国家在这一时期演绎了城乡逐渐分离和近代城市开始逐渐形成的过程，但此时的国民经济仍然以农业为主。15～18 世纪，英国出现了第二次城乡人口流动浪潮，城乡之间的联系进一步加深。这一时期迁移的距离较短，且迁移的目的是为了更好的前途以及获取尽可能丰富的生活资料。到 18 世纪工业革命以后，英国迎来了农村劳动力转移最稳定同时规模也最大的时期，这一过程一直延续发展到 19 世纪 40 年代。最终使得英国的农业人口从 18 世纪 60 年代占总人口的 80% 以上，转变为工业革命后的 25%。英国的圈地运动在一定意义上促进了英国经济的迅速发展，并且引起了英国社会的全面变革，英国进入全面高度发展的工业化阶段。

从英国城乡关系演变过程来看，其主要呈现以下特点：

首先，从转移的模式来看，英国农村人口非农化过程主要选择了以暴力为核心内容的强制性迁移模式。其中，以圈地运动为典型代表。英国城镇非农产业所需要的劳动力主要也是通过暴力的方式从本国农村强制性转移出去的[1]。所谓英国的圈地运动，指的是在 14～15 世纪农奴制解体过程中，英国新兴的资产阶级和新贵族通过暴力把农民从土地上赶走，实现农民与土地相分离的过程。圈地运动一方面实现了农民与土地的分离，使农民越来越少，失去土地的农民部分成为农场的雇佣工人流入城市，为英国资本主义的发展准备了大量的自由劳动者。摧毁了封建的自给自足的小农经济，建立起资本主义的大农业，把封建的土地所有制转变成资本主义的土地所有制，并且改造得很彻底。到 18 世纪末 19 世纪初，自耕农大量减少，几近消失。另一方面这也使家庭手工业被破坏，为工业扩大了国内市场，从而大大促进了

---

[1]　谷延芳：《英国农村劳动力转移对我国城市化的启示》，《黑龙江社会科学》2003 年第 7 期。

英国的工业发展,有力地推动了英国资本主义的发展,使英国成为 17~18 世纪欧洲商业的领头羊。

其次,生产方式的变革与社会经济结构的变动。英国工业革命开始后,其生产力和生产组织形式均发生了重大变化,原本的手工作坊逐渐开始被集中生产所代替,蒸汽机成为万能的动力机。与此同时,棉纺织业得到迅速发展,制造业、建筑业使劳动生产率大大超过农业,由此而来的是大量农村劳动力开始流入以上非农行业。

再次,消除阻碍人口流动的政策。中世纪,英国为了确保封建领主的利益而制定了一系列制度把农民束缚在土地上,在农奴制、劳役制度崩溃后,特别是在工业革命以后,为了满足工业对劳动力的大量需求,政府颁布和修改了一系列的法律制度,以消除限制人口流动的制度障碍。如 1846 年在《贫民迁移法》(修正案)中规定,在一个教区居住 5 年以上而未领取地方救济金的人,不许再被遣返原籍。在 1865 年议会审议通过的《联盟负担法》中,又进一步扩大了救济贫民的区域范围和贫民居住地范围,使限制定居地不再可能。这些约束性制度因素消除之后,大大促进了劳动力的转移和英国的城市化进程。

正如马克思所说的那样,英国在处理各种传统的农业关系上是世界上最革命的国家。

2. 美国——自由迁移的非农化移民模式

美国农村人口的非农化过程是走了一条与英国截然不同的以自由迁移为主的道路。在 1870 年之前,美国还是一个以农业为主的国家,3/4 的人口生活在农村,乡村社会可以说是美国社会的典型特征。到 1870 年以后,工业化发展开始带动城市经济的发展,逐渐推动近代交通的迅速发展和农业机械化程度的迅速提高,最终导致 19 世纪末期在美国出现了大规模的移民浪潮。

与这股巨大浪潮相伴随的,不仅仅是大量的劳动力,而且包括英国第二次产业革命的成果,由此也就带动了美国整个国民经济的巨大腾飞。工业革命在推动国民经济发展的同时,也带来了基础设施建设的大发展。而美国交通的大发展又为移民提供了便利,客观上加速了移民浪潮的进程。不仅如此,工业化的发展浪潮迅速波及农业的发展,农业的机械化程度得以迅速提高。这样,工业化带动了农业机械化发展,而农业的发展一方面为城市化发展提供了足够的物质基础，另一方面又使大批农业劳动力从土地中解放出来，为工业化发展提供了大量廉价劳动力。实现了工业带动农业，农业反哺工业的良性运行。19 世纪末发生在美国的移民浪潮主要是指农村人口向城市的转移流动。1920 年，美国城市人口由 1870 年的 990 万人增加到 5430 万人，城镇化水平达到 51.2%，基本实现城镇化。美国用了短短的 50 年时间即实现了城市化。当然，这也带来了一系列的负面影响，比如交通拥挤和住房紧张、犯罪率上升等"城市病"，从而又推动了美国郊区化和小城镇化的过程①。

从美国城乡关系演变过程来看，其主要特点有：

首先，伴随着工业革命的深入影响，所带来的是大量劳动力需求。美国是一个劳动力短缺的国家，在工业化初期的 1840 年，其农业劳动力占社会总劳动力的比重为 63%。1870 年后，工业革命一方面带来第三产业的蓬勃发展，并逐步开始吸纳更多的农村劳动力进入；另一方面，工业化带动城市经济快速发展，在一定程度上造成城市劳动力资源的稀缺，进一步激发了企业对于大量劳动力的需求。

其次，现代化农业的大发展，带来大批农村剩余人口。随着传统农业向现代化大农业的转化，农业劳动生产率不断提高，出现了大批剩余农业人口。这具体体现在：由于农场兼并的结果，大批小农破产，无可避免地选择流入城市；1920 年前后，美国实行农业革命，现代化农业的发展释放出大批农村剩余人口，迫于生计，他们也只能选择流入城市。

再次，近代交通的迅速发展，为农业剩余劳动力转移提供了便利条件。交通运输业的繁荣降低了农村劳动力的迁移成本。美国的公路交通十分发达，早在 19 世纪末 20 世纪初，美国修成了一条直通往西部的昆布兰大道，对于早期的西部开发起到了重要作用。到 19 世纪 40 年代，美国又成为当时世界上运河最发达的国家。但铁路的建设对于农村劳动力转移的作用更加关键。到 1887 年，美国已将数以万计的大小城镇全部用铁路网连接起来。铁路运输具有极高的广泛性和经济型，极大地促进了人口向城市的迁徙②。

---

① 朱信凯：《农民市民化的国际经验及对我国农民工问题的启示》，《中国软科学》2005 年第 1 期。

② 李仙娥、王春艳：《国外农村剩余劳动力转移模式的比较》，《中国农村经济》2004 年第 5 期。

总之，美国农业人口的非农化移民主要是走了一条以自由迁移为主的道路。从城市化开始至基本完成大约用了150年的时间，即从19世纪20年代到20世纪60年代，这一历史过程与工业化、城市化以及农业现代化同步发展。

3. 日本——"跳跃式转移"和"农村非农化转移"相结合的非农化移民模式

日本是一个山地多、耕地少、土地贫瘠、资源缺乏，但劳动力资源十分丰富的国家，其农业剩余劳动力移民用了将近一个世纪的时间，但真正实现农业剩余劳动力大规模移民是在二战后。1947年，日本农村就业人口占总就业人口的比重为53.4%，属于典型的"传统型"产业结构国家。此后，随着日本经济的高速发展，日本农村人口占总人口的比重不断下降，到2003年仅占3%。日本农村人口非农化可以说是发达国家农民非农化移民成功模式的又一典范。日本政府针对本国人多地少、资源短缺的特点，对农村剩余劳动力转移进行了有效干预，走出来一条具有日本特色的非农化转移道路。

从日本城乡演变过程来看，其主要特点有：

首先，非农产业具有相当的规模，急需相应的劳动力。工业高速发展所带来的就业机会的扩大是其根本原因。1888～1930年，伴随着日本近代产业的迅速发展，对劳动力的需求也逐渐增加。与此同时，小工业和家庭工业的迅速发展同样产生了对劳动力的巨大需求。需要指出的是，在1945年以后的近10年间，日本异乎寻常地降低了人口出生率，这一举措使其有效避开了在实现现代化过程中难以避免的人口就业压力。

其次，迅速发展的工业大量吸收了从农业中分离出来的剩余劳动力。日本在二战前的早期发展中，十分重视节约资本，充分利用劳动力丰富的优势，发展劳动密集型工业。在日本工业吸收的劳动力的总数中，由劳动替代资本的创新吸收的劳动力所占比重为80%，而由资本积累吸收的劳动力所占的比重仅为20%。1960～1969年，日本的化学工业增长2.6倍，钢铁工业增长3.2倍，机械工业增长5倍。工业的飞速发展，为农业劳动力提供了充足的就业机会，甚至一段时间内出现了劳动力供给不足的现象。

再次，日本政府发挥了不可替代的重要作用。明治时期，日本是一个典型的农业国，因此，日本要顺利实现农村劳动力流动并不具备先天的土壤。但是，当时的日本政府通过引进欧美先进的政治经济制度，确立了"殖产兴业"的现代化大政方针，废除了限制人员流动和居住等自由的各项封建制度，使农村劳动力流动变为可能。在 1961 年，日本政府制定《农业基本法》和《农业现代化资金筹措法》。该法明确规定在 10 年内要将农村中农户总数的 60% 转移到非农领域，并采取国家贴息政策促进农业现代化发展。这一措施最终收到了明显的效果，使农业人口占全国总人口的比重，从 1960 年的 37.1% 降到 1970 年的 25.6%。此后，日本政府又利用"农协"组织，引导农业生产形式向"龙头企业 + 基地""农协（市场）+ 基地"转变，使农业逐步融入工业循环的大体系之中①。

虽然与英美国家相类似，日本农业人口转移方向是大城市，但是可以说日本仍然走出了一条具有自身特色的非农化移民道路，走出了其人多地少、资源短缺的瓶颈。

6.2.2　发展中国家模式

与发达国家非农化的历史进程不同，拉丁美洲以及东亚新兴工业国家作为发展中国家和地区中工业化程度最高的代表，在农村剩余劳动力转移的方式上或多或少存在着差异。同时，由于各国在人口、自然资源、文化传统、政治制度、社会结构、人均收入和经济政策上存在的差异，其在农业劳动力转移的道路过程中也走出了不同的发展模式。本书主要选取发展中国家中的印度、拉丁美洲国家中的巴西以及新兴工业国家韩国为例。

1. 印度——优先发展大城市和社会保障体系的完善

印度是农村劳动力转移速度最慢的发展中国家之一。目前农业劳动力的份额仍占 70% 左右，几十年来农村劳动力的转移几乎处于停滞状态。但印度近年来出现了较好的发展势头。印度是仅次于中国的人口大国和发展中国家，在人口、经济状态等方面都与我国有相似之处，因此，研究印度对于我国有着重要启示意义。

综观印度 20 世纪以来的发展史，可以发现这样一个特殊现象，其劳动力的就业结构表现出一种非常稳定的状态，尽管其工业化水平在不断提高，但农业劳动力所占比重一直在 70% 以上。就业结构的凝固化表明，在过去

---

① 张季风：《战后日本农村剩余劳动力转移及其特点》，《日本学刊》2003 年第 2 期。

几十年印度农业劳动力向非农业部门的转移进行得极为缓慢①。从中我们可以发现，印度较低的经济发展水平是难以对城市化水平的提高形成支撑的，根据推拉理论，其城市化的主要动力不是工业化和城市的拉力，而在于农村状况恶化形成的对乡村人口的推力。加上印度推行的大城市优先发展政策，使得城镇体系结构出现大城市与中小城市结构比例严重失调。由此带来的结果是大城市的无限膨胀，中小城市发展缓慢。现在印度有 1/3 的城市人口集中在全国 23 个百万人口的大城市里。因此，印度许多大城市包括孟买、加尔各答和马德拉斯都患上了严重的"城市病"——拥挤的人潮、堵塞的交通、短缺的水电供应以及成片的贫民窟②。2002 年印度政府公布其贫困人口为 2.6 亿人，如按国际贫困标准计算，印度贫困人口为 4.4 亿人。即使在城市，贫困问题仍然十分严重③。尽管如此，印度在农业剩余劳动力转移方面还是取得了不少成绩。

首先，建立和完善非正规部门的社会保障制度。印度贫困人口中的大部分就职于非正规组织部门。由于经济发展相对滞后，印度无法完全像发达国家及一些福利国家一样，对巨大的非正规组织部门的劳工给予像正规组织部门劳工一样的社会保障。但是，印度政府仍然从就业、教育、社会救助等多方面为非正规部门的贫困人口提供着全方位的社会保障。具体项目和措施主要有：无地农民集体保险项目，全国社会扶助项目，农村集体保险项目，食物支持教育项目，老年人扶助相聚，为受惠于农村综合发展项目的人同时提供人身保险。此外，非政府组织提供社会保障。在印度，活跃着众多如国家发展投资及咨询服务公司、印度自我就业妇女协会等非政府组织，都致力于向贫困人口提供社会保障。

其次，规范立法，保障城市"新移民"权益。为了规范农民工的就业和服务条件，保障其合法权益，印度政府于 1979 年制定了《邦之间流动农民工（就业规定和服务案件）法案》。该法案主要受益人是有组织行业中的农民工。根据该法案，农民工的权益主要包括：邦之间流动的农民工的工资不能低于 1948 年《最低工资法案》规定的标准；工资应该以现金的方式支

①　张兴华：《从国外经验看中国劳动力转移的战略选择》，《经济研究参考》2004 年第 81 期。

②　张蕴岭、孙士海：《亚太地区发展报告》，社会科学文献出版社，2002，第 35~40 页。

③　陈峰君：《东亚与印度》，经济科学出版社，2000，第 35 页。

付；在解聘或者找人替代邦之间农民工的情况下，雇主应付给他们月工资的50%，且不用农民工返还；雇主应该保证为农民工提供合适、足够的医疗条件；雇主应该采取保护性措施，确保农民工不受疫情影响或病毒感染；农民工享受的假期、工作时间和加班工资以及其他的服务条件，应与当地劳工水平相当①。同时，实施就业保证计划。类似于1972～1973 年度在马哈拉施特拉邦实施的"就业保证计划"，该法主要是通过政府批准农村基础设施建设项目来向农村劳动力提供有偿的生产性就业岗位。

再次，大力发展职业技术教育。20 世纪 80 年代后期，印度政府制定了教育职业化的五年计划，即 1985～1990 年。1992 年，又对《国家教育政策》进行了修改，把中等教育的职业化作为一个很重要的新战略，并制定了新的职业化目标。目前，印度专门从事中等程度职业教育的机构有很多，主要包括技术中学、工业培训学校、综合技术学校、中等医科学校等。据统计，工业培训学校有 70% 以上的受训者来自农村。与此同时，为了有效地实现农村劳动力转移，印度政府还有计划、有目的地将农业学校、林业学校、渔业学校等设在农村。1996～1997 年有 4620 所这样的学校，共注册了414104 名学生。除了普通教育的课程外，学校还要学习一种职业技能，如木工、铁匠、制造、焊接、建筑、农业科技等课程②。

最后，20 世纪 60 年代，印度政府为应对粮食短缺问题，在农村地区实行"绿色革命"，其效果已日益显现出来，使得部分优先发展的农村地区形成经济多元化发展局面，带来了农村各地区之间的劳动力转移，进而推动了落后地区传统依附式劳动关系的瓦解，为劳动力的流动扫清了障碍。从绿色革命前后的发展看，劳动力流出地的推动和释放，与流入地的吸收与接纳之间相互作用，这对于中国创新农村劳动力转移途径具有积极借鉴意义。

中国在现代化进程中遇到的农村劳动力转移问题与印度有相似之处。一方面，工业发展对就业增长的贡献较低，不仅没有将农村劳动力大批转向城市工业部门的可能，而且由于城乡人口同时增长过快，连城市自身的就业压力也难以缓解；另一方面，农村经济的缓慢发展还阻碍了劳动力的向外转

---

① T. 哈克：《印度农民工的权益保护》，《中国建设信息》2004 年第 6 期。

② Nishra, Arun K. "Technical locational education in India", In R. V. R. Chandrasekhara Rao, ed., *Technical and vocational proprames through distance education*, Hyderabad: Dr. B. R. Ambedkar open University, 1998, pp. 55 –56, 58 –63, 65 –72.

移。对此，印度政府制定了通过农村综合发展扩大农业内部就业以及在农村实行农业劳动力就地转移方针，具体做法是，发展农业集约经营和多种经营以及大力兴办农村基础设施和资源开发工程。这样既加强了农业和农村的基础设施建设，又增加了农村的就业机会，提高了农民的收入水平。印度的这一经验对我国当前农业剩余劳动力的转移具有重要借鉴意义。

2. 巴西——走出拉丁美洲陷阱

拉丁美洲殖民地国家独立较早，是全世界发展中国家城市化水平非常突出的地区。到 2005 年，拉丁美洲及加勒比海地区城市化水平平均为 77.6%。在迅速实现城市化的同时，拉丁美洲国家也出现了明显的二元经济社会结构。这样的二元结构也使得拉丁美洲国家在人口城市化过程中，收入差距非但没有缩小，反而有进一步扩大的趋势，不平等问题严重。

与此同时，当大量拉丁美洲无地农民成为新市民后，一系列新的问题很快凸显出来：政府的支付加大，尤其在医疗、卫生等方面；城市两极分化更为严重，收入差距较大；社会矛盾激化，治安混乱，犯罪频发，失业率居高不下，国家陷入动荡。拉丁美洲很多国家陷入了通常人们所说的"转型陷阱"。但是，近年来也有明显好转，尤其是在 20 世纪末期以后，巴西等国家都开始采取一系列措施努力走出"转型陷阱"，在一定程度上取得了明显成效。中国目前也正处于社会转型期，研究拉丁美洲国家劳动力转移经验教训，对于我国如何避免走入拉丁美洲陷阱有着重要意义。

以巴西为例，作为经济较为发达的发展中国家，巴西的城市化水平相对较高，可以说该国是城市化发展水平优于工业化发展，属于过渡城市化模式①。

首先，城乡人口流动规模大，城市化速度偏快。"二战"后，随着巴西国内工业品需求的持续加速，越来越多的移民开始向工业区集中。城市人口过度膨胀，1950～1970 年，城市人口以每年大约 5% 的速度增长，乡村人口增长还不到 2%，1970 年以后，城市人口增长有所下降，但仍然大于 2%，乡村人口则出现了负增长。现在全国 51% 的人口居住在 10 万人以上人口的

---

① 李瑞林、王春艳：《巴西城市化的问题及其对中国的启示——兼与中国城市化相比较》，《延边大学学报》2006 年第 2 期。

城市中，其中 9 个大都市占全国人口的 29%[①]。人口的大量迁移和流动，一方面推动了巴西社会结构的变动，在此过程中壮大的中产阶级成为社会的主流人群；另一方面，大量人口流入城市，尤其是人口和财富过度集中在大城市，由此呈现出城市发展不均衡的特点。

其次，土地高度集中，贫困等问题比较突出。土地高度集中是巴西土地管理的一大现状，也是一大弊端。2003 年，巴西 31.6% 的农户占有仅 1.8% 的土地，而 0.8% 的农户却占地达到 31.6%[②]。土地高度集中使得大量失地农民在就业教育及社会保障等方面的权利无法得到保障。伴随着大量农村人口涌入城市，又带来了贫困问题，近 20 年来，巴西城市人口增长 24%，贫民窟人口增长 118%，目前居住在城市贫民窟中的就有 3500 万人，占全国城市人口的 25.4%[③]。这些生活在城市贫民窟的"新移民"，既不能在城市获得建房用地和住房，又不能退回农村，成为巴西政府面临的一大难题。

再次，自 20 世纪 90 年代以来，巴西政府开始高度重视并下大力气解决劳动就业问题，在促进经济增长、调整就业结构、改善就业环境、扩大就业规模等方面采取了多项举措，取得明显效果。重视农民就业，促进农村劳动力有序转移。为消除农村劳动力涌入城市后的一系列社会问题，巴西政府采取了多种措施来缓解就业问题。巴西充分发挥农业合作社的作用，以促进就业，增加人员收入。巴西目前有 7549 个合作社，其中农业合作社 1624 个，涵盖了大约 500 万农民，实际间接人口可能达 1500 万，大约占巴西农村人口的一半。另外，巴西政府还加强与国际劳工组织的合作，国际劳工组织以资助等方式，向农业合作社提供支持，充分发挥合作社的中介作用，促进农民就业，增加农民收入。

总之，作为发展中国家，巴西城市化过程中的经验教训值得我们借鉴与吸取。

---

① 韩俊、崔传义：《巴西城市化过程中贫民窟问题对我国的启示》，《中国发展观察》2005 年第 6 期。

② 韩俊、崔传义：《巴西城市化过程中贫民窟问题对我国的启示》，《中国发展观察》2005 年第 6 期。

③ 李瑞林、王春艳：《巴西城市化的问题及其对中国的启示——兼与中国城市化相比较》，《延边大学学报》2006 年第 2 期。

3. 韩国——城市化发展与新村运动

韩国原来人多地少，农业资源匮乏，以小农业生产为主，是发展中国家或地区中农村剩余劳动力转移速度最快的国家。目前，它的农业劳动力份额已下降至 20% 以下，比"二战"初期下降了约 50%，基本完成农村剩余劳动力转移的任务。但是不合理的流动模式，导致城乡之间差距不断拉大，造成"大城市病"以及一系列的社会问题。为此，1970 年，在朴正熙总统亲自倡导下，韩国政府启动了一场"以工哺农，以工建农"模式的"新村运动"，开始对整个农村社会经济进行改革。

从促使农村剩余劳动力转移的具体发展战略和政策来看，其主要体现在：

首先，雄厚的资金为农村剩余劳动力转移提供了资金保证，也为经济腾飞奠定了基础。在资金来源上，主要靠资金输入。据相关统计，1962 年后的近 20 年间，韩国共吸收国外投资 486.5 亿美元，充分利用外资发展外向型经济，提供了大量的就业机会。1967～1982 年，韩国平均每年新增就业37.5 万人，其中，有 36% 的就业机会是由外资提供的[①]。

其次，在发展初期，实行重点发展劳动密集型工业的发展战略。长期以来，韩国一直实行只重视工业而忽视农业的发展战略，农业生产始终处于落后状态，不得不靠进口粮食来化解农业劳动力转移难题。据相关统计，"韩国在经济腾飞的 20 世纪 60～70 年代，每年进口的谷物都在 1000 万吨左右，占国内需求量的 50% 以上"[②]。这样一种集中型的转移方式，非但没有解决难题，反而带来了新问题，诸如交通拥挤、住房紧张、污染严重等"大城市病"。

解决了农村剩余劳动力转移问题，却带来了更大的城乡差距问题，对此，韩国政府采取的新村运动，其主要体现为：

首先，加强农村基础设施建设。这一方面主要体现在韩国政府所推行的"新村运动"改革上。政府通过一系列扶持措施，从生活环境、设施建设等方面改善农村面貌、农民生活。与此同时，政府将全国所有村庄划分为三个等级：自立、自助、基础。其中，将成绩最好的划为自立村，将成绩最差的划为基础村，依次来发放政府的援助物资。"新村运动"主要有三项任务：

① 赵立新：《城市农民工市民化问题研究》，《人口学刊》2006 年第 4 期。
② 赵立新：《城市农民工市民化问题研究》，《人口学刊》2006 年第 4 期。

一是通过"农村启蒙"，使农民的精神面貌发生变化；二是"社会发展"。社会发展的最终目标是改善农民的居住环境，缩小城乡差距，具体地讲包括改善生活环境，改善住房条件，增加公共建设投资。三是"经济发展"。其主要通过增加农业生产基础设施，增加农户收入，来实现农村经济发展[1]。

其次，加强农业扶持力度，发展特产农业。韩国政府始终将"实现粮食自给、增加农民收入"作为扶持农业发展的基本政策目标。这种扶持主要表现为：通过对粮食生产所实行的高额补贴，来保护国内农产品的价格，对进口农产品实行配额制度以及高额关税；开发和推广粮食丰产品种；号召国民消费本国农产品。同时，韩国政府重视改善农业生产条件，努力提高农产品国际竞争力；加强建设农产品市场营销体系，努力增加农民收入和提高农民生活质量[2]。

与此同时，大力开发特产农业，这一举措对于活跃经济发展有着显著作用。韩国农村振兴厅于 1990 年在全国 374 个地区推动农村区域特殊产品示范事业，并派遣指导人员驻示范区域进行技术指导。依据韩国传统特产品的优势，政府在全国范围内建立了 137 个特产品产地，重点发展园艺、蚕业、畜产业等项目。

再次，发展农村教育事业。韩国农村教育主要体现在基础教育与新村教育方面。20 世纪 70 年代，随着韩国经济的腾飞，国家开始重视农村教育的发展和普及，政府相应出台了一系列扶持农村教育的政策。一方面，降低教师的录用标准，提高教师待遇；另一方面，优先照顾农村的高中毕业生升学；新村教育作为新村运动的核心，政府主要是通过伦理道德方面的精神教育，来振奋国民的民族精神，统一思想意志。新村教育的最大特色在于，农民自己上台讲述农民成功事例和亲身感受、体会，并通过真挚、双向讨论共同取得进步[3]。

最后，发展农村福利事业。1970 年，韩国把村庄的发展方向制定为"基础村—自助村—自立村"，到 1980 年则改为"自营村—福利村"，即 20世纪 80 年代使所有村庄达到福利村的水平[4]。其具体措施包括：建设乐园

---

① 袁岳驷、朱文蔚、罗玉华：《韩国缩小城乡差距的经验》，《南方农村》2010 年第 1 期。
② 袁岳驷、朱文蔚、罗玉华：《韩国缩小城乡差距的经验》，《南方农村》2010 年第 1 期。
③ 袁岳驷、朱文蔚、罗玉华：《韩国缩小城乡差距的经验》，《南方农村》2010 年第 1 期。
④ 袁岳驷、朱文蔚、罗玉华：《韩国缩小城乡差距的经验》，《南方农村》2010 年第 1 期。

村，建立生活保障制度，保障农村保健卫生，建设供水卫生事业，建设福利农村典型。

尽管韩国的新村运动给农民生活质量带来了显著改善，使得城乡差距有所缩小，但是由于农村劳动力的大量流失，致使农村人口老龄化和妇女化，劳动力质量下降，韩国农业继续衰弱。近年来，农业生产率较低，农产品自给率下降，农产品价格不稳定，农民收入始终处于低增长状态，农业的可持续发展问题依然存在。

从以上国家农村剩余劳动力向城市转移的情况来看，虽然其特点及具体效果差别较大，但这些国家农民一旦转移到城市，就自动成为城市移民，重要的是，作为公民，同时也是城市市民的一分子，其公民权得到了维护。即使没有固定职业，住在城市棚户区中，他们也是城市的一分子，不存在类似我国的二元制度结构等原因所造成的同为公民，却有着"农民工"与"市民"的制度分别和差异问题。

6.3 国内外城市新移民的经验和启示

综合对国内外与城市新移民相关的案例分析，从中我们得到的既有经验，又有教训。在此我们重点看有哪些可供借鉴的经验以及启示。

6.3.1 国内城市新移民经验和启示

综合以上对于国内城市新移民公民权实现案例分析，可以得出具有全国推广意义的经验。

第一，转变城市本位观念，以贡献原则平等对待城市新移民。长期以来，我国各地政府存在一种错误观念倾向，认为大量农业人口进城将会阻碍城市秩序的健康发展，带来一系列社会问题。基于对城市以及原住居民负责的理念，政府对城市新移民主要采取的是管治、限制、防范政策。很少将他们看作与城市居民拥有平等权利的公民。直到 2003 年，随着《城市流浪乞讨人员收容遣送办法》的废止，各地政府才开始逐步清理针对城市新移民所制定的一些歧视性规定和限制举措。例如苏南地区，地方政府在平等对待新移民的施政观念的转变上先行一步，取得了较好的社会效应。在 1980 年就曾经主动提出过促进城乡协调发展的设想。近些年来，针对外地大量农村人口流入本地产生城市内"新二元结构"问题，从统一就业政策、开展"集宿化"运动、推动新移民社会保障制度建立及其子女教育的"新希望工程"等一系列举动，从政策和财政上给予大力扶持，这都是地方政府施政理念现代化的具体体现。这种做法也反映了观念的转变，即开始将城市新移民看作城市经济发展和建设产业大军的重要一员，是市民中平等的一员，认为当地的经济发展和城市繁荣及城市人民生活的提高都与城市新移民的辛勤劳动分不开。他们的人格尊严、劳动价值和享受劳动成果的权利理应得到尊重和保障。实践证明，很多地方的城市新移民权益保护问题主要原因并不完全在于地方财力问题，多在于政府的认识和责任问题。

第二，经济基础是解决新移民问题的根本。没有持续的发展，没有经济的长期繁荣，没有社会财富增长所形成的财力支持，解决城市新移民公民权实现问题就不可能有坚实的基础和现实的条件。从以上典型案例分析可以发现，城市新移民问题得到很好解决的前提都是在经济较发达地区。例如苏南地区经济发达，目前人均 GDP 已达 6000 美元，远远超过人均 GDP 已达 1000 美元的全国平均水平，特别是区域内强大的财力为城市新移民境遇的改善提供了坚实的基础。所谓"发展是硬道理"这一多年来被实践证明行之有效的基本经验同样也是解决城市新移民问题的前提和条件。因此，大力发展经济是推进城市新移民公民权实现的长久动力。

第三，城市新移民公民权的实现还有赖于社会心理和文化素质的持久努力。全社会要从根本上转变对新移民的歧视态度，切实保障充分实现他们的合法权益，以昆山为代表的苏南地区在这方面做得不错，但仅仅只是开始。新移民如何适应城市、融入城市，拥有与市民同等的权利，它不仅意味着新移民居住地域的转移与职业身份的变换，更意味着新移民生活方式、角色意识、思想观念以及行为模式的变迁，涉及经济、社会、文化乃至心理等多个层面，而城市新移民在文化与心理层面更需要一个持久的适应过程，除了要不断提升自身的文化与心理素质外，还需要在实践中不断锻炼，接受考验。

第四，以科学发展观为指导，切实维护城市新移民公民权益。

（1）要始终坚持以人为本，以人为本是抓发展的本质和核心。要实现推进城乡一体化的全部意义和最终目标，取决于是否始终坚持以维护和实现最广大人民群众的根本利益为宗旨的目的。成都能够成为城乡一体化建设的

"领头者"，原因就在于其在推进城乡一体化过程中，能够着眼城乡间的实际状况，立足基本现状，通过完善具体政策，改进惠民方式。把解决老百姓最关心、最实际、最紧迫的问题始终作为政策目的，并贯穿于城市一体化建设的各个方面，真正做到以人为本。

（2）要始终围绕统筹协调来推进。统筹城乡发展是科学发展观的基本方法之一，也是城乡经济社会健康发展的重要方法。十八大报告指出，"加快完善城乡发展一体化体制机制，着力在城乡规划、基础设施、公共服务等方面推进一体化，促进城乡要素平等交换和公共资源均衡配置，形成以工促农、以城带乡、工农互惠、城乡一体的新型工农、城乡关系"。在推进城乡一体化进程中，要把农村和城市看作一个有机的整体，从城乡融合的目的出发，制定规划体系，建设基础设施，整合产业布局，建立城乡一体化的制度体系。成都市正是从这点出发，以改变生产要素城乡流动不畅通、资源利用城乡配置不均衡、比较优势城乡互补不紧密的局面为目的，着力扩大城乡发展的内需和空间，强化互联互动，加大整体推动，统筹兼顾，妥善处理各方面的利益，促进城乡经济社会全面、协调、可持续发展①。

6.3.2　国外城市新移民经验和启示

他山之石，可以攻玉。通过总结上述发达国家与发展中国家的经验教训，可以发现，要实现我国城市新移民的公民权需要坚持以下基本原则：

首先，体现中国特色。中国城市新移民与国外的农村劳动力转移有明显的差别。在中国内地，这个历程将是农民——农民工——城市新移民的轨迹。作为中国特色的另一种表现是，中国是社会主义国家，在社会主义国家实现城市新移民的公民权，需要体现中国社会制度的优势。要真正以人为本，落实人民当家做主的权利。

其次，创造后发国家的优势。作为后进国家，应该借鉴发达国家及其他发展中国家的经验和教训。同时，较差的条件与较短的时间要求我们必须少走弯路，形成新的经验，加快速度，提升质量。从发达国家的经验来看，统筹城乡发展，兼顾劳资利益，形成一种城市新移民与城市和谐相处的状态。

---

① 成都市发展和改革委员会：《成都推进城乡一体化的思路和实践》，《宏观经济研究》2005年第9期。

就发展中国家的教训来说，要避免在拉丁美洲国家所出现的"城市贫民化陷阱"，在城市新移民融入城市过程中一定要坚持市场导向，一定要保证他们在城市的就业。同时，要借鉴韩国经验，统筹城乡发展，推进农村土地等制度改革。

再次，以人的现代化为导向。发达国家早期对于城市新移民无疑是不重视其应有的权利的，例如在英国，臭名昭著的圈地运动以直接强迫农民离开家园的方式来驱赶农民城市化，但后来，随着民主宪章运动的深入，随着工人阶级的觉醒与工会组织的建设，西方资本主义社会被迫让步，承认工人的权利，并最终形成进入劳资两利社会相对稳定的格局。所以，在中国内地倡导新型工业化与城市化，要坚决扭转早期所谓"物的现代化"（即将现代化仅仅理解为物质的发展与现代化，忽视"人"这一主体）的思路，将城市新移民的权利保护与自身的发展真正摆上各级政府、社区、用人单位的议事日程。

1. 完善相关政策体系

政策是国家或者政党为了实现一定历史时期的路线和任务而制定的国家机关或者政党组织的行动准则。对于城市新移民而言，国家所指定的相关政策有悖于公平原则，成为其公民权难以实现的首要障碍，因此，要切实维护城市新移民的公民权，首先需要完善相关政策体系。

第一，取消阻碍劳动力正常流动的相关政策，保护城市新移民的自由就业权利。不同国家在劳动力转移过程中都会存在很多的政策障碍。如果能够顺利及时消除这种障碍，劳动力的正常流动就能够顺利实现。从以上西方发达国家对待城市新移民所采取的一系列措施中，包括修改阻碍劳动力流动的法律、法规、规章和制度等。我们可以看出，通过完善相关的政策，西方发达国家实现了城市新移民的社会融合。例如最早进行工业革命的英国，在其工业革命之前存在着大量阻碍农村人口向城市迁移的法律、法规，包括 17 世纪初制定的《济贫法》以及 17 世纪中叶制定的《定居法》，这都是限制人口在不同地区流动的法律。后来，随着英国工业经济的发展，增加了对劳动力人口的需要，城市本地的劳动力已经不能满足工业发展的需要。面对旧的法律法规已不合时宜的局面，英国政府适时地制定和颁布了一系列旨在放松劳动力迁移限制的法律。

再比如美国，由于其特殊的国情，美国对人口迁移的制度障碍比较少。

作为一个典型的移民国家，加上本土地广人稀，所以美国自建国以来就没有在全国范围内制定阻碍劳动力流动的相关政策和法律。美国唯一曾对劳动力流动形成障碍的，就是在建国后，南方各省对黑人流动的限制。美国的其他地区则没有出现这种情况，其他州的宪法都规定人的自由居住权不受侵犯。美国为了推进西部开发，还制定了鼓励人口向西部流动的政策，这为美国在短时间内实现农村劳动力的转移和城市化发展提供了可能。

目前阻碍我国城市新移民权利实现的政策因素中，户籍制度可谓首当其冲，已经成为阻碍农村劳动力向城市转移的政策障碍。还应看到，户籍制度改革应通过配套改革来实现，剥离户口的福利含义，减弱户籍制度对社会资源的划分职能，从而减轻农村劳动力向城市转移的成本，促进城市新移民的城市融入。由此可见，相关劳动力流动政策起了屏障作用，因而，要实现城市新移民的公民权，就需要拆除不适宜的政策屏障，完善劳动力流动政策。

第二，完善劳动力市场建设的政策。在工业化发展早期阶段，西方发达国家的资本家往往通过压低工人的工资以获得高额利润，这在某种程度上导致工人与用人单位的对立，激化了社会矛盾。为了缓和社会矛盾，减少工人与资本家的冲突和对抗，西方国家纷纷采取各种措施缓解双方的矛盾。例如德国，"在处理劳资关系上，德国政府坚持两个原则：一是兼顾雇主与雇员双方的利益，二是严格按照法律程序办事。在法律制定前，政府事先征求劳资双方的意见。一旦法律制定之后，便按照法律条文严格执行。稳定和谐的劳资关系使德国工会无须将钱用于资助工人罢工，而是将其会费收入投资于工人培训，满足企业对各种技能工人的要求"[1]。就业是公民生存之根本，完善的劳动力市场可以为城市新移民搭建规范的就业平台。

要实现顺利就业，同样离不开一技之长。技能可以说是城市新移民谋生的手段，因而，对城市新移民的技术培训是提高其就业能力、实现其权益的重要措施。在这一方面，西方发达国家制定了许多针对农村劳动力群体的培训政策，为他们顺利向城市移民提供了很强的政策支持。例如日本，在经济高速发展时期，大力推广"工业高中"制度，培训社会需要的技术工人。

---

[1] 国务院研究室课题组：《中国农民工调研报告》，中国言实出版社，2006，第509页。

同时，还在农村推行了一套职业训练制度，加强职业介绍功能，并在各地建立职业训练机构，鼓励企业及社会团体对农业劳动力积极开展岗前培训①。现阶段，我国正处于经济发展的重要机遇期，我国产业结构升级加速，由此导致就业结构发生了重要变化。因此，我国应充分借鉴和吸收西方国家曾采取的政策与措施，完善并提高劳动者就业技能的培训政策，促进城市新移民的社会融入，实现公民权。

第三，建立覆盖社会全体公民的社会保障政策体系。从西方发达国家的工业化发展历程可以看出，社会保障体系的覆盖范围会随着经济发展水平的提高而逐渐扩大，在起步阶段一般只覆盖城市中的一部分人群，然而到了经济发达阶段，社会保障体系会覆盖所有的公民。可以看出，社会保障体系的覆盖面是随着经济的发展而逐步扩大的，与此同时，社会保障体系的迅速扩大时期往往与经济的快速发展时期出现交叉点，最终使得一方面经济的发展拉动农村劳动力向城市转移，另一方面带来了城市失业与贫困等问题，社会保障体系的完善恰恰能够有效地缓解这一系列社会问题。

例如德国在社会保障体系建立时，正处于经济快速发展时期。19 世纪下半叶，德国的工业发展迅速，而且工业产值超过了传统的工业化国家——法国和英国，成为仅次于美国的第二大经济强国，这时德国政府制定了很多措施健全和完善社会保障体系。"1881 年，德国政府提出工人因患病、事故、伤残和年老而出现经济困难时应得到保障和救济，工人保障应由工人自行管理。随后，又陆续制定了'健康保险计划'、'工伤事故保险计划'和'退休金计划'。1883 年的《疾病保险法》规定，疾病保险费用由雇主负担2/3、工人负担 1/3。1927 年颁布的《职业介绍法》和《失业保险法》，1938 年颁布的《手工艺者养老金法》，使得社会保障制度进一步完善。"②英国也制定了一些完善社会保障体系的措施。"英国于 1802 年颁布了世界上第一个劳动保护法《棉纺厂学徒健康和道德保护法》。1897 年，英国实行事故保险；接着实行了养老保险金、疾病保险和失业保险。1924 年后，英国大力发展社会保险制度，1946 年开始广泛发展全国性的保险事业，终致建

---

① 国务院研究室课题组：《中国农民工调研报告》，中国言实出版社，2006，第 508 页。
② 国务院研究室课题组：《中国农民工调研报告》，中国言实出版社，2006，第508 页。

立了所谓'福利国家'。"① 可见，建立覆盖全体公民的社会保障政策体系尤为重要。

现阶段，我国正处于工业化发展的中期阶段。在这一关键时期，我国经济结构变动加剧，由此引发的社会矛盾也容易激化。为维护社会稳定，就要改革现行的城乡劳动力二元分化格局和偏向于城市居民的社会保障体系以及城乡二元的户籍制度，真正实现城市和农村劳动力的身份平等和就业机会平等，适时将农民工纳入社会保障体系中。建立完善的劳动力市场是有效实现农民工劳动权利的保障。

2. 工业化、城市化进程中，城乡之间应该实现良性互动

美国城市经济学家雅各布斯（Jane Jacobs）有一个著名的观点，就是先有城市，然后才有农村的发展，意思是说："当城市工业的发展能够真正为农业提供高效的农业机械、便利的交通和通信手段、化肥和农药等之后，才会有真正的农业革命，农业生产效率才会有本质的提高。而农业的充分发展，又为城市和工业提供了大量的劳动力资源，从而为城市和工业的扩张提供了驱动力。这样，农业发展、工业化、城市化和劳动力流动诸要素之间就会出现良性互动。"②

美、英、日等发达国家的实践经验表明，农村剩余劳动力移民在促进城市化的同时，也加速了农村的非农化过程，即在工业化的推进过程中，在农村剩余劳动力移民过程中，使得城乡之间的差别逐步缩小。在 20 世纪 50 年代以前，发达国家农村剩余劳动力移民主要体现在从农村向城市转移。但在这之后，农村剩余劳动力开始趋向于在农村内部转移。发达国家的农村剩余劳动力转移实际上是高度工业化推进了农业现代化，实现了工业反哺农业、城市反哺农村，最终达到双赢。

从我国目前情况来看，城乡之间的差距在不断拉大，城市新移民中的多数是出于农村经济、生活环境较差的原因而选择留城的。根据推拉理论，换句话说，也就是城市新移民在很大程度上是出于农村的推力进入城市的，大量的农村劳动力涌入城市，乡村留下的只是一群"留守人员"。他们或年

---

① 蒋月：《中国农民工劳动权利保护研究》，法律出版社，2006，第 157 页。
② 谢长青、李晓燕：《国外农村劳动力非农化与城市化经验及启示》，《学术交流》2008 年第 9 期。

迈，或幼小，或脆弱，使得农业生产力随着大量青壮年劳动力的流失而呈现下降趋势，城乡之间差距不断拉大。这与西方发达国家形成鲜明的对比。我国目前的情况与印度类似，与西方国家城乡间差距缩小带来的工业、农业共同发展局面相比较，印度的城乡发展不协调以及导致的一系列社会问题，都值得我们反思，要真正实现城市新移民的公民权，不是牺牲一方的利益来满足另一方，而应该是统筹城乡之间的发展，形成一种和谐共赢的局面。

3. 实现城市新移民公民权，需要从本国国情出发

毛泽东同志早就指出："认清中国的国情，乃是认清一切革命问题的基本根据。"[1] 我国是一个农民占人口大多数，农村主要以小农经济为主，生产力水平较落后的国家，要实现社会主义现代化、工业化建设，实现农村人口向城市顺利移民，其根本前提是要认清中国的国情，一切从实际出发。国外农村劳动力的移民实践充分印证了这一点。

从经济发展战略来看，国外经验告诉我们，农村剩余劳动力移民是伴随着工业和城市的产生而出现的。但一个国家或地区工业化道路的不同选择对农村剩余劳动力的移民会产生不同的影响效应。实行不同的经济发展战略，对于农村剩余劳动力顺利移民有着不同的影响。例如印度的工业化过程片面强调资本密集型重化工业的发展，虽然实现了工业产值的不断增加，但是同样严重制约了工业部门对农村剩余劳动力的吸收，使得印度的就业结构在过去几十年呈现僵化停滞特征，成为农村剩余劳动力移民速度最慢的发展中国家之一。反观日本、英国和美国，都能够从本国国情出发，制定合理科学的经济发展战略。其中，美国意识到本国劳动力短缺这一现实状况，便采取大力发展资本密集型产业的战略，顺利实现其工业化过程。

目前我国城市化发展滞后于工业化进程，加上正处于社会转型期，社会矛盾呈现复杂性特点，我们要使城市新移民顺利融入城市，实现其作为公民应有的基本权利，同样要从我国国情出发，立足优势，摒弃不足，制定适合本国的经济、社会发展战略，实现城市新移民的公民权，彰显公平正义价值理念。

4. 城市建设必须与人口迁移速度相适应

改革开放以来，我国城市化水平从 1978 年的 17.9% 提高到 1998 年的

---

① 《毛泽东选集》（第二卷），人民出版社，1991，第 596 页。

33.35%，再到 2012 年的 52.57%，发展速度逐步加快。但是目前突出的问题是，城市化速度出现"虚高"现象。一些地方将城市化简单等同于城市建设，城建速度加快，但真正的人口城市化却很慢，城市化效率很低。另一方面，大量城市新移民难以真正扎根城市。一些地方政府在追求政绩的动机下，盲目拉大城市框架，不断扩大城市面积，盲目扩张使土地城市化速度快于人口城市化速度，城市建设在一定程度上出现了无序发展态势。

从国外城市化演进过程我们也可以发现，城市化建设不能盲目追求速度，人口迁移速度要与城市建设相适应。例如在巴西的城市化过程中，其人口迁移速度很快，但城市住宅建设与配套设施建设明显滞后，使得城市出现了大量的"贫民窟"。城市建设只能按部就班，扎实进行，需要花费漫长的时间。而人口迁移速度非常快，几乎一夜完成。虽然中国有户籍制度制约，农民有田地保障，但是城市化还是社会发展的趋势，况且中国还只有 40% 的城市化率，城市化的道路依然漫长。在城市的规划设计和建设中，考虑未来的城市发展，保证城市的扩展性，为下一代留有足够的住房空间，对市民生活有重大意义。

健康的城市化是经济、社会发展水平与城市化水平协调发展，城市化速度和水平需要与经济社会发展的总体水平，以及城市的承载能力相适应。

5. 要处理好发展与稳定的关系，防止城市化进程中出现通货膨胀

稳定与发展二者之间是对立统一的辩证关系。稳定是前提，发展是目的。邓小平把稳定看作保证发展得以顺利进行的一个基本条件。"中国一定要坚持改革开放，这是解决中国问题的希望。但是要改革，就一定要有稳定的政治环境，离开国家的稳定就谈不上改革和开放……没有安定团结的政治局面，不可能搞建设，更不可能实行改革开放政策，这些都搞不成。"[①] 拉丁美洲国家的城市化发展印证了这一点。一味地追求经济的片面发展，使得拉丁美洲国家忽视了有可能诱发的通货膨胀问题，结果从 20 世纪 70 年代起拉丁美洲国家的通货膨胀就始终居高不下。这给拉丁美洲各国带来了极大的政治、社会和经济代价，如政府更替、失业增加、经济停滞等一系列问题都与通货膨胀有关。最终也使得政府迫于通胀压力而没有余力去考虑发展战略

---

① 《邓小平文选》（第三卷），人民出版社，1993，第 57 页。

问题。从拉丁美洲的城市化教训中，我们可以看出，如果没有一个稳定而宽松的经济环境做保证，任何快速的经济发展、工业化进程都将无从谈起。因此，当前我国在推动工业化和城市化发展的过程中，要避免片面追求发展带来的通货膨胀问题，以免重蹈拉丁美洲国家的覆辙。

在我国，允许一部分人先富起来，先富带动后富，最终实现共同富裕。这样才真正体现了发展的目的，保证发展的成果能够为社会各阶层所共享。要使城市新移民拥有与市民一样的公民权，要把握好稳定与发展的关系，不能够将发展或者稳定绝对化，忽略了任何一方，都会使社会发展受到影响。为避免"拉丁美洲陷阱"，我们需要正确处理发展与稳定之间的关系，只有这样，才能保障改革发展成果为全体公民共享，公平正义才能得以实现，社会主义现代化建设事业才能走向成功。

6. 大力发展教育，提高城市新移民自身素质

劳动力素质的优化是保证农村剩余劳动力顺利转移的一个重要条件。从国外城市新移民公民权实现经验中我们可以看到，对于一国而言，教育权利的平等实现直接影响未来的整体公民素质，另一方面，对于城市新移民及其子女而言，教育权利是否实现会影响其一生，包括影响其在社会阶层中所处的位置，甚至影响其在城市中的生存。

发达国家历来重视发展教育，例如日本从明治时代开始，就非常重视教育事业的发展，将普及教育作为立国之本。尤其是其对于初等教育和职业教育的关注，政府给予大量拨款使其得以迅速发展。到 20 世纪 70 年代中期，日本已经在全民中实现了高中教育的基本普及。教育事业发展的同时意味着劳动者素质的提高，教育事业的发展也使得日本农业劳动力对于各种非农就业机会具有良好的适应性，这样也为二战后的日本顺利转移农村剩余劳动力创造了有利条件。此外，美、英等西方发达国家同样重视劳动者素质在农业劳动力转移中的重要作用。美国 1862 年颁布《莫里尔高等院校土地赠予法》，鼓励发展教育事业，先后建立了 69 所农业和技术学院，到 1970 年，美国农业劳动力的比重下降到 10.8%，到 20 世纪 90 年代则减少到 3% 以下，但是，美国的农业产值并未因此而减少。原因就在于，美国农业应用了大量的新工具、新品种、新方法、新技术，科技含量很高，而这一切都将归功于高质量的教育水平和劳动力素质。

通过以上分析我们可以发现，城市新移民公民权问题在不同国家乃至同

一国家的不同地区存在着多种不同的模式。每一种模式的产生都由各国国情和区域条件决定着。就我国目前情况来看，省级之间、省内各地区以及地区内各县域之间的条件差异较大。为此，对于我国城市新移民的公民权实现问题绝不能固守某种固定模式，应根据各省域、各地区不同的条件做出适当的选择。

第 7 章　路径选择：在中国城市中争取公民权

伊莎贝拉（Isabelle）曾经说，"假如越来越多的人被排除在能够创造财富的、有报酬的就业机会之外，那么，社会将会分崩离析，而我们从进步中获得的成果将付诸东流"[①]。城市化建设需要新移民的加入，如果不能保障他们的基本公民权，伊莎贝拉所说的话完全可能成为现实。城市新移民的公民权问题，涉及理念、政策、体制、管理、教育等方方面面，如何在城市中争取自身权利，学术界做了很多有益的探索。

7.1　树立包容、融合理念

城市的排斥，使得农村流动人群更倾向于挖掘内部的传统资源，去构建他们的生活秩序和圈子，去支撑他们在城市的生存。长此以往，城市将形成一种双重结构状态，即主流社会和边缘社会。当边缘社会不断扩大，势必对主流社会产生强大的冲击，从而会带来隔离、断裂后的紧张、矛盾和失序，城市居民也就不会有安稳的日子[②]。维护和实现社会公正是建立和谐社会利益协调机制的基础，是社会有序发展的基本保障。我们应该相信，只有建立一个包容、融合的社会，让所有人能够平等、自由、民主地在城市中生活，社会和谐才能实现。

7.1.1　"包容性增长"理念及其价值

2010 年 9 月 16 日，胡锦涛主席在第五届亚太经合组织人力资源开发部

---

① 伊莎贝拉：《人人有工作：社会发展峰会之后我们学会了什么?》，《国际社会科学》1997 年第 4 期。

② 王春光：《排斥抑或融合：新一代农民工还是"城市过客"吗?》，《中国青年报》2006 年 9 月 3 日。

长级会议上强调了由世界银行 2007 年提出的"包容性增长"发展理念，并将其作为中国经济发展方式的具体指导思想。"实现包容性增长，根本目的是让经济全球化和经济发展成果惠及所有国家和地区、惠及所有人群，在可持续发展中实现经济社会协调发展。"①

所谓"包容性增长"，具有极为丰富的含义。"包容性增长"一词译自英语复合名词"Inclusive Growth"。中心词"增长"主要是指量的扩张。"包容性增长"理念的确立可以说对科学发展观的具体印证，它体现出的是一种对建立在必要经济增长速度基础上的公平、正义的追求，具体强调了人民群众享有权利的实质性增长，最终实现个人和社会在公平、正义、平等与效率基础上的科学发展、和谐发展。

首先，建立在经济增长基础上的社会公平。作为一个发展中大国，我国存在着诸如基础设施建设落后、地区差距显著等一系列问题，解决这些问题必须依赖经济的持续发展。但是单纯强调数量的经济增长方式，不仅不利于问题的解决，而且极易诱发更深层次的问题。"包容性增长"理念恰恰包含着对这种片面经济增长方式的否定和纠正。提倡包容性，就意味着要通过合理的制度安排、公平正义的方式，在注重经济效益的同时更加注重社会效益，让改革开放发展的成果惠及全体大众，防止两极分化现象的发生。在城市化进程中，城市新移民作为城市建设的一支不可缺少的力量，只有树立包容性增长理念，纠正不平等待遇，才能真正使他们感受到主人翁的地位，激发其建设城市的热情。

其次，公平与效率的统一。学界曾经普遍认为，公平与效率相互排斥，不可包容。包容性增长理念的创新之处，就在于重新描述了公平与效率之间相互依存和良性互动的内在包容性。在一个发展不平衡、利益格局多元化的社会，如果没有公平，就无法整合各种发展力量、激活各种发展潜力，无法实现效率改进。而只有公平的制度安排才能造就经济增长和持续繁荣，公平是效率的动力源泉和发展引擎。同样，只有持久性的效率增长才能为实现最终公平提供基础和途径。"包容性"意味着公平，而"增长"则意味着效率，包容性增长理念高度概括了公平与效率之间的因果机制，因此，包容性增长是兼顾公平与效率的增长，不仅要求对增长成果的公平分配和普遍共

---

① 胡锦涛：《深化交流合作　实现包容性增长》，《人民日报》2010 年 9 月 16 日，第 001 版。

享，同时也涵括了对合理差别的相互认可和彼此尊重，制度安排不仅要关注弱势贫困阶层的发展诉求，而且也要同时给予合法致富者可预期的充分安全感。因此，树立包容性增长理念，赋予城市新移民与市民同等的公民权，建立公平的环境，才能激发城市新移民自身潜力，提高城市建设的效率。

再次，人民共享发展的权利。经济增长的动力机制是效率，而长期实现经济增长的基本平台则是公平。公众普遍具有同质均等的发展权利，只有权利同质、机会均等和公平竞争，才能实现包容性增长。包容性增长所强调的是全体公民应拥有与当前社会发展阶段相适应的合理公民权利——"人人生而平等"。所有人都可以而且应该成为经济增长和社会发展的积极推动者。当公民本应拥有的权利受到侵害时就会造成机会的不平等，产生社会排斥。"包容性增长"不仅强调共享经济增长的成果，而且要消除弱势群体发展权利的缺失，实现机会的平等，使包括贫困人口在内的所有群体均能公平参与经济增长，分享改革发展的成果。因此，包容性增长绝不允许公民之间存在不同的权利配置，绝不包容社会各阶层之间的垄断特权或多元分割，绝不容忍制度化地相互敌视或群体性地彼此仇视。

因此，包容性增长可以说是保持经济平稳较快增长和加快转变经济发展方式的新思维，是应对当前国际金融危机后国内外形势新变化的新举措，对于着力解决城市新移民公民权问题有着重要价值。工业化创造供给，城市化创造需求，城乡一体化发展是已被国内外发展实践所证明的实现现代化和社会繁荣稳定的必由之路。只有这样，中产阶级或中等收入者才会增加，社会才会形成一个中间多、两头少的"橄榄形"结构。这样的结构包容性最强，社会最稳定，因而能带来社会的不断发展进步。我们应清醒地认识到，提升城市化发展水平的关键不仅在于城市面积的扩张，还在于城市新移民的城市融入。通过革除排斥城市新移民公民权实现的一系列制度壁垒，逐步实现其劳动报酬、子女就学、公共卫生、住房租购等与城镇居民享有同等待遇，充分挖掘他们作为劳动者、创业者和消费者的潜力。只有树立包容理念，真正做到以人为本，保障城市新移民的基本公民权，才符合构建社会主义和谐社会的基本价值诉求。

7.1.2　从社会排斥到社会融合

城市新移民公民权缺失表现及动因在于社会排斥，要切实实现与市民同等的公民权，迫切需要从社会排斥走向社会融合。

社会融合（social inclusion），最早起源于欧洲学者对社会排斥的研究。随着对社会排斥研究的不断深入，社会排斥开始运用到不同领域，世界各国开始反社会排斥计划，社会融合概念开始被学者和政府广泛使用。1995 年，在哥本哈根召开的联合国社会发展首脑会议，将社会融合作为社会发展三大领域之一，要求各国采取相应举措来推动社会融合。到 2001 年，欧盟成员国开始推行两年一次的全国社会融合行动计划（National Action Plans for Inclusion），此时，社会融合概念开始在欧洲得到普遍采用。作为社会排斥的对立面，社会融合不仅仅是对社会排斥的回应，还具有自身的内涵及意义。

从内涵来看，有关社会融合的定义莫衷一是，阿马泰亚·森（Amartya Sen）认为，社会融合是指一定社会中的成员积极参与、共享平等的社会福利。萨洛吉（Saloojee）则进一步将社会融合区分为两类：弱社会融合话语和强社会融合话语。前者是对被排斥人群的简单整合，而后者则关注持续产生压制、歧视和排斥的历史过程。因此，强社会融合话语与权利、公民权和种族社区与主流社会制度之间的重构有着密切的关系。社会融合能提供对各种各样的与社会不公正相伴随的制度性政策和实践进行持续性的批评①。无论学者们从何种角度定义社会融合这一概念，总体来讲，社会融合包含以下内涵：首先，社会融入不是一个静态的过程，而是一个对现状持续挑战的动态过程；其次，社会融合既是一种目的，又是一种手段；再次，任何人不可能通过强制力量达到社会融合，社会融合既是制度性的，又是主观性的；最后，社会融合是多维度的，具体包括经济的、政治的、社会的、制度的、文化的以及心理的融合。

从社会融合的意义上来看，不仅对分析我国弱势群体有重要参考意义，而且对于建设社会主义和谐社会起着重要理论支撑作用。作为一种分析移民群体、失业群体、贫困群体等被排斥群体的概念工具，社会融合对于城市新移民而言，还包含着对该群体理应获得的社会福利权益的基本满足。其具体是指城市新移民在居住、就业、价值观念等各个方面融入城市社会、向市民转变的过程，这个过程的进展程度可以用新移民与城市居民的同质化水平来

---

① 嘎日达、黄匡时：《西方社会融合概念探析及其启发》，《理论视野》2008 年第 1 期。

衡量。然而这并不仅指市民完全处于主动位置而城市新移民被动适应，城市新移民也可能是塑造未来社会的参与主体，市民和城市新移民将在共变中趋向接近并最终融为一体①。

总之，社会融合可以被看作社会福利的目标，主张满足弱势群体的基本社会福利，并倡导政府通过实施社会融合行动方案来增进社会福利。要解决城市新移民的社会排斥问题，需要树立社会融合理念，保障城市新移民基本的公民权。

7.2　公民权的回归

中华人民共和国公民，根据《宪法》规定，拥有基本公民权利。但长期以来，我国城市和乡村之间所形成的二元结构，人为地将公民分为农民与市民，权利的享有存在不公平现象，当农民群体中的部分精英人士试图移民城市时，却只能被徘徊在城乡的边缘地带，无法享有其作为公民所应有的基本权利。无论是作为农民的身份，抑或是作为市民的身份，城市化建设离不开这一群体，现代化建设同样离不开他们的贡献，而要使城市新移民真正融入城市，积极投身城市建设，就要求全社会给予他们平等的公民权。

7.2.1　市民权利

市民权利在城市新移民权利中居于基础性、决定性地位。要实现城市新移民的经济权利，从我国目前城市新移民经济权利缺失现状来看，应从以下几方面着手：

第一，建立城乡公平的劳动力就业机制。保障城市新移民的劳动权，是当前城市新移民权利保障的重点问题。劳动就业权是指具有劳动能力的公民依法享有的参加劳动以及取得报酬的权利。从世界各国宪法中可以看到，劳动权作为公民所享有的基本经济权利，是公民享有其他权利的物质基础。我国《宪法》第 42 条也明确规定，公民有劳动的权利和义务。《劳动法》同

---

① 敦睦他者：《城市新移民的社会融合之路》，宁波市外来务工人员服务管理网，2008 年 10 月 13 日。http：//wlwg. ningbo. gov. cn/art/2008/10/13/art_ 3631_ 235443. html。

样规定：劳动者享有平等的就业和择业的权利。然而，长期以来，城市对新移民的就业设置了种种不公平限制，形成二元劳动力市场。城市新移民平等就业权受到了侵犯，长此以往，社会公平无从谈起，社会不稳定因素将滋生蔓延。要还城市新移民平等的劳动就业权利，迫切需要完善劳动力就业市场，建立城乡公平的就业机制。

可喜的是，党和政府做了相关积极探索，2006 年 3 月 27 日，《国务院关于解决农民工问题的若干意见》第 11 项措施中指出："逐步实行城乡平等的就业制度，各地区、各部门要进一步清理和取消各种针对农民工进城就业的歧视性规定和不合理限制，清理对企业使用农民工的行政审批和行政收费，不得以解决城镇劳动力就业为由清退和排斥农民工。"① 中共中央国务院《关于 2009 年促进农业稳定发展农民持续增收的若干意见》中指出："对当前农民工就业困难和工资下降等问题，各地区和各部门要高度重视，采取有力措施，最大限度安置好农民工，努力增加农民的务工收入。引导企业履行社会责任，支持企业多留用农民工，督促企业及时足额发放工资，妥善解决劳资纠纷。"② 在 2011 年 3 月召开的全国两会上，代表们热切关注就业问题，指出民以食为天，饭碗问题永远是百姓的头等大事。一个社会的稳定繁荣程度，跟就业率有直接关系③。

国家出台的这一系列政策表明，政府已经开始着手建立城市新移民公平就业的相关制度，但要切实实现城市新移民的劳动就业权利，关键在政策的落实，在于完善城乡公平的就业市场，只有站在同等的机会平台上，才有平等的劳动就业权。

第二，建立善待城市新移民的用人机制。党和政府制定了致力于公平的就业政策，但是，仍然存在着用人单位对城市新移民劳动权利的侵害行为，法制观念淡薄与经济效益优先的观念偏差导致用人单位侵害城市新移民的劳动权利。为了赢利，企业主不惜压低、克扣城市新移民的工资，减少安全卫生生产的投入，任意延长加班时间，使得劳资冲突频频发生。

---

① 《国务院关于解决农民工问题的若干意见》，2006 年 3 月 27 日，http：//www. gov. cn/jrzg/2006 – 03/27/content_ 237644. htm。
② 《中共中央国务院关于促农业发展农民增收若干意见》，新华社，2009 年 2 月 1 日，http：//www. gov. cn/jrzg/2009 – 02/01/content_ 1218759. htm。
③ 王超：《保就业，政府立下军令状》，《中国青年报》2011 年 3 月 5 日。

马克思的剩余价值学说告诉我们，资本的本性是最大限度追求利润，尽可能多地去获得剩余劳动，尽可能少地来支付成本。这是企业特别是私营企业追求利润最大化、成本最小化趋势的根源所在。有相关调查发现，一些企业制定了一种特殊工资。特殊劳动带来特殊工资，就是在 8 小时之外，节假日加班加点所得的工资①。近年来，经常见诸各种媒体的是，劳资关系引发的矛盾、冲突在一些领域此起彼伏，酿成事端的报道也不少见。用人机制的不合理所导致的劳资纠纷最终势必引发经济社会的震荡与矛盾冲突。

无可否认，劳资关系已经成为目前我国最应关注并下大力气进行调整与处理的关键问题。从城市新移民进入市场到劳作于企业的全过程，几乎每个环节都存在劳资矛盾的隐患。例如，从招聘过程中的歧视与欺骗，到劳动合同签订中的不规范，再到考评与升职中的弊端、工作环境与居住条件恶劣、工作日的超长与工薪的拖欠，最后到福利与法定保险没有保障、工伤处理中推卸责任等一系列用人问题。这一方面侵害着城市新移民的正当劳动权利，另一方面也成为社会不稳定的诱发因素，因此，要形成善待城市新移民的用人机制，只有善待他们，才会激发他们的潜力，真正为企业竭尽所能地工作。要带来持久而又强烈的工作效益，唯有用人单位充分尊重城市新移民的劳动权利及相关合法权益，这样才能形成一种和谐的劳动关系，最终才能带来企业的长远发展与城市新移民权利实现的双赢局面。

第三，保护城市新移民合法财产权。我国《宪法》第 13 条规定，国家保护公民合法的收入、储蓄、房屋和其他合法财产的所有权。作为农民，其财产权主要包括土地承包经营权和宅基地使用权。长期以来，农民的土地财产权未能得到明晰。农民对土地的财产权受到限制。土地承包经营权和宅基地使用权是典型的用益物权，其中，土地承包经营权应该明确赋予农民对于土地的使用权、收益权、处置权、出售权等一系列权利。在土地转让中，对于合法的农地转让，应在法律上予以明确，对于因土地转让或政府征地给农民造成的损失应给予合理补偿②。当农民离开土地，移居城市成为城市新移民后，原来城乡二元体制下的城市与农村不同的宅基地制度已不再适应社会

---

① 广州大学，广州市总工会课题组：《广州市非化企业工会组建及其作用发挥（研究报告）》，2008 年 6 月 6 日。

② 关焕：《完善农民私权利的制度经济学分析》，《吉林公安高等专科学校学报》2007 年第 3 期。

的发展,宅基地的限制势必侵害城市新移民的合法财产权。因此,应在农村开放宅基地的转让权,只有这样,才能保证城市新移民应有的财产权利,同时对于农村经济的发展起到积极促进作用。

第四,保护城市新移民取得合理的薪酬。中国工运研究所所长吕国泉表示,首先,要建立健全工资支付、增长、共决机制,加强对其工资的劳动监察力度;建立和完善工资支付保障机制,预防和解决工资拖欠问题;建立工资正常增长机制,提高最低工资标准;要以新生代农民工就业集中的非公企业和中小企业为重点,建立健全工资集体协商制度,形成"区域谈底线、行业谈标准、企业谈增长"的薪酬工作格局;在行业集中度较高、小企业密集的地区,积极开展区域性、行业性工资集体协商,努力提高协商覆盖范围,使之成为企业工资决定的主要形式。

经济权利作为保障民生的一种权利,是作为一国公民不可或缺的最基本的权利,需要得到根本性的保障。城市新移民也不例外,迫切需要拥有与市民同等的经济权利。

7.2.2　政治权利

目前,我国正处于全面构建和谐社会的关键期,而全面实现和谐社会,需要社会主义物质文明、政治文明和精神文明的共同全面发展。政治文明建设作为构建和谐社会的重要方面,在经济社会的改革与发展中处于十分重要的战略地位。建设社会主义政治文明,没有城市新移民的参与是不可能实现的。要改变其公民权利缺失的现状,必须要有制度创新,保障城市新移民政治权利的实现,消除各种政治歧视,使城市新移民感受到作为一名公民所应享有的基本权利,从而更好地履行公民的义务。

第一,构建城市新移民政治权利保障机制。全面推广政务公开、厂务公开、监督公开、民工参与制度,是保障城市新移民政治权利的基础。公开是知情的前提,知情是参与的基础,监督是公开公平的保证。城市新移民的民主政治权利,特别是知情权和监督权的缺失深刻地影响着经济、文化、社会等多方面权利的实现。从某种程度上说,其他权利的缺失是民主政治权利缺失的必然结果[1]。要从源头上改变城市新移民被边缘化的状态,必须紧紧抓

---

① 谢建社、胡世光:《农民工政治权利保障的现实思考》,《探求》2009 年第 1 期。

住民主政治权利，对权力进行有效监督，还城市新移民应有的政治权利。

首先，建立民主决策机制。政治决策是党和国家机关活动的中心环节，政治决策的正确与否，关系到全国人民的根本利益，将影响党和国家的发展前途。例如在城市管理中，一些与城市新移民切身利益密切相关的公共交通、教育和医疗卫生、劳动和社会保障、环境保护和城管执法等问题，在决策、咨询、论证、协商等一系列环节中，充分征询他们的意见，真正让城市新移民参与到民主协商的过程中来，这将有助于维护城市社会的稳定，推动城市经济和社会的和谐发展。因此，通过建立民主决策机制，确保广大人民群众特别是城市新移民的参与权得以实现，既有利于决策的科学民主，又有利于维护和保障城市新移民应有的政治权利，保障和实现包括城市新移民在内的全体公民的决策参与权。

其次，形成权力制约监督机制。众多的城市新移民还没有真正拥有政治监督权，这可以说是当前我国法制建设中的一大软肋。2011 年 3 月召开的全国两会上，突出强调了社会管理问题，但从目前来看，我国社会管理和公共服务比较薄弱，尤其是对权力的监督和约束机制不健全，形式主义、官僚主义问题比较突出，弄虚作假、奢侈浪费和腐败现象比较严重。党和政府密切关注民生问题，但权力缺乏监督制约机制，如何保障民生，恐怕非民主莫属。"只有坚持一切属于人民，一切为了人民，一切依靠人民，一切归功于人民，我们的各项事业才能获得最广泛、最可靠的群众基础和力量源泉。"[1]一切属于人民是最基本的前提。只有"让权力在阳光下运行，才能保证人民赋予的权力始终用来为人民谋利益"[2]。因此，应尽快出台相关的监督法，形成科学而又严密的权力监督和约束机制，保障城市新移民在内的全体公民自主地、独立地监督执政党及国家机关的各项工作。

此外，拓宽公开渠道保障城市新移民的政治权利，借助工会、非正式组织的力量参与对权力机关的监督；开拓公开视野，积极宣传有关的政策法规，提升农民工的政治参与热情，关注民生，督促权力机关解决农民工最现实、最迫切需要解决的民生问题；创新公开形式，尊重城市新移民的旁听

---

[1] 《胡锦涛在十一届全国人大一次会议闭幕会讲话》，www.wyzxsx.com/Article/Class4/200903/725373K2009 - 3 - 6，2009 年 3 月 6 日。

[2] 笑蜀：《民生与民主不可分》，《南方周末》2008 年 3 月 6 日第 E29 版。

权，如立法政策出台时广泛征集城市新移民的意见；在企业和城市新移民居住比较集中的社区开设宣传专栏；完善公开体系，涉及城市新移民问题的会议要公开，切实保障城市新移民的政治权利。

第二，出台保障城市新移民政治权利的法律法规。从法律层面上讲，必须将公民特别是城市新移民的政治权利在宪法和法律上予以明确，最大限度地克服"部门立法"的弊端，通过扩大民主，提升立法民主化。法律草案公开向全社会征求意见，发现、减少和消除法律草案中的"部门利益"。总之，只有保障城市新移民的立法参与、监督等政治权利，才能保证立法的正确性、科学性，从而保障其政治利益诉求。

首先，清除涉及城市新移民的不公平、歧视性的政策法律法规。歧视性、排斥性的法律法规是当前城市新移民权益受侵害的制度基础，如各地方政府依据户籍制度制定了大量不公平的政策法规，要清除这些法律规范必须首先废除具有强烈歧视色彩的户籍制度。否则，户籍制度的刚性规定很难从根本上改变，附着在户籍制度上的一系列利益也将无法得到保障。各级立法机关应尽快制定和实施有助于消除各种不公平不合理现象的法律法规，给城市新移民以法律上的保护，特别是尽快制定与城市新移民利益最直接的法律法规。就其政治权利而言，应尽快取消对于城市新移民政治权利实现不利的规定，否则，缺乏法律支撑的政治权利，永远只能停留在象征意义层面，难以达到实质性的效果。唯有废除一系列不公正的法律法规，才能从根本上保障城市新移民的政治参与权、监督权。

其次，修改完善现行选举法，保障城市新移民的选举权与被选举权。当前，我国社会主义民主政治建设正在逐步完善，选举法作为公民所享有的基本政治权利，也应结合具体国情和实际逐步完善，可见现行选举法的选民登记主要还是以户籍所在地为基础。虽然全国人大常委会在《关于县级以下人民代表大会直接选举的若干规定》文件中明确规定："选民实际上已经迁居外地但是没有转出户口的，在取得原选区选民资格的证明后，可以在现居地的选区参加选举。"但现实是，这些政治权利往往受到诸多限制，仍然以户籍所在地为主要形式，由于程序的烦琐以及选举成本的限制原因，城市新移民往往选择放弃自己的选举权与被选举权。这样一种存有缺陷的制度安排，结果导致多数城市新移民既不能在移居城市参加选举，也不便回户籍所在地参加选举。如何保障这部分人的权利，选举法没有相应规定，因此，通过法律形式确保城市新移民的政治权利势在必行。1953 年我国第一部选举法规定："在选举全国人大代表时，农村每一代表所代表的人口数是城市每一代表所代表的人口数的 8 倍。1995 年我国第三次修改选举法时，农村选民的选举权被统一规定为城市选民的 1/4。"虽然这一规定的背后有着深刻的时代背景，但随着形势的发展，特别是经过多年的改革开放，各方面的情况尤其是城乡人口比例发生了根本性变化，原本的选举法已不能适应社会的发展，这就需要逐步采取措施，完善现行的选举法，只有这样，才能确保每一具有选举权和被选举权的公民，都能享有和实现宪法及法律赋予的平等的选举与被选举权利。

过去选举法之所以实行按比例原则配置选举权的制度，主要是因为我国人口比例的城乡差距。但随着时间的推移、社会发展，按比例原则配置选举权的基础开始逐渐发生变化，为城乡居民享有平等选举权的实现创造了基础。因此，根据公民选举权和被选举权行使地选择原则和选择地选举补充原则，为了保障城市新移民行使选举权，可以让他们就在何地行使选举权做出选择，尊重他们的权利处置权。真正实现城市新移民的民主、自由选举，从而在广泛公正的民主选举基础上使更多能真正代表城市新移民权益的人当选人民代表，在政治活动中听到城市新移民群体的声音，实现其权利诉求。2010 年，选举法又做了进一步修改，重点是落实党的十七大提出的实行城乡按相同人口比例选举人大代表的要求，同时统筹考虑选举法其他内容的必要修改。王兆国在谈到修改的三大原则时指出：第一个原则就是，根据我国国体、政体，实行城乡按相同人口比例选举人大代表，保障公民都享有平等的选举权，实行城乡按相同人口比例选举代表，体现人人平等。此次修改，在立法保障城市新移民选举权方面前进了一步。

再次，制定新的保障城市新移民权利的法律法规。在城市新移民权益保护方面，除了宪法之外，缺少更高层级的上位法，而下位法没有上位法作为参考依据，往往容易从地方乃至局部的利益出发，形成错乱的地方乃至部门的保护主义，更加难以确保城市新移民的权益。所以，必须制定具有更高效力等级的法律，针对城市新移民权利保护进行专门立法。全国人大代表陈文清曾提议，应该制定一部城市新移民权利保护法，全面保护城市新移民的政治权利。

第三，加强城市新移民群体的组织建设。

　　首先，从政治结构上讲，保障城市新移民政治权利，对于社会结构的重构与调整以及发挥其政治性组织作用有着重要意义。美国政治学家戴维·伊斯顿认为："政治系统是由一个社会中那些可识别同时又相互关联的机构和活动组成的，它作为对社会具有约束力的权威性决策或价值分配，而分配的主要手段就是通过制定和执行相关的公共政策。公众为了得到一定的利益或实现自身的价值则常常以政治系统为诉求对象，通过不同形式的参与，表达自己的政治要求。而要求作为政治系统的重要输出变量，则取决于信息传播质与量的大小。"① 城市新移民的政治要求要进入政治系统，进而达到影响政策议程的目的，有效的途径是加强城市新移民群体的组织建设，完善其组织的自治功能，使其成为代表城市新移民利益的典型组织。利益要求通过组织的形式去表达，可以让城市新移民的声音更有力、更快捷地传播到决策者那里。同时，当政治参与是以组织的形式来表现的时候，城市新移民的利益诉求往往也更能影响政府的政策议程。正如美国学者亨廷顿指出的，组织是通往政治权利之路，也是稳定的基础，因而是政治自由的前提②。从解决城市新移民的政治地位和政治权利入手，建立属于自己的政治组织，让城市新移民自己能有权利来维护自己的权利，才能改变目前其缺乏参与政治的具体形式和渠道现状，增加其参政、议政、监督的机会和权利。

　　其次，从城市新移民参与组织的具体实现形式来看，目前城市新移民已经成为我国产业工人的重要组成部分。他们已融入社会化大生产中，并且成为先进生产力的代表者，这奠定了城市新移民的政治地位。面对着工人阶级群体所发生的这一变化，作为执政党的中国共产党应加大在用人单位尤其是私营、三资企业中建设基层组织的力度，尽量将城市新移民中的先进分子吸纳为组织成员，使他们中间的党员通过组织登记备案，参加居住地党组织的政治生活和活动。通过发挥执政党组织的政治优势，体现和保障城市新移民的政治权利，真正实现其"离土离乡不离党"。

　　各种社团组织应将城市新移民纳入组织系统中，最大限度地发挥群团组织和专业社团组织的政治作用。城市新移民作为曾被工会所遗忘的群体，他

① 〔美〕戴维·伊斯顿：《政治生活的系统分析》，王浦劬等译，华夏出版社，1998，第85页。
② 〔美〕亨廷顿等：《难以抉择：发展中国家的政治参与》，汪晓东译，华夏出版社，1989，第26页。

们中的绝大多数已然成为新产业工人，是工人阶级的新成员，工会理应维护他们的合法权益，这是尊重和保障人权的体现。因此，城市新移民是工会必须维护的对象，工会应该把保护农民工的权益提到议事日程上来，为农民工提供切实有效的与城市职工同等的服务①。工会要根据城市新移民人数众多、工作分散、流动性强的特点，灵活地组织他们加入工会组织。通过创新工会的组建形式，多形式、多渠道地吸纳城市新移民入会，并积极建立工会组织，充分发挥工会组织的维权职能，依法维护城市新移民的合法权益，保障其应当享有的平等的政治权利，以促进社会和谐、稳定发展。各种社会团体应从以下三个方面发挥政治作用：首先，应创新活动形式。一些企业工会工作模式传统单一、缺乏与时俱进的精神。传统的企业工会工作模式普遍采用的方式集中在旅游、娱乐活动和一般福利活动；在新的时期，工会必须从传统的、落后的工会模式向现代工会模式转变，如解决职工发展权问题、职工社会保障和城市新移民融入城市等问题。其次，创新监督机制，要监督企业劳动合同的履行，监督企业对城市新移民包括政治权利在内的一切职工权利的维护。再次，要积极推动立法机关尽快修改完善《工会法》。将城市新移民纳入《工会法》保障范围，确立工会对城市新移民的集体劳动权代表者身份，变散漫无序为组织有力，变个别劳动关系的不均衡状态为集体劳动关系的市场均衡状态。

总之，作为"天生的政治动物"，城市新移民的政治权利迫切需要回归，要建设社会主义民主政治国家，构建民主法治、公平正义的社会主义和谐社会，同样强烈要求保障城市新移民的政治权利。

7.2.3　社会权利

社会权利，不仅是城市新移民基本人权的重要组成部分，也是其摆脱贫困、改变现状、追求其他经济社会机会的重要条件。

第一，自由迁徙权利的回归。

自由才是最大的公平。马克思主义理论家把每个人的自由发展看作一切人自由发展的条件。自由迁徙可以说是一项基本人权，是宪法和法律赋予公

---

① 谢建社：《新产业工人阶层——社会转型中的农民工》，社会科学文献出版社，2005，第97页。

民自由离开原居住地到外地旅行、定居的权利。1954 年中华人民共和国第一部《宪法》第 90 条第 2 款明确规定,"中华人民共和国公民有居住和迁徙的自由"。但 1953 年实行的第一个五年计划内,人口的自由迁徙,尤其是农村人口向城市迁移受到了限制。1975 年《宪法》在没有做出任何说明的情况下取消了对公民居住和自由迁徙的规定。原因在于,计划经济体制下建立起我国独特的城乡二元隔离格局,农民成为低人一等的二等公民,迁徙自由权利被排斥得无影无踪,其直接后果是农村的贫困落后,城乡之间差距持续拉大。城市化进程的不断推进,市场经济体制的确立都迫切要求自由迁徙权利的回归。

户籍制度改革的终极目标实质是恢复和实行全体公民的居住和迁徙自由①。党和政府历来重视保障包括自由迁徙权在内的各种人权,实现人的全面自由发展,然而特定时期内形成的二元户籍制度,阻碍了自由的实现,对此,国家开始逐步采取措施化解户籍坚冰。

2001 年 10 月 1 日,国务院批转的公安部《关于推进小城镇户籍管理制度改革的意见》开始实施,全国两万多个小城镇开始推行户籍制度改革,只要有固定住所和合法收入的外来人员都可办理小城镇户口,公民的迁徙自由可以说是取得了历史性的重大进展。此后,北京、上海、山东、广东、浙江、重庆等省市纷纷出台了一系列户籍制度改革措施,可以看到实现自由迁徙的曙光,但是长期形成的二元户籍坚冰要彻底破除并非易事,户籍改革的范围仍然有局限,改革的力度同样有限,对于公民居住和迁徙自由的规定迫切需要回归。

成都市到 2012 年底前实现统一城乡户籍,居民自由迁徙,政府一视同仁提供社会保障和社会福利。这可以说是国内统筹城乡发展的典范。它的意义在于把一项原本属于公民的权利——迁徙自由权归还给公民,体现了执政者对宪法、人权、公民权的尊重。但这仅仅是一个小范围内的开端,要真正还城市新移民的自由迁徙权利,仍然任重而道远,需要全国各地上下齐努力。

第二,平等居住权利的回归。

如果说自由迁徙权是城市新移民社会权利的基本前提,那么城市新移民

---

① 张英红:《自由迁徙:离我们还有多远》,中国社会学网,http://www.sociology.cass.cn/shxw/shld/t20030828_0945.htm。

在城市自由平等的居住权则是现实基础。在现实中，尽管中国的城市新移民已经冲破了宪法的限制和人为的阻碍，争取到了一定的人身自由，但他们远未享有在城市中平等的居住权利①。这种有人身自由却无平等的权利，来去自由却没有定居权利的现状，使得城市新移民只能成为理论意义上的"移民"。要使城市新移民真正融入城市，享有与市民同等的公民权，居住权这一基础权利迫切需要回归。

在城市居住的权利是城市新移民立身存命的基础，居无定所，就不能奢谈生存的权利。作为城市弱势群体，社会地位较低，当这种权利无法依靠市场的力量得以实现时，政府就有必要干预市场，通过国家和地方法律来保障和维护城市新移民的居住权益。农民工进城务工就应当在城市享有居住权，但现实状况是农民工收入低，而且长期遭受社会歧视，居住条件极差。这就需要政府出面为农民工居住条件的保障做出制度安排。同时，只有政府统筹规划、合理配置土地和住房资源，才能减少不同阶层间的距离，杜绝贫民区的产生，维护社会稳定。从住房市场的角度来看，住房市场是一个不完全竞争的市场，房地产商的趋利性必然导致住房市场不会像一般的市场那样根据消费者的收入水平、性别和年龄等消费属性自行确定市场的供给层次，而是忽视购买力低的低收入人群的需要，使住房资源的配置倾向于高收入阶层。2007 年，建设部、发改委等部门联合发布《关于改善农民工居住条件的指导意见》，指出："用工单位是改善农民工居住条件的责任主体。"这些文件初步明确了农民工住房政策的基本方向，但在具体操作中仍然存在诸多限制，城市新移民的居住权仍未能得以实现。

真正切实实现城市新移民的居住权，就要建立"经济租用房、廉租房、经济适用房、限价商品房"四位一体的住房保障体系②，逐步将城市新移民纳入本地城镇住房保障体系。为了保证低收入家庭的住房需要，政府应该向不同收入群体提供不同类型的住房，尤其是向最低收入和低收入群体提供公共住房，或通过补贴等手段提高他们的住房支付能力。作为城市中的弱势群体，政府有必要向农民工提供适合他们居住的住房，或者制定相应的政策措

---

① Zai Liang, Michael White, *Internal Migration in China*, *1950 – 1988*, Demography 33, August 1996, pp. 375 – 84; Jiaosheng He, *The Regional Concentration of China's Interprovincial Migration Flows*,*1982 – 1990*, Population & Environment 24, November 2002, pp. 149 – 182.

② 金三林：《解决农民工住房问题的总体思路和政策框架》，《开放导报》2010 年第 3 期。

施，促使用工单位积极参与农民工住房保障，从而使住房资源得到更为优化的配置，在一定程度上实现社会公平。

第三，排除社会歧视，善待城市新移民。

特殊的历史、国情造就了对不同群体的区别对待的制度与政策，这可谓是歧视行为产生的制度根源。虽然目前以户籍制度为核心的城乡隔离制度有所松动，但对进城的城市新移民而言，一个根本性的现实就是诸如教育制度、保障制度等各种歧视性制度依旧存在，传统的城市管理制度依然只承认城市居民，而不认可城市新移民，依然将这一弱势群体排斥在城市制度以外。这种制度性的排斥也就铸就了城市新移民的"二等公民"身份，使得其公民权也相应受到侵害。

社会歧视在一定程度上阻碍了城市新移民与城市社会的认同和融入，降低了社会整合。由于歧视的存在，使得社会群体之间人为多出一种刚性化的隔离，进而妨碍着正常社会分化进程，不仅会产生负面效应，还会对城市新移民的后代造成严重影响，伤害其自尊，使其幼小的心灵形成一种对社会难以认同的态度，容易滋生心理的阴暗面，不利于其健康成长。

因此，要排除社会歧视，消除身份差别原则，确立普遍平等的公民权原则。每个社会公民，都应享有同等的权利，而不应受家庭出身等先赋因素的影响。市场经济要求的是一种平等、自由的竞争，人为地区别对待，势必成为社会平等机制的重要障碍，影响市场经济的健康发展。城市新移民被歧视不容忽视与回避，全社会要共同行动起来，善待城市新移民。2011 年国家统计局数据显示，社会保障覆盖范围继续扩大，全国参加城镇基本养老保险、失业保险、工伤保险和生育保险人数大幅增加。2147 个县（市、区）实施城镇居民社会养老保险试点，1334 万人参保，641 万人领取养老金。2343 个县（市、区）开展新型农村社会养老保险试点，3.58 亿人参保，9880 万人领取养老金，覆盖面扩大到 60% 以上。

7.2.4　文化权利

文化权利是公民享有的基本权利之一，其核心在于公平性。城市新移民群体作为城市化进程中的特殊群体，尊重和保障他们的文化权利，是一项关乎社会持续发展、国家长治久安的战略举措。城市新移民与城市原居民相比较，在受教育程度、工作经验、职业技能、社会交往层面都处于劣势，其生存的生活和工作环境同样也处于劣势，成为城市边缘人。而这种生存环境的不平等直接带来的是不平等的社会氛围造就的文化权利的缺失。人力资本投资理论认为，人力资本投资是经济增长的主要源泉，这也就表明，城市新移民只有具备一定文化素质才能在激烈竞争中收取更多效益，保障和实现城市新移民文化权利成为当前必须解决的紧迫问题。

第一，建构城市新移民受教育权保障机制。教育对于个人、国家乃至世界都是不可或缺的。受教育权的性质随时代的发展而变化，具有双重性质。如果把教育视为服务国家特定政治经济的工具，则受教育为公民的义务；如果把教育视为公民个性、才智和身心能力充分发展的手段，则受教育为公民的权利①。对此，法学界普遍认为，"受教育权是国际人权中一项稳固确定的权利"②。然而，城乡教育的不公平使得城市新移民及其子女成为教育的"边缘人群"，其受教育权迫切需要得到保障。虽然政府出台了一系列文件，努力解决农民工子女的教育问题，规定"两为主"政策，即第一以公办学校为主，第二以流入地的政府为主，然而无法落实。《国家中长期教育改革和发展规划纲要》明确指出，要全面取消农民工子女义务教育的借读费，并着手研究农民工随迁子女义务教育后，参加升学考试的办法，推动逐步实现农民工子女入学，与城镇居民享有同等的待遇。该纲要提出，农民工子女自 2020 年起，可以在居住地参加升学考试。2012 年 8 月 31 日，国务院转发教育部等部门《关于做好进城务工人员随迁子女接受义务教育后在当地参加升学考试工作的意见》的通知，要求各地在因地制宜方针指导下于 2012 年底出台各地的异地高考具体办法。

首先，要努力实现城市新移民义务教育向权利教育转变。我国的工业化、现代化以及城市化进程与西方国家相比属于后发、追赶和叠加型。我国出现的城市新移民群体，加速了工业化、现代化和城市化的发展进程。在这样的情况下，只要有一定的劳动体力，具有初中、小学文化水平的城市新移民就基本上可以就业。但随着社会的发展，面临着经济全球化与本土化的挑战，职业教育、中等教育、技术教育对于劳动的作用日益凸显，这必然对城市新移民的受教育水平提出更高要求。因而，义务教育已经无法满足城市新

---

① 谢建社：《中国农民工权利保障》，社会科学文献出版社，2009，第 197～198 页。
② 程味秋：《联合国人权公约和刑事司法文献汇编》，中国法制出版社，2000，第 5 页。

移民获得新知识、新技术和真正融入城市的发展要求，接受职业教育、高等教育的要求在城市新移民中开始萌生并愈益强烈。以上社会发展带来的教育变迁决定了城市新移民需要从过去单纯满足义务教育的落后状态向现在真正将教育作为一种权利来实现的要求做出转变。

其次，建立多层次的城市新移民教育体系。目前我国有关城市新移民的职业技能培训，大多数是临时性培训，往往只注重就业前的突击培训，这样造成培训效率低但成本较高的矛盾，真正的就业和工作能力却没能得到实质提高。要改变这一现状，真正实现素质就业就要构建适合城市新移民群体多样化需求的终身教育体系。目前来看，城市新移民还存在着流动性和职业多变性的特征，他们的教育需求是多方面的。虽然目前全国有大量的职业技术学校，但是由于很多复杂的原因导致其社会效益并不高。国家有必要根据城市新移民自身的特点，考虑多层次的职业技术教育需求，合理配置教育资源，实现教育内容与实际需求的真正结合。值得高兴的是，近年来各地政府和部门出台了一些科学有效的政策，例如四川省全面整合农业职业教育资源，建立健全高等农业职业教育体系、中等农业职业教育体系和农民科技教育培训体系，切实把农业职业教育重点转移到农民科技培训和城市新移民职业技能培训方向上来，多渠道、多层次、多形式开展城市新移民培训，可以说积累了一定的有益经验。

第二，丰富城市新移民文化娱乐生活。城市新移民的特殊身份决定了其文化生活呈现出城市与乡村的双重特点，加上社会资本和外部环境的缺失问题，城市新移民很难在城市找到适合自己消费特点和消费层次的文化生活。社会主义精神文明建设中，城市新移民文化建设不可或缺，同样需要满足他们对于文化生活的需求。这样才契合现代社会人文关怀精神的宗旨。

要保证城市新移民获得健康的文化娱乐方式，首先，需要保障他们有合法的休息时间。没有休息时间做保证，文化娱乐活动就无从谈起。对此，政府应制定相关政策和法规，来切实保障城市新移民的合法休息时间，对于用人单位剥夺城市新移民合法休息时间的违法行为要坚决予以查处。其次，随着国家一系列有关城市新移民权益保护政策的出台、完善，在物质生活水平逐步提高的基础上，城市新移民对文化生活的需求必将加大。城市新移民群体作为一个特殊的社会阶层，他们对文化生活有着更多更高的要求。这就要求不仅政府要担当起首要责任，而且社会组织例如社区、非政府组织在全社会积极创造文化氛围，社区要借助于基础文化设施，发挥文化服务功能，加强对城市新移民的引导和教育，提高他们在城市中的组织参与和组织化程度，提供城市主流社会交流互动的计划，加速其城市意识的形成，使他们真正融入城市生活。鼓励创建城市新移民自己的社团，设立各种基金会，发展专门为弱势群体提供支持、保护和服务的慈善机构，积极开拓丰富城市新移民文化生活的各种途径。

7.3　政府职责的履行

洛克指出，在社会状态中，为了保障每个人的平等权利，及社会秩序的稳定，需要一个有实力做后盾的作为公判人的权威机构，这就是政府或国家权力①。亚当·斯密在《国富论》中论及政府在市场经济中的三项基本职责：保护社会免遭其他社会之暴力入侵；尽可能地保护每个社会成员免受来自其他成员的不公正待遇和压迫；建立和维持那些私人难以提供而又是社会所必需的公共设施和公共制度②。政府作为社会公共权力的主体，维护社会成员平等享有公民权责无旁贷。

7.3.1　打破利益僵局

马克思主义基本原理认为，人的利益关系是社会关系中最为本质的关系，所有的社会矛盾和社会冲突的根源均在于人与人之间的利益关系。政府的职责正是基于这种利益关系的调节，"其根本目的是要把冲突保持在秩序范围以内的国家的基本活动之中"③。

改革开放以来，我国的社会利益格局不断分化，利益出现多元化趋势。改革开放初期，尚能体现体力和脑力劳动者应有的价值，社会活力得到激发。但改革开放到一定时期，公共权力和资本不断影响，形成了很多特殊利益集团，"利益分割"局面开始形成，利益集团垄断公共资源，侵蚀着普通

---

① 洛克：《政府论》，商务印书馆，1964，第 39 页。
② 〔英〕亚当·斯密：《国富论》，唐日松译，华夏出版社，2005，第 7 页。
③ 王惠岩：《当代政治学基本理论》，天津人民出版社，1998，第 22 页。

民众的利益，甚至造成社会利益共享与阶层流动受阻，具体表现形式包括城乡之间的利益分割以及阶层之间的利益差别，城市新移民在脱去农民外衣的同时，仍然是利益的受损方，因此，需要通过政府的主导来打破城乡二元的利益僵局，构建科学合理的社会结构。

首先，要打破城乡二元利益分割。城乡二元格局核心是城乡二元户籍制度对资源的分割，城市户籍及附着在户籍制度上的一系列权益，使得城市居民在生活保障、子女教育、住房保障、就业计划等方面明显具有保护性政策，而城市新移民作为外来人员，其各项社会权利包括工资待遇得不到应有的保护，甚至基本生命安全难以得到保障，比如 2011 年发生在有着"铅锌之都"美称的四川甘洛彝族自治县的近百名农民工尘肺病死亡事件①。

其次，打破土地利用利益冲突。目前我国的土地利用方式在一定程度上加速了工业化、城市化的推进，但是却不利于耕地的保护，也没有形成土地利用者之间的利益相容机制，造成许多利益矛盾。这具体包括：中央政府与地方政府的利益冲突，体现在土地的利用规划和土地的计划指标上；地方政府与农民的利益冲突，体现在土地收益的分配上；农村土地流转中作为土地受让方的农业企业及其他经济组织与农民的利益冲突，体现在农村土地利益的分配上。这一系列的利益冲突在加速推进工业化、城市化进程中累积了一系列经济社会问题，成为制约统筹城乡发展的瓶颈②。土地作为城市新移民的合法财产，随着其移民城市而几乎丧失，城市新移民先天的弱势地位也使得他们在利益博弈中始终处于极为不利的地位，最终结果只能是，他们的利益受到侵害。因此，政府应打破这样一种有关土地利用的利益僵局，建立城乡统一的土地市场，保障城市新移民在移民城市后仍不丧失其土地权益；建立城市新移民利益表达机制，确保他们的知情权、参与权和决策权；有序推进农村土地整治和土地管理制度改革，顺应经济社会发展规律，尊重城市新移民意愿，保证土地合理利用及土地增值收益合理分配。

再次，打破附着在户籍制度之上的相关经济社会政策及由此形成的错综复杂的社会利益分配格局。现行的户籍制度不仅城乡人为地划分为二元结

---

① 《四川近百农民工疑尘肺病死亡，患者等死孩子悲惨》，《中国经济时报》2011 年 3 月 28 日，http：//news. sohu. com/20110328/n280024926. shtml。

② 《统筹城乡发展：调整城乡利益格局的交点、难点及城镇化路径》，中国贵阳政府门户网站，http：//www. gygov. gov. cn/gygov/1442575838561370112/20101215/274017. html。

构，而且将公民的迁徙自由权、政治参与权、受教育权以及社会保障权等基本公民权限定在户籍所在地的区域内，阻碍了城市新移民公民权的实现，成为这一弱势群体难以融入城市的根本利益所在。因此，迫切需要打破附着在户籍制度之上的社会利益分配格局，建立城市新移民公共服务均等化实现机制，对例如义务教育、就业培训等，率先实现同等对待，与户籍紧密相连的社会保障、经济适用房、廉租房也要逐步覆盖到城市新移民。我们应看到，要打破利益僵局，着实不易，需要政府痛下决心、下大力气认真做好这项工作。

7.3.2　转变政府职能

要解决我国目前城乡之间差距较大、城市新移民公民权受排斥问题，本质上要通过发挥政府主导作用，构建出城乡政治、经济、文化等领域相互联系和依赖、相互补充和促进的动态平衡格局。而政府职能的调整与完善是发挥政府主导作用的关键，是破解城乡二元格局所引起的各种深层次矛盾的关键，是促进社会和谐发展的核心手段。

第一，政府应转变观念，树立执政为民的理念。思想是行为的先导。只有科学的执政理念才能带来施政行为的科学与公正。从我国各级政府部门来看，有相当一部分城市和地区的政府部门对城市新移民认识不到位，片面认为他们带来了诸如城市就业、公共设施服务资源、教育、住房以及社会治安等多方面的问题，从来没有把他们看作真正的城市新移民，而是给予"流动人员""外来人员"等带有歧视性的称谓。直接或间接地侵害城市新移民的权益。虽然最近几年中央出台了一系列包含城市新移民的政策，但是在新闻媒体频频报道的城市新移民工伤事故问题，折射出相关政府部门并未切实转变观念，没有真正担负起责任。因此，要保护城市新移民公民权的首要前提是政府要真正树立执政为民的理念，充分考虑城市新移民的现实要求，切实履行政府职能，维护社会公平正义。

第二，转变政府管理方式，强化服务职能。个别城市或地区的政府管理部门往往从维护城市居民利益出发，对城市新移民实施以管治、限制、防范为主的消极政策，极大地侵害了城市新移民的权益。比如，为了解决具有本地户口的劳动者就业问题，一些城市或地区设置了较高的市场准入门槛，并规定了各种各样的限制条件，通过增设各种费用限制城市新移民的就业，甚至在许多岗位上明确禁止雇佣城市新移民；通过名目繁多的奖惩手段诱导企业雇佣本地未就业工人替代城市新移民等限制性措施。如武汉市对使用城市新移民的管理规定，"党政机关的工勤人员不能用农民工，高精尖行业管理人员等科技含量高的行业工种禁用农民工，商业、车工、钳工等行业要控制使用。若违规使用，对用人单位处以罚款，并限期清退"①。

因此，要扭转城市新移民的权益缺失现状，必须转变政府管理方式，强化政府的服务职能，应努力向服务型管理方式转变。通过建立和健全劳动力流动服务体系，加强不同地区城市职业供求动向监测预警，为城市新移民就业搭建信息平台，"实行政府搭台、市场推动，促进就业服务组织、培训机构和用人单位之间多层次、跨地域的合作，使劳动力流动正规化、有序化"②。

第三，积极改革各项限制城市新移民权利实现的制度，有效改善执法方式。就制度产生发展的特点来看，从制度产生之初就决定了其具有历史的局限性，它是伴随着一定阶段的社会经济基础产生的，是为一定时期的国家和社会发展服务的。因此，一旦原本所处的社会经济基础发生变化，原有的制度就变得不合时宜且必须做出相应的调整。如建立在计划经济体制之上的一系列城乡二元制度已不合时宜，为此，政府必须对束缚城市新移民问题的各项具体制度进行改革。在城乡一体化过程中，政府职能改革的重点内容之一就是破除限制城乡要素流动的制度性障碍，而作为新型社会管理中的责任主体，政府同样需要切实消除限制城市新移民权利实现的政策障碍。其具体包括：改革以户籍制度为核心的不合理的歧视性制度；改革区别对待的就业制度，统一城乡就业政策，消除城市新移民在城市就业的体制和政策障碍；改革与户籍密切相关的社会保障制度，将城市新移民纳入社会保障的范围。另外，针对城市里劳动监察、公安、工商等行政执法人员对城市新移民执法过程中出现的执法不公或行政不作为现象，也要对相关制度法规作出改革，杜绝执法部门对城市新移民的歧视行为。总之，政府应切实履行职责，改革不合理政策制度，改善政府执法部门对城市新移民的不合理执法态度和行为，切实保障城市新移民的基本公民权利。

---

① 刘玉蓉：《农民工的"市民待遇问题"》，《十堰职业技术学院学报》2003 年第 4 期。
② 刘雅静：《论进城农民工的教育和培训》，《湖南农业大学学报》2007 年第 8 期。

7.3.3　提供法律保障

法律手段的最大功能在于对事物性质定性的确定性，动员社会力量的权威性，解决问题的强制性，对策措施的规范性[①]。要解决当前城市新移民公民权缺失问题，同样需要政府充分发挥法律手段的功能。

第一，立法完善城市新移民权益保障法。

2011 年全国两会上，史贵禄代表指出，农民工作为一个庞大的社会群体，其在就业、社会保障等多方面的基本权利都没有得到制度的有效保障。目前，国家还没有专门针对农民工基本权益保障的法律法规。他建议，国家应尽快制定《农民工权益保障法》，通过立法切实保障农民工权益，设立农民工权益保障机构，并明确机构职能，改善农民工劳动保护条件。建立农民工"双向维权"机制，确立农民工输入地对农民工输出地的合理补偿机制，将农民工纳入输入地社会保障体系[②]。在此之前，河南省[③]、山西省[④]、江苏省[⑤]已先后制定了关于城市新移民权益保护的相关条例或办法，对于城市新移民权益保护起到了一定作用。但地方性的法规不具备全国的普适性，一旦城市新移民离开此地流入其他城市时，便失去了法律效力。

因此，政府应出台全国范围内的有关城市新移民权益保障法，具体应从以下方面对城市新移民权利予以立法明确：有关城市新移民的身份问题，切实改变其被歧视、被排斥地位；有关城市新移民诸如选举权、被选举权、受教育权等相关权利；有关保护城市新移民权利的监督机制。

第二，审查各项政府法规和规章，完善与城市新移民相关的各项法律法规。要切实维护城市新移民的合法权益，首先，需要完善有关劳动法规，开展劳动监察，配合国家立法机关进行相关的行政立法，以国家法律形式保护

---

① 张乃剑：《农民工权益亟待立法保障》，《中国建设报》2004 年 2 月 26 日。

② 史贵禄：《代表建议立法保障农民工权益》，2011 年 3 月 7 日，来自政工网，http://www.allzg.com/n205327c40.aspx。

③ 《河南省进城务工就业人员权益保护条例（草案）》，2007 年 5 月 29 日，http://www.henan.gov.cn/jrhn/system/2007/05/29/010031419.shtml。

④ 《山西为农民工兄弟立法维权》，2007 年 6 月 30 日，http://news.163.com/07/0630/04/3I78S13J0001124J.html。

⑤ 《江苏省立法保障农民工权益》，2008 年 3 月 13 日，http://www.lawyers.org.cn/info/0f4d76171c5e44d89b254293904da723。

城市新移民的合法权益。其次，健全和完善城市新移民社会保障法律制度。我国现有社会保障体制并不完善，加上经济发展水平与户籍体制的制约，城市新移民的养老、工伤、医疗等社会保障很难完全实现，这就需要从制度上加以健全，把城市新移民社会保障纳入法制轨道，按照宪法赋予公民的社会保障权规定给予城市新移民平等的待遇，解除对城市新移民身份转变的束缚，实现城市新移民与城市居民的平等待遇。

第三，加大执行力度，切实保障法律的实施效果。《劳动合同法》第30条规定："用人单位应当按照劳动合同约定和国家规定，向劳动者及时足额支付劳动报酬。用人单位拖欠或者未足额支付劳动报酬的，劳动者可以依法向当地人民法院申请支付令，人民法院应当发出支付令。"该规定清晰明确地对劳动者报酬获得权利进行了规定。但是，在具体实施中，法律规定却并不能得到有效的履行。因此，需要政府相关部门加大执法力度，使基于美好诉求的法律权利真正落到实处。对涉及城市新移民权利的典型案件要给予充分重视，切实保障法律实施效果。

依法治国，构建社会主义法治国家，对城市新移民的权益保护最终要上升为法律问题。这既是对城市新移民权益的最好保障，也是法治社会的根本要求，更是构建服务型政府的本质要求。面对城市每年新添数百万城市新移民的趋势，面对这种城市产业大军不断发展壮大的现实，政府必须用法律手段确定城市群体之间的物质分配关系，确立城市新移民群体的主体地位。这样才能使他们真正融入城市生活，享受到和城市居民同等的公民权利，感受到作为城市主人翁的地位，以更加积极的姿态投入城市建设。

7.4　制度体系的健全

诺斯曾指出，制度安排的不同将导致收入的分配形式发生改变，从而资源的分配也会随之改变，最终，经济发展速度和绩效也会改变。也就是说，经济运行的一切问题最终都可以且应该归结到制度的问题。同样，城市新移民公民权的实现离不开制度体系的健全。

7.4.1　健全城乡一体化户籍管理制度

户籍制度是极具中国特色的一项国家行政制度，是为了证明公民的身份以满足社会管理的需要而产生的，也是中国城镇化进程比其他发达国家的城镇化进程困难要多的原因。我国户籍制度的产生有着特殊的历史环境，是与中国的计划经济相适应的产物，严格的户籍制度曾经为中国经济社会的稳定做出过巨大贡献，在计划经济时期、物质匮乏时期以及"文化大革命"时期，户籍制度有力保障了我国社会秩序的稳定、经济的有序发展和人民生活的安定。即使到改革开放时期，户籍制度仍然发挥着为改革开放保驾护航的作用。可以想象，在中国这样一个人口大国，如果没有管理严格、井然有序的户籍制度，会对社会产生怎样的影响。随着改革开放的逐步深入和市场经济的逐步确立，我国的户籍制度最终演变为"以户籍为核心，包括教育、就业、住房、医疗、养老以及其他公共服务的城市居民身份和权利制度，成为造成我国城乡隔离的核心制度壁垒"①。所以，尽管改革开放已经 30 多年，户籍制度仍然固守着它的原有面目，没有被触动。

但是，没有被触动并不是没有变化。随着农民工的出现，以及社会人口流动的愈发频繁，户籍制度受到了极大冲击。据国家统计局公布的数据，2011 年，全国人户分离的（居住地和户口登记地所在乡镇街道不一致且离开户口登记地半年以上）人口为 2.71 亿，户口在甘肃而工作在北京，户口在河南而工作在深圳，户口在黑龙江而工作在上海等现象比比皆是。以北京为例，统计数据表明每年有 60 万新增人口。经济社会的迅速变化与发展，使人对户籍的概念走向模糊。

由于城镇化的不断推进，户籍制度改革的意义逐渐凸显出来。随着社会的文明进步，升学就业的门槛也在逐步放开，就连户籍管理最为森严的北京，也于 2012 年末出台了《进城务工人员随迁子女接受义务教育后在京参加升学考试工作方案》。该方案将作为"随迁子女在京升学考试办法"正式出台前的过渡实施办法，外地学生在北京毕业参加高考，与北京考生站在同一起跑线上的日子指日可待。在购房资格上，北京也早已改变已有禁锢，缴纳社会保险或完税 5 年即可购房。户籍的羁绊逐渐松动，为户籍制度改革提供着越来越有利的社会环境②。城乡户籍一体化改革的深层次动因也逐渐为

---

① 曹宪植：《我国农民工问题探析》，《北京行政学院学报》2003 年第 4 期。
② 商寅泉：《户籍制度改革是城镇化进程的一道关口》，《中国财经新闻报》2013 年 1 月 12 日。

人们所认同。对现行的二元化户籍管理制度进行改革，逐步建立城乡统一的一元化户籍管理制度，是适应完善社会主义市场经济体制的迫切需求，是加快工业化、农业产业化和城镇化进程的重要举措，是社会主义市场经济深入发展的必然要求，也是实现城乡一体化管理制度的重要内容。2012年2月23日，国务院办公厅发布《关于积极稳妥推进户籍管理制度改革的通知》，要求"继续探索建立城乡统一的户口登记制度，逐步实行暂住人口居住证制度，对造成暂住人口学习、工作、生活不便的有关政策措施要进行一次集中清理，该修改的认真修改，该废止的坚决废止"。

首先，城乡户籍一体化改革是城乡一体化改革进程中的重要内容。城乡一体化户籍管理制度改革，就是要打破城乡分割的户籍管理二元结构，建立以居住地登记户口为基本形式，与社会主义市场经济体制相适应的新型户籍管理制度。通过对户籍制度进行城乡一体化改革，建立城乡统一的户籍管理制度，从根本上改变整个社会的二元结构。建立新型户籍管理制度将为推动城镇化进程和构建和谐社会创造良好的社会条件。（1）一元化的户籍制度将为统筹城乡发展创造条件，建立城乡统一的户口登记管理制度，取消农业户口与非农业户口的区别；登记统一的居民户口，通过对户口迁移管理制度的政策调整，取消限制公民迁移的不合理规定，实行户口迁移条件准入制，即按照居住地登记户口和人户一致的原则，实行以合法固定住所、稳定职业或生活来源为基本落户条件，凡符合上述条件的人员，均可凭有关资料在公安机关办理落户手续。（2）户籍一元化管理将为城市发展注入城乡一体化的理念，统筹城乡发展，实现城乡一体化，是一个循序渐进的改革过程，户籍制度配套改革也是一项涉及就业、社会保障、教育、计划生育、农存土地制度等多项配套政策逐步调整的过程；实施户籍制度的一元化管理，将大力推动城乡二元分离的政策结构得到改变，促进城乡政策的逐步趋同。（3）户籍一元化管理将会加快相关配套体制改革的步伐，深化户籍制度改革，对于城乡统筹的就业格局、完善城乡居民社会保障体系等都会起到积极的作用。

其次，城乡户籍一体化改革是适应新时期经济发展的客观要求。经过30多年的改革开放，我国已告别了短缺经济时代，社会主义市场经济体制已基本建立，全国范围内统一、开放的市场体系已初步形成。随着改革开放的不断深入和社会主义市场经济体制的逐步确立，户籍制度改革相对滞后引发的问题正日益显现出来。这突出表现在以下几个方面：城乡二元的户籍管理制度客观上造成了公民在法律地位和现实利益方面的不平等；一些地方特别是大城市由于地方利益的考虑，依然实行着极为严格的户口迁移政策，无法适应公民正常迁移的实际需要。二元制户籍管理制度赖以生存的经济基础已经发生了根本性的变化，为城乡户籍一体化管理制度的建立提供了现实的社会基础与经济基础。还有部分与户口性质挂钩的政策经过改革调整后，也能够适应城乡一体化制度改革的管理要求。以二元制户口性质为主要内容的户籍管理制度严重制约了社会主义市场经济条件下的人口合理有序流动和资源优化配置。由于多元化户口管理制度的制约，限制了人才的流动，特别是限制了农村人口向城镇的合理流动，其中有大量的农村人口已在城镇居住、工作、生活多年，却不能在当地落户，这不仅不利于城镇化的推进，也不利于城市新移民生活的稳定和公安机关对这个群体的户籍管理，更不利于社会生产力的发展和社会主义市场经济体制的完善。为了适应我国经济社会发展的客观需要和广大人民群众的迫切要求，对现行的户籍制度进行改革就成为当务之急。

最后，城乡户籍一体化改革是实现人口数据统计科学化的重要前提。从户籍管理的角度来看，城乡二元制户口管理制度已不能反映城乡人口的实际分布状况和从事职业、产业的性质。户籍管理本来就是国家依次对公民基本信息进行登记，以确认公民身份，便于国家对人口实施有效管理，共享人口资源的统计数据。

社会对每个具有相似动机和禀赋的人都应当提供大致平等的教育和成就前景。那些具有同样能力和志向的人的期望，不应当受到其社会身份的影响[①]。由于这种城乡二元户籍制度，使得城乡两部分居民具有不同的社会身份，这两种身份在地位上也截然不同，由此带来配置的社会资源同样完全不均等。显而易见，我国目前实行的二元户籍制度侵犯了一部分人的合法权利，成为阻碍城市新移民融入城市，实现公民权的不合理制度。加上附着在城乡二元户籍制度上的一系列权益，使得户籍制度成为城市新移民权利缺失的根本制度缘由，甚至有人将所有的问题都指向了户籍制度，虽然这种观点并不完全得到人们的认可，但至少肯定了我国目前的户籍制度已

---

① 〔美〕罗尔斯：《正义论》，何怀宏译，中国社会科学出版社，2003，第85页。

然不适合社会的发展，逐渐被人们所抛弃，而这一落后制度迫切需要改革，城乡一体化户籍管理机制亟待建立。户籍制度改革的难点在于观念，改革的前提是社会大环境的向好改善。不改革户籍制度，城市新移民的权益无法得到保障，城镇化就难以完成其历史任务。国家发改委城市和小城镇改革发展中心主任李铁表示，推进城市化和扩大内需的重点，首先就在于户籍管理制度改革，应给予农民工与城市户籍人口同等的城市定居的权利、享受公共服务的权利。

第一，明确户籍制度管理的基本目标和户籍制度改革的实质。现行户籍管理制度改革的基本目标就是解决城乡户口性质统一问题，让户口回归本位，使其纯粹成为国家管理、统计人口和进行决策的依据。户籍制度改革的实质就是按照平等、公正的原则，改变诸多权利与福利在全体民众间在城乡二元体制下不合理的配置状态。因此，平等公正应是户籍改革的主要原则。

第二，全面取消城乡户口流动限制，落实城市新移民的公民身份。中国社会科学院在 2011 年发布的《中国城乡统筹发展报告》指出，户籍改革的最终方向和目的是取消现有户籍规定对人口流动的限制，允许所有公民根据自己的意愿和能力迁移到任何地方生活和工作，自动获得当地居民的身份并享受与当地居民同等的公共权利和义务。该报告认为，户籍改革内容应包括两个方面：一是取消落户的事前审批制度，取消所有户口准入条件，允许所有公民在居住地登记户口；二是任何公民在其常住地区，都拥有当地居民的公共权利，并接受当地政府部门的管理、履行相应义务。户籍改革的最终方向和目的是取消现有户籍规定对人口流动的限制，允许所有公民根据自己的意愿和能力迁移到任何地方生活和工作，自动获得当地居民的身份并享受与当地居民同等的公共权利和义务①。二元户籍制度将农村人口人为地划分为二等公民，即便城市新移民已脱离农村，进入城市，户籍依附关系的存在同样使得他们只能被排斥在城市的边缘地带，无法落实其公民的身份。该报告进一步指出，农民对土地拥有的权利不能与城市居民的社会保障权利相提并论，不应成为城乡户籍制度改革中平衡城乡居民利益的一个筹码。正如我们不能在赋予城市居民社会保障待遇时考虑没收他们的财产一样，在城乡户籍

---

① 陆学艺、李培林、陈光金：《中国城乡统筹发展报告》，社会科学文献出版社，2011。

制度改革过程中，各级政府不能认为给予了农民与城市居民同等的户口性质和社会保障待遇就可以剥夺他们的土地权益。相反，我们应该重视的是如何采取合理的措施在改革中对这种农民维持生存的基本权利进行充分的尊重和保护。因此，消除对城市居民与农村居民之间的人为界限，要改革户籍制度，建立城乡一体化户籍管理制度，全面落实城市新移民的公民身份。具体包括：取消以商品粮为标准划分农业户口和非农业户口的制度，代之以居住地为标准来划分城乡人口；以职业确定身份，建立以常住人口、暂住人口和寄居人口三种管理方式为基础的登记制度；逐步实现居民身份证、公民出生证为主的证件化管理，实现以住户、生活基础为落户标准，同时与政策控制相结合的人口迁移制度。新的户籍制度应弱化对城市新移民定居城市的限制，最终消除对城市新移民权利实现的阻碍作用。

第三，剥离附着在户籍管理上的诸多权利，还户籍管理以本来面目。十八大代表、农民工洪刚指出："解决外来工融入当地的问题，关键是实现教育、就业、医疗等权益均等化，这些都与户籍制度紧密相连。"从理论上说，户籍制度的基本职能只有两项：一是证明公民身份，确认公民的权利能力和民事行为能力，证明公民的身份，以便公民参与各类社会活动；二是为政府制定国民经济和社会发展规划、配置劳动力资源等行政管理提供人口数据及相关的基础性资料。

但是在中国，我国城乡二元户籍制度并非单纯的人口登记制度，计划经济时代形成的以户口登记为依据，城乡分割的劳动就业、社会保障、计划生育、退伍安置、公务员录用等行政管理工作，以及在接受教育、医疗保健、通婚子女落户等方面又衍生出的许多具体规定，给户籍管理附加了过多的不合理社会管理功能，构成一个利益上向城市人口倾斜、包含社会生活多个领域、措施配套、组织严密的体系。政府的许多部门都围绕这一制度行使职能。这一系列附着在户籍制度上的福利制度可以说是户籍制度改革的最大难点。如一些地方政府在改革户籍制度中发现，当改变了户籍登记的归类方式或者是放宽了落户条件后，现行的城市财政体制和公共服务体制无法应对加大的负担。结果造成即便按照条件落户在城市，仍然不能平等享有城市居民所享有的社会保障和公共服务，如果要做到户口和权力统筹发展，则会出现地方财力的无法承受。郑州市户籍新政无疾而终就是最好的例证。国务院调研组认为，户籍改革本身并不复杂，但附加在户籍制度之上的相关社会经济政策以及由此形成的社会利益分配格局却是错综复杂的。不解决好相关的社会经济政策问题，户籍管理制度改革将难以稳步推进。因此，要改革户籍制度，建立城乡一体化户籍管理制度，必须逐步剥离依附或隐含在户籍制度之上的一系列社会权利，弱化户籍制度在维持社会秩序、资源分配等劳动就业中的作用，减少因户籍地带来"先赋"因素而造就的不公平。有学者指出，剥离附着在户口背后的各种利益，把隐藏在户口之后的劳动、人事、工资、物价、教育、卫生、社会福利等诸多制度与户口脱钩，是户籍制度改革的核心所在。

第四，建立立法调节机制，促进人口合理流动。

"十二五"规划纲要草案中就指出，鼓励各地探索相关政策办法，合理确定农业转移人口转为城镇居民的规模。"十二五"时期可以说是户籍制度改革的关键时期，作为一种调整社会秩序的手段，户籍管理制度是一项政策性很强的工作，没有法律做支持难免会陷入无序的境地。从我国目前《中华人民共和国户籍登记条例》中看到，其中的部分内容已不适宜社会的发展，从各地出台的户籍迁移政策也可以发现，该条例的内容已被地方政策予以突破，迫切需要制定一部与市场经济、社会发展相协调的新的户籍管理条例，只有这样，才能以公正的法律为依据，形成具有全国意义的户籍管理制度，促进公民的自由迁徙权利的实现。2012年户籍制度改革的最新动态是，国务院办公厅发布关于积极稳妥推进户籍管理制度改革的通知，要求各地区、各有关部门认真贯彻国家有关推进城镇化和户籍管理制度改革的决策部署，积极稳妥推进户籍管理制度改革。通知要求，按照国家有关户籍管理制度改革的决策部署，继续坚定地推进户籍管理制度改革，落实放宽中小城市和小城镇落户条件的政策。同时，遵循城镇化发展规律，统筹推进工业化和农业现代化、城镇化和社会主义新农村建设、大中小城市和小城镇协调发展，引导非农产业和农村人口有序向中小城市和建制镇转移，逐步满足符合条件的农村人口落户需求，逐步实现城乡基本公共服务均等化。作为推进经济结构战略性调整的一项重要手段，户籍制度改革也被明确写入十八大报告中："加快改革户籍制度，有序推进农业转移人口市民化，努力实现城镇基本公共服务常住人口全覆盖。"

如果不从改变社会资源分配失衡、改革碎片化的社会保障体系等核心问题入手，建立相对均等的公共服务体系和较为公平的社会保障体系，那么户籍制度改革就永远是治标不治本，甚至寸步难行。而在新型城镇化建设的大潮下，户籍制度改革又不得不推进。从中国的长期发展来考虑，借力城镇化机遇而进行的户籍制度改革必须要彻底，从根本上消除已经落伍的户籍制度对中国未来发展的障碍，2011 年 2 月，《国务院办公厅关于积极稳妥推进户籍管理制度改革的通知》从以下几个方面入手对户籍管理制度改革进行了具体规定：

首先，要分类明确户口迁移政策。通知分三类明确了户口迁移政策：第一类是县级市市区、县人民政府驻地镇和其他建制镇，在这些地区有合法稳定职业并有合法稳定住所（含租赁）的人员，本人及其共同居住生活的配偶、未婚子女、父母，可以在当地申请登记常住户口。城镇综合承载能力压力大的地方，可以对合法稳定职业的范围、年限和合法稳定住所（含租赁）的范围、条件等做出具体规定，同时应当积极采取有效措施解决长期在当地务工、经商人员的城镇落户问题。第二类是设区的市（不含直辖市、副省级市和其他大城市），在这些城市有合法稳定职业满三年并有合法稳定住所（含租赁）同时按照国家规定参加社会保险达到一定年限的人员，本人及其共同居住生活的配偶、未婚子女、父母，可以在当地申请登记常住户口。中西部地区根据当地实际，可以适当放宽职业年限的要求；城市综合承载能力压力大的地方，可以对合法稳定职业的范围、年限和合法稳定住所（含租赁）的范围、条件等作出更严格的规定，同时应当积极采取有效措施解决长期在当地务工、经商人员的城市落户问题。参加社会保险的具体年限由当地人民政府制定，报省级人民政府批准。第三类是直辖市、副省级市和其他大城市，继续合理控制此类城市的人口规模，进一步完善并落实好现行城市落户政策。

其次，要依法保障农民土地权益。农民的宅基地使用权和土地承包经营权受法律保护。现阶段，农民工落户城镇，是否放弃宅基地和承包的耕地、林地、草地，必须完全尊重农民本人的意愿，不得强制或变相强制收回。引导农民进城落户要遵守法律法规和国家政策，充分考虑农民的当前利益和长远生计，不能脱离实际，更不能搞强迫命令。坚持土地用途管制，不得借户籍管理制度改革突破土地利用总体规划、土地整治规划和土地利用年度计划，严格规范城乡建设用地增减挂钩试点，切实避免擅自扩大城镇建设用地规模，损害农民权益；禁止借户籍管理制度改革或者擅自通过"村改居"

等方式非法定征收程序将农民集体所有土地转为国有土地，禁止农村集体经济组织非法出让、出租集体土地用于非农业建设，严格执行禁止城镇居民在农村购置宅基地的政策。

再次，要着力解决城市新移民实际问题。对农村人口已落户城镇的，要保证其享有与当地城镇居民同等的权益；对暂不具备落户条件的城市新移民，要有针对性地完善相关制度，下大力气解决他们当前在劳动报酬、子女上学、技能培训、公共卫生、住房租购、社会保障、职业安全卫生等方面的突出问题；加快社会主义新农村建设，改善农村居民的生产生活条件，推进城乡公共资源均衡配置，逐步实现城乡基本公共服务均等化，使城镇化和新农村建设相互促进、协调发展。尊重农民在进城和留乡问题上的自主选择权；采取有效措施，为城市新移民在当地学习、工作、生活提供方便。对造成城市新移民学习、工作、生活不便的有关政策措施，要进行一次集中清理，该修改的认真修改，该废止的坚决废止。今后出台有关就业、义务教育、技能培训等政策措施，不得与户口性质挂钩，要继续探索建立城乡统一的户口登记制度，逐步实行暂住人口居住证制度。在解决城市新移民的实际问题上，有学者指出，要针对城市新移民户籍管理问题出台一些切实可行的保护性政策。比如，农民进城务工，如果没有当地的户口，社保及相关福利就很难操作。因此有学者建议，在大中城市的郊区，以村委会为单位，选择非基本农田，为农民工建立单独的生活居住社区，作为农民转变身份，申领当地户口的过渡性"平台"，同时也可以给当地政府一个统筹解决流动人口问题的缓冲余地。与此同时，在解决农民进城落户需要资金的问题上，建议为支持农民出售土地承包权和宅基地以获得现金收入出台更为宽松的政策。

2013 年 1 月 7 日结束的全国政法工作会议指出，"改革开放 30 多年来，数以亿计的农村富余劳动力向非农产业和城镇转移，但城乡二元体制下户籍管理制度改革相对滞后，基本公共服务没有跟上，大量流动人口难以有效融入城市，农村'空心化'、'三留守'问题凸显。加快推进户籍改革已成为社会各界共同呼声"。会议要求"统筹考虑各地经济社会发展水平和城市综合承载能力，区别情况、积极作为，稳妥有序推进户籍制度改革，逐步让大多数流动人口在城镇和农村安居乐业、各得其所"。会议将推进户籍制度改革作为 2013 年全国政法工作总体思路中的四项重点改革之一。户籍改革，已经从"要不要改革"的问题，跨越到"怎么改革"的具体"方法论"问题。

　　"户籍制度是国家依法收集、确认、登记公民出生、死亡、亲属关系、法定地址等公民人口基本信息的法律制度"，这些职能是由司法系统下的公安机关行使的，从表面上看，应属于政法工作的范畴。然而，如果深入剖析当前制约户籍制度改革的诸多因素，就可以发现户籍制度改革牵一发而动全身，已经远远超出政法工作的范畴。虽然政法体系内的工作确实可以直接取消城乡二元化的户籍制度，但这也仅仅是表面工作，对现实中存在的利益歧视不会有任何实质性的影响。

　　究其根源，多年来户籍制度改革之所以推进艰难，最大的障碍就是附加在户籍上的诸多社会利益，如养老、医疗、住房、教育、就业等，造就了数量庞大的既得利益群体，他们为了维护自身的既得利益，成为改革的反对派。而更为关键的是，当前的既得利益群体在很大程度上把持着政策制定的话语权，因此就导致户籍制度改革迟迟难以取得实质性进展，这也是所有改革存在阻力的共同表现。这些问题在 2012 年底陆续出台的异地高考方案的争执中就可见一斑：前面已经提到，享有最丰富教育资源且拥有高考优惠特权的北上广等核心城市的居民并不愿意弱化自己的特权，千方百计以防止出现高考移民潮、缓解城市压力等作为理由，设定了严格的准入条件，歧视移民，而这些特权，无一例外都与户籍挂钩。

　　同样的问题在城乡二元化上体现得更为明显。长期以来，我国客观存在着城乡和地区发展不平衡的问题。近 3 亿人口的自发流动潜在地对这种不平衡进行了"平衡"，但这种"平衡"又造成了新的不平衡。这突出表现为：城市新移民与当地居民的隔阂不断扩大，并形成新的"二元结构"。"二元结构"主要体现在：一是经济权益隔阂。城市新移民享受公共服务均等化程度偏低，户籍、社会保障等制度改革滞后，城市新移民在享受基本公共服务、社会保险覆盖以及合法劳动权益等方面大打折扣。二是民主参与隔阂。由于存在体制性障碍，城市新移民参与民主管理程度较低，导致城市新移民无法进入治理结构之中。因此，加快推动城市新移民融入当地、破解城市新移民与本地居民的新"二元结构"刻不容缓。

　　加快城镇化进程，是中国新一轮经济和社会发展的重要方向。从世界发达国家城镇化的经验来看，城镇化大多是通过市场化和产业化力量调配而形成的，市场调配的前提就是尽量减轻户籍壁垒这个非市场要素的阻碍。减少这一阻碍，除了需要利用好市场化的推力以外，还要解决好户籍制度改革的"统一性"与"区分性"，这样才能使改革取得新突破。

除此之外，还需注意户籍制度改革的方式。一方面，现行户籍的二元化管理制度严重阻碍了城乡一体化进程，限制了农民的自由迁徙。相对于城市居民而言，现行的户籍管理制度在事实上造成农民在政治、经济、文化教育等方面的权益受损，而且这种权益受损现象正越来越影响到农民、农村、农业"三农"问题的根本解决，因此，户籍改革迫在眉睫。另一方面，户籍制度改革的影响面极为广泛，户籍制度改革应该与人事、教育、医疗、社会保障等制度的改革配套。如果不考虑后果地激进推行户籍制度改革，允许农民自由迁徙，就会有庞大规模的农村流动人口涌向城市，造成混乱；城市资源有限，交通、医疗、教育、卫生、社会救济等可能不堪重负。因此，户籍改革不能盲目，应该采取渐进、有序的原则。"打破户籍肯定是未来城镇化改革的方向，但具体操作问题十分复杂，各省差异很大，只有逐步试点逐步推开。"中国社会科学院农村发展研究所宏观室主任党国英表示，2020年若要达到50%以上的人口城镇化水平，关键在于以城市新移民市民化为重点的相关改革到位。

总之，积极稳妥地推进户籍制度改革，健全城乡一元户籍制度，实现公民的迁徙自由和合理流动刻不容缓，而二元户籍制度的改革也将对加速推进城乡一体化发展，促进人民生活改善，实现改革发展成果为全民共享，构建社会主义和谐社会产生深刻的影响。

7.4.2　健全分类分层社会保障政策

社会保障权利作为社会主义市场经济条件下每个公民应享有的基本权利，对于城市新移民而言同样如此。随着近几年国家对城市新移民社会保障问题的关注，中国社会保障制度建设取得了一定成果，社会保障体系的基本框架已经初步建构起来，但城市新移民的社会保障制度建设仍然没能真正满足他们的诉求，处于相对混乱的局面。扩大社会保障覆盖面，提高社会保障水平，提高目前适应不同社会群体的社会保障制度之间的整合程度，促进社会保障获得的公平，是下一步完善中国社会保障体系的重要目标。

要实现城市新移民的社会保障权利，需要切实树立以人为本的理念，转变对城市新移民的种种错误认识，真正按照宪法赋予公民的社会保障权规定给予城市新移民以平等的公民权，把城市新移民从城市的边缘地带解放出来。而要确保社会保障权利的实现，就需要健全我国的分类分层社会保障政策体系。十八大报告提出，要统筹推进城乡社会保障体系建设，要坚持全覆盖、保基本、多层次、可持续方针，以增强公平性、适应流动性、保证可持续性为重点，全面建成覆盖城乡居民的社会保障体系。

完整的社会保障体系包括社会保险、社会救助和社会福利三方面内容，因此，我们要从以下内容着手进行：

1. 健全分类分步的社会保险制度

社会保险制度作为社会保障制度中最重要的内容，对于城市新移民而言也最为迫切。截至 2012 年 9 月，全国农民工参加城镇职工基本养老、基本医疗、失业、工伤保险者占农民工总人数的比重，分别仅为 17.8%、19.7%、10.4% 和 28.0%（按全国农民工总数 2.5 亿人计算），提升的空间仍然很大。要健全覆盖城市新移民的社会保险制度，要遵循分类分步的原则，在对城市新移民社会保险推进的次序上，根据风险危害的程度大小及城市新移民自身需求逐步推进，优先解决城市新移民目前最迫切的需要和最突出的问题，按照工伤保险、医疗保险、养老保险的次序逐步推进。

首先，依据《工伤保险条例》尽快推进城市新移民的工伤保险。由于城市新移民多数从事城市居民不愿意从事的危险性较大的行业，工伤保险对他们而言显得更加必要。一旦发生意外，工伤保险可以减轻给家庭带来的沉重负担。

2003 年 4 月 27 日，国务院颁布了《工伤保险条例》，并要求从 2004 年 1 月 1 日开始在全国范围内实施，目的是确保因工作遭受事故伤害或者患职业病的职工获得及时的医疗救治和经济补偿。好的制度确立下来，接下来要靠有效的实施，但是从目前来看，城市新移民工伤保险最大的问题在于逃保、漏保。而要解决这一大难题，需要从两方面抓起：一方面，从主体扮演角色看，对于城市新移民一方，应积极广泛展开宣传教育活动，增强城市新移民的自我保护意识，鼓励他们通过法律的手段来保护自身的权益，在与雇主签订劳动合同时要提出参加工伤保险的要求；对于政府来讲，有了相对健全的法律法规做基础，重要的是依法办事、加强执法的力度，给予城市新移民完善的法律环境。另一方面，在准入机制上对雇佣城市新移民的企业或个体工商户进行监管，规定只有雇佣城市新移民时投保工伤保险的才发放给雇主营业执照，否则不允许其合法营业。但这只适用于工作较稳定的行业，而对于流动性较大的行业，如建筑业，则只有加强巡回监察和加大惩罚力度，督促承包人为其新来人员及时办理保险①。总之，要推行适合城市新移民需求的工伤保险条例，更重要的是使其切实贯彻执行下去。为进一步加大对遭受事故伤害的职工的保障力度，同时进一步体现工伤属于职业伤害的本质特性，2012版最新《工伤保险条例》在以下几个方面对工伤认定范围进行了调整：（1）将原认定工伤条款中规定的"在上下班途中，受到机动车事故伤害的"修改为"在上下班途中，受到非本人主要责任的交通事故或者城市轨道交通、客运轮渡、火车事故伤害的"；（2）将原工伤认定排除条款中规定的"因犯罪或者违反治安管理伤亡的"修改为"故意犯罪"的；（3）将原工伤认定排除条款中规定的"醉酒导致伤亡的"修改为"醉酒或者吸毒的"。新《工伤保险条例》中还有一大亮点，即设定了简化的工伤认定程序。为规范行政程序，原《工伤保险条例》规定劳动保障行政部门应当自受理工伤认定申请之日起60日内做出工伤认定决定。这一规定对解决工伤职工伤残后的性质认定及后续的待遇享受问题起到了一定的保障作用。但在实践中，由于多种因素的影响，工伤职工特别是农民工的工伤认定时限过长而影响其待遇享受的矛盾较大。为了解决这一涉及工伤职工权益保障的问题，新《工伤保险条例》从进一步提高行政部门办事效率和有利于工伤职工维权的角度，规定："社会保险行政部门对受理的事实清楚、权利义务明确的工伤认定申请，应当在15日内作出工伤认定的决定。"修改的主要内容是，扩大了工伤适用范围，调整扩大了工伤认定范围，简化了工伤认定程序，提高了工伤保险待遇，增加了资金支出项目，加大了强制力度。执行新工伤条例进一步减轻了用人单位的负担，同时要求用工必须依法守法、自觉参保。个人申请工伤认定的程序要求不变。

　　其次，逐步推进医疗保险，重点解决城市新移民大病保险问题。依据我国《国务院关于建立城镇职工基本医疗保险制度的决定》，各地政府应设法给工作基本稳定的城市新移民建立基本医疗保险，特别是对职业病，政府和

---

① 陈岩、曲笛：《农民工工伤保险：强制背后的漏洞》，http://www.p5w.net，2004年12月7日。

企业除加强预防以外，职业病患者还应得到医疗保险。医疗保险内容具体可分为大病统筹医疗保险与一般医疗保险两项。但目前来看，城市新移民大病住院医疗保障范围基本为住院和门诊特殊病，起付标准大都按照当地城市职工基本医疗保险规定执行。鉴于城市新移民群体的复杂性，应坚持分类原则，对于几乎完全市民化的城市新移民，应实行与城市职工相同的社会统筹与个人账户相结合的制度。而对于流动性较强的城市新移民，由于其流动性较大，可以考虑只建立统筹账户。

从目前医保最低缴费期限来看，也应针对不同医保模式分类执行。从社会保险运行规律来看，缴费期限将影响医保基金存量，必须连续缴费20～30年后才能应对退休后的医疗保险。因此，从社会公平角度出发，应根据各地城市新移民不同医保制度分类规定缴费年限。对于由大病医疗保险转为普通城镇职工医保的城市新移民，缴费期可折算为城市医保缴费时间，不足年限的可一次性补缴，退休后医保待遇与城市普通职工一致；对已参加统筹结合基本医保的城市新移民，退休解除劳动合同后，可根据个人意愿选择医保模式，该转移的适当转移。

再次，建立切实可行的城市新移民养老保险制度。2005年12月14日，我国发布了《国务院关于完善企业职工基本养老保险制度的决定》。其中没有关于城市新移民养老保险的直接规定，但有很多涉及城市新移民的养老保险问题。例如，在完善市级统筹的基础上，要求尽快提高统筹层次，实现省级统筹，为构建全国统一的劳动力市场和促进人员合理流动创造条件。城市新移民社会养老保险实行全国统筹，统一管理如果实现，便可以建立便于跨地区转移养老保险关系的机制，不论城市新移民转移到什么地方，都可以凭卡缴纳社会养老保险费，这将根本解决因农民工流动性而造成的社会保险关系难以转接的问题①。

从城市新移民对养老保险的诉求和实施现状中，我们可以看出，城市新移民养老保险制度必须适应企业和城市新移民自身的经济能力，实现从自愿投保到强制性缴费的过渡，实现不同地域之间规则的统一和关系的顺利转移。结合目前地方政府关于城市新移民养老保险制度的相关探索，建立起社会统筹和个人投保相结合、基金积累模式和现收现付模式相结合的"混合

---

① 张喜亮、吕茜：《从"农民工退保"看社会保障制度的完善》，《工人日报》2006年1月9日。

型"制度①。制度模式可采取统账结合，先建城市新移民养老保险个人账户，待时机成熟后再考虑如何建立养老保险社会统筹。如果有打算将来退休回农村的，可以考虑在其达到规定退休年龄时，允许转移个人账户进入农村养老保险。农民工最大特点是流动性强。尽管理论界对单设农民工养老保险制度存在不同意见，但考虑农民工用人单位缴费成本、农民工流动性特点，单设制度有利于农民工参保和权益保障。由于没有专门针对农民工特点的养老保险，很多地方让农民工加入城镇职工养老保险。但城镇职工养老保险转续难问题，直接挑战着农民工流动性强的特点。因此，部分地区出现农民工"退保"热潮，尤其是深圳地区。但单设制度肯定是过渡性的，最终农民工养老保险要对接城镇职工养老保险或农村养老保险。在2.4亿农民工被社保制度覆盖的同时，7亿农村人口也将引来"社保时代"。《新型农村养老保险试点指导意见》基本思路是，政府和农民、集体均承担缴费责任。具体做法是，农民个人和集体缴的费，放到个人账户。国家和各级政府出钱的部分，建立基础养老金。缴费年限是15年以上，在规定时间后，参保农民可以领取养老金。中央财政参照目前低保的数，拿出一个确定的资金数，省级政府在此基础上根据自身能力再拿出一个确定的数，最终确定各地区一个最低标准缴费额。由于涉及老保险会先进行试点，逐步推开。一旦财政投入后，就会成为"刚性"需求。到2012年之前达到50%的覆盖率，即届时将有5亿多农民加入养老保险。

2. 健全分类分层社会救助制度

社会救助对于城市新移民来说是其社会保障权利中最基本的组成部分，原因在于他们较强的先天社会弱势性。如果城市新移民的权益长期不能得到保障，将会有一部分人沦为城市的贫困阶层。目前针对城市新移民的问题我国虽然已经采取了一些政策措施，如强化城市新移民进城就业的支持和服务。但也只能在一定程度上降低这一群体沦为贫困人口的比例和贫困的程度，却不能从根本上解决这一难题。因此，应坚持以最低生活保障救助为基础，以专项救助为辅助，以社会互助为补充的原则，切实构筑城市新移民的基础保障防线。建立了有效的社会救助制度，就可以发挥保底作用，即便在城市新移民其他的社会保障项目都没有建立起来的情况下，城市新移民依然

---

① 徐赛嫦：《农民工社会养老保险制度探析》，《社会保障制度》2008年第7期。

可能在城市中扎根下来。

首先，建立针对城市新移民群体的最低生活保障制度。最低生活保障制度是国家基于人权保障的需要对特困居民实施的一种无偿救助制度。作为我国现代化与城市建设过程中不可缺少的一个重要群体，当城市新移民基本生活难以维持时，国家绝对有义务对其施以援助，但考虑到我国目前的实际情况，将城市新移民完全纳入城市的最低生活保障制度缺乏现实土壤。对此，对于城市新移民要分类对待，其中年龄已满 40 周岁的，应将其纳入城镇最低生活保障制度，和城市居民享受同等待遇；对于不满 40 周岁的，应针对其年纪普遍较轻的特点，对他们的社会救助不应局限于单纯的经济救助，而应该为他们提供劳动机会，可以考虑建立一种特殊的最低生活保障体制，即"公共劳动"形式的最低生活保障体制[①]。对于城市新移民来说，陷入绝境只是暂时的。一旦找到工作，他们不但可以养活自己，而且可以养活全家。因此，对于政府来说，"公共劳动"体制比单纯依靠经济救助更为有效，同时还可以节省成本。

其次，建立专项救助制度。针对城市新移民的实际需要，建立相应的专门救助制度，诸如教育救助、法律援助、精神援助等。具体包括：建立专门针对城市新移民教育权利缺失的维权部门，确保他们受教育权的实现；建立起专门的城市新移民法律咨询中心、援助小组，建立起对城市新移民群体的法律援助和司法保护机制；建立针对城市新移民心理困惑援助机构，了解他们内心的真实想法，有针对性地答疑解惑，从精神上给予救助。

再次，积极建立社会互助制度。对城市新移民群体的社会救助是全社会的责任，全社会应积极行动起来，积极开拓社会互助的新领域、新内容，例如发动义工开展救助工作。切实建立起社会帮扶制度与社会捐助制度，非政府组织及慈善组织积极行动起来关注城市新移民权利贫困，给予他们物质上与精神上的帮助。

总之，健全城市新移民社会救助制度，要坚持分类分层原则，实行政府主导为主的最低生活救助制度，以专门机构为辅建立的专门救助制度，以及以公众参与为补充建立的互助救助制度。

---

① 李强：《城市农民工的失业与社会保障问题》，《政策研究》2001 年第 5 期。

3. 健全分层社会福利服务制度

作为社会保障制度内容之一，社会福利制度逐渐引起人们的重视。随着城市新移民问题的凸显，社会福利制度对于社会保险、社会救助的补充作用逐渐显现出来。社会福利服务制度可以帮助城市新移民解决生活、工作中遇到的实际问题，有助于提高城市新移民的社会归属感，增进与城市居民间的良性互动。

目前我国有关城市新移民的社会福利制度存在服务范围小、服务层次低、服务主体单一的问题，因此，要健全城市新移民社会福利体系，应充分发挥政府、社区以及民间组织在社会福利服务中的功能。

首先，发挥政府的主导作用。城市新移民推动了经济社会的发展，但却沦为城市中的弱势群体，政府应该通过财政转移支付为城市新移民提供必要的社会福利服务，弥补他们在资源分配中的利益损失问题。其次，增强社区的辅助功能。社区建设是当前城市建设的一大内容，对于城市新移民社会融入也有着积极的促进作用。因此，社会福利服务体系建设中社区同样有着不可替代的作用。但目前大多数城市社区还没有将城市新移民纳入管理与服务的范畴，所提供的社会福利服务有限。社区要切实承担社会管理和社会服务职能，在城市新移民聚集社区开发社会福利服务项目，健全社会福利体系。再次，充分发挥民间组织的补充功能。随着政府职能的转变和社会福利服务供给的扩大，大量社会福利需要民间组织来分担，但我国现行的民间组织管理体制存有漏洞，组织自身面临着身份、资金以及人才等方面的困境，因此，应在给予相关政策优惠的前提下，培育一批优良的民间组织，鼓励和引导他们为城市新移民提供服务。

2012 年政府工作报告中显示上年度我国社会保障体系建设的数据，社会保障覆盖范围继续扩大，全国参加城镇基本养老保险、失业保险、工伤保险和生育保险人数大幅增加。2147 个县（市、区）实施城镇居民社会养老保险试点，1334 万人参保，641 万人领取养老金。2343 个县（市、区）开展新型农村社会养老保险试点，3.58 亿人参保，9880 万人领取养老金，覆盖面扩大到 60% 以上。上述工作的推进，使得城市新移民的社会保障权利进一步得到发展。

2012 年 8 月 2 日，全国社会保障资金审计公告提出审计建议：为充分发挥社会保障"调节收入分配、纾解社会矛盾、推动经济发展、促进国家长治久安"的功能，从长远看，应妥善处理好"政府与市场、中央与地方、公平与效率、权利与义务、安全与保值、近期与长远"的关系，进一步加强顶层设计，协同推进社会保障体制改革与财税体制、收入分配、户籍管理、医疗体制和事业单位等领域的改革；以消除参保对象户籍界限、城乡界限、单位性质界限为重点，建立与经济社会发展水平相适应的城乡一体、覆盖全民、科学完善、具有中国特色的社会保障体系；统筹区域和城乡协调发展，缩小不同群体的保障水平差距，推动社会保障实现人群全覆盖，使广大人民群众平等共享发展成果。当前和今后一段时期应重点抓好以下几个方面：

（1）进一步完善社会保障制度法规。①结合社会保险法的贯彻实施，尽快修订《社会保险费征缴暂行条例》《失业保险条例》《残疾人就业保障金管理暂行规定》《社会保险基金财务制度》和《社会保险基金会计制度》等法规制度，明确各项社会保险基金统一的银行存款优惠计息办法，研究制定工伤预防费用支出管理使用办法。②按照社会保险法的相关规定，督促地方政府对擅自降低缴费比例和基数等政策进行清理规范，督促将封闭运行社会保险基金纳入社会统筹，尽快研究将建筑施工企业基本劳动保险基金纳入社会统筹的意见，逐步实现社会统筹。③制定完善社会保险、社会救助和社会福利制度的衔接办法，研究制定基本养老保险不同险种间、基本医疗保险不同险种间的衔接办法，做好城乡医疗救助制度与基本医疗保险的衔接，提高制度的整体性和协调性。④完善基本养老保险、基本医疗保险转移接续办法，切实解决人员流动过程中社会保险关系转移接续问题。

（2）进一步健全社会保障运行机制。①进一步合理划分国家、单位和个人三方责任，建立科学的责任分担机制，并按照财权与事权相匹配的原则，明确各级政府的社会保障责任，着力构建与社会主义市场经济体制相适应的、持续稳定的社会保障网，促进劳动力要素有效流动和实现公共服务均等化。②在巩固完善企业职工基本养老保险省级统筹和明确养老保险事权的基础上，积极推进基础养老金全国统筹，继续探索、做好做实个人账户试点工作。③积极研究应对人口老龄化影响的措施。

（3）进一步加强社会保障监督管理。①建立各级政府社会保障协调管理机制，推进社会保障政策制定、业务管理和改革步调的协调统一，逐步实现社会保险费征收机构的统一和业务经办机构的统一；适应社会救助工作发展需要，进一步加强基层能力建设，提高社会救助管理服务水平。②在完善社会保险基金预算的基础上，积极推进建立规范完整的社会保障预算，完善公共预算、国有资本预算对社会保障预算的投入机制，继续加大财政支出结构调整的力度，稳步增加社会保障支出占财政支出的比重，逐步提高保障标准和待遇水平。③结合贯彻落实政府信息公开条例和深化政务公开的要求，进一步明确社会保障信息公示和披露的方式和程序，充分发挥社会公众的监督作用；有关部门应重点加强医疗保险、社会救助，以及特殊群体社会保障政策贯彻落实情况的监督检查；建立多部门联合的家庭收入财产核定机制和全国异地协查合作机制，有效预防和控制违规行为。④加快建立全国统一的社会保障信息平台，逐步实现社会保障信息系统与相关部门信息系统的共享，实现纵向贯通、横向互联，加强实时监控，促进各项政策落实到位。

北京在健全分类分层社会保障政策方面有许多新举措。2012 年 3 月，最新出台的北京《关于本市职工基本医疗保险有关问题的通知》，打破了参保人员身份和地域的界限，确保农民工纳入本市城镇职工基本医疗保险制度体系，使农民工与城镇职工实现医疗保险制度的统一。无论北京户籍农民工还是外地户籍在京农民工，医保待遇均统一向城镇职工看齐。按照 1% 比例缴纳医疗保险的农民工都纳入本市职工基本医疗保险范围。

北京的新政策打破了参保人员身份和地域的界限，确保农民工纳入本市城镇职工基本医疗保险制度体系，使农民工与城镇职工实现医疗保险制度的统一。新政执行后，农民工按城镇职工缴费标准缴费后，将和城镇职工享受相同的医疗待遇，实现四个统一，即统一缴费办法、统一建立个人账户、统一医保待遇、统一持卡就医。其中统一缴费办法是指农民工缴费标准按照本市职工医疗保险缴费标准，用人单位按照 10% 的比例缴纳，个人按照 2% 的比例和每人每月 3 元缴纳。

表面上看似乎农民工自己要花钱缴费，但实际上，通过统一为农民工建立医保个人账户，按照职工医疗保险规定将农民工自己缴费的这 2% 再打入个人账户，相当于农民工实际上没有自己花钱，却得到了在门诊看病报销的待遇。该通知实施后，农民工医保政策废止。原来用人单位按上一年本市职工平均工资的 60% 为缴费基数，按 1% 比例为农民工缴纳医疗保险。此前单位按低标准为农民工缴费时，农民工无法享受到在门诊看病报销的待遇。新政规定，农民工从过去自己不缴费，改为每月要按上一年本市职工平均工资 2% 的比例和每人每月 3 元大额互助金的标准缴费。对于很多农民工来说，不少人在老家还参加新农合，而来京工作后，都要参加北京市的职工基本医疗保险。在京农民工无须重复参保，另外在老家也可参加新农合。

随着本市农民工被纳入职工医保制度体系，新政带来的利好将陆续显现。农民工们不仅可以计算退休所必需的医保缴费年限，也将拿到自己的社保卡，不用再垫付自己的相关医疗费用。新政实施后，农民工将成为最大的受益群体。按照国家规定，参保者如果要退休，医保需要达到一定的缴费年限（其中男 25 年，女 20 年）。过去的农民工缴费政策是不计算缴费年限的，按照新规定，农民工可以计算缴费年限，这无疑可以更好地保障农民工自身的合法权利。同时，这对于北京市实现各类劳动者"同工、同酬、同保险"的长远目标，无疑更进一步。

另一方面，一些外地户籍农民工顾虑自己可能以后还要去别的城市打工，或者自己打算老年时退休要回到老家，担心自己在京缴纳的社保费不能跟着自己走，其实，目前我国已经建立了医保的转移接续办法，需要的时候，农民工完全可以把在北京的缴费年限和医保账户转移到异地。因此，这些参保农民工的权益，绝对不会受到损害，只会受到严密的保护。除此之外，过去按照旧政策缴费时，每家单位只有一两张人社部门发放的医疗卡，农民工看病时要轮流使用，而且农民工每人只能选两家定点医疗机构，并不方便。而新政实施后，每个农民工都会拿到自己的社保卡，每人也都能和城镇职工一样，选择 4 家定点医疗机构，看病会更方便。

由于农民工存在流动性大等原因，过去一些单位在部分农民工离职或者新的农民工入职后，并未及时到本市社保经办部门重新申报其职工的社会保险缴费工资，以及核定新的缴费人数。北京市明确规定，从 2012 年 4 月 1 日起，用人单位必须为农民工按新政缴纳医疗保险费，不得瞒报和漏报。如果用人单位未按规定时间申报社会保险缴费工资，北京市社保经办部门将按照相关规定，针对相关单位申报系统内现有农民工人数，从 2012 年 4 月起统一按照相关用人单位上月缴费额的 110%，来确定其 2012 年度社会保险缴费工资。也就是说，用人单位将按更高的标准缴费。对于查出拒不为农民工按新政缴费的，会依法对其进行相关处罚。

流动人口的服务和管理，如今已经成为现代大城市一个无法回避的重要问题。近年来，北京市在创新流动人口管理模式的同时，也更加侧重于为外来人口提供更多的公共服务。2011年10月，在北京市优秀来京务工人员座谈会上，时任市委书记刘淇强调，要把来京务工人员作为北京的"新市民"，努力为广大来京务工群众创造良好的工作生活环境。同时，市长郭金龙也表态，将积极探索建立优秀农民工在京落户制度，为符合条件的外地户籍优秀农民工办理在京落户手续。会上透露的信息显示，截至2011年8月底，全市共登记流动人口746.7万人，其中来京务工人员651.3万人，比例高达87.2%。两位北京市高层领导均表示，"新市民"不仅仅是来京务工人员的新名称，本市有望对其提供相应的管理和服务。然而，从"新市民"的称呼，到真正享受市民待遇，这期间仍有相当长的路要走。实际上，北京市也在不断地加大这一步伐。

北京市还讨论通过《关于加强本市公共租赁住房建设和管理的通知》，其中明确，除了中低收入的住房困难家庭，新就业职工和外省市来京连续稳定工作一定年限的人员也纳入公租房的供应对象中。除了备受关注的住房问题，北京市人口计生委还表示，流动人口基本公共卫生服务均等化工作目前正在丰台区试点，并将在全市范围内推广，包括人口宣传倡导、计划生育、优生优育、奖励优待等服务，京籍和非京籍人员将"一视同仁"。将外来务工人员都纳入职工基本医疗保险范围内，使得北京在通往平等享受市民待遇的路上，更前进了一步。

"今后北京将打破户籍、人群和地区的界限，逐步实现社会保障的全面覆盖。"北京市社会建设办公室主任宋贵伦也透露，备受关注的居住证制度将在北京市很快推广开来。从"暂住证"到"居住证"，再到"同城同等"的市民待遇，每一步都系着几百万外来务工人员的期待。如此密集的政策出台和高层表态，让这份期待离实现更进了一步。

总之，灵活多样的社会保障制度给予了城市新移民更多的权利保障和自由选择权。社会救助使得城市新移民可以在生活陷入困境时在城市中生存下来，社会保险的建立会解决农民工有效防范现在以及未来的风险。针对目前我国城市新移民权利得不到保障的现状，科学合理的分类分层社会保障制度势必会加速城市新移民在城市中的融入程度，进而推进我国的城市化进程。人力资源和社会保障部副部长杨志明在十八大新闻中心记者招待会上表示，国务院已经做出部署，积极推进农民工进城落户工作，确保农民工能够更好地享有社会保障等基本社会公共服务。

7.4.3 健全完善土地流转制度

在《古代法》中，亨利·梅因曾指出，所有进步社会的运动，到此为止，是一个"由身份到契约"的运动①。这里所说的"身份"，指的是建立在家族血缘基础上的出身。这里所说的"契约"，则是以自由的个人财产所有作为基础。农民要实现从身份到契约的过程，"取决于与农村土地相关的法律制度革新，只有农民可以根据市场规则自主处理自己的土地权利的时候，才意味着农民以财产的自由获得了身份的自由"②。目前来看，我国的广大农民远未实现从身份到契约的转变，未曾摆脱身份的限制以及土地的束缚，即便对于已经移居城市的城市新移民来说，他们始终不能摆脱"农民"的身份。所以，要解决城市新移民的公民权问题，土地制度是绕不开的难题。

我国现行《宪法》第 10 条中专门对土地制度做了规定："城市的土地属于国家所有。农村和城市郊区的土地，除法律规定属于国家所有的以外，属于集体所有，宅基地和自留地属于集体所有。"从中可以发现，农民个人对于土地是没有所有权的。这说明我国农民虽然是集体土地所有权的主体，但却不能行使作为主体的权利，不能对土地进行经营管理。这些规定本身就违反了所有权的法律原则③。

宪法的基本功能就是区分国家权力和公民权利，并以此限制和防范国家权力对公民权利的侵犯，保障公民的人权合理实现④。但从以上关于土地制度的规定中并没有体现宪法的上述功能。

从理论上来看，城市新移民只有彻底与土地分离才能真正融入城市，但在目前土地承包制度下，他们仍然无法割断与土地的联系，呈现出割裂与依附并存的状况。这样也带来了城市化的悖论：需要城市新移民参与城市建设，但又不能满足其进城需要；需要提高城市化率，但又无力承载大量的城市新移民。折射出在现有的土地制度下，农民对土地的权利不够完整，要化解这种矛盾局面，迫切需要健全土地流转制度。在这里，有必要对我国土地流转制度的历史发展做一简要梳理。

---

① 梅因：《古代法》，沈景一译，商务印书馆，1984，第 97 页。
② 陈小君：《后农业税时代农地法治运行实证研究》，中国政法大学出版社，2009，第 4 页。
③ 陈小君：《后农业税时代农地法治运行实证研究》，中国政法大学出版社，2009，第 43 页。
④ 李集合：《土地征收征用法律制度研究》，中国政法大学出版社，2008，第 40 页。

随着改革开放的进一步推进，公社体制的低效率使得体制改革提上了议事日程，于是原来的集体经营变成一家一户的个体经营模式。这种模式的经营方式解决了外部性和搭便车的问题，使得农民拥有了自己的土地使用权。这项政策大大地提高了农民种粮的积极性，农业生产很快得到发展，加之粮价走势好，到20世纪80年代初农业发展出现了良好的局面。到了1984年，粮食问题已经不再是困扰国家的大难题了，我国的农业也走上了健康发展的路子。

随着粮食问题的解决，农业劳动从土地上逐渐解放出来，这部分人流入非农产业。由于逐渐分离出来的劳动力越来越多，这部分人不愿意种地，因此，联产承包责任制面临着农民不愿包地的问题。为解决这一问题，政府出台了两个文件：1984年的一号文件和1993年中央出台的《关于农村和农业改革发展》的文件。1984年文件提出的解决办法是：个人如果不愿承包，那么可以转包，或者集体收回再重新转包。这个文件在1986年正式施行，使得土地进行了部分流转，一定程度上实现了农业的规模经营。但是此时的流转只是自发行为，规模很小。1993年的文件出台以后，真正的规模经营才开始，文件指出：在坚持自愿的原则下，农民的承包地可以流转，农民可以进行适度的规模经营。但是也产生了一些问题，如很多集体随意扩大留用地，出现了两田制和反租倒包的现象。当时，政府为保护农民已有的承包权，提出个人和集体都可以进行流转，但不能进行两田制和反租倒包。但是这种现象并未有效遏制，以至于当时的土地流转形式仍是反租倒包的形式。事实上，反租倒包早在苏州已经出现，而此时土地流转的试点推广才刚刚开始。土地流转的历程其实是一个从粗糙到规范的过程：2002年的《土地承包法》提出了土地流转的三个原则，即平等协商、自愿、有偿，同时，规定流转主体是承包户，承包户进行土地流转完全在于自己的意愿，任何组织和个人都不能强迫或者阻碍；2005年关于土地流转的具体规定出台，自此，土地流转才慢慢地走上规范化的路子；之后，针对土地流转政策，政府还规定承包期可延长至30年；2008年出台的文件正式确定了承包关系为长久不变。但是，皇粮国税取消后，土地流转的条件就发生了变化，因为这直接影响到承包合约的制定。

党的十七届三中全会对农业发展有里程碑的意义，此次会议公布的《关于推进农村改革发展若干重大问题的决定》正式提出："允许农民以转包、出租、互换、转让、股份合作等形式流转土地承包经营权，发展多种形式的适度规模经营。"这意味着新的改革将要蓬勃而出，土地流转在历史的进程中将会有新的面貌出现，可以说这四个字就是这个时代的关键词。据有关数据显示，2003 年农村土地流转只有 4% ~ 8%，就连城市郊区等相对发达的地方也只有 20%，整体流转规模很小。但到了 2008 年、2009 年，土地流转率一下子占到承包地的 20%，部分发达地区占到 40%。在这个过程中，还出现了很多新型改革的尝试，如"成都模式"（对土地确权颁证，建立农村土地产权交易市场，设立建设用地增减指标挂钩机制）、"天津模式"（以乡镇政府为主导，进行"以宅基地换房"，解决搬迁农民的安置问题，然后通过土地集约增值的收益发展地区产业，解决农村居民就业问题）、"广东佛山模式"（土地股权分红）。这些尝试在一定程度上取得了不错的效果，但也暴露了不少问题。全国政协委员蔡继明一针见血地指出："近几年各地进行的土地改革中，地方政府凭借'公共权力'获取了农村建设用地流转增值的大部分，而农民在农村建设用地流转中的收益和其拥有的土地权利不对称。作为土地所有者和土地使用者双重身份的农民，其权益在农村建设用地流转中并没有完全实现。"① 现在，农民土地在被征之前和被征之后的价值差足百倍，这无疑进一步拉大了城乡之间的差距，其根本症结在于农村用地与城市用地从法律层面上就没有做到同地、同权、同价的平衡衔接。

国家发改委城市和小城镇改革发展中心主任李铁认为，现行的土地制度是推进新型城镇化建设的最大障碍。土地改革应该尽快破除政府垄断征地，实行同地、同权、同利，让农村的集体建设用地能够真正入市。征地制度改革就是要提高农村土地的价格，而且要让土地的收益更多进入农民自己的口袋。全国政协委员、中国（海南）改革发展研究院院长迟福林也建议，应尽快改革征地制度，保障农民征地谈判的主体地位，提高农民在土地增值收益中的分配比例，为一部分农民成为中等收入者创造条件②。

土地制度问题是我国农村现在面临的所有问题中最核心的问题，而地权

---

① 李集合：《土地征收征用法律制度研究》，中国政法大学出版社，2008，第 40 页。
② 《新型城镇化：土地流转和户籍改革是成败关键》，人民网，http://new. china. com. cn，2013 年 1 月 15 日。

制度及其变迁又是土地制度的核心，土地使用权流转更是当前地权制度变迁的焦点。一方面，20 世纪 80 年代中后期以来，农民来自农业的收入增长缓慢，外出务工成为农民增收最重要的来源之一。而随着劳动力市场的开放，以及农业与非农产业之间较大的收入差距，越来越多的农民往城市迁移，由此导致一些农户将土地抛荒。另一方面，2012 年我国人均耕地面积为 0.092 公顷，是世界人均耕地面积的 40%。耕地作为农业生产过程中不可或缺的生产要素，具有供给的刚性约束和复耕成本高昂的特性；基于我国还处在人口增长的高峰期等现状，两项指标的反向变动迫使人们不得不冷静思考我国的可持续发展问题。这种土地抛荒、粗放经营和土地资源高度稀缺并存的二元悖论，被农民工和政府决策者持续关注。为此，全国各地自发地开展了一系列土地流转的创新实践，加上政府的直接推动，农村土地使用权流转速度有所加快。当下土地流转主要有三种形式：第一种类似于 20 世纪 80 年代的土地流转，基本上在村内农户、亲戚朋友之间流转。这种流转方式最近 3 年有了新发展，即农户承包地向农民互助社、合作社流转。例如，2008 年春，河北东光县古树于村的王杰华和另外 6 个村民发起创办了资金互助社，205 人入社，每人互助资金 500 元。互助社成立后做的第一件事是集中团购农资，一亩地（两季）肥料便宜 150 元。互助社做的第二件事是土地流转，将村民从土地上解放出来。原来农户之间相互流转土地，每亩 350 元/年，现在流转给互助社，500 元/亩，两年时间不到，全村有 980 亩土地流转给互助社。互助社购置了大型农机具，全村 85% 的劳动力离开了土地。不仅粮食产量增长 25%，全村人均纯收入 9000 多元，翻了一番多；而且互助社两年积累 40 多万元。第二种土地流转形式叫"占补平衡"或"建设用地指标异地流转"。有些地方利用国家土地占补平衡政策，鼓励村庄在新农村建设过程中，对新村庄实施统一规划和建设，对旧村庄进行统一整理和改造，以节约土地。如果村民集体将节约出来的村庄建设地实施"非转农"，政府则给予一定的现金奖励或建设用地指标奖励，准许村民集体将"非转农"获得的建设用地指标拍卖获利。这种"非转农"及"建设用地指标异地流转"的土地流转形式，是了不起的创举。据统计，全国现有闲置土地 3 亿亩，大部分为旧村庄占地，很多村的宅基地、自留地可达数百亩。这些土地一旦经过合理的规划建设，一般可以节约多半的土地。以江苏太仓为例，在新农村建设后，大量的土地被节约出来进行复垦，政府为此奖励了该地相应数量的建设用地指标，每个指标可拍卖到 20 万～30 万元，此项举措极大地鼓舞了农民的积极性。这类型的流转模式在浙江、重庆也普遍存在，它对于我国节约耕地资源、守住 18 亿亩耕地红线有重大意义。第三种土地流转是利用资本下乡整合农村土地资源，即土地向农业资本集中，鼓励和扶持资本下乡，对土地进行规模化经营。然而，就当前情况看，农村土地流转遇到了问题，土地资源配置效率不高。改革开放之后，土地流转经历了从集体经营到家庭承包经营，从家庭承包经营到在家庭承包制度下的土地使用权流转，从这个过程看，我国土地制度的变迁一直在寻求土地的合理配置和利用，整体向着优化配置的目标努力。

但是在现阶段，土地流转作为优化资源配置的理性行为，遇到了困难和挑战。土地家庭联产承包责任制实施 30 年来，农村得到了前所未有的发展。2008 年 8 月 28 日，农业部部长孙政才在向全国人大常委会作的关于促进农民稳定增收情况的报告时指出，城乡居民收入比已扩大到3.33：1，绝对差距达到 9646 元。这些可观的数字让我们看到了农村发展中存在的问题。中国社会科学院研究员、农业问题专家陆学艺在他新近发表的论文《新一轮农村改革为什么难》中明确地指出，土地制度限制了农村发展。可见，如何解决现有土地制度和农村发展新要求的矛盾是摆在党和国家领导人面前的一个亟待解决的问题。时任总书记胡锦涛在考察安徽省时给农民吃了一颗定心丸，总书记表示，将允许农民以多种形式流转土地承包经营权，赋予农民更加充分而有保障的土地承包经营权。

农村土地制度是农村问题的核心，也是改革的重点，而农村土地制度改革的方向又是农村土地的自由流转。农村土地自由流转是由两方面决定的，一是规模化经营的必然要求，另一个是城市化的推动。首先，农村土地在传统的耕作模式下收入太少，农民增收还是很困难，所以他们想办法将土地集中起来规模化经营，这样可以减少成本，增加收入。其次，随着农产品商品化程度越来越高，农民需要集中化生产以扩大生产规模和技术含量，这也促成了农村土地的自由流转。

城市化是土地自由流转的另一因素，城市化的过程需要有大量的农业人口转向城市，种地的人口少了自然需要将土地转包给别人，否则土地就得不到充分的利用。这样的做法能让土地真正地活起来，许多农村人口进城务工之后就不需要耕作土地了，但是土地又不能撂荒，流转给别人还能获得收益，这对农民是实实在在的好处，增加了农民的现金收入。农民转移了承包权，享受了收益权。

农村土地自由流转与城市化进程是两个互相作用的过程：一方面，土地自由流转有利于城市化，因为一部分农民将土地自由流转后不断走向城市，土地流转后的收益让他们逐渐地在城市定居，成为城市人口；另一方面，城市吸引了许多农村人口来城市打工，但是土地不能荒废，所以他们可以通过土地流转把土地转包给别人还能获得一部分收益。城市化进程越快，土地流转越快，土地逐渐集中给少数人耕种是一个大的方向。农民之间土地自由流转，以前大多存在于亲戚朋友之间，通过合同的方式确立权利义务关系。随着供需双方的要求不断增加，土地开始大规模流转，就形成了土地承包权交易市场。当然，这个市场需要规范，自愿、等价、有偿、保护耕地是原则。

2007 年 6 月 29 日，重庆市工商局颁布了一份文件《重庆市工商行政管理局关于全面贯彻落实市第三次党代会精神服务重庆城乡统筹发展的实施意见》（渝工商发〔2007〕17 号），并于 7 月 1 日专门为此召开了一个新闻发布会。这份文件推出的"新政"设想多达 50 条，有关"农民土地承包权出资入股"的提法是该文件的第 16 条："支持探索农村土地流转新模式。在农村土地承包期限内和不改变土地用途的前提下，允许以农村土地承包经营权出资入股设立农民专业合作社；经区县人民政府批准，在条件成熟的地区开展农村土地承包经营权出资入股设立有限责任公司和独资、合伙等企业的试点工作，积极推进土地集约、规模经营，提高农民组织化程度，加快发展现代农业。"文件一出，立即引发争论，成为媒体热点，人们见仁见智，各抒己见。其中，既有赞同意见，认为这次重庆的改革可能引起中国的第三次土地革命；也有很多严厉的批评意见，有人担心它会面临许多法律障碍，带来一定的法律风险。在重庆这项土地新政出台之前，已经有两件事引起热议，一个是北京的小产权房，一个是广州允许农村宅基地上市流转，都是非常复杂的土地问题。因此，在健全土地流转过程中要充分考虑各地实际情况，借鉴以往经验，更加稳妥、有效地促进制度的完善，让农民在土地流转中真正受益。

首先，实施差别化方式，绝不能搞"一刀切"。中国地域广大，地域差异明显，所以，在流转中必须具体问题具体分析，不能一概而论，搞一体化和单一化，必须在差别化方式的基础上顺势而为。所谓差别化方式，主要包括：政府采取一定措施规范农民转包、转租或代耕的形式，坚决防止土地荒废；对于城市新移民，政府应促进其采用转让方式流转土地，并配合社会保障制度健全，促进农村土地集约化、规模化经营；加强对农村集体土地股份制流转方式的监管，出台有关政策防止股份合作经营方式潜在的各种风险。

其次，保护城市新移民在土地流转中的权益。在贫穷的地方，土地是根本，是农民最大的利益保障，盲目的土地流转，不仅会损害他们的基本利益，还会给社会的不稳定性埋下隐患。当城市新移民定居城市时，土地可暂不交回发包人，允许他们自主转让承包地，土地权益作为他们暂时在城镇生活的必要补充，同时可考虑设定一定的年限；对转户并同时转让土地的，除了给予城市居民同等的保障权益外，还应给予一定的土地赔偿金。从一定程度上讲，关于农业的政策要一以贯之，不能朝令夕改。因为粮食生产是一个时间的累积过程，而且要不断地投入人力、物力、财力，所以其成本很高，但受益需要长期的经营才能看得见。故此，只有政府政策保持连贯，才能维持种粮大户的信心和勇气，让他们有足够的环境进行大规模经营。

再次，建立市场化运作的土地托管运营机构。针对土地管理专门成立机构予以管理，机构承担的职能主要有：收购城市新移民的承包地、宅基地以及房产，管理承包人交出的土地，承包荒废土地等，开发、经营收购或托管的土地等。市场化运作需要规范和完善的流转程序与流转合同，这样才能保护土地流转过程中参与者的利益。这就需要国家出台相应的政策规定，规范流转的程序，同时鼓励创新性的探索。对于机构所获得的赢利，可以考虑用于诸如"农民创业"等示范项目，这样可以解决伴随土地流转后城市新移民的后续发展问题，通过创业带动就业，既可以支持中小城镇发展，又防止了城镇化进程中的"大城市病"问题[①]。

总之，要健全我国土地流转制度，使城市新移民基本财产权利得以保障，真正摆脱土地的束缚，实现"从身份到契约"的转变。

7.4.4　健全城乡平等劳动就业政策

劳动权是城市新移民所享有的基本生存权利，而就业是享有劳动权的直接体现。但对于人口众多且经济薄弱的中国来说，就业是一大突出难题；对

---

① 戚攻：《统筹城乡与农民土地流转的再思考》，《中国浦东干部学院学报》2008 年第 6 期。

于城市新移民而言，更是一大顽疾。对此，政府采取大力发展乡镇企业的办法，"离土不离乡"，主张就地解决就业问题，同时也有计划地吸收一部分人到城市安置。1990年，中国城乡社会劳动者人数达5.67亿人，是1949年社会劳动者总人数的3.1倍；城镇在业人数达14730万人，相当于1949年的9.6倍；城镇就业率仅为2.5%左右①。但政策仍未满足社会发展的需要，近年来，"离土又离乡"的农民工已经超过2亿。

平等就业强调废除针对特定群体的就业歧视政策，确保各类人群在参加工作及整个工作生涯中拥有平等的就业机会和待遇。大力倡导平等就业，主要是倡导就业性别平等；同时，由于中国的特殊国情，关注农村劳动力和城市劳动力的平等就业也应成为大力倡导平等就业的应有内容。20世纪80年代，政府对农村就业政策的基调是鼓励"离土不离乡，进厂不进城"式的就地转移。1984年，中央政府取消了实行多年的禁令，"允许农民自理口粮进城务工经商"，国家控制农村劳动力流动的政策开始有所松动。20世纪90年代以后，适应农村劳动力大规模跨地区流动的要求，中国政府农村劳动力就业政策也逐渐发生变化，其基本点是从限制农民流动，逐步转向承认流动、接受流动、鼓励流动。1993年，中央政府开始实施"组织引导农村劳动力跨地区有序流动计划"，其要点包括：制定流动就业管理服务规则，逐步完善流动就业制度，引导农村劳动力有序流动；面向企业用工需要，积极发展有组织的劳务输出输入，提高劳动力流动的组织化程度；建立劳务协作区，指导劳动力输出输入两地加强劳动力供求信息沟通和就业管理服务措施协调；在劳动力流动高峰期采取必要的调节措施并做出相应的运输安排。党的十六大提出统筹城乡经济社会发展，再次提出引导农村劳动力合理有序流动。2003年，农业部、劳动保障部、教育部、科技部、建设部、财政部共同制订了《2003～2010年全国农民工培训计划》，这集中体现了中国政府在农村劳动力职业培训方面所采取的政策措施。2004年，《中共中央、国务院关于促进农民增加收入若干政策的意见》（中发〔2004〕1号）确立了公证对待农民工、让进城农民融入城市的完整政策框架。文件要求，要进一步清理和取消针对农民工进城就业的歧视性规定和不合理收费，简化农民跨地区

---

① 《劳动权利的保障》，http://www.cctv.com/zhuanti/renquan/baipishu6.html 13K，2002年9月28日。

就业和进城务工的各种手续，防止变换手法向进城就业农民及用工单位乱收费；城市政府要切实把对进城农民工的职业培训、子女教育、劳动保障及其他服务和管理经费，纳入正常的财政预算，提出要健全有关法律法规，依法保障进城就业农民的各项权益；提出了更加积极的鼓励农民进城的政策措施，提出推进大中城市户籍制度改革，放宽农民进城就业和安居的条件。为贯彻落实党中央、国务院的要求和部署，加强农村劳动力转移培训工作，农业部、财政部、劳动社会保障部、教育部、科技部、建设部从 2004 年起，共同组织实施农村劳动力转移培训阳光工程。

对上述政策的评价，从理论上讲，在市场经济情况下，保持一定数量的劳动力流动是正常的，它保证了人才资源在合适的岗位上更好地发挥才干；相反，如果劳动力的流动受到种种限制，劳动力资源有效配置的目标就会难以实现。实践证明，中国农村劳动力流动对经济发展起到了巨大的推动作用，解决了农村中为数不少的富余劳动力，优化了人力资源配置。但是，在建立城乡统一的劳动力市场、解决富余农民的就业方面，我们必须意识到现行政策还存在很多壁垒，其中最主要的是教育壁垒和制度性壁垒。

（1）教育壁垒。农村剩余劳动力多为非熟练技术人员，缺乏专门的技术培训和学习。从国家统计局农村住户劳动力抽样调查数据可以看出，近年来，农村转移劳动力的文化教育程度有所提高，但提高程度不大。小学及小学以下文化程度的劳动力所占比重由 1997 年的 23.2%，下降到 2011 年的 11.6%，减少了 11.6 个百分点；初中文化程度的劳动力所占比重由 1997 年的 58.5%，提高到 2011 年的 62.9%，增加了 4.4 个百分点；高中文化程度的劳动力所占比重由 1997 年的 13.8%，下降到 2011 年的 12.7%，减少了 0.9 个百分点，基本保持稳定；中专文化程度的劳动力所占比重由 1997 年的 3.5%，提高到 2011 年的 5.8%，增加了 2.3 个百分点；大专以上文化程度的劳动力所占比重由 1997 年的 1.0%，提高到 2011 年的 7.0%，增加了 6 个百分点。可以说，绝大多数（80% 以上）农村转移劳动力的文化教育程度是在高中及高中以下水平[①]。

---

① 莫荣：《2002 年中国就业报告》，中国劳动保障出版社，2003，第 176 ~ 177 页；莫荣：《2003 ~ 2004 年中国就业报告》，中国劳动保障出版社，2004，第 213 页；国家统计局网站，《2011 年中国农民工调查监测报告》。

（2）制度壁垒。首先，城乡分割的社会体制并没有从根本上得以转变。尽管长期以来形成的户籍管理制度和城乡二元经济结构也有所松动，城市无人干、不愿干的行业和岗位为农村剩余劳动力提供了就业机会，但"城""乡"的概念在人们的脑海里依旧根深蒂固，社会就业管理形成的"先城市，后农村"的政策惯性仍在起作用，甚至"农民"与"市民"在同等就业岗位上不能享有同等待遇。在就业区域方面，户籍和耕地的束缚，使大批农村劳动力的转移区域和转移时间受阻，不得不走"离土不离乡"的路子，从事兼业化生产，难以真正实现"离乡又离土"的彻底转移。

（3）城乡一体化的劳动力市场尚未建立。在城乡统筹就业工作中，往往偏重城市劳动力就业，而在引导农村劳动力有序转移方面，尚缺乏有效的机制和政策，没有形成统一的市场规则。在农副产品流通、民营经济、商业、运输业、服务业的发展中，存在"服务就是收费"的现象，关卡多，事难办，个别部门还有层层下达罚款指标的现象。信贷部门门槛太高，融资渠道匮乏，也影响非农劳动力的创业。

为此，应采取如下具体对策：

首先，推行平等就业制度。这也是解决城市新移民就业问题的关键所在。就业是民生之本，直接关系到劳动者最基本的权利，是劳动者生存和发展的基础。承认和赋予城市新移民以平等的就业权是解决城市新移民生存权利问题的核心所在。"要认真贯彻《就业促进法》，通过劳动法和相关司法解释的修改，把社会出身纳入禁止就业歧视的范围，彻底打破户籍、地域、行业等多方面的就业限制，实现完全由市场调节的劳动就业制度。"[1] 在具体的操作过程中，必须尊重市场的规律性，构建一个公平合理的就业环境。运用市场的调节机制和配置机制，才能使优势资源得到最佳利用，才能建立起双向选择、合理流动的就业机制。虽然现在存在不少非制度就业的形式，但是，并不是所有的人都有足够的人力资本和社会资本去实现自己的就业。城市移民的失业率从来都是可怕的，因为这预示着社会的不安定和无秩序。所以，推行制度就业，构建公平的市场环境和合理的市场机制，是政府当下势在必行的路子。

其次，加快户籍制度改革，逐步剥离依附在户籍制度上的就业权。在计

---

① 刘玉民：《农民工劳动权利保护现状及对策研究》，《贵州民族学院学报》2007 年第 5 期。

划经济时代，人们的社会流动受到户籍制度的严格限制和约束，这种制度性的隔离造成城乡二元结构模式的形成，也使得城乡区域的发展严重不平衡。一方面，城乡的信息流动不畅，使得农村不能够享有足够的信息资源，导致农村发展一直依附于城市。另一方面，城乡资源配置不合理，乡村的粗放和城市的专业生产，无疑形成经济上的剪刀差。所以，实现城乡一体化是我国社会模式将来的必行之路，也是建设社会主义和谐社会的基本保障。一个自由合理的社会，是一个信息共享、共同发展的社会，是一个经济互补、共同富裕的社会。现阶段，应重点开展城市新移民平等就业试点工作，鼓励各地积极探索在就业准入制度、劳动福利、工资报酬、工作时间等方面问题的解决途径，积极探索建立城乡平等就业制度的途径和渠道，最终建立统一的劳动力市场。政府在制定就业政策时应将城乡居民看作一盘棋来考虑，不应仅仅考虑城市居民就业压力，而制定出对城市居民有利但限制城市新移民就业的歧视性政策。考虑实行完全由市场调节的劳动就业政策，这样既可以保障城市新移民的劳动权利，尊重他们的就业选择权，又可以构建一个公平竞争、合理开放的城乡一体化劳动力就业市场体系。

再次，完善劳动领域立法，建立就业保障机制。劳动报酬是劳动者辛勤付出的应有回报，获得劳动报酬既是劳动者最主要的劳动目的，也是劳动者应享有的基本权利。我国现行劳动法对此做出了明确规定。如《劳动法》第3条规定：劳动者享有平等就业和自主择业的权利。第12条规定："劳动者就业，不因民族、种族、性别、宗教信仰不同而受歧视。"但是现实情况是，我国就业歧视现象依然存在，最为严重的是户籍歧视。对于非本市户口的雇工，雇主往往利用劳动法的漏洞逃避责任。如跟雇主还未签订劳动合同，或还未受到雇佣的城市新移民，劳动关系尚未形成，则不属于《劳动法》保护的范围。这为一些不法雇主侵害城市新移民权利提供了可乘之机。虽然《劳动法》中规定："劳动争议案件实行劳动仲裁前置程序，非经仲裁不得向法院起诉。"但从实践过程看，由于劳动者维权的经济成本和时间成本比较高昂，这一规定实际上妨碍了劳动者维权。

因此，要通过完善劳动领域立法，来保护城市新移民正当就业权利。对此，仅仅依靠企业经济人的自觉、道德约束是远远不够的。因为在市场经济条件下，资强劳弱，资方借着强大的资本非法侵害劳动者利益，对其施加不公正待遇的现象比比皆是。基于此，政府应发挥其职能，完善各种法律制度规范企业行为。例如，可以通过制定就业促进法，来管制针对城市新移民的就业歧视行为；还可以制定一部专门的城市新移民劳动权益保障法，从法律上确立他们的劳动者身份以及应该享有的各种平等待遇，保障城市新移民合法权益；加强劳动保障监察的执法力度，明确劳动部门的责任，并赋予其强制执行权，加快清理歧视性的政策规章，建立健全监督保障机制。

2013 年政府工作报告指出，充分就业是实现社会公平的大前提，政府将会进一步扩大就业渠道。所以，平等的就业机会、合理的就业机制是国家政策的基本精神，如此，公民才能真正保障其现有利益，社会才能真正实现和谐发展。

7.4.5　健全城市新移民住房保障政策

安居才能乐业，作为人类最基本的生存条件之一，保障城市新移民的基本住房条件，是维护人的基本生存权的需要，也是推进城市化建设的关键。最近《中国经济周刊》刊登了中国人民大学教授郑风田的一篇文章，文章指出："高质量城镇化的核心，是改变过去'要地不要人'的旧城镇化模式，解决人的城镇化，实行完全的农民工市民化。让在城镇打工者能够买得起房子，享受同等的城镇社保、医疗等待遇。继续让三四亿甚至更多的农民工每年像候鸟一样迁徙、漂流，是很危险的，是低质的城镇化。"①

从目前我国住房现状来看，房价居高不下，对于绝大多数城市新移民而言，是不敢奢望能够在城市购买住房的。2005 年，建设部、财政部以及中国人民银行出台了《关于住房公积金管理若干具体意见的指导意见》，规定进城务工人员、城镇个体工商户和自由职业人员购买自住住房时，可按规定申请住房公积金贷款。2006 年 3 月 27 日，国务院下发《关于解决农民工问题的若干意见》，再次明确了"农民工可缴存公积金购买自住房"。然而，政府的努力并没有从根本上保障城市新移民的住房权利。住房公积金制度只是局限于有条件的地方和城市单位，而大部分城市新移民并没有经济能力支付购房的首期。因此，要保障城市新移民的住房权利，需要在明确解决城市新移民住房保障问题的原则基础上进一步健全住房保障政策。

---

① 郑风田：《农民工买不起房城镇化就是句空话》，《中国经济周刊》2012 年 12 月 25 日，第 50 期。

就我国目前的情况来看，解决城市新移民住房保障问题必须要遵循以下原则：

（1）利益平衡原则。就住房问题而言，城市的开发涉及的利益是多方面的，除了政府外，还有开发商、城市居民以及城市移民。这无形中就形成了移民与本地居民争夺居住空间的格局，移民也想在城市建设的成果中分得一杯羹。然而，这就涉及一个利益的协调问题，必须在城市居民与城市移民的利益交叉上寻求一个平衡点，这样才能既保护了城市居民的利益，又使得城市移民得到了实惠，比如廉租房、经济适用房以及住房公积金等政策的实施。

（2）政府和市场相结合的原则。住房问题不能是市场自由调节的一个结果，这样会衍生很多的社会问题。因此，政府必须是住房保障方面当仁不让的主导者。就城市移民的期望来看，政府在解决住房问题上负有相当的责任，因为开发商是一个天然的市场机器，看重的是经济利益的回报，舍此无他。再加上，城市移民本身是一个低收入的弱势群体，属于社会保障的范畴。但是，当政府主导的供需矛盾解决后，也应及时退出市场，以保证市场的合理运作，因此，我们的原则依然是："政府为主，市场辅助。"

（3）因地制宜、按需建设和分配原则。解决城市新移民的住房问题，应本着因地制宜、按需建设和分配的原则。根据城市新移民群体自身特点和其流动性质，并结合当地的实际情况，建设符合农民工自身需求的住房。解决城市新移民住房问题必须考虑到城市新移民需求和所处区域的实际环境，统一规划，合理布局，有效利用社会资源①。城市住房建设要按照新移民的实际需要进行建设和分配，不能无计划地重复建设，导致资源的浪费。

我们在遵循以上三大原则的基础上，还应着重从以下几方面进行突破推进：

第一，从法律制度上保障城市新移民的公民待遇。把农民工问题作为主要问题，或把农民工作为实际的低收入对象需要国家法律的保障、政策的支持、企业的落实。西方国家的住房保障依靠的是契约精神和法律制度，在不同的历史阶段，虽然法律形式有所不同，但作为社会公器的法律精神却在任何时候都是住房保障的坚强后盾。如西班牙《宪法》第 47 章就明确规定：凡西班牙公民都有权获得适当和足够的住房，政府要创造条件，制定规则，

---

① 郑风田：《农民工买不起房城镇化就是句空话》，《中国经济周刊》，2012 年 12 月 25 日。

保障公民的这一权利得以实现。美国的相关法律，如《住房法》《城市重建法》《住宅法》《住房与城市发展法》等，对低收入者购房方面提供法律上的条款支持。而我国，在现有的政策条例中，都未对城市居民的住房权利提供足够的法律支持，只有部分指导意见，没有相应的强制条款。但是，修订不久的《物权法》却有了明确的条款，并且要求法律法规的制定中必须考虑农民工这一群体的特殊性，明确提出农民工住房应有的保障对象、保障标准、保障水平、保障资金的来源以及建立专门的管理机构。这在法律上就有了严格的规制，从而使得农民工有法可依，与城市居民享有同等的权利。正所谓立法先行是各国制度建设的经验，我国需要完善出台《住房保障法》，对于城市新移民住房保障权益要加以明确规定，或者完善《城市新移民住房保障条例》。只有法规的强制性力量，才能从根本上保障城市新移民的住房权益。由于法律从提上议事日程到成为条款出台，还需要较长的一段时间，因此我们可以从规范工棚、集体宿舍和农民工公寓等建筑的建造及配套标准入手，对其居住环境做一个初步的改善。所有建筑的建造标准要有明晰的规定，而且要有统一的文本规范，整体实行制度化的统一管理。

第二，完善公积金政策，探索公积金异地转移机制。解决城市新移民住房问题，首先应抓制度，完善相应的政策法规，如廉租房、经济适用房和住房公积金政策。各地要根据实际情况，针对农民工流动性高、工资低的现实情况出台相应的政策条款。比如住房公积金的覆盖，既能方便农民工的支取，又能与廉租房建设、住房贷款等相挂钩，还可以让农民工用住房公积金支付相应的廉租房租金。扩大一些政策性住房的适用范围，如廉租房、经济适用房，并将农民工也纳入住房公积金的范围内，让他们享受跟城市人同等的待遇。根据其居住的年限，设定相应的公积金额度，设立能进能出、及时转移的办理机制。用人单位可以作为公积金缴纳的监督单位，逐步建立农民工的住房公积金制度，提高其自我解决住房问题的能力。此外，我国二元城乡结构与区域结构，决定了城乡收入水平与区域间经济发展水平差距较大，要在不断缩小城乡与区域差距的基础上，逐步实行针对城市新移民的全国统一的公积金缴费标准，减少或者消除因地区间转移带来的障碍；因区域间转移带来的接转社会关系问题，个人公积金账户应全部随同转移；简化住房公积金的提取手续，真正保障公积金从缴纳到提取使用的便利性。

第三，将农民工纳入保障性住房体系。城镇的一些廉租房、经济适用房、两限房可以逐步放宽政策限制，取消对农民工的户籍制约，降低申请条件，增加保障范围，使农民工能够确实享受和城市居民一样的待遇。当前，政策的贯彻力度还没有达到能够消除户籍障碍的程度，所以，住房保障这一领域，还需要政府和用工单位出力，修建专门的廉租公寓。这可以从两个方面来进行。其一，在新扩展的城区建设适合农民工短期居住的宿舍楼或者简易公寓，通过开发商根据不同的情况可以直接转租给单位或者个人。其二，在旧城改造中，可以划出一部分政府承建的区域，作为建设廉租房的建筑用地，针对不同需求，建设不同的、灵活的住房形式，满足农民工的不同需求。如果是单个的农民工，可以以临时租住为主；如果是集体式的，那么公寓式的集体住房可以作为首选。"家庭式"农民工，大部分为核心家庭，可以采用小户型住宅。涉及公寓管理的问题，要以实际的需求为基础，为他们提供迫切必需的服务和保障，创造和谐安定的生活、工作环境，培养社区生活的归属感与认同感，并让他们参与进来，增强社区意识，促进社区融合。政府和企业对于建造廉租房必须考虑到以下几方面：其一，通过实际调查，把廉租房的价格定在农民工可以接受的范围内；其二，廉租房的选址要充分考虑农民工的便利问题，以避免因交通问题而导致廉租房闲置；其三，在申请方面不能定过多的门槛和限制，比如月收入多少、在城市打工的时间长短等，政策应优先考虑那些收入低的人群。从实际效果看，重庆的"棒棒"公寓等都可以作为各地借鉴的范例。总而言之，如果制度合理且能解决农民工的实际需求，廉租房将会成为解决农民工住房的主要途径之一。

第四，规范房屋租赁市场。就目前情况看，房屋租赁是当前城市新移民住房解决的主要途径。所以，有关部门必须出台相应的规范措施，加强城市房屋租赁管理。开展土地权属核查工作，逐步在集体土地和国有土地上实行一体化的管理。如此，有必要设立相应的管理机构，一方面，负责管理房屋租赁市场，加强租赁管理，规范房地产中介机构行为；建立街道和社区、村出租房屋管理台账制度，并安排若干协管员，负责出租房屋的检查、登记工作。另一方面，可以为农民工提供相应的租赁信息。城市移民已经充斥城市的角落，所以，城市的房屋租赁管理势在必行。

第五，加大对于流动性较大的城市新移民的住房补贴力度。与廉租房制度、住房公积金制度和经济适用房制度相比较，对于流动性较强的城市新移民，用加大住房补贴力度的方法来解决其住房问题，其操作起来更具有实效性、针对性和灵活性。住房补贴是城市新移民最愿意接受的住房补贴方式，应满足农民工意愿，逐步建立适宜的农民工住房补贴制度。补贴对象是单位未缴纳住房公积金、单位提供宿舍但须缴纳租金和自行租房的农民工。补贴的金额根据农民工收入状况的一定比例确定，并在劳动用工合同中予以明确①。制定并完善城市新移民租房、住房补贴机制，城市新移民租房补贴要与其工资相匹配，由政府和用人单位共同提供补贴资金，城市新移民要实事求是，依据自身的情况，合理使用租房、住房补贴，以满足自己的租住房需求，同时为了确保城市新移民能够及时拿到租住房补贴，还要加强对租住房补贴发放的监管，在实践中，用人单位也要承担提供租住房补贴的责任。

　　第六，拓宽多种渠道为城市新移民增加保障性住房。保障性住房实质上是由政府向居民提供的一种公共产品服务，其效用就是通过支付转移的方式实现对社会收入的再分配，使广大中低收入居民家庭也能够共享经济发展的成果，从而达到促进分配公平和社会稳定的目的。住房保障体制要想持续运行，必须依靠政府足够的财政支持，因此，要维持住房保障体制的持续运转，必须在政府财政支付可承受的范围之内，采取多种不同的住房保障模式。对于我国的住房保障体制，财政支付能力在很大程度上决定了其运行的效果，所以，要保障其持续运转，政府不仅要保障新制度的财政投入，使城市新移民真正受益，而且要保持适度的保障水平，避免重蹈西方国家福利困境覆辙。我们可以看看西方发达国家的住房政策，政府在其中的作用可谓举足轻重。因此，在我国，政府也应承担起这样的责任，成为实施住房保障的主导单位。近年来，政府虽然在一些方面提供了很大的帮助。比如在大力建设经济适用房、廉租房等方面对原有的城镇住房制度进行了局部的调整。但是，真正的社会保障体系却没有建立并完善起来。农民工有流动大的特征，因此，单位宿舍和工棚相对而言是一个不错的解决办法。因此，政府应该做的是，对农民工聚居的地方加以规范化的管理，从而进一步改善他们的居住环境。由于农民工数量逐渐增加，政府的投入日渐显得捉襟见肘，所以，企

① 金三林：《解决农民工住房问题的总体思路和政策框架》，《中国房地产金融》2010 年第 3 期。

业单位也要负起维护社会稳定、社会公平的责任。多管齐下，改善农民工的生活现状。例如，充分发挥政府的主导作用，采取政府新建、收购、改建方式增加住房供给；积极调动社会力量，如鼓励社会捐赠方式增加住房供给；可以考虑相对集中建设，如成都市对城市新移民居住问题的探索，建立专门针对城市新移民集中居住房；积极发展住房租赁市场，通过政策引导城市居民将多余住房面向城市新移民出租等。要使农民工的住房保障体制顺利地得到实现，最重要的是雄厚的资金支持。对于城市新移民在住房方面的资金问题，政府需要多渠道寻求社会帮助，保障住房建设。

但是，截至目前，可行性比较高的只有两个办法：（1）由地方政府出资建设廉租房。农民工虽然是城市中弱势群体的一部分，但也是城市建设中的一支主要力量。无论政府还是国家，都应该尽快地着手解决农民工的住房问题。（2）鼓励用工单位出资承建或租赁农民工公寓。随着经济的快速发展，许多大中型城市的制造业逐渐发展壮大起来，这些企业缺少的就是大量的劳动力，而这其中有很大一部分是农民工，这些农民工在企业中不断成长，当他们成为熟练工之后，就会期望有自己的住所，并从身份上成为城市中的一员。但是，一般的单位对农民工提供的都只有集体宿舍，所以很难留住固定的工人，而这必然会给企业带来一定的损失。对于这些企业而言，建设农民工公寓，不仅能够改善农民工的生活环境，尽到企业的社会责任，同时也可为企业本身留住人才，赢得利润和荣誉。政府同时也可以鼓励开发商参与廉租房的建设，或要求部分雇佣农民工的企业与政府合作，共同建造廉租房。

人力资源和社会保障部 2011 年将以推动农民工纳入住房保障范围为重点，积极改善农民工居住条件，逐步将在城市稳定就业、符合条件的农民工纳入住房保障体系，鼓励有条件的地区建设农民工公寓①。只有真正实行具有实质意义的改革，住房保障政策才能真正惠及城市新移民，住有所居的目标才能实现，公平正义的社会主义和谐社会理念才得以彰显。

以福建省为例，2012 年福建省政协社法委发布了省直多部门共同参与完成的《福建省农民工状况调查》。该调查结果显示，福建省农民工居住方

---

① 张维：《鼓励建农民工公寓，符合条件者将纳入住房保障体系》，《法制日报》2011 年 3 月24 日。

式以市场租赁（占 39.81%）、单位提供的集体宿舍（包括建筑工棚）（占 38.08%）为主，其次是自购的商品房、自购的经济适用房以及其他住所，只有少量农民工居住在政府提供的廉租房里（占 0.46%）。报告建议，应逐步取消户籍限制，可依据农民工的收入水平、务工年限、参与城镇职工保险年限的不同情况，分别提供廉租房、公租房、经济适用房、限价房等。鼓励有条件的用工单位，在生活服务设施用地中配套建设农民工公寓，享受经济适用住房的各项税费减免政策。农民工集中的开发区（工业园区），在规划建设时应当充分考虑农民工生活配套设施用房，可以集中建设集体宿舍，向农民工出租。此外，可以考虑对本省农民工推行"房屋券"或"持递进城"的方式，即对愿意将户口迁入工作城镇、成为城镇居民的福建籍农民工，可将其承包地、宅基地（包括房屋）评估后转让给政府，政府不直接支付现金，而是允许出让承包地、宅基地的农民工建立城市住房账户，出让价款经统筹考虑后以"月租"形式转入该账户。政府将上述途径所获得的资金用于修建农民工公寓、廉租房、经济适用房，同时将农民工纳入城市住房保障体系，现有城镇廉租房和经济适用房均应向持有城市住房保障金账户的农民工全面开放，优先安排解决这些农民工的住房问题。

城市新移民一头连着农村，一头连着城市，既是城镇常住人口的特殊群体，也是农民中的特殊群体。与就业问题一样，居住问题也关乎人的尊严。诸多接受过高等教育的农民工"二代"对居住和工作环境的敏感程度会越来越高，这也在一定程度上凸显出解决农民工居住问题的迫切性。从实践来看，解决农民工居住问题也并非天方夜谭、遥不可及，而是有现实的基础、成功的经验。譬如，重庆、江苏、山东、福建、河北、湖北、甘肃、四川、广东、广西等省（自治区、直辖市）早就把农民工纳入经济适用房配售范围，这些做法充分表明，解决好农民工的居住问题，通过各方努力是可以做到的。

7.4.6　健全城市新移民的教育政策

在马歇尔看来，受教育权无疑是公民文化权利的核心。这里所谓受教育权，无论从广义上理解或是从狭义上理解，作为公民，城市新移民与其他群体应该享有同等的受教育权。在这里将城市新移民的受教育权做广义理解，分为三部分。

1. 城市新移民自身接受基础教育的权利

从表面上看，城市新移民接受的基础教育似乎与其公民权无直接关系，但在一定程度上，城市新移民接受基础教育的状况直接决定了其进入城市后的身份，这充分体现在公民权的保障水平上。比如，小学文化水平的农民工与高中文化水平的农民工必定会有不同的权利意识，当他们进入城市后，对城市的政治生活、文化生活及教育等各项公民权利的诉求会有所区别，而这种区别就导致了他们在以后的生活中对待自己公民权利的差异。所以，我们可以说，城市新移民自身接受基础教育的实际情况从根本上决定了他们在进入城市后公民权的实现状况。

农村的教育问题也体现在城市新移民对基础教育的接受状况上。长久以来，我国未能从根本上扭转农村教育整体性薄弱状况，比较突出的问题表现在师资队伍、办学方向、教育经费等方面，导致了农村教育质量较差，农民工文化素质较低，严重阻碍了他们对于公民权的行使。要彻底解决这一问题，必须在遵循其他类型教育的共同规律下结合自身的特有规律，寻求出发展农村教育的特有途径，着力落实《国家中长期教育改革和发展规划纲要》中提出的"合理配置教育资源，向农村地区倾斜""加快缩小城乡差距""加快发展面向农村的职业教育""以农村教师为重点，提高中小学教师队伍整体素质"等要求。这就要求农村教育在实践规律的同时，必须从实际出发，充分考虑农村经济社会的现实发展和未来发展需要。

具体而论，首要工作是建立优质、均衡发展的九年义务教育体系。基础教育在农村教育体系中的核心地位决定了建立优质、均衡发展的九年义务教育是提高农村教育质量的重中之重。其一，确保九年义务教育落实到实处，要脚踏实地地把九年义务教育真正地送到农村，为防止适龄农村学生因各种原因而失学，政府应充分考虑各种因素，竭尽所能为其上学提供便利条件，绝不能只搞形式主义。其二，确保九年义务教育这一体系的质量是优质的，为此，政府必须配合农村人口的转移、城市化建设的加速，建立起与农村社会经济发展相符合的义务教育管理、运行和保障机制，基本实现农村中小学的办学条件标准化、师资配备均衡化、质量评价一体化、学校管理现代化的义务教育均衡发展体系，使每个农村学生享有同等受教育机会和教育发展成果，推动农村义务教育的快速均衡科学发展。其三，确保义务教育的发展是均衡的，中国虽用 25 年的时间实现了城乡免费义务教育的全面普及，但是，随处可见家长择校、学生压力过大、部分学校乱收费等行为，这些热点难点问题之所以存在的深层次原因则在于区域、城乡和学校之间办学水平和教学质量的差别。《国家中长期教育改革和发展规划纲要》提出，到 2020 年率先在县（市、区）域内实现城乡义务教育均衡发展，并逐渐在更大范围内推进这一工作；2011 年 3 月到 2012 年 9 月，教育部与全国 31 个省（区、市）和新疆生产建设兵团签署义务教育均衡发展备忘录；2012 年 1 月，教育部印发《县域义务教育均衡发展督导评估暂行办法》；2012 年 9 月，国务院印发《关于深入推进义务教育均衡发展的意见》，进一步明确地方各级政府责任，统筹教育资源，确保完成预定目标。总之，均衡发展的目标就是办好每一所学校，促进每一位学生的健康发展。而当前情况下，由于城乡之间的经济生活水平的差异以及相关人事制度和管理制度的制约，使得大量农村教师流向城区，特别是西部贫苦山区，年轻有为的教师往往都留不住，从而造成农村教师人才资源的短缺，同时也影响农村义务教育的教学质量。比如农村的很多学校，由于专业教师的欠缺，出现了部分课程的无法开设或是教师的全才全职等现象。尽管如此，很多有意向的毕业生还进不来，一方面是大量的优秀教师流向城区而随之自然产生的"代教"现象，另一方面则是因为代教教师的过低报酬使得学校更愿意增加代教教师。这就要求各地政府花大力气加强农村教师队伍建设，完善和落实教师工资、津贴制度。据此看来，解决问题的关键就在于想方设法突破教育经费极度短缺这个农村教育瓶颈。

其次，要调整并完善农村教育的投资体制与管理体制。在国务院的领导下，农村义务教育实实在在地得到了贯彻。这种体制在地方是政府负责、分级管理、以县为主的体制，而且明确了义务教育的总体目标和基本框架，就基础教育管理权限的改变和经费分担的责任下放，给农村学校经费的具体使用提供了制度保障。如今的问题是如何因地制宜，从不同地区的实际情况出发，形成一种体制式的制度模式，从国家的整体情况而言，最终应该制定一部教育投资法规，其内容是关于农村基础教育的。作为一个过渡性措施，第一，要建立教师工资的财政化，大体由中央、省、地、县几级政府分担，同时，要加大中央和省级政府的财政支付力度，确保农村教师的工资按时发放。第二，依据各个地区义务教育生均成本的额度，确定不同层级政府的分担比例，以法律的形式来保证制度的实施。因此，必须从现在开始进行调查研究，明确各个地区义务教育的生均成本，并依据各个地方的财政收支状况，确定每层级政府所分担的比例，以此来作为制定投资法规的基本根据。只有通过这种方式，才能保证农村教育经费的按时足额发放，而农村教育也才能持续发展下去。第三，要把每年增加的财政教育经费的用途做一个明确的规定。每年增加的财政教育经费一般来说主要用于支付农村小学教师工资、公用经费开支、危房改造的支出。县乡每年超收的财政部分主要用作教育经费：①保证教学的基本设施完备；②支付农村中小学教师的工资；③增加必要的现代教学设备。

再次，要加强示范教育，激发农民的求知欲望。农民工在教育上的自身需求是改善农村教育状况的内在动因。现实的就业压力和残酷的就业现实，以及多年的打工经历成为他们学习知识的主要推动力。农村教育应该加强榜样激励，进行示范教育，使得他们拥有强大的求知欲。对于思想守旧、保守不进的农民工应该多加强宣传，倡导"学习改变命运，知识成就人生"，从而提高他们的积极性。政府部门应该加强职业技术教育的推广和传播，向广大农村提供各种有关学习、成功的教育宣传。同时，我们还要深入了解农民在学习过程中遇到的困难，因需引导，按需施教，使农民充分认识到学习的重要作用和意义，促进其自身素质的提高，进而间接地提高了城市新移民的整体素质。职业教育的开创是创新性的，它是专门针对教育基础落后、能力素质低下的农民工设置的一种教育方式。通过职业教育，农民工能够掌握实用技术，提高自身素质，从而改变其工作环境，成为高技术人才。通过参加基础教育，农民工将提高自身的内在素质；通过正规的职业教育，他们将掌握劳动力市场所需要的一些基本技能，提高自身的综合素质，从而改变自己弱势群体的地位。

最后，要关注农村学生的营养状况和健康水平。因为农村经济条件和物质条件所限，农村学生的营养状况相较于城市学生是比较差的，这很可能影响到其学习和成长。为了进一步改善农村学生营养状况、提高农村学生整体的健康水平，加快农村教育的快速发展，促进教育公平的尽快实现，2011年10月，国务院常务会议决定启动实施农村义务教育学生营养改善计划。2011年11月，国务院办公厅印发《关于实施农村义务教育学生营养改善计划的意见》，决定从2011年秋季学期开始，中央财政每年安排160亿元，率先在集中连片特殊困难地区的 680 个县开展国家试点工作，此项工程惠及 2600 万学生。接着，于 2012 年 2 月教育部召开了全国农村义务教育学生营养改善计划工作部署视频会议，部署 2012 年营养改善计划实施工作。2012 年 6 月，教育部等 15 个部门印发《农村义务教育学生营养改善计划实施细则》等配套文件，全面加强和规范营养改善计划实施管理，切实有效地改善农村学生营养健康状况。营养改善计划是涉及学生健康和身体安全的一个系统工程，涉及面很广，政策性很强，情况也很复杂，社会关注度也比较高，但其意义重大。有关部门应尽快在国家和地方进行试点，总结推广经验，在适当的情况下，应该将学校的供餐项目进一步纳入国家义务教育的财政预算和法律保障中，覆盖所有在校的中小学生，建立能够健全保障义务教育学生在营养健康方面的长效机制。

2. 城市新移民接受职业教育和业务培训的权利

尽管目前依然存在城乡分割的二元劳动市场，对农民工的就业歧视仍然存在，但接受教育少、技能水平低的确是导致农民工就业难、工资低的主要因素。尽管城市新移民在城市建设中也是主体部分，但从总体来看，城市新移民自身文化水平不高，与此对等的是，技能水平也比较差。随着经济的发展和社会的进步，城市新移民随时有可能被社会竞争所淘汰。东北师范大学教育研究所就此问题做过一次调研。调查显示，有 50% 以上的农民工觉得自己学历低，43.4% 的农民工感觉自己在找工作中遇到的最大问题是没有一门技术。中国青少年研究中心也做过类似的研究，最终他们得出的结论是，愿意继续学习知识的农民工竟有 97%，可以看到，他们对于文化知识、专业技术有着极强的渴望和需求，他们继续接受教育的意愿极为强烈。但是，现实与他们的期望离得实在太远。2006 年国务院研究室发布的《中国农民工调研报告》显示："农村劳动力接受过短期职业培训的只有 20%，接受过初级职业技术培训或教育的占 3.4%，接受过中等职业技术教育的占 0.13%，而没有接受过技术培训的高达 76.4%。"① 针对这种结果，政府部门先后出台了一系列政策措施，以促进农民工教育培训。"如针对农村劳动力转移的阳光工程等。但总体来看，政府对农民工职业培训的投入仍较小，中央财政用于补贴'阳光工程'的经费仅为 2.5 亿元，这对于解决大量农

---

① 国务院研究室课题组：《中国农民工调研报告》，中国言实出版社，2006。

民工就业服务和培训可谓杯水车薪。其结果是，大多数农民工对于教育培训并不知晓，教育培训的现实供给与实际需求存在巨大差距。"① 要探究问题的原因，我们就必须审视当前的教育体制。其一，从受教育的主体来看，教育资源的设置主要为未成年人和升学考试，而相应的继续教育和终身教育到目前还没有得到应有的重视，这直接导致农民工初高中失学后就很难有再学习的机会。其二，从教育结构来看，职业教育和普通教育二者存在严重失衡。当前，社会整体关注的是普通教育，而对职业教育的发展和投入都重视不足。农村地区的教育模式是以升学为目标的，在这方面难以适应整个劳动力市场的巨大需求，而通过这种方式培养出的劳动者，其知识结构和专业技术也不能满足市场的需求。其三，从职业教育的城乡分布来看，职业院校多数坐落在城市，这导致农村职业教育的空白，而国家和政府对农民工的职业教育支持力度不足。同时，农民工继续教育与经济发展也有很大的关系。一方面，国家和政府的投入不足，使得农民工继续教育开支只能自我承担，但因其工资水平低，生活上也往往只能维持日常的开销，没有足够的钱来进行培训；另一方面，除了难以承担的培训开支之外，机会成本也是一个重要的制约原因。机会成本指的是农民工一旦接受技能培训，就得放弃打工机会的那部分潜在收益。调查显示，因为教育培训会使农民工损失一部分就业机会和时间，同时，教育培训的课程设置和学时安排难以与农民工的实际需求对接，真正能提高农民工技能的培训其实不多，最后使得农民工的这种内在的培训需求难以成为现实需求。

十八大报告明确指出，要"大规模开展职业技能培训，尤其是将上亿农民工由普通工培养为技工"。所以，政府应该站在提升农民工和农村人口整体素质的战略高度上，建立健全城市新移民继续教育政策体系。有鉴于此，要使城市新移民继续教育取得实效，应着力加强三大任务。

首先，要大力改革教育和劳动培训制度及其体系，建立和健全多层次的城市新移民培训体系。现有的劳动培训体系整体上存在许多问题，比如供给不足、效率不高、结构不合理、管理体制不顺等问题，改革的方向在于加快劳动培训的市场化，使目前的劳动培训由政府主导转变为政府购买服务之下的市场主导。实质上，城市新移民是在为整个国家的经济发展做贡献。因

---

① 国务院研究室课题组：《中国农民工调研报告》，中国言实出版社，2006。

此，对城市新移民的培训也就需要政府、社会、用人单位多方面进行有效合作，协调配合，发挥力量的集成优势，建立健全政府、企业、社会的多渠道、多层次、多形式的培训网络。政府应根据继续教育机构完成任务情况划拨继续教育及培训经费，为城市新移民继续教育提供基础保障；企业定期组织城市新移民进行职前和在职培训；社会各界例如一些职业培训机构，应降低招生条件，接受城市新移民进行再教育。

就目前情况来看，教育资源的重心下移是改善农村基层教育的重要举措。城乡教育资源的分配不均，一直制约着乡村教育的发展。由于大量的资源集中在大中城市和县城，所以农村的本土教育就显得相当落后。而当下，正好可以利用民工返乡的机会，把城市的教育资源向农村延伸。再加上，当前农村生源稀少，校舍空闲，正好可作为基本的教育设施，从而从整体上建立农民工教育的长效机制。

就当前的财政情况看，公共财政的支出在就业上比重仍然很小，远远落后于发达国家的投入。而且，用于促进就业的公共资源要合理配置，逐渐从培训供给主体向培训接受者主体转变，保证劳动培训在市场运作过程中能够真正地为劳动者服务。具体地讲，城市新移民的教育资金问题，必须以政府为主要负责主体，市场运作作为一种配置机制而存在。按照"谁投资、谁受益"的原则进行，形成多元化投资格局。其中，政府对加强城市新移民继续教育负有重要职责，应加大对城市新移民继续教育的扶持力度；同时，企业担负着不可推卸的责任，因为城市新移民自身素质的提高、技能的增强能使企业直接受益，因此，企业应增加对城市新移民继续教育的投入；另外，中小型金融机构也可以提供小额低息贷款帮助城市新移民在就业前接受职业培训，有了一技之长，才能在城市劳动力市场中谋得一席之地，依靠城市新移民自身力量来争取公民权。

其次，健全与规范城市新移民继续教育市场。继续教育市场长期由政府垄断的格局要打破。政府应首先放开培训市场，以专业化的培训机构为继续教育主体，这样才能够开辟更大的空间。对此，市场主体应该充分发掘和利用职教资源加强农民工职业教育和培训，当前，我国拥有中等职业教育学校约1.5万所，高职院校有1100余所。这些资源如果能够妥善使用，将会进一步促进培训市场的完善。而当务之急是政策和经费的支持，使得中高等职业学校真正成为农民工教育的重要载体。同时，有关职能部门要对现在的培训机构依法进行监管，在依法整顿改造的基础上提高其质量和水准；要统筹规划，将城市新移民继续教育纳入国家整体教育系统之中。加强对城市新移民教育的规划与管理，搞好城乡培训和就业的统筹安排；要全面推进职业资格证书制度建设，加强国家职业资格证书与就业制度的配套改革，引导和规范城市新移民的职业培训工作，促进职业培训主动面向多样化的市场需求，适应经济社会发展的需要；要进一步健全与规范城市新移民继续教育信息发布渠道和制度，把培训市场信息与就业市场信息相沟通，可使城市新移民在获得培训信息的同时获得就业信息，可以达到一举两得的目的。

再次，要加大新农村文化设施的建设力度。自我教育是农民工教育的一种重要方式，努力为农民工创造一个良好的学习氛围，加大力度建设基层文化设施，选择一些辐射范围广且劳动力资源丰富的中心村规划布局学习网络。把闲置的中小校舍充分利用起来建成农民文化活动室或图书阅览室等公共设施，从而形成农民学习的重要基地，丰富农民的文化生活。总之，加强农民工继续教育，不仅有利于完善当前教育体制，也是解决城乡教育资源整体失衡的重要途径。具体而言，农村教育要做到"三面向"：一是面向农民和农民工，增加对他们的教育培训机会，进行补偿教育；二是面向新农村，不仅使教育成为新农村的重要内容，也使新农村成为教育的重要场所；三是面向未来，通过教育，提高农民工技能，提升农民素质。由此可见，农民工继续教育无论对于推动城乡公共资源的公平配置，还是对于全面提升农民素质，都有着重要的战略性意义。

最后，保障城市新移民子女接受教育的权利。城市新移民子女主要分为两种情况：第一种是留守儿童，即子女留在农村，不随父母移民。第二种是随迁子女，即子女随着父母来到城里。城市新移民的这两种规模都随着城市新移民的不断增加而增长。这些儿童的教育问题不仅关系着农民工家庭的切身利益，也影响着城市化进程的顺利发展，更关系到国民素质的整体提高。所以，这一教育问题的妥善解决有利于推进教育公平，促进社会和谐，贯彻落实"以人为本"的可持续发展观。其中农村留守儿童的教育问题与城市新移民自身接受基础教育的问题基本一致，下面主要对城市新移民随迁子女的教育问题进行分析。

农民工随迁子女在义务教育上显然存在很多限制，部分地区的公办学校在制定入学条件时，明确提出了"准入条件"。比如，有的地方只是固定的几所学校接受外来务工子女入学，有的即使入了学，在教育上也存在课程安排上的歧视。产生这种现象的原因是多方面的，其中主要还是经费保障、制度设计以及教学管理等问题。教育经费的不足一方面是制度上的问题，另一方面是资源分配上的问题。随着外来务工人员的增多，其子女入学给当地带来的教育压力也在不断增加。经费是有限的，需要分配的个体缺失越来越多。国家在给予流入地政府管理职责的同时，却没有给予相应的权益。就目前的体制而言，当地政府从根本上解决教育投入的问题是不可能的，更何况当地的公办教育资源很多本来就存在问题。外来务工子女要实现教育资源的共享和教育的公平待遇，寄希望于本地政府的力量是不行的。中央政府和省级主管部门应该设立专项资金应对外来务工人员的流入，使得流入地有足够的经费来实施其教育政策。

农民工随迁子女的教育问题还需进一步深入研究。其他社会力量如果有能力也可以参与农民工子女的教育，这与国家"公办学校为主"的方针不冲突。当前，民办学校和部分简易学校分担了大部分农民工子女的教育，大大缓解了公办学校接纳的压力，无论从财政上，还是政府政策上，这都是有益的帮助。由于政策支持的乏力和体制的约束，简易学校和民办学校从各方面都不能与公办学校相比。因为农民工工作的流动性，在某一个地域其形成规模和发展方式有很大的不同，即使是同一地域，流动人口所从事的职业、所处的文化背景、现有的经济状况也是各不相同的。因此，要解决农民工子女就学问题，除了依靠以全日制的公办中小学校外，其他的民办简易学校也是必要的补充。在这个问题上，多层次、多渠道、多样化的解决方式是必要的，更重要的是进行体制上的改革和机制创新。

《中华人民共和国义务教育法》规定，"父母或者其他法定监护人在非户籍所在地工作或者居住的适龄儿童、少年，在其父母或者其他法定监护人工作或者居住地接受义务教育的，当地人民政府应当为其提供平等接受义务教育的条件"[①]。这是首次以基本法律的形式明确规定了政府在承担为农民工随迁子女提供平等地接受义务教育应负的责任，其标志着农民工随迁子女义务教育以国家基本法律的形式定了下来。然而，就法律本身是没有具体的

---

① 《中华人民共和国义务教育法》第二章第十二条。

实施细则的，只是说明了具体办法要根据实地情况，由各省、市、自治区各自规定，这就使得各地在解决农民工随迁子女义务教育的问题上方法各异，程序也不同。所以，一项政策的理性设计必须与实践的情况相一致，否则只有空想的一纸制度，到头还是没有具体的措施。

农民工的职业特征是流动性高，这给当地的教育管理带来了规范上的困难。在 2006 年，国务院出台了《关于解决农民工问题的若干意见》，明确指出："各地要将农民工随迁子女义务教育纳入当地教育发展规划。"然而，要落实这一要求却是困难重重。首先是学籍管理上的问题，农民工没有稳定的工作，工作的地方常常变换，相应的子女流动性也就大。因为学籍管理在各地的措施不一样，有的地方入学转学都相对简单，所以，无论是民办学校还是公办学校，生源变化常常不稳定。这无疑给学校在学籍上的管理带来了困难。其次，各地农民工随迁子女的规模预测难度非常大。教育行政部门对外来人口中适龄入学儿童无法获取准确的数量，这也使得教育部门在教学设置和教育规划上难以把握。当前这些问题已经严重影响到"普九"任务的落实。

为了解决城市新移民子女教育的问题，近年来国家出台了一系列相关政策，温家宝在《2011 年政府工作报告》中同样强调"以流入地政府和公办学校为主，切实保障农民工随迁子女平等接受义务教育"①。这对于解决城市新移民的子女教育权益的保障起到了一定积极意义。2012 年，《国家教育事业发展第十二个五年规划》对进城务工人员随迁子女享受基本公共教育服务权利做出了具体规定："一是明确进城务工人员的义务教育纳入基本公共服务范畴；二是提出到'十二五'时期，'进城务工人员随迁子女在公办学校接受免费义务教育的比例达到 85% 以上'；三是对进城务工人员随迁子女接受非义务教育开了口子，如鼓励各地采取发放培训券等形式。"② 就在党的十八大召开前，国务院办公厅转发教育部等四部委联合制定的《关于做好进城务工人员随迁子女接受义务教育后在当地参加升学考试工作意见的通知》，提出："各地要在今年年底前出台工作方案。通知也提出上海、北

---

① 温家宝：《2011 年政府工作报告》，2011 年 3 月 7 日，http：//finance. icxo. com/htmlnews/2011/03/07/1429986_ 1. htm。

② 《国家教育事业发展第十二个五年规划》，2012 年 6 月。

京这样的人口流入集中的地区要进一步摸清底数，掌握非本地户籍人口变动和随迁子女就学等情况，抓紧建立健全进城务工人员管理制度。"①

十八大报告中进一步明确指出，"积极推动农民工子女平等接受教育，让每个孩子都能成为有用之才"②。与十七大报告相比，"保障经济困难家庭、进城务工人员子女平等接受义务教育"的表述，"义务"二字的消失说明了从就学层次上，学前教育、高中阶段以及高等教育阶段的大门，已经平等地向农民工子女敞开，这就意味着城市新移民子女的教育权益在政策和法律上得到了进一步提升和保障，异地高考和异地就学问题的解决再一次迎来契机。

随着时间的推移，城市新移民的子女在流入地能否顺利参加高考的问题日益迫切。从 2008 年由全国人大代表提出的"关于解决外来务工人员子女就地高考问题"提案，到《国家中长期教育改革和发展规划纲要》的发布，再到 2011 年"两会"上呼之欲出的改革势头，一直到 2012 年 8 月 31 日，国务院转发教育部等部门《关于做好进城务工人员随迁子女接受义务教育后在当地参加升学考试工作的意见》（简称《意见》）的通知，"要求各地在因地制宜方针的指导下于 2012 年 12 月 31 日前出台各地的异地高考具体办法"，使得异地高考的问题才有了实质性的解决措施。《意见》要求："各省、自治区、直辖市人民政府要根据城市功能定位、产业结构布局和城市资源承载能力，根据进城务工人员在当地的合法稳定职业、合法稳定场所（含租赁）和按照国家规定参加社会保险年限，以及随迁子女在当地连续就学年限等情况，确定随迁子女在当地参加升学考试的具体条件，制定具体办法。"③

中国教育科学研究院副院长曾天山认为，异地高考之所以如此棘手，存在三方面的困难：一难在于教育与经济社会的相互统筹，二难在于学校布局与城市人口管理的相互统筹，三难在于当地居民升学利益和流入人员升学利益的相互统筹。异地高考的问题说起来很容易，实际执行起来却很难，所以

---

① 《关于做好进城务工人员随迁子女接受义务教育后在当地参加升学考试工作意见的通知》第二条，2012 年 8 月。
② 十八大报告。
③ 《关于做好进城务工人员随迁子女接受义务教育后在当地参加升学考试工作的意见》，2012年 8 月。

有人说这是一个"知易行难"的问题。其理论上的假设和实际中的具体执行至今仍存在很大的问题。

异地高考一直推行不下去，直接原因是触动了本地考生的利益，客观上形成了对教育资源的瓜分。由于录取名额是限定的，无端地增加外来考生，肯定会加大竞争力度，降低本地考生的录取比例。由于教育在当地的"地方保护"，学校在录取学生时肯定优先考虑本地生源。所以，各地所出台的异地高考方案必然在各方面对外来考生有所限制。同在蓝天下，同在一个校园，同样是求学的学生，但面对的标准却并不相同，这场竞争从一开始，就不是站在同一条起跑线上。因此，没有全国统一的异地高考方案，只是由地方自己出台政策，那么外来考生和本地考生在教育上永远不可能有公平的待遇，教育平等权的目标也就无法实现。

当前，有 29 个省市明确出台了异地高考具体标准，这些地方有北京、上海、广东、黑龙江、山东、安徽、江西、福建、重庆、河北、湖南等。在这些标准上，对外来考生均有学籍、在该省市就读时间、父母社保证明等方面的要求。我们只要做一个横向的对比就能发现，与其他省市相比，北京、上海、天津等"高考洼地"被视作改革重镇，其出台的政策就不仅仅是学籍、社保、固定住所等的限制，由于实际情况的复杂性，这些地方的门槛显得更高，实施细则也因此更为外界所关注。

通过一些方案和报道的比较，我们看出，北京、上海和广东的异地高考政策都是一种过渡性、渐进性的方案。根据《北京市随迁子女在京升学考试工作方案》："2013 年符合相关条件的随迁子女可以参加中等职业学校考试录取；2014 年符合相关条件的随迁子女可以参加高等职业学校考试录取。大学本科的部分还没有计划放开。"① 在广东省，一些符合条件的进城务工人员子女从 2014 年开始可以报考高等职业学院，到 2016 年时就可以报名参加高考。但是，广东和上海另一项政策的实施措施却都是针对积分入户或者取得工作居住证的外来人员的子女。上海实行的异地高考政策是，父母必须持有人才引进类居住证，孩子还必须是上海学籍。据新闻报道，上海的工作居住证可以分为三类，而人才引进类是其中的 A 类。目前准备实施的《上海市居住证管理条例》已经初步明确了上海在处理随迁子女就地高考的基

---

① 《北京市随迁子女在京升学考试工作方案》，2012 年 12 月。

本方案，明确说明持有上海居住证 A 证的来沪外来务工人员子女可以就地高考。但是由于居住证方案还没有最后确定，积分制细则尚未公布，"就地高考"也缺少相应的操作基础，真正要能实行至少在 2014 年以后。

可以看出，异地高考的改革目前还在探索之中，其中最难把握的还是门槛设多高、口子开多大的问题。一方面，门槛过高对务工人员子女显得不公平，另一方面，门槛过低意味着更多的人会涌进大城市，给本来就稀缺的教育资源造成分配上的困难。所以，各个省市出台的方案仅仅只是改革的一种尝试，随着社会的发展，新的政策会慢慢出台，具体的措施也会更加细化。而当前，关键是处理好教育上公平与效率的关系，以使外来务工子女能够充分享有现有的教育资源。

7.5 社会力量的支持

社会管理成为 2012 年党的十八大关注的热点问题，而要加强和创新社会管理，离不开社会力量的支持。城市新移民的公民权要得以实现，同样离不开社会力量的支持。

7.5.1 大众传媒组织

随着信息技术的不断发展，大众传媒组织在社会发展中起着越来越重要的作用。大众传媒组织作为一个沟通公民和公共权力的桥梁，在很大程度上能够拉近公民和国家的距离，增强公民的权利意识和民主精神，消除公民在政治上的冷漠感。大众传媒可以看作一个制度平台，用来培养公民精神，培育公民自由、平等和宽容的民主精神，最终使公民形成积极参与的习惯和民主作风，激发公民的公共关怀意识，并使公民形成民主的生活方式。自 20世纪 90 年代以来，我国大众传媒一直保持着强劲的发展势头。然而在商业利益的冲击下，却出现了新闻界的四大公害：有偿新闻、虚假报道、不良广告、低俗之风，且屡禁不止。

无论是康德"市民社会"的理论意义，还是基于汉娜·阿伦特以及哈贝马斯对于"公共领域"的逻辑，在市场经济和权力国家之外一定存在着这样一个空间，能够使得公民之间、公民与社会之间、社会与社会之间相互交流，这个空间既不属于公民个人的日常生活领域，也不是国家权力直接能够发号施令的领域。"公共领域首先是我们社会生活中的一个领域，它原则上向所有人开放。在这个领域中作为私人的人们来到一起，他们在理性辩论的基础上就普遍利益问题达成共识，从而对国家活动进行民主的控制。"①这个领域是能够形成公众意见的社会生活领域，在这个领域中，汇聚了社会共同体中的利益相关人，他们对自己的需求进行广泛的讨论。与早期资产阶级的公共领域不同，现代的公共领域强调"公共性"这一本质属性，随着社会维度的不断延伸，聚焦点由艺术、文学转向政治，把社会的公共需求通过大众传媒等方式传达给国家②。公共领域往往强调的是不同的利益群体之间的相互包容，并能通过合理的论证求得群体共识，这是公共理性最初的精神寄托，也是人们进行民主信仰和积极参与的一个制度平台。

　　大众传媒的出现拉近了公民与公民之间的距离，使得公民间信息的分享和传递变得更加迅速、快捷，也让公民间有更多的机会进行沟通，同时大众传媒的开放性为公民提供了一个交流思想和认识的平台。在现代社会，传媒的市场化使得传媒更加关心民众的需求；民众有什么样的需要，传媒就能提供什么样的信息；民众最关注什么，传媒就开设专题讨论什么。可以看到，传媒已经成为表达民众需求的不可或缺的平台，也成为政府了解民情的重要渠道。因此，大众传媒为公民的交流提供了一个公共领域，客观上满足了公民行使表达权、知情权、参与权和监督权的需求，同时，这也为公民提供了一个参政议政、民主表达的重要途径。一般来说，民众普遍关心的社会问题大多数是能够通过大众传媒影响到公共政策的制定和执行，最终让问题得到根本的解决，其作为公民利益表达的一种外在机制效果显著。比如一直以来的"三难"，即"上学难""看病难""住房难"，经过大众媒体的渠道，政府及时出台政策，提出了相应的解决措施，如义务教育费用的减免、新农村合作医疗、新医保方案、经济适用房、廉租房、公租房等③。

　　近几年，媒体上关于农民工报道在数量上与日俱增，究其原因，不外乎该人群数量的庞大、构建和谐社会的需要、农民工本身的特质赋予的新闻价值等因素。但是，在日益增多的农民工报道中却出现了一个悖论：一方面，

---

① 〔德〕哈贝马斯：《关于公共领域问题的答问》，《社会学研究》1999 年第 3 期。
② 〔德〕哈贝马斯：《公共领域的结构转型》，曹卫东等译，学林出版社，1999，第 33～35 页。
③ 马明华：《大众传媒与公民参与权的实现》，《新闻爱好者》2011 年第 14 期。

媒体在关注着该群体，为该群体的合法权益呼吁；另一方面，在报道中却存在着偏见、歧视和冷漠等现象①。

农民工群体通过媒介的形象直接影响着大众对农民工群体的整体认知，也间接地影响着农民工群体的相关社会资源分配。其在为我国经济发展、社会进步做出巨大贡献的同时，也附带着一些不利于社会稳定的因素。当前，大众媒体在报道农民工情况时存在虚假报道、夸大事实等有违行业道德的行为，在报道规模、报道质量和议题设置上都存在一定的偏差，这样就进一步加深了社会群体对农民工的刻板成见，对社会和谐与稳定产生不利影响。

（1）报道力度不够。一直以来，我国媒体对农民工的关注力度还不够，以农民工为受众群体的报刊、广播电视栏目数量相对较少，这与庞大的农民工群体信息量有些不相适应。据统计，我国现有以农民工为主要读者对象的报纸仅几十家。据中华全国农民报协会统计，现在全国的省级农民报仅有17家，这些省级农民报无一例外地面临着发展中的困惑。在广播电视方面，虽然中国的电视市场日益扩大，但是农村电视节目所占有的份额却在缩小，包括中央电视台在内的多数电视台，其农村节目比例都在相对下降②。这些情况与当前的民工大潮以及政府对农民工的政策导向显得极不相称。农民工的信息流量与流向在逐渐的社会流动中被边缘化，农民工的媒介表达领地越来越小。话语权指的是某一个社会团体依据某些规则将其所要表达的意思传播于社会之中，以此明确其社会地位，而且必须让其他团体接纳和承认。这可以说是衡量农民工维护自身权益的一项最重要的权利。由于媒体很少关注农民工的情况，所以其拥有的主动话语权非常有限，相应的说话空间异常狭小。

社会支持的核心结构是一个由国家支持、群体支持和个体支持子系统组成的结构系统，其中，媒体在此系统中具有不可替代的作用。现代社会的发展使得媒介环境逐步取代现实环境，至于媒体一直不予过多关注的弱势群体，是无所谓正义的。媒介镜像是新闻记者对现实世界的重塑，通过农民工媒介镜像与农民工生活现实的比照，可以折射出当前农民工群体在媒介社会

---

① 许向东：《试论农民工报道中传播者的偏见与歧视现象》，《国际新闻界》2008年第2期。

② 黄鸣刚：《经济因素还是文化差异——对农电视节目稀缺现象的深层思考》，《当代传播》2005年第2期。

中的处境。但在经济利益的驱动下，媒体的社会责任感日益淡薄；农民工群体由于经济、政治、文化等各方面的弱势，缺乏参与传播活动的机会和手段，缺乏接近媒体的条件和能力，尽管人数众多，但他们没有自己的组织和意见领袖，缺乏传播声音的平台，最终可能陷入普遍的失语状态。媒体话语权的失衡加剧了社会阶层的信息鸿沟，信息鸿沟的扩大反过来进一步恶化经济上的贫富差距，造成新一轮的社会不公平。随着农民工群体的集体性失语构建，社会各阶层的交流与沟通就失去了可能，和谐社会也就失去了建构的基石①。

（2）报道污名化、妖魔化。大众传媒对于社会文化建构和影响不可低估。媒体文化产品往往涉及互不相容的团体之间的社会冲突，每一个社会的具体斗争都在媒体文化（特别是在文化产业的商业性媒体）的文本中扮演出来②。在近几年来对弱势群体的报道中，有关农民工的报道数量最多，但如果仔细分析这些报道议题设置，媒介中的农民工予以媒介定型。定型指的是人们对另一群体成员所持有的简单化看法，一种与其代表的真实情况不相符或不完全相符的固定印象，它通常伴随着对另一群体的价值评价和好恶感情③。首先，对农民工报道的污名化。污名化是将某一群体的不利名誉强加给另一个群体并进一步强化的过程。在城市中，我们随处可看到对农民工污名化的现象，以至于他们被贴上肮脏、随地吐痰、偷盗、不礼貌、不文明等标签，似乎农民工是城市一切负面因素的代名词。农民工的新闻往往是以负面和冲突为主。一般而言，媒体所起的作用是为我们构建外部世界，但是如果一些媒体是为吸引受众的注意力，而对农民工报道全面污化或者丑化，将会影响人们对于农民工的看法。其次，对农民工报道的妖魔化。妖魔化说的是媒体在新闻报道中故意丑化、矮化报道客体的行为。农民工为我国经济建设做出巨大贡献的同时，与他们相关的犯罪问题也成为我国社会进步的附带物，成为构建和谐社会的一块绊脚石。基于历史的原因，农民在农村的一些正常生活方式转移到城市中，就成了不好的习惯，再加上城市居民对外来人口尤其是农民工的"恐惧"，媒体因其特有的快速大量传递信息的作用，可

---

① 陈文高：《当前农民工媒介镜像批判》，《学术交流》2007 年第 5 期。
② 〔美〕道格拉斯·凯尔纳：《媒体文化》，丁宁译，商务印书馆，2004，第 31 ~ 36 页。
③ 金冠军、冯光华：《解析大众媒介的他者定型——兼论传播中的"妖魔化"现象》，《现代传播》2004 年第 6 期。

以把社会流动和变革思想传播给其他成员。但是在放大器的作用下，原本正常的东西也会被变形和扭曲。每一件以个体农民工为主角的事件，通过媒体的描述和渲染，明显地涂上了群体性的色彩①。从媒体方面来看，对农民工的妖魔化策略一般采取的办法是对其负面形象报道和常态化报道来实现，放大了有关农民工的生活陋习、违法犯罪、扰乱治安等负面信息。这种过于夸张的定型，无论作者是否出于诚心，在客观上都隐藏着一种话语的歧视和侮辱，包含着服务于建立和支撑城市市民生活常态而贬低农民工一边倒权力关系之意义，是一种不平等的社会结构在现实文化和观念上的呈现。

（3）人文关怀缺失。人文关怀是一种以人为本的文化情结，强调人的意义，关注人的尊重，提倡人与人之间的理解、关心和爱护。这主要表现在两方面：其一是对人的生存意义和积极价值取向的倡导；其二是媒体报道引导，要尊重受众，满足受众的需求。不可否认，媒体在农民工形象的建构过程中作用举足轻重，作为一种社会介质，媒体反映的农民工形象形成人们最初的农民工认知，也影响着农民工群体的自我定位。媒体报道通常只是陈述事实，缺少对人的关注。许多媒体在针对某件事情报道时，通常只是介绍事情过程，相应的报道领域也总是集中在农民工工资被拖欠、子女的教育问题等有限的领域，根本没有对农民工整个生存状况做一个详细的解说。比如，每年临近春节，农民工辛辛苦苦打工一年，准备返回家乡，这时农民工的工资清欠、春运情况、来年的培训和就业等问题就成为社会突出问题。这也成为媒体关注的焦点和报道的重点题材。同样，秋季开学前后，农民工子女的上学问题以及成长问题成为该时期的热点问题，媒体也加大了报道力度。而农民工的生活状况、工作环境、情感经历、解决农民工实际困难等方面的议题内容还很难进入媒介的视野②。

理解活动开始以前，都带有某种根据生活经验而形成的心理期待，都已不知不觉地预先设定了理解对象的应有面貌。这种预先设定事物格局的心理定势非常顽强，它常常把理解的车轮导向理解者本人所期待的方向。由于心

---

① 黄达安：《"妖魔化"与权力关系再生产：国内报纸对农民工报道的内容分析》，《西北人口》2009 年第 3 期。
② 王芳、刘海霞、李卓琳：《大众传媒与农民工的关系研究——以人民日报对农民工的报道为例》，《开发研究》2007 年第 1 期。

理预设因素的干扰，人们对客观现实的认识常常难以做到实事求是。再说简单点，人们看到的东西往往都是他们想看到的东西①。因此，媒体从业者在获得新闻信息的过程中不可避免地会受到自己的态度和情感的影响，所报道的新闻内容难免会失真或不符实际。对农民工实际情况关注不够，采访时对问题研究不够深入，报道的内容也总是比较浅薄。由于农民工在社会群体中仍处于弱势地位，而媒体总是出于自身利益的考虑没有把农民的真实感受考虑进去，没有为农民工设置相应的表达空间，也没有相应的信息服务让他们了解社会。媒体应该大量报道农民工在社会实践或者工作创新方面取得的进步，这样既可以给人们提供指导，又能增强他们自己的信心。农民工本来对社会信息的接收就缺乏必要的途径，如果媒体也没有为他们开放这方面的功能，久而久之，农民工必然成为社会所遗忘的一个群体。农民工利益表达的平台尚未建立，媒体的报道与采访脱离实际，导致农民工社会角色越来越模糊，越来越让社会淡忘。

大众传媒组织应该主动承担起塑造城市新移民群体健康媒介形象的职责和使命。但是从目前来看，大众媒介的积极作用没能在城市新移民这里得到体现，信息反馈渠道并不畅通，城市新移民的真实心理状态、生理状态和具体需求等都不能够如实反映，正面临着沦为现代社会失语者的危险。大众传媒的职责之一应是说出社会弱势群体的心声，引起政府与全社会的重视，最终实现其公平正义的理念。因此，应充分挖掘大众传媒的潜力，消除城市新移民与城市居民之间的误解隔阂，促进城市新移民的社会融合。

首先，大众传媒应成为城市新移民与城市居民之间的"桥梁"。带着城乡差别的历史烙印，城市新移民走入城市，随之而来的是不可避免的社会歧视和偏见，阻碍着他们融入城市，困惑着他们的精神世界，建筑了一道居于城市新移民与城市居民之间的"心墙"。诚然，城市对城市新移民的接纳需要一个过程，但是大众媒体作为一种舆论传播的手段，对于消除城市社会的歧视或者偏见有着不可替代的作用。大众传媒应充分发挥舆论的指向标作用，客观了解城市新移民的真正需求，为他们公民权的实现呼吁呐喊，秉承媒体的责任良心。需要指出的是，大众媒体应该把城市新移民看作城市人群中不可或缺的一部分，这是首要前提，对城市新移民的报道，一定要及时、

---

① 李彬：《传播学引论》，新华出版社，2003，第 83～85 页。

准确、真实地报道农民工生活的情况，坚持客观公正的职业理念，尽量反映出农民工群体在社会系统中的地位，用专业的新闻精神，培育真实地新闻版图，确保在报道中能够真实地反映农民工群体的新闻镜像，这才是新闻传媒参与构建和谐社会的有效途径。同时，这对于缓解社会矛盾、化解群体冲突、加快社会民主化有着重要作用。媒体应以平等的视角、尊重的心态报道农民的情况，正是农民工在城市快速发展中所起的巨大作用，客观地反映他们承载的生活困难，以及在异地他乡所遭受一系列的不公平待遇。当前，农民工处境艰难，媒体应该秉承社会良善的初衷，展现农民工真实的一面，不把他们与社会恶势力、社会动乱分子画等号，尊重农民工身份，尊重他们的生产与创造。媒体在宣传的过程中可以把一些创业成功、事业有成的典型作为重点，树立良好的榜样，激励他们努力向上，让他们对未来的生活充满希望。实践证明，榜样的力量从来都会有意想不到的效果。

要正确看待农民工问题，尤其是一些负面表现方面。我们看待一个群体时，不能只归咎于他们自身的劣根性，而是要实际地观察其所处的社会环境。生活中，农民工任劳任怨，所从事的工作总是脏、累、差，而且生存环境压力大，收入普遍低下，他们的生活观念从来就与城市居民大相径庭，这也导致他们在社会身份上备受歧视和排斥。这些问题无疑造成农民工心理和精神上的不满，他们往往采取极端的行为，从事一些反社会的活动，导致社会不安。媒体报道，一般为抓新奇，总是报道这些人们喜闻乐见的事情，导致在农民工形象树立上起的反作用越来越大。而且，媒体报道的主观性，使得观念立场和分析角度总是无法完满地反映一个问题。媒体应拓展其深度报道的功能，将新闻客观公正地反映给观众，另一方面，从媒体的道德伦理观念来讲，也应该从整体结构中进行客观而全面的报道。

其次，发挥大众媒体的"议程设置"功能。日常生活中，媒体的议程设置主要是通过报道的选择和呈现来完成的，在危急关头，大众媒介发挥抚慰力量，给广大人民群众带来危急关头的心理安慰。如在"三鹿奶粉事件"中，媒体充分发挥环境监视的效力，将报道视角充分投向民众最关心的问题，从公众切身利益出发，担起了其作为"社会喉舌"的责任。这对于破解猜疑误解、破除谣言、引导正确舆论导向起着重要作用。因此，利用传媒的"议程设置"的功能，转变城市居民对城市新移民的认识偏见和歧视心态，弱化城市居民先天的优越感，弘扬公正与平等价值理念，让大众传媒发挥社会运行稳定器的作用。

　　具体来说，大众媒体应该重点关注三个方面。

　　首先，为城市新移民提供足够的话语表达空间和增强策划意识，客观公正地报道有关农民工的新闻信息。媒体要及时宣传解读政府相关的政策法规，为农民工提供各类服务信息，还可设专栏刊登农民工来信，要真实地反映农民工的实际形象，同时也保证新闻的质量。在不同的阶段针对某一个主题进行深刻挖掘，如看病难、就业难、生活水平低等，使得宣传更具有感染力，达到良好的效果。同时，媒体并不只是单一地传播信息，它还可以作出预测性、评论性的报道，这样可以为农民工提供更多前瞻性的信息点，如就业、技能培训、春节前后交通信息等。一般而言，新闻报道是以受众客体为传播目标的，所以，新闻的报道要面向大众，服务大众，让他们通过新闻媒体维护自己的合法权益和自己所应遵循的义务，能够更有效地传达自己的意见和声音。在社会弱势群体的背后，还有一个特别关注他们的社会群体，这是一个数量比社会弱势群体要大出许多的新闻受众群。再从社会心理学看，一种普遍的社会心理现象，是关注弱者，同情弱者，声援弱者，这是中华民族的一个心理传统，也是一种传统美德，在当今仍然有相当高的认同度。因此，关注社会弱势群体的报道总是能引起大家议论纷纷，引起广泛的共鸣①。

　　其次，充分发挥大众传媒的教育功能。作为一种重要的社会化手段，媒介已经成为人们获取知识的第二课堂。城市新移民在进入社会后，面对着与以往完全不同的新环境，要融入城市真正享有与城市居民同等的权利不可避免地要接受再教育，对于以往的知识结构、价值标准和行为模式要予以改变，建立起新的、符合社会要求和新形势需要的知识结构、价值标准和行为模式，即实现第二次社会化。大众媒体应该秉承媒体责任，不仅应该借助舆论力量帮助他们争取生活工作环境，还应该从根本上帮助农民工群体尽快摆脱与社会脱节的现象，使他们尽快学会自我保护、自我争取利益，成为城市新移民城市化、实现身份转型过程中的向导。除了相应的政策支持和提供劳动就业、出行落户等实用信息外，还应该更多地提供一些城市生活信息，帮助他们尽快熟悉环境，改进思想观念，促使其不断地融入城市生活，接受城

---

① 彭博、彭菊华：《二〇〇三年社会弱势群体报道透视》，《当代传播》2004 年第 3 期。

市观念，成为一个真正的城市人。媒体只有更多地关注农民的心理变化，才能真正报道有效的信息，更快树立农民工服务者的社会形象。

再次，发挥大众传媒的人文关怀功能。媒体不仅是信息的传播者，也是人文精神的倡导者、体现者以及重要载体。新闻传播中的人文主义关怀，强调以人为本理念，关注人本身，关注人的生存状态，倡导社会公正与平等，维护和尊重每一个人的权利和尊严，尤其是弱势群体的权益。大众传媒是人类文明进程中的伟大发明，新闻传播活动说到底反映的是人的活动，传递的是人的价值观，人是传媒关照的主体。因此，传媒要尊重每一个人，对于受众来说，任何缺少人文关怀的报道都是没有意义的[1]。国际新闻界一贯的行业要求和职业道德规范是客观、公正、真实、准确地反映实际问题。媒体不仅是信息的载体，也是人文精神的重要传承渠道，在履行其职责中理应体现人性的关怀，并且秉承人文价值取向和法治精神，关注广大群众的生存状况和发展需求。这就要求媒体在报道中要摒弃主观臆断，而以客观的态度、平行的视角来反映真实情况。同时，媒体在关于农民工的素材提取上不能"见之为实，闻之为声"，而是要多层次分析，多角度评议，把一个问题的本质反映出来。既看到他们物质匮乏的艰难生活状况，也要看到他们精神上无所归依的迷茫，呼吁政治、文化、教育等关注新移民群体，为他们提供强大的舆论支撑。

总之，要充分利用各大媒体手段，大力宣传城市新移民在推进城市化、工业化进程和城乡统筹发展中的巨大贡献。倡导社会公平正义、人道关怀和尊重劳动的观念，号召城市社会对城市新移民持宽容和理解的态度，教育城市居民尊重城市新移民的地位和合法权利，摒弃社会歧视，缩小城市新移民与城市居民的社会距离，减少他们对城市新移民的社会排斥和歧视。要不断地发挥其桥梁作用，连接公民与政府；充分发挥其舆论导向作用，积极营造良好的社会氛围。惟其如此，才能维护社会公正、平衡社会利益，真正实现我国社会的和谐健康发展。

7.5.2 非政府组织

作为现代社会结构分化的产物，非政府组织在我国如雨后春笋般涌现，

---

[1] 韩燕、何雪：《"农民进城务工者"报道中人文关怀的缺失与构建》，《新闻界》2005 年第 4 期。

它的影响已经开始渗透到社会的各个领域，其功能作用越来越得到人们的认可。其中，在促进社会公平方面，非政府组织发挥着至关重要的作用。总的来说，非政府组织的作用就在于能够有效消除城市对农民工的"社会排斥"以及减轻其"相对剥夺感"。目前来看，非政府组织功能覆盖面广泛，对于城市新移民权利保护有着积极意义，但目前来看，针对城市新移民权益维护的非政府组织并没有建立起来，需要继续挖掘非政府组织对于城市新移民公民权保障的潜在力量。具体而言，在推进农民工市民化的进程中，非政府组织可以承担的职能主要有以下几个方面：

首先，充当"纽带"和"桥梁"角色，发挥非政府作为城市新移民利益表达"代言人"的作用。

农民工在市民化的进程中必然产生一定的政治诉求，即为维护本阶层的利益。在这一方面，非政府组织能够起到应有的作用，可以有效地将农民工群体组织化，用共同的声音呼吁对现实的诉求。与政府不同，非政府组织能够深入基层，其身份也决定了它能够更容易贴近社会弱势群体，他们可以从水平角度以一种平等的眼光看待城市新移民群体，通过与他们的交流与沟通，可以更加真实全面地了解他们的权利诉求，从而可以以一种"代言人"的身份，利用其组织优势，通过合法渠道表达城市新移民的利益需求。这样也就填补了城市新移民权利诉求渠道不畅通，缺乏利益代言人的空白。在民主化不断推进的今天，为农民工提供更加多样化、通畅、广泛、民主的表达渠道，并让这一弱势群体参与到政治活动中来，可以更好地保护农民工的合法权益。一方面，非政府组织与城市新移民的沟通，能够及时了解他们的利益诉求，另一方面，非政府组织在与政府的对话中同样可以获得支持，因此，可以说非政府组织在城市新移民与政府之间发挥着纽带和桥梁的作用。这样，非政府组织可以了解双方不同利益所在，从而确定可行的计划调和各种经济和社会冲突，通过向政府反映城市新移民的要求、愿望、建议，使政府政策和计划的制定更加符合民意，与此同时，向城市新移民传达政府的执政主张，使他们更多地参与到政策制度的制定中来，了解政府的本意，避免误会的产生。农民工这一庞大的弱势群体的权益得到了有效的保护，也就保证了社会的和谐和稳定。

其次，发挥非政府组织的保障功能。

社会保障能够实现财富价值的再次分配，与初次分配不同的是，再分配更强调分配的公平性，是进一步维护社会稳定的稳定器。非政府组织从其产生之初，就显然具有了社会保障的功能，因此，这一功能在解决城市新移民问题上意义非凡。农民工已经成为社会建设、经济发展的主力军，他们的生产创造给社会带来了巨大的收益。但是，在社会保障上，他们从来是游离于体制之外的，稍有变故，生活就难以维系。在我国当前的保障体制中，农民工还没有相应的一席之地，非政府组织应充分发挥其特长。农民工是否能够顺利地成为市民，保障体系是一个重要前提。一方面，农民工在这个体制中能够维护自己的利益，另一方面，可以更好地维护社会安定。然而，建立农民工的社会保障却也困难重重，如农民工较高的流动性，在一个地方待一段时间就走了；就业的非正规性上，没有相应的法律手续和合同文本作为保护。在这些方面，非政府组织可以充分发挥自己的作用。从整体的制度设置上看，成立一个全国性的针对农民工的工会组织是可能的。这个组织应该着眼于非正规就业的农民工，使他们能通过多种方式进入社会保障体系。借鉴西方国家的经验，非政府组织的作用在社会保障上是举足轻重的。西方的非政府组织大多建立了职工补偿保险体系，为社会保障提供了有益的补充。我国以西方模式为蓝本，设立符合本国国情的社保制度。比如，对生存困难的务工人员提供基本的生活服务，解决基本的生存问题；对农民工子女上学提供补助，并减免学杂费；在医疗卫生方面，可以提供适当的医疗保健、康复服务等。通过实地调研，反映真实的农民工生活情况，呼吁社会各界给予他们更多的关注和重视。在子女入学和医疗保障等农民工迫切需要改善的领域，非政府组织也可以发挥更多的建设性作用。

再次，发挥非政府组织的服务功能。

（1）提供职业中介服务。这一职能是为农民工提供社会资本范畴的准公共产品。根据功能主义社会学家皮奥雷（Micheal J. Piore）的"二元劳动力市场理论"，劳动力市场存在首属劳动力市场（the first labor market）与次属劳动力市场（the secondary labormarket）的分割[1]。在首属劳动力市场中，劳动者客观上占据了相当多的社会资源；而在次属劳动力市场则与之相反，劳动者收入差、工作条件差、培训机会少、缺乏晋升机制。我国目前农

---

[1] 徐建玲：《中国农民工就业问题研究——基于农民工市民化视角》，中国农业出版社，2007，第83页。

民工所处的正是这种类型的次属劳动力市场。他们所从事的职业也基本上是体力劳动，收入水平低，工作待遇和劳动环境也很差。最为不合理的是，农民工的权利意识差，每次找到新的工作都没有相应的劳动合同，即使有，其内容也有很多霸王条款，这时农民工的基本劳动权益得不到保障。同时，由于农民工没有相应的技术，其人力资本本来就不高，所以求职中更多的是倾向于低层次的劳动。这样，他们基本没有机会接触生产的核心领域，也享受不到更多的社会资源。目前农民工就业往往采取以社会强关系（Strong tie）即依血缘、地缘所维系的社会关系来实现。与强关系相对应的是弱关系（weak tie），它是一种制度化的网络资源，比如职业介绍中心、联谊会、各种社团都可以让原本陌生的人搭建社会关系。虽然弱关系个体卷入不多甚至不卷入其中，但由于社会弱关系的制度化和异质的特性，使其能够跨越社会界限，通过更多的社会接触点而获得更充分的信息和其他资源①。因此，在社会资本中，弱关系相对于强关系来说更具优势，非政府组织在这方面可以为农民工提供制度上的资源，如全方位的就业信息和岗位情况介绍。所以，为农民工提供城乡和谐的环境、合理运作的市场也是非政府组织的一项重要职能。

（2）提供维权服务。非政府组织可以代表农民工的利益与政府进行平等的协商，使农民工不会因为自身法律意识淡薄、流动性强而导致维权能力不足。随着农民工欠薪问题和工伤问题的突出，非政府组织在提供利益保障、权力维护上将会起到越来越重要的作用。同时，相应的法律支援能够很好地解决部分群体争端，通过法律维权缓和社会矛盾，维护社会稳定。

（3）提供教育服务。我国广大农民工知识水平较差，而且普遍强烈的小农意识和不高的思想觉悟使得他们和城市格格不入。综合素质的低下使得农民工无法找到和市民一样的工作，也无法在社会竞争中取得优势地位。根据人力资本的理论逻辑，人的素质是经济发展的最重要要素。它是全方面的，它体现在劳动者参与社会劳动所产生的价值以及能够产生价值的各个方面。非政府组织可以作为政府的代理人，对农民工的人力资本做一个基本的考察，也可以作为对农民工人力资本投资的直接代言人。

---

① 苟天来、左停：《从熟人社会到弱熟人社会——来自皖西山区村落人际交往关系的社会网络分析》，《社会》2009 年第 1 期。

（4）丰富文化生活，提供心理疏导。农民工的精神娱乐生活十分单调、乏味，与城市市民的生活情况形成鲜明的对比，这些主要是受制于农民工较低的经济能力以及与城市社会所排斥形成的疏离感。较之其他维度的社会屏蔽，城市对于农民工存在更为严重的"文化社会屏蔽"，这也是农民工不易融入城市社会的重要因素之一。毋庸置疑，农民工也有对文化娱乐的需求。据调查，大量农民工对文化生活有着强烈的渴求，希望享受到丰富的娱乐活动。然而对农民工来说，城市社会生活空间呈现相对的封闭状态①。由于缺乏科学的心理疏导，农民工的内心苦恼无法排解。在这方面，非政府组织也能起到良性引导的作用，可以为农民工提供精神慰藉，并为农民工提供心理上的安抚和调节。

（5）降低农民工市民化成本。农民工在城市生活的成本相对于其有限的收入是非常高昂的，这也是部分农民工只选择在城市工作而不在城市定居的主要原因。所以，能否降低这种生活成本，就成为市民化能否顺利进行的关键②。非政府组织可以解决这一农民工市民化的难点问题——农民工的居住条件。他们在城市生活的高成本除了居住上的负担外，还有饮食、交通出行等方面的花费。非政府组织在这些方面有较大的发挥空间，可以通过一定的公益活动为农民工提供廉价的饮食和交通便利。

除了要充分挖掘非政府组织对于城市新移民的积极作用外，还要培育适合非政府组织成长的土壤。

首先，要加强完善相关法制建设，创造有利于非政府组织发展的政策土壤。发达国家的非政府组织发展经验告诉我们，良好的法律和政策环境，对非政府组织的发展有着巨大推进作用。从我国目前来看，国家并没有关于非政府组织方面的专门法律。因此，必须通过立法明确非政府组织的法律地位及基本权利，解决当前非政府组织面临的无法可循而导致的维权无力问题。要立足我国国情，根据非政府组织的发展、社会的需要，尽快制定和颁布规范非政府组织的特定法律。此外，要把立法和宣传结合起来，增强广大人民群众对非政府组织的认知，更好地发挥非政府组织的积极作用。

---

① 张跃进：《中国农民工问题解读》，光明日报出版社，2007，第 155 页。
② 成德宁：《我国进城农民工的居住问题及其解决思路》，《中国人口·资源与环境》2008 年第 4 期。

其次，加强完善非政府组织内部治理结构，完善有利于非政府组织自身发展的内部土壤。非政府组织的发展不能完全依赖政府的监管，其自身内部结构的治理同样重要。非政府组织要逐步形成自我管理运行机制，不断提高相关从业人员的知识水平、服务意识以及职业素质，按照现代组织的结构模式，形成科学规范的决策和执行机构，完善自律机制。

再次，要加强政府职能转变，创造非政府组织发展的空间土壤。政府的职能无论再强大，也是有限的。转变政府职能，建设服务型政府，就是要把政府的一部分职能转移给社会。这也就为非政府组织的发展提供了较好的发展空间，非政府组织不应只是政府全面控制和领导下的办事机构，否则会失去其本来存在的意义，而应该定位为承接政府部门社会职能的公共部门，协助政府管理社会，真正成为扶助社会弱势群体的积极力量。

珠海协作者的模式很有借鉴价值。2008 年，伟创力出资 60 万元，资助北京协作者在珠海成立分支机构，为伟创力及其整个工业园区的企业和居民提供专业的社会工作服务。伟创力的获奖，原因之一便是与北京协作者的合作。北京协作者用专业的社会工作方法，为外来务工人员提供服务；因为珠海协作者的存在，让以"利益至上"为原则的工业园区变成充满人情味的地方，员工满意度高，企业才有竞争力。伟创力总部位于新加坡，是全球领先的电子产品制造服务供货商，据称是全球第二大 IT 代工厂。伟创力目前是珠海外来务工人员的最大雇主，4 万名员工中有 90% 是外来工。当他们在北京获得"关爱员工奖"时，正是电子代工厂的龙头老大富士康因为多名员工连续坠楼而陷入泥沼之时——此时，富士康在中国几乎成了压榨工人血汗的代名词。富士康事件反映出，企业不可能像计划经济时代那样承担无限责任，解决所有问题。解决富士康问题，解决工业园区的疾病，必须培养社会组织的力量；不培育社会组织，也许工业园区的病永远治不好，而富士康的悲剧，也许还会再发生。要实现企业的可持续性发展，必须真正地去关心和维护工人的利益，挖掘他们的潜能。员工满意度高时才有归属感，所提供的服务、产品质量才会比较高。企业社会责任有助于提升企业的竞争力，企业在与社会组织合作中最终受益。虽然 NGO 和企业双方都有局限性，但在生产用工管理上，企业能够做到的，就是按照《劳动合同法》的规定，遵纪守法提供足够福利。在社区生活层面遇到的问题，是企业没有办法承担的，而这恰恰是 NGO 的强项。企业应该和 NGO 合作，把无法完成的事情交给 NGO 去完成。企业也要承认，有些事情是企业自己做不了的。

让工人体面劳动，需要企业改变用工管理方式；而工人还需要在工作之余有体面的生活，这就需要社会服务的创新，所以一定要培育工业园区的社工机构来承接这种社工服务。但由于社工服务机构的局限性，政府必须出台相关政策支持，企业也要愿意来购买服务。只有三方合作推动，才会有效果。珠海协作者的成立就是 NGO、企业、政府共同作用的结果：企业（伟创力）出资、社会组织（协作者）运作、政府（当地政府）购买服务为支撑，以满足社区居民、企业职工和流动人口不断变化和增长的社会服务需求为目标。民政部社会工作司社会工作处王克强处长就曾将珠海协作者的成立看作社会工作的"第四种模式"。

富士康的悲剧表明，在全球化和多元化的时代，任何一个单一的组织形态都无法应对所有社会问题，必须把政府、企业、NGO 三种组织形态结合在一起，形成合力去解决问题，这是唯一的办法。

总之，非政府组织在城市新移民权利的实现中发挥着举足轻重的作用，是政府社会治理的有力助手，要充分发挥其弘扬社会公平的功能，从物质、精神、意志等方面帮助城市新移民实现公民权，促进社会主义和谐社会的建设。

7.5.3 单位和社区组织

单位作为中国独特的权威组织方式，同时具有政治的、社会的以及自身专业分工多重功能。但随着改革开放的持续深入，传统体制内的制度化规则变化强化了人对单位的依附性，传统体制外的变革则不断冲击着单位制在全社会的垄断和优势地位。

学术界对单位制往往持否定态度，一般认为由单位来办社会，不利于实现单位的社会经济功能。社区作为社会的细胞，是城市的基本单元，有关通过社区建设来代替单位的呼声不绝于耳。笔者认为，当前情况下，单位制依然具有不可替代的作用。因此，应将单位和社区结合起来，发挥各自功能，形成合力。

首先，继续发挥单位制在流动人口管理上的作用。单位作为一个群体组织，已经成为加强新生代农民工文化建设的重要基地。城市新移民如果能进入正规部门，那么，单位就成了其获取社会资本的主要支持，同时，单位还能够为城市新移民提供权益保障，从赋权和维权的角度看，其都有不可替代的作用。如落实医疗保障、工伤保险和养老保险等一系列社会保障政策，直接通过单位要比通过社会更便捷、更容易。也有学者指出，在丰富农民工的文化生活方面，政府只能作为第一推动力，而持久的动力还在用人单位①。在市场化越来越成熟的今天，政府应该如何激励、督促、引导企业把新生代农民工的文化建设提上日程是一个十分有意义的课题。与此同时，要通过法律手段来强化单位在确保城市新移民权益方面的职能。

其次，充分挖掘社区功能。

对于无单位依托的城市新移民来说，要充分发挥社区居委会的功能，对居住在社区中的城市新移民实施管理。充分利用社区经济资源，为城市新移民就业创造条件，例如，利用社区内各种经济资源，开发保洁、托幼、废品回收等岗位，吸纳一些经济条件差的城市新移民就业，缓解他们的经济困境；开发社区组织资源，维护城市新移民合法权益；成立党支部，开展城市新移民培训等工作，发挥社区劳务、法律等中介组织的功能，开展职业咨询、法律维权活动，为城市新移民排忧解难；开发社区培训资源，提高城市新移民自身素质；定期对城市新移民进行法律法规、职业道德、文化知识以及生存能力培训；开发社区文化资源，促进城市新移民对城市的认同度，组织城市新移民参加丰富多彩的文化活动。此外，还可以通过吸收城市新移民中素质较高的群体参与社区管理，为他们提供参政议政机会等。

2009～2011 年，我国开展了"青年农民工融入社区"项目，这个项目是采用民间组织与政府合作的方式进行的。还有一些地方，比如在天津滨海新区、杭州市、长沙市开福区开展青年农民工融入社区机制的活动，成效显著。该项目是一个跨国性的项目，由民政部、国家发展改革委员会与联合国开发计划署合作实施，参与主体包括联合国 9 个机构和 28 个中国政府及民间机构。整个项目的进行方式是沟通、服务、培训等，以促进青年农民工更好、更快地融入社区，活动效果的直接受益者近 15000 人，受益的农民工家属 3800 余人。通过 3 年的实践，项目完成了《青年农民工参与社区公共事务指南》《青年农民工融入社区生活指南》《政府组织与民间组织合作框架

---

① 朱力：《从流动人口的精神文化生活看城市适应》，《河海大学学报》2005 年第 3 期。

和操作规程》等指导手册的制定，为进一步改善青年农民工就业环境、增加青年农民工权益保护意识、改进青年农民工服务政策、提出进一步的服务措施积累了宝贵经验。

为进一步完善对农民工的服务，民政部于 2011 年发布了《关于促进农民工融入城市社区的意见》。该意见同时指出，按照社区公共服务全民化的要求，将涉及农民工切身利益的劳动就业、公共卫生、住房保障、社会保障、计划生育、社区矫正、安置帮教、法律援助、优抚救济、社区教育、社会救助、文化体育、社会治安等社区服务项目逐步向农民工覆盖。这是第一个关于农民工融入社区的政策性文件，也是中央有关部门对这个问题所表达的态度。它系统地从整体上对农民工的社区生活问题展现了一幅蓝图，其中的制度设置和保障措施，对于维护农民工合法权益而言是一个巨大的进步。

据统计，目前我国外出农民工有 1.64 亿人，其中 60% 是新生代农民工，是这些城市外来人口的主要组成部分。虽然他们户籍仍然在农村，但是长期的城市生活和工作，使他们渴望有一天能够和城市人一样，享受社会的发展成果。前不久，国务院印发了《社区服务体系建设规划（2011～2015年）》，提出到"十二五"期末，基本公共服务项目要覆盖到所有社区和社区全体居民，包括流动人口。该意见的出台正是为推进该规划的顺利实施，促进农民工能从整体上融入城市社区，拓宽了农民工的权益领域，畅通了他们参与社区管理服务的渠道。

该意见强调，促进农民工与城市居民和睦相处，尽早尽快融入城市生活，既是加强和创新社会管理、深化和谐社区建设的重要任务，也是维护社会公平正义、构建社会主义和谐社会的迫切需要。必须充分认识农民工融入社区工作的重要意义，切实抓紧抓好抓出实效①。该意见通过充分借鉴社区领域的国际经验，深入农民工的基层生活领域，总结各地社区农民工服务管理工作的实际经验，提出了当前促进农民工融入社区工作的五项重点任务。

（1）构建以社区为载体的农民工服务管理平台。把农民的需求作为基本根据，进一步拓展相关的社会管理职能和服务资源，包括社区的人口、就业、社保、民政、教育、卫生、文化以及综治、维稳、信访、法律服务等。

---

① 《关于促进农民工融入城市社区的意见》。

要不断地调整工作力度，完善社会服务站以及综合服务的管理平台，让农民工真正得到实惠。（2）落实政策，扎实做好农民工社区就业服务工作。社区要积极部署、兴办利民服务网点，吸纳移民中的剩余劳动力，鼓励社区就近就业，不断扩展就业渠道。在解决劳动矛盾、劳动纠纷中，积极协调有关部门及时办理，切实维护好农民工的各项权益。（3）切实保障农民工参与社区自治的权利。进一步完善社区的民主选举制度，探索农民工选举权利的实现路径。依据选举法的规定，农民工在社区有合法固定的住所，并且居住满一年以上，同时符合《城市居民委员会组织法》要求农民工都有参与选举的权利。具体程序是，由本人提出申请，取得社区选举委员会的同意，就可以参加本社区居民委员会的选举。（4）健全覆盖农民工的社区服务和管理体系。依据社区全民公共服务化的要求，涉及农民工切身利益的项目正逐步地向全民覆盖。这些项目大体上包括劳动就业、公共卫生、住房保障、社会保障、计划生育、社区矫正、安置帮教、法律援助、优抚救济、社区教育、社会救助、文化体育、社会治安等。（5）大力发展丰富多彩的社区文化生活。社区的文体生活不仅能丰富农民工的生活内容，而且能促进农民工与社区的进一步交流。文体活动的设施、项目、征集，都要向农民工开放以丰富他们的文化生活。通过举办邻里节、社区运动会等睦邻活动，增进新老居民之间的情感交流和生活交融。

该意见还进一步明确了各方的角色和责任："城市基层人民政府及其派出机关是促进农民工融入社区工作的责任主体，要把此项工作作为一项重要任务抓好落实，明确职责，落实责任，定期研究加强社区农民工管理服务的有关事项，保持促进农民工融入社区的推进力度。社区组织和社区工作者是促进农民工融入社区的组织者、实施者，要深入了解农民工的生活状况和服务需求，及时向有关部门反映农民工的合理诉求，帮助农民工解决工作生活中的困难和问题。要发挥专业社会工作组织和专业社会工作人员作用，为有需要的农民工提供专业社会工作服务。要利用报纸、电台、电视、网络等媒体，大力宣传农民工融入社区的先进典型和先进经验，大力宣传农民工与社区居民互动过程中涌现出的好人好事，在全社会形成有利于农民工融入社区的良好氛围。"①

---

① 《关于促进农民工融入城市社区的意见》。

7.5.4 城市新移民自治组织

对于"城市新移民"这一"社会转型时期出现的新的社会群体,他们的组织归属问题是一个极其迫切的问题,如果原有的社会组织不能适应形势,对这一群体进行包容和整合,那么这一群体就会自发形成新的社会组织来满足他们的需求,维护他们的利益。这是组织产生的最根本动力"①。新生代农民工在外地打工时,也常参加一系列的组织,其中老乡会、同学会是最受这些农民工欢迎的,这也说明了一个问题,即较重乡土观念,他们的人际关系也主要是地缘性的。同时,也有很多人参加文体、休闲爱好、兴趣类的团体和社会公益类组织,说明新生代农民工的生活已经慢慢地受到民间组织的影响,并在其精神生活中发挥着重要作用。尽管非政府组织可以通过自己的途径在维护城市新移民利益方面起到一定的作用,但仍不能满足这一群体在多方面的需要,事实上,这个群体需要一个属于自己的"草根组织"。这些组织一方面能够保护他们自身的权益,另一方面也可以降低政府的管理成本,从国家层面上看,也符合"以人为本"和"和谐社会"的战略蓝图。

从制度需求与供给的角度看,城市新移民和城市政府都对城市新移民的组织化有一定的需求。一方面,对于城市新移民来说,在城市社会中,他们已不仅仅满足于获得基本生存需要,更加注重追求自身价值、情感满足、社会认同等非物质层面的追求,加入社会组织,无疑有利于满足他们的需求,找到城市里的归属感。另一方面,从政府角度看,对于城市新移民群体所受到的种种歧视和不公正待遇,政府始终是关心但苦寻不到良药来治疗这一社会顽疾,需要社会组织力量予以支持,这也将有利于制度的常态均衡和社会的长治久安。

从目前来看,有关城市新移民自发组建的草根组织很少,典型代表当属在杭州打工的农民徐文财感召下创办的"草根之家"。其本着"自助互助自强不息"的核心理念,身体力行致力于促进城市新移民更好融入城市社会。宗旨是"让在杭州打工的朋友过上有尊严的生活"②。这只是为杭州新移民提供了精神家园,要真正实现所有城市新移民权利得到保障的目的,还需要

---

① 韩福国等著《新型产业工人与中国工会》,上海人民出版社,2008,第86页。
② 《认识草根之家》,http://www.cgzj.org/html/bzdt/guanyubenzhan/jiayuan.html。

更多的"草根"组织的涌现，城市新移民的组织化建设需要不断完善。

对于城市新移民的组织化建设，我们既不能堵，也不能放任自流，需要科学的体系予以支持。

首先，要给予城市新移民组织以法律保障。从法律角度明确支持城市新移民加入正式组织，同时减少或者简化城市新移民组建以及加入社会组织的程序。修改我国现行的《社会团体登记管理条例》《工会法》《劳动法》，撤销社会团体的日常性事务由其业务主管单位负责等规定，激发城市新移民成立和加入组织的积极性；要通过法律建设，进一步明确和规范社会组织的性质、地位、组织形式、管理体制、经费来源、财产关系、内部制度、人员保障，以及与政府、企业的关系等①。要坚决彻底地抛弃视城市新移民如"洪水猛兽"的错误观念，支持城市新移民加入城市合法组织，帮助他们广泛参与政治活动，甚至社会管理，增加其对城市的认同感与归属感，促进社会融合。

其次，创新工会组织形式，成为城市新移民自己的组织。工会应该且天然是维护城市新移民的组织，但现实中工会的性质却发生了改变，成为社会中可有可无的虚置机构。对此，在城市新移民加入工会组织方面，政府应该出台科学合理的组织制度：改革工会的工作体制，增加工会组织中的城市新移民的数量；改革工会的资金运行机制，把国家财政拨款的运行方式，改革为会员兼职制度，取消工会的行政级别，将工会改建为非政府、非营利的社会组织，组织运营经费由会员会费和社会资助来维持；简化城市新移民加入工会的手续，实行登记入会、开设入会窗口、送证上门等便捷服务；实行积极的刺激政策，将城市新移民入会与其子女入学、各种社会福利的获得联系起来。

再次，科学制定制度调整方向，实现城市新移民组织化。制度主义者福斯特指出，制度调整的原则有三个：技术决定论、承认相互依存原则和最小扰乱原则。所谓最小扰乱原则，就是任何剧烈的制度调整都意味着社会动荡，从而使人的生命的连续性失去保证，因而要求制度调整应对生命连续性的扰乱达到最小限度。成功的制度调整应该是逐步的、渐进的制度变迁②。

---

① 张跃进：《中国农民工问题解读》，光明日报出版社，2007，第 124 页。
② 张林：《新制度主义》，经济日报出版社，2006，第 112~113 页。

图尔认为制度调整的方向完全取决于是否能实现社会价值。社会价值就是通过知识的工具性运用满足人类生命的连续性以及共同体的非歧视性重构①。由此我们得出制度调整应遵循两个原则，即对社会稳定不要构成威胁，不要出现剧烈的社会震荡。"对社会稳定不要构成威胁"就要求制度调整始终遵循公平、公正的原则，在城市新移民组织化建设方面，要尊重他们的组织化意愿，不能强迫他们加入任何不愿意加入的组织；"不能引起社会的动荡"，即要尊重城市新移民自由选择组织参与的权力，但同时还要对这种选择进行必要的制度约束，防止出现因城市新移民的非理性行为和敌对势力的蓄意破坏所带来的混乱现象。

2011年上海工会农民工工作的总体要求体现了对城市新移民融入城市的探索，以邓小平理论和"三个代表"重要思想为指导，认真贯彻落实科学发展观，全面落实市委、市政府和全总关于加强农民工工作的各项要求，突出维权基本职责，继续把农民工工作纳入工会工作的全局，从组织入会、权益维护、教育培训、服务管理、困难帮扶五个方面进一步加大农民工权益维护工作力度，切实维护好农民工的合法权益。

（1）进一步加强农民工的入会工作，着力提高农民工的组织化程度。紧紧围绕全总"两个普遍"要求，在"广普查、深组建、全覆盖"集中活动的基础上，坚持创新务实，全面推进工会组建工作，以发展农民工（含新生代农民工）、劳务派遣工、非在编人员入会为重点，推进小区、商务楼宇、村、工业园区等区域性、行业性工会联合会和联合工会建设，进一步提高工会组建率和农民工入会率，努力完成各项工会组建工作目标任务，不断扩大工会组织的覆盖面，夯实工会工作的组织基础。

（2）积极推进集体合同和工资集体协商机制向农民工群体的延伸和覆盖。认真贯彻落实市委、市政府办公厅转发的市劳动关系三方《关于全面推进集体协商机制建设的意见》，以推动世界500强在沪企业开展工资集体协商工作为重点，在非公有制小企业和劳动密集型企业集聚的行业，以及社区、工业园区、商务楼宇等区域，重点推进行业性、区域性集体协商。在指导各级工会提高建制率的同时，积极探索推动集体合同、工资集体协商协议、女职工专项合同覆盖农民工的运作模式。

---

① 张林：《新制度主义》，经济日报出版社，2006，第121页。

（3）探索推进职工代表大会制度向农民工群体的延伸和覆盖。贯彻实施《上海市职工代表大会条例》，指导各级工会立足实际，创新农民工参与民主管理的形式，畅通农民工参与企业民主管理的渠道，加强农民工代表的培训，提升民主意识与参政能力，增强农民工的民主管理意识和参与度。推进《上海农民工民主权利实现途径问题的研究》课题成果的转换，分层、分类、分步地通过多种民主参与形式推进并保障农民工的民主权利。

（4）努力推进社会保障普惠政策向农民工群体的延伸和覆盖。积极推进政府逐步将农民工服务和管理工作统一纳入政府公共服务体系，促进社会保障机制的不断完善，使农民工逐步享受市民均等化待遇。认真贯彻国家有关农民工参加社会保险政策，参与上海市综保制度调整，推进综保与城保的过渡衔接，落实国家社会保险转移接续办法。加强与市有关部门的联系和沟通，积极参与最低工资标准等相关社会保障政策的调整，推动惠及农民工参加社会保险、住房保障、同住子女教育等一系列社会保障政策的落实，逐步提高一线农民工的工资福利待遇。推动出台关于提高环卫一线农民工收入水平的措施。

（5）进一步加强和完善工会维权机制建设，加大农民工权益维护工作力度。在元旦、春节期间，与劳动保障监察等部门联合开展农民工工资支付情况专项检查，督促用人单位依法支付农民工工资。加大对农民工劳动合同签订的指导工作力度，规范用人单位依法用工。建立健全职工法律援助和劳动争议调解组织网络，畅通农民工法律服务渠道。充分发挥劳动关系预警机制作用，积极参与群体性事件应急处置，及时发现和化解劳动争议。督促用人单位依法承担职业安全卫生的主体责任，提供必要的劳动保护设施和合格的劳防用品，认真履行职业危害因素告知义务。在参与农民工的伤亡事故调查处理中，确保赔偿金额不低于本市的标准，并落实到位。在分析事故原因和追究责任中，切实维护好农民工的合法权益。

（6）认真开展农民工的帮困送温暖活动，不断推进工会长效帮扶机制建设。在开展 2011 年元旦、春节送温暖活动中，进一步加大对农民工走访慰问的力度，关心困难农民工的生活。认真配合做好农民工平安返乡返城工作，关心留沪过年农民工的生活、生产。继续实施"结对帮困""金秋助学"等活动，加大对困难农民工和农民工子女的资助力度。进一步加强农民工的职业培训和就业指导，深入开展"百万农民工援助行动"。不断加大农民工团体医疗帮扶力度，鼓励用人单位为农民工参加重病（特种重病和女职工特种重病）和意外（意外伤害和意外伤残）互助保障计划，提高风险抵御能力。切实做好农民工特别是新生代农民工的心理疏导和精神帮扶。督促和推动用人单位改善农民工生产生活环境和条件，重视农民工的职业病防护。各级工会在高温季节要继续关心农民工的生活，在进行各类高温慰问时要覆盖至农民工。

（7）拓展农民工教育培训途径，加强农民工的安全技能职业培训和基本素质教育。根据《上海职工素质工程"十二五"发展规划》总体要求，贯彻落实农民工成长成才行动，提高农民工的综合素质。继续与市安全生产监管局联合开展对农民工的安全教育培训工作（包括职业卫生培训），计划培训30万名农民工。继续将"安康杯"竞赛覆盖至本市各个行业的农民工，并作为长效机制予以固定。注重提升农民工技术技能，多种形式开展农民工素质培训，技能竞赛拟设农民工专场。与上海电大、市慈善基金会继续开展新生代农民工初级工商管理（EBA）培训，并将培训项目逐步与工商管理大专教育实现对接，同时向接读大专的农民工提供学费资助等，为农民工参加学习培训和职业成长创造有利条件。与市文明办等十委办继续推进农民工基本素质教育培训，同时推出农民工电视中专学历教育等教育培训新项目，形成多样化、开放式农民工教育培训平台。

（8）以实事项目为载体，关注女农民工群体的需求。继续开展为女农民工办实事、做好事的各项服务工作。积极实施女农民工免费健康知识讲座、妇科检查及治疗援助等女农民工健康行动，关心女农民工的身心健康。充分发挥女职工周末学校、女农民工分校作用，加强对女农民工的素质培训，引导和激励女农民工积极参加女职工技能大赛，提升女农民工的自身综合素质。发挥女职工求助热线、维权信箱等诉求表达渠道的作用，及时了解、解决女农民工维权的热点问题。

（9）加强农民工的普法宣传，丰富农民工业余精神文化生活。贯彻《"六五"工会普法宣传教育规划》，广泛深入开展适合农民工特点的形式多样的普法宣传教育活动，不断提高广大农民工的法制观念和依法维权意识。继续大力推进农民工法律知识和法治文化教育，开展广受农民工喜爱并具有社会影响力的农民工法制专题活动。开展新一轮的农民工基本素质教育培训工作，编印教材，普及农民工日常生活生产中涉及的法律知识。在《劳动报》推出"兄弟——农民工生存现状系列调查"专题报道，正视农民工面临的一些现实问题，宣传党和政府为改善农民工生存环境所制定的一系列政策措施，保障农民工的合法权益。在元旦、春节、五一、中秋、国庆等假日期间，为农民工免费放映专场电影，丰富农民工的业余文化生活。

（10）围绕农民工的实际生存问题开展调查研究，为农民工融入上海创造条件。全面提升农民工的技能和综合素质，加快培养农民工中的高技能人才队伍，这将在一定程度上缓解就业结构性矛盾，加快农民工融入上海，为上海的经济、社会发展创造有利条件。以实施"农民工职业技能提升三年行动计划"为契机，开展农民工技能提升和综合素质状况的专题调研，为加强农民工的技能培训和提高农民工的就业综合能力建言献策。同时，针对农民工是劳务派遣工的主体和重要组成来源，还将开展劳务派遣用工问题的调研，深刻分析劳务派遣用工的问题，推动政府有关部门尽快制定有关规章，规范用人单位依法使用劳务派遣工，善待农民工，为广大农民工争取公正、公平的就业环境和收入福利待遇。

（11）继续把农民工纳入评选表彰范畴，认真做好农民工的评优推荐工作。上海市各级工会在开展各项先进评选活动中，要继续把农民工纳入评选表彰范畴。在 2013 年开展的"上海市五一劳动奖章"评选中，要注重农民工的比例。继续协调解决农民工劳模户口落地政策遇到的问题。根据上海市农民工办关于在 2013 年继续开展上海市优秀农民工评选活动的要求，认真做好相应的评选推荐工作。同时要大力宣传和弘扬优秀农民工的先进事迹。

"在民主的国度里，公民作为独立的个人，拥有民主的权利自由，但从社会作为来看，公民个人又是软弱无力的。单凭一己的力量无法帮助他们做一番事业，他们更加无法强迫他人来帮助自己。如果他们不能够学会自发地互相帮助，整个国度里的公民个人就将陷入无能为力的状态。"① 城市新移民的自治组织"与市场经济的发展以及相关联的政治和社会民主化进程息息相关，是公民有组织参与经济过程、社会过程、政治过程的产物，它们所走的道路是一条'自下而上的自主化道路'"②，承载着中国未来公民社会的希望。

---

① 〔法〕亚历西斯·德·托克维尔：《论美国的民主》（下），董果良译，商务印书馆，1988，第 697 页。
② 王名、佟磊：《清华 NGO 研究的观点与展望》，《中国行政管理》2003 年第 3 期。

结论和展望

美国公民教育之父霍拉斯·曼有句名言："建共和国易，造就共和国公民难。"我们也可以说，农民进城易，真正成为城市新移民难。

通过对城市新移民市民权利、政治权利、社会权利、包括以教育权为核心内容的文化权利的综合分析，我们可以得出如下结论：

从纵向比较来看，城市新移民公民权比过去已经有了改善与发展，但是从横向比较看，城市新移民与具有城市户籍的城市居民相比较，各项权利明显处于欠缺状态，未能得到城市及其居民的包容，仍被排斥在城市边缘。

从公民权发展与保障的角度来看，真正现代意义上的公民权是一种"复合的、联系于特定脉络关系的身份，表达的是现代社会中……个人自主和社会公正、平等与包容的观念"①。

网络上曾经流行这样一首"打油诗"：

《别叫我们'民工'了!》

我们是中国新一代的工人。

我们是中国"内部"的公民，不是"外来"的人口。

我们希望在城镇安家，不当领"暂住证"的"流动人口"。

别叫我们"民工"了!②

称谓的歧视固然不是根本，但却从一定程度上反映了"城市新移民"公民身份的缺失。

---

① 莫里斯·罗奇：《社会公民权：社会变迁的基础》，载恩斯·伊辛、布雷恩·特纳主编《公民权研究手册》，王小章译，浙江人民出版社，2007，第98页。

② 思宁：《别叫我们民工了!》，http://www.fyjs.cn/viewarticle.php? id＝53223。

而城市新移民能否获得完整公民权，其前景如何？苏黛瑞认为，尽管市场化已对那种建立在户口制度上的公民权提出了挑战，但由于种种原因，特别是由于国家、城市政府、原先的城市居民等均不愿放弃现有的户口制度——苏黛瑞将它看作中国的一项根本性的政治制度——农民流动者（城市新移民）要获得与城市居民同等的公民权并不容乐观①。2011 年政府工作报告中有关"农民工"（包括城市新移民）的政策表述让我们看到城市新移民享有与城市居民同等公民权的曙光。目前来看，虽然存在着诸如体制方面的阻碍，但应相信，通过党和国家以及全社会的共同努力，在不久的将来，"城市新移民"一定能够摆脱"农民工"这一歧视性标签，在城市中争取到其作为公民的基本权利。当然我们还应该看到，虽然对于"城市新移民"群体的关注已经日益提上政府日程，但要切实解决这一问题，需要树立正确的理念，找到问题的根本，就像华东师范大学陈映芳教授所认为的那样："只有把问题视作乡城迁移者如何获得市民权的问题，而不是视作'农民工'的权利问题时，'农民工'的问题才可能获得真正解决。"② 开展更加科学的研究，将原本"生存—经济"叙事模式转向公民权视野下的"身份—政治"模式③，真切地理解和把握"城市新移民"的公民权问题。

公民权利在社会变迁过程中的不断变化，意味着我们要抛弃过去对"应然"权利体系热衷探讨的做法，将"公民权理解为一种社会过程，通过这个过程，个体和社会群体介入了提出权利要求、扩展权利或丧失权利的现实进程"④。"城市新移民"争取公民权的问题也就是一项努力应对、克服各种排斥力量，走向融合的事业和进程。

只有树立包容的理念，让所有公民都能够平等、自由、民主地在城市中生活，公平正义的价值理念才能得以彰显，和谐社会才能得以实现。相信总有一天，政府会同城市居民、社会力量与"城市新移民"一道，合力建设城乡和谐美好的未来。

---

① Solinger, Dorothy J., *Contesting Citizenship in Urban China: Peasant Migrants, the State, and the Logic of the Market.*, Berkeley: University of California Press, 1999, pp. 286 – 287.
② 陈映芳:《"农民工":制度安排与身份认同》,《社会学研究》2005 年第 3 期。
③ 王小章等著《走向承认——浙江省城市农民工公民权发展的社会学研究》,浙江大学出版社,2010。
④ 恩靳·伊辛、布雷恩·特纳主编《公民权研究手册》,王小章译,浙江人民出版社,2007。

参考文献

安徽省社科联课题组：《城市农民工是中国工人阶级的一部分》，《学术界》2003 年第 2 期。

白钢、史卫民：《中国公共政策分析》（2007 年卷），中国社会科学出版社，2007。

包晓霞：《"落地生根"还是"落叶归根"》，《甘肃社会科学》1997 年第 6 期。

包永辉、陈先发：《乱征地正在引发农民无地无业之忧》，《中国改革农村版》2003 年第 7 期。

毕正华：《构建和谐社会必须解决农民工的国民待遇问题》，《改革探索》2006 年第 12 期。

毕正华：《构建和谐社会必须解决农民工的国民待遇问题》，《价格月刊》2006 年第 12 期。

蔡昉：《户籍制度与劳动力市场保护》，《经济研究》2001 年第 12 期。

蔡昉、林毅夫：《中国经济》，中国财政经济出版社，2003。

蔡志海：《制度变迁中农民工的生存状态及其未来命运》，《华东师范大学学报》2002 年第 4 期。

蔡昉、郭汉英、高嘉陵：《中国人口流动方式与途径（1900～1999）》，社会科学文献出版社，2001。

操申斌：《对当年农民工工会履行职能的思考》，《乡镇经济》2005 年第 10 期。

曹建章、赵敏：《试论现行户籍制度对流动人口基本权利的影响》，《甘肃高师学报》2002 年第 1 期。

曹宪植:《我国农民工问题探析》,《北京行政学院学报》2003 年第 4 期。

岑颖:《城市居民社区意识调整》,《改革与战略》2003 年第 8 期。

陈传峰等:《被征地农民的社会心理与市民化研究》,中国农业出版社,2005。

陈纯柱:《重庆移民实践与中国特色移民理论的创新》,《重庆三峡学院学报》2003 年第 4 期。

陈敦贤:《流动人口社会保障体系论略》,《中南财经政法大学学报》2005 年第 3 期。

陈方南:《影响农民公民意识形成的障碍及其解决途径》,《山东社会科学》2010 年第 9 期。

陈丰:《流动人口城市化进程中的制度性障碍研究》,《学术探索》2004 年第 11 期。

陈峰君:《东亚与印度》,经济科学出版社,2000。

陈立:《中国国家战略问题报告》,中国社会科学出版社,2002。

陈良谨:《社会保障教程》,世界知识出版社,1990。

陈鹏:《公民权社会学的先声——读 T. H. 马歇尔〈公民权与社会阶级〉》,《社会学研究》2008 年第 4 期。

陈映芳:《农民工:制度安排与身份认同》,《社会学研究》2005 年第 3 期。

《成都农民工与城镇职工享同等社保待遇》,《中国联合早报》2011 年 3 月 4 日。

《成都取消农民工称呼 城乡劳动者享同等社保》,《华西都市报》2011 年 2 月 23 日。

成都市发展与改革委员会:《成都推进城乡一体化的思路和实践》,《宏观经济研究》2005 年第 9 期。

《城市包容性成都全国第二》,《华西都市报》2007 年 4 月 24 日。

褚松燕:《个体与共同体》,中国社会出版社,2003。

褚松燕:《20 世纪 90 年代以来中国公民资格权利的发展》,《政法论坛》2007 年第 1 期。

戴维:《社会学》(第 10 版),李强译,中国人民大学出版社,1999。

〔德〕迪特尔·拉甫普：《德意志史》，波恩国际出版社，1987。

〔德〕盖奥尔格·齐美尔：《社会学——关于社会化形式的研究》，华夏出版社，2002。

〔德〕哈贝马斯：《公共领域的结构转型》，曹卫东译，学林出版社，1999。

德里克·博斯沃思、彼得·道金斯：《劳动市场经济学》，中国经济出版社，2003。

〔德〕刘易斯·A. 科瑟：《社会学思想名家》，石人译，中国社会科学出版社，1990。

德里克·希特：《何为公民身份》，吉林出版集团有限责任公司，2007。

〔德〕洛伊宁格尔：《第三只眼看中国》，王山译，山西人民出版社，1994。

〔德〕托马斯·海贝勒、君特·舒耕德：《从群众到公民——中国的政治参与》，张文红译，中央编译出版社，2009。

邓楠：《农民工组织化管理 HEB 模式的探讨》，《商业现代化》（学术版）2005 年第 1 期。

邓秀华：《新生代农民工的政治参与问题研究》，《华南师范大学学报》（社会科学版）2010 年第 1 期。

丁水木：《现行户籍管理制度初议》，《社会》1987 年第 1 期。

杜丽蓉：《城市民工生存报告》，中国时代经济出版社，2004。

恩靳·伊辛、布雷恩·特纳：《公民权研究手册》，浙江人民出版社，2007。

〔法〕H. 孟德拉斯：《农民的终结》，李培林译，社会科学文献出版社，2010。

〔法〕皮埃尔·勒鲁：《论平等》，王允道译，商务印书馆，1988。

〔法〕托克维尔：《论美国的民主》（上、下卷），商务印书馆，1988。

方兴业：《劳务工社保最低缴费基数降低》，《深圳特区报》2006 年 5 月 19 日。

费孝通：《乡土中国生育制度》，北京大学出版社，1998。

冯瑾：《非政府组织之定性》，《大众商务》2010 年第 5 期。

符平：《青年农民工的城市适应：时间社会学研究的发现》，《社会》2006 年第 2 期。

嘎日达、黄匡时：《西方社会融合概念探析及其启发》，《理论视野》2008 年第 1 期。

甘满堂：《社会学的"内卷化"理论与城市农民工问题》，《福州大学学报》（哲学社会科学版）2005 年第 1 期。

高峰：《苏南地区外来农民工市民化长效机制的构建》，《城市发展研究》2006 年第 4 期。

高峰：《苏南地区外来农民工市民化长效机制的构建》，《发展研究》2006 年第 4 期。

高红：《公民权视域下农民工权益保护的社会政策支持》，《南京师大学报》（社会科学版）2009 年第 5 期。

高金登、李林太：《民工社会保障问题的思考》，《政法管理干部学院学报》2004 年第 1 期。

葛剑雄：《移民与中国城市发展》，《城市规划学刊》2007 年第 6 期。

葛荃：《传统儒学的政治价值结构与中国社会转型析论》，《山东大学学报》（哲学社会科学版）2007 年第 6 期。

葛象贤、屈维英：《中国民工潮："盲流"真相录》，中国国际广播出版社，1990。

宫希魁：《中国现行户籍制度透视》，《社会科学》1989 年第 2 期。

〔法〕古斯塔夫·勒庞：《乌合之众》，中央编译出版社，2005。

谷延芳：《英国农村劳动力转移对我国城市化的启示》，《黑龙江社会科学》2003 年第 7 期。

顾成敏：《公民社会与公民教育》，知识产权出版社，2008。

广州大学、广州市总工会课题组：《广州市非化企业工会组建及其作用发挥（研究报告)》2008 年 6 月 6 日。

郭道晖：《公民权与公民社会》，《法学研究》2006 年第 1 期。

郭道晖：《公民权与全球公民社会的构建》，《社会科学》2006 年第 6 期。

郭道晖：《社会权力与公民社会》，凤凰出版传媒集团、译林出版社，2009。

郭虹：《从单位到社区——社会管理体制的变革》，《经济体制改革》2002 年第 1 期。

国务院发展研究中心课题组：《新中国城乡关系的经济基础与城市化问

题研究》,《经济参考》1997 年第 77 期。

国务院研究室课题组:《中国农民工调研报告》,中国言实出版社,2006。

韩长赋:《中国农民工的发展与终结》,中国人民大学出版社,2007。

何洪涛、刘力:《英国农村剩余劳动力转移及对中国的启示》,《生产力研究》2007 年第 17 期。

和丕禅、郭金丰:《制度约束下的农民工移民倾向分析》,《中国农村经济》2004 年第 10 期。

胡锦山:《罗伯特·帕克与美国城市移民同化问题研究》,《求实学刊》2008 年第 1 期。

胡锦涛:《深化交流合作　实现包容性增长》,《人民日报》2010 年 9 月 16 日。

胡锦涛:《在省部级主要领导干部提高构建社会主义和谐社会能力专题研讨班开班式上的讲话》,《人民日报》2005 年 2 月 20 日。

胡俊生:《由隔离走向融合——中国城乡关系的历史演变及发展趋势》,《延安大学学报》1997 年第 3 期。

黄祖辉等:《进城农民在城镇生活的稳定性及市民化意愿》,《中国人口科学》2004 年第 2 期。

〔加〕威尔金利卡:《多元文化的公民身份——一种自由主义的少数群体权利理论》,马莉等译,中央民族大学出版社,2009。

贾西津:《中国公民参与案例与模式》,社会科学文献出版社,2008。

江立华:《农民工的权利缺失与维权机制》,《城市管理》2004 年第 1 期。

江文胜:《对建立城乡平等就业制度的思考》,《科学决策》2005 年第 4 期。

江业文:《试析新中国户籍制度形成的历史背景》,《西安文理学院学报》2005 年第 1 期。

蒋月等:《中国农民工劳动权利保护研究》,法律出版社,2006。

金罗兰:《我国非营利组织与项目管理》,《北京工商大学学报》(社会科学版)2005 年第 6 期。

景天魁等:《社会公正理论与政策》,社会科学文献出版社,2004。

〔德〕康德：《法的形而上学原理》，商务印书馆，1991。

柯兰君、李汉林：《都市里的村民——中国大城市的流动人口》，中央编译出版社，2001。

克莱尔·肖特：《消除贫困与社会整合：英国的立场》，《国际社会科学》（中文版）2000年第4期。

雷伟红：《城市农民工选举权保障问题研究》，《甘肃社会科学》2006年第3期。

雷武科：《中国农村剩余劳动力转移研究》，中国农业出版社，2008。

冷树青：《论竞争与平等》，《当代世界与社会主义》（双月刊）2010年第1期。

李爱：《农村劳动力转移的政府行为》，山东人民出版社，2006。

李汉林：《都市里的村民——中国大城市里的流动人口》，中央编译出版社，2001。

李浩昇：《善待与接纳：对昆山市农民工市民化经验的解读》，《人口研究》2008年第6期。

李和平：《户籍改革——居住证管理是户籍制度发展的必然趋势》，《上海综合经济》2001年第10期。

李惠斌：《社会资本与社会发展》，社会科学文献出版社，2000。

李金恺：《建立农民工就业服务于保障体系的思考》，《中州学刊》2004年第9期。

李景鹏：《中国社会利益结构变迁的特点》，《北京行政学院学报》2006年第1期。

李景治、熊光清：《中国城市新移民的政治排斥问题分析》，《文史哲》2007年第4期。

李军峰：《中国非正规就业研究》，河南人民出版社，2005。

李蕾：《新生代农民工身份认同困境分析》，《陕西行政学院学报》2010年第3期。

李路路：《向城市移民：一个不可逆转的过程》，见李培林主编《农民工——中国进城农民工的经济社会分析》，社会科学出版社，2003。

李攀：《对公民身份双重维度的演变分析》，《重庆社会科学》2007年第3期。

李培林：《农民工：中国进城农民工的社会经济分析》，社会科学文献出版社，2003。

李培林：《社会学与中国社会》，社会科学文献出版社，2008。

李强：《农民工的失业与社会保障问题》，《政策研究》2000 年第 1 期。

李强：《社会学的"剥夺"理论与我国农民工问题》，《学术界》（双月刊）2004 年第 4 期。

李胜兰：《我国农村产权制度改革与农村城镇化发展》，中山大学出版社，2004。

李世安：《英国农村剩余劳动力转移问题的历史考察》，《世界历史》2005 年第 2 期。

李涛、李真：《农民工：流动在边缘》，当代中国出版社，2006。

李薇玲：《中国和谐社会进程中农民工社会保障制度的构建》，《财经界》2007 年第 7 期。

李文良等编《中国政府职能转变问题报告》，中国发展出版社，2003。

李昕：《农民公民权利保障研究》，《中国农业信息》2010 年第 8 期。

李艳霞：《公民身份理论内涵探析》，《人文杂志》2005 年第 3 期。

李艳霞：《西方公民身份的历史演进与当代拓展》，《厦门大学学报》（哲学社会科学版）2006 年第 3 期。

李真：《流动与融合》，团结出版社，2005。

《理论热点面对面："民工潮"与"民工荒"的背后》，《光明日报》2006 年 9 月 28 日。

厉以宁：《转型发展理论》，同心出版社，1996。

联合调研组：《对非正规化就业农民工维权问题的有益探索》，《学习与研究》2007 年第 9 期。

廖文：《农民工组织建设问题初探》，《长沙民政职业技术学院学报》2008 年第 2 期。

《列宁全集》（第 19 卷），人民出版社，1954。

刘传江、程建林、董延芳：《中国第二代农民工研究》，山东人民出版社，2009。

刘传江：《当代中国农民发展以及面临的问题》、《农民工生存状态的边缘化与市民化》，《人口与计划生育》2004 年第 11 期。

刘传江：《当代中国乡城人口流动的中间障碍因素分析：中国流动人口研究》，人民出版社，2002。

刘传江等：《社会资本与农民工的城市融合》，《人口研究》2004 年第 5 期。

刘传江：《中国农民工市民化研究》，《理论月刊》2006 年第 10 期。

刘芳：《近年来关于城市农民工问题的研究综述》，《西北师大学报》（社会科学版）2005 年第 1 期。

刘建军：《单位中国——社会调控体系重构中的个人、组织与国家》，天津人民出版社，2000。

刘开明：《边缘人》，新华出版社，2003。

刘社建：《切实消除二元分割的教育制度》，《中国财经日报》2005 年 2 月 16 日。

刘炜、徐佩玉：《公民权利与进城农民工就业保护》，《山东经济》2010 年第 1 期。

刘雅静：《论进城农民工的教育和培训》，《湖南农业大学学报》2007 年第 8 期。

刘玉民：《农民工劳动权利保护现状及对策研究》，《贵州民族学院学报》2007 年第 5 期。

刘玉蓉：《农民工的"市民"待遇问题》，《十堰职业技术学院学报》2003 年第 4 期。

刘月喜：《农村土地产权制度存在的主要问题和改革思路》，《武汉学刊》2006 年第 2 期。

卢汉龙：《单位与社区：中国城市社会生活的组织重建》，《社会科学》1999 年第 2 期。

卢向虎：《制度是如何阻碍我国农村人口向城市迁移的？——论制度对城乡人口迁移的作用机理》，《调研世界》2005 年第 6 期。

陆学艺：《农民工问题要从根本上治理》，《特区理论与实践》2003 年第 7 期。

陆学艺：《农民工问题要从根上治》，《读书》2003 年第 7 期。

陆益龙：《超越户口——解读中国户籍制度》，中国社会科学出版社，

2004。

　　吕斐宜：《农民工与城市居民和谐共处心理基础调查研究》，《江汉论坛》2006 年第 4 期。

　　罗志先：《落实农民工保障要从制度着手》，《中国经济周刊》2005 年第 43 期。

　　马德峰、李风啸：《近十年来我国城市新移民问题研究述评》，《学术界》（月刊）2010 年第 11 期。

　　马骏等：《寻找农民工组织的维权途径》，《理论界》2005 年第 1 期。

　　《马克思恩格斯选集》（第 1 卷），人民出版社，1995。

　　《马克思恩格斯选集》（第 1 卷），人民出版社，1995。

　　〔德〕马克思：《论犹太人问题》，《马克思恩格斯全集》（第 1 卷），人民出版社，1995。

　　〔德〕马克思：《资本论》（第 1 卷），人民出版社，1975。

　　〔德〕马克斯·韦伯：《新教伦理与资本主义精神》，彭强、黄晓京译，陕西师范大学出版社，2002。

　　马小泉：《公民自治：一个百年未尽的话题》，《学术研究》2003 年第 3 期。

　　《毛泽东选集》（第 4 卷），人民出版社，1991。

　　梅金平：《不确定性、风险与中国农村劳动力区际流动》，中国财政经济出版社，2003。

　　〔美〕爱德华·希尔斯：《市民社会的美德》，亚历山大主编《国家与市民社会》，邓正来译，中央编译出版社，2002。

　　〔美〕亨廷顿：《变化社会中的政治秩序》，三联书店，1989。

　　〔美〕塞缪尔·亨廷顿、琼·纳尔逊：《难以抉择——发展中国家的政治参与》，汪晓东译，华夏出版社，1989。

　　〔美〕苏戴瑞：《在中国城市中争取公民权》，王春光等译，浙江出版联合集团、浙江人民出版社，2009。

　　〔美〕托马斯·雅诺斯基：《公民与文明社会》，柯雄译，辽宁教育出版社，2000。

　　〔美〕威廉姆·H. 怀特科等：《当今世界的社会福利》，解俊杰译，法律出版社，2003。

〔美〕约翰·S. 布鲁贝克：《高等教育哲学》，王承绪译，浙江教育出版社，1998。

〔美〕约翰·罗尔斯：《正义论》，何怀宏等译，中国社会科学出版社，1988。

〔美〕珍妮特·V. 登哈特、罗伯特·B. 登哈特：《新公共服务：服务，而不是掌舵》，中国人民大学出版社，2004。

〔英〕米切尔：《新社会学词典》，上海译文出版社，1987。

米庆成：《进城农民工的城市归属感问题探析》，《青年研究》2004 年第 3 期。

《明报》1996 年 3 月 6 日，第 C2 版，转载于《FBIS》1996 年 3 月 15 日，第 31 版。

莫建备：《融合与发展——长江三角洲地区 16 城市农民工调查》，上海人民出版社，2007。

聂洪辉：《农民工对城市认同感的缺失探析》，《内蒙古农业大学学报》2006 年第 1 期。

刘启达、廖法凯：《深圳：农民工概念将消失》，《南方农村》2009 年第 5 期。

欧阳景根：《建构中国的公民身份理论：作为一种内化伦理的积极公民身份的建设》，《晋阳学刊》2008 年第 3 期。

彭多意、唐东生：《保障进城农民工权益的政策建议》，《中国行政管理》2003 年第 11 期。

彭华民：《社会福利与需要满足》，社会科学文献出版社，2008。

彭诗琪：《帮助农民工和谐融入城市》，《南方月刊》2006 年第 11 期。

彭向刚、袁明旭：《论转型期弱势群体政治参与与社会公正》，《吉林大学学报》（社会科学学报）2007 年第 1 期。

钱明星：《物权法原理》，北京大学出版社，1994。

钱文荣、黄祖辉：《转型时期的中国农民工——长江三角洲十六城市农民工市民化问题调查》，中国社会科学出版社，2007。

秦海霞：《城市化：新生代农民工的身份诉求》，《辽宁行政学院学报》2010 年第 7 期。

秦海霞：《新生代农民工的身份诉求与身份建构》，《黑龙江社会科学》2010 年第 3 期。

秦晖：《转轨经济学中的公正问题》，《战略与管理》2001 年第 2 期。

曲正伟：《农民工子女教育问题：基于公民身份缺失的归因》，《教育科学》2008 年第 2 期。

全国总工会新生代农民工问题课题组：《关于新生代农民工问题的研究报告》，《新华文摘》2010 年第 17 期。

任柏强：《移民与区域发展——温州移民社会研究》，人民日报出版社，2008。

任远、邬民乐：《城市流动人口的社会融合：文献述评》，《人口研究》2006 年第 3 期。

商红日：《公民概念与公民身份理论——兼及中国公民身份问题的思考》，《上海师范大学学报》（哲学社会科学版）2008 年第 6 期。

〔比〕尚塔尔·墨菲：《政治的回归》，王恒等译，江苏人民出版社，2005。

宋耀：《论户籍制度改革与和谐社会》，《综述》2005 年第 8 期。

苏加毅、陈宇：《试论公民政治参与与和谐社会的构建》，《经纪人学报》2006 年第 1 期。

苏民：《新移民运动：当代中国的重大社会变迁——访中共中央编译局副局长俞可平》，《上海党史与党建》2010 年第 5 期。

孙琳娜、朱丽梅：《由公民权的发展历程探讨其基础矛盾——基于马歇尔〈公民权与社会阶级〉的剖析视角》，《经济与法》2011 年第 3 期。

唐钧：《社会政策的基本目标：从克服贫困到消除社会排斥》，《江苏社会科学》2002 年第 3 期。

田萱：《关于构建农民工社会保障体系的思考》，《人口学刊》2004 年第 4 期。

童星、马西恒：《"敦睦他者"与"化整为零"——城市新移民的社区融合》，《社会科学研究》2008 年第 1 期。

童星：《社会转型与社会保障》，中国劳动社会保障出版社，2007。

童星：《世纪末的挑战——当代中国社会问题研究》，南京大学出版社，1995。

〔德〕托马斯·海贝勒：《中国的社会政治参与：以社区为例》，《马克思主义与现实》2005年第3期。

〔印度〕T.哈克：《印度农民工的权益保护》，《中国建设信息》2004年第6期。

汪德平、杨倩：《新生代农民工城市社区政治参与与实现路径分析》，《学习月刊》2009年总第436期。

王朝明：《城市化：农民工边缘性贫困的路径与治理分析》，《社会科学研究》2005年第3期。

王春光：《农民工的国民待遇与社会公正问题》，《社会科学文献》2004年第2期。

王春光：《排斥抑或融合：新一代农民工还是"城市过客"吗?》，《中国青年报》2006年9月3日。

王春光：《新生代的农村流动人口对基本公民权的渴求》，《民主与科学》2001年第1期。

王奋宇、李路路：《中国城市劳动力流动：从业模式、职业生涯、新移民》，北京出版社，2001。

王桂新：《城市新移民贫困救助和社会保障机制研究》，《人口学刊》2007年第3期。

王沪宁：《当代中国村落家族文化》，上海人民出版社，1991。

王名：《国内外民间组织管理的经验与启示》，《学会》2006年第2期。

王浦劬：《政治学基础》，北京大学出版社，1995。

王绍光：《安邦之道：国家转型的目标与途径》，三联书店，2007。

王思琦：《正义的实现次序——一个公民权利框架》，《学术交流》2008年第4期。

王四满、熊巍俊：《制度变迁与农民身份的变迁》，《改革》2005年第4期。

王太元：《剥离附着利益还户籍制度真面目》，《中国经济周刊》2009年第12期。

王小章：《从生存到承认：公民权视野下的农民工问题》，《社会学研究》2009年第1期。

王小章：《国家、市民社会与公民权利：兼评我国近年来的公民社会话语》，《浙江大学学报》2003 年第 5 期。

王小章：《走向承认——浙江省城市农民工公民权发展的社会学研究》，浙江大学出版社，2010。

王岩：《公正是一切德性的总汇——亚里士多德正义观探析》，《江海学刊》1996 年第 3 期。

王玉梅、周建军：《新生代农民工的政治参与问题研究》，《法制与社会》2010 年第 4 期。

王云五：《社会科学大辞典》（第 11 册），（台湾）商务印书馆，1974。

王章辉、黄柯可：《欧美农村劳动力的转移与城市化》，社会科学文献出版社，1999。

王振东：《人权：从世界到中国》，党建读物出版社，1999。

魏杰、谭伟：《我国城市化进程中的农民市民化问题》，《经济纵横》2003 年第 6 期。

魏永峰：《城市新移民的职业获得：一个比较理论研究》，《浙江社会科学》2010 年第 11 期。

文军：《从分治到融合：近 50 年来我国劳动力移民制度的演变及其影响》，《学术研究》2004 年第 7 期。

文小勇、石颖：《三农问题：社会公正与社会排斥》，《杭州师范学院学报》2005 年第 3 期。

吴强：《社会权利的由来》，《21 世纪世界经济报道：读书》2007 年第 4 期。

吴瑞君：《关于流动人口含义的探索》，《人口与经济》1990 年第 3 期。

吴新慧：《关注流动人口子女的社会融入状况——社会排斥的视角》，《社会》2004 年第 9 期。

吴兴陆：《农民工定居性迁移决策的影响因素实证研究》，《人口与经济》2005 年第 1 期。

吴忠民：《社会公正论》，山东人民出版社，2004。

武力：《中华人民共和国经济史》（上册），中国经济出版社，1999。

夏晓丽：《国内十年公民资格理论研究综述——以知识引介、本土转化为线索》，《理论与现代化》2010 年第 4 期。

萧高彦：《共和主义与现代政治》（共和、社群与公民·第 2 辑），江苏人民出版社，2004。

肖金明：《政治发展、社会建设与公民权利》，《法学论坛》2007 年第 6 期。

笑蜀：《民生与民主不可分》，《南方周末》2008 年 3 月 6 日。

谢建社：《新产业工人阶层——社会转型中的农民工》，社会科学文献出版社，2005。

《新苏南模式的内涵与特征》，《扬子晚报》2007 年 2 月 14 日。

馨元：《公民概念之演变》，《当代法学》2004 年第 4 期。

熊汉富、袁雯妮：《农民进城就业面临的主要矛盾及其解决对策——关于湖南农民工问题的调查与思考》，《湖南文理学院学报》2006 年第 1 期。

徐华炳、奚从清：《理论构建与移民服务并进：中国移民研究 30 年述评》，《江海学刊》2010 年第 5 期。

徐赛嫦：《农民工社会养老保险制度探析》，《社会保障制度》2003 年第 10 期。

徐恬：《深圳参保劳务工全国最多》，《深圳商报》2006 年 10 月 20 日。

〔古希腊〕亚里士多德：《政治学》，商务印书馆，1965。

杨菊花：《从隔离、选择融入到融合——流动人口社会融入问题的理论思考》，《人口研究》2009 年第 1 期。

杨雅华：《进城务工人员的权力贫困及解决对策》，《求是》2006 年第 1 期。

姚洋主编《转轨中国：审视社会公正和平等》，中国人民大学出版社，2004。

叶尔肯拜·苏琴：《文化资本视野下的城市新移民》，《经济研究导刊》2010 年第 23 期。

叶继红：《城市新移民的文化适应：以失地农民为例》，《天津社会科学》2010 年第 2 期。

叶晓楠：《共同关注农民工疾苦："民工潮"到"民工荒"》，《人民日报》（海外版）2004 年 11 月 26 日。

伊莎贝拉·格伦伯格：《人人有工作：社会发展峰会之后我们学会了什么?》，《国际社会科学》1997 年第 4 期。

易中天：《成都方式——破解城乡改革难题的观察与思考》，广西师范大学出版社，2007。

尹红英：《公正是社会主义政治的基础价值》，《伦理学研究》2010 年第 1 期。

〔英〕德里克·希特：《何谓公民身份》，郭忠华译，吉林出版集团有限责任公司，2007。

〔英〕洛克：《政府论》（下篇），叶启芳等译，商务印书馆，1964。

〔英〕沙琳：《需要和权利资格：转型期中国社会政策研究的新视角》，中国劳动社会保障出版社，2007。

〔英〕泽格蒙特·鲍曼：《自由》，杨光、蒋焕新译，吉林人民出版社，2005。

于洪军：《城市化进程中的农民市民观教育》，《农业现代化研究》2004 年第 4 期。

俞可平：《新移民运动、公民身份与制度变迁——对改革开放以来大规模农民工进城的一种政治学解释》，《新华文摘》2010 年第 10 期。

郁庆治：《西方环境公民权理论与绿色变革》，《文史哲》2007 年第 1 期。

曾长秋、代艳丽：《论公民社会权利视野下的农民工社会保障问题》，《湖南文理学院学报》（社会科学版）2009 年第 3 期。

曾群、魏雁滨：《失业与社会排斥：一个分析框架》，《社会学研究》2004 年第 3 期。

曾湘泉：《劳动经济学》，复旦大学出版社，2003。

〔美〕詹姆斯·M. 布坎南、罗杰·D. 康格尔顿：《原则政治，而非利益政治：通向非歧视性民主》，张定淮、何志平译，社会科学文献出版社，2004。

展江：《警惕传媒的双重封建化》，《中国传媒报告》2003 年第 3 期。

张春雨：《基于公民权利理念的农民社会保障及"土地换社保"问题分析》，《兰州学刊》2009 年第 5 期。

张国胜：《中国农民工市民化：社会成本视角的研究》，人民出版社，2008。

张季风：《战后日本农村剩余劳动力转移及其特点》，《日本学刊》2003 年第 2 期。

张林：《新制度主义》，经济日报出版社，2006。

张森、黄晓维：《非政府组织在救助弱势群体中的作用》，《辽宁教育行政学院学报》2010年第1期。

张明新、杨梅、周煜：《城市新移民的传播形态与社区归属感——以武汉市为例的经验研究》，《新闻与传播评论》2009年第11期。

张其仔：《社会资本论——社会资本与经济发展》，社会科学文献出版社，1999。

张勤：《城镇化背景下非政府组织发展模式研究》，《安徽农业大学学报》（社会科学版）2010年第1期。

张汝立：《农民工——失地农民的劳动与生活》，社会科学文献出版社，2006。

张炜：《城市化、市民化和城市文化》，《经济与社会发展》2004年第11期。

张文宏、雷开春：《城市新移民社会融合的结构、现状与影响因素分析》，《社会学研究》2008年第5期。

张锡恩：《从巩固政治统治到构建社会主义国家政体思想探析》，《山西大学学报》（哲学社会科学版）2005年第5期。

张喜亮、吕茵：《"民工退保"看社会保障制度的完善》，《工人日报》2006年1月9日。

张兴华：《从国外经验看中国劳动力转移的战略选择》，《经济研究参考》2004年总第81期。

张永和：《权利的由来——人类迁徙自由的研究报告》，中国检察出版社，2001。

张跃进：《现代化的最后情结》，安徽大学出版社，2005。

张跃进：《中国农民工问题解读》，光明日报出版社，2007。

张蕴岭、孙士海：《亚太地区发展报告》，社会科学文献出版社，2002。

张忠军：《中国民间组织的法律困境与创新》，《中共中央党校学报》2006年第6期。

章剑锋：《一个"新昆山人"经历的城市化》，《中国经济时报》2005年12月28日。

赵延东：《城乡流动人口的经济地位获得及决定因素》，《中国人口科学》2002年第4期。

《"这钱花得不合算"农民工"退保潮"考验社保体制》,《国际金融报》2008年2月28日。

珍妮弗·M.布林克霍夫、袁德良、谢池:《政府与非政府组织之间合作性关系的界定性分析》,《国外社会科学文摘》2009年第1期。

郑传贵:《农民工政治参与的边缘性》,《理论前沿》2004年第5期。

郑功成:《科学发展与共享和谐》,人民出版社,2006。

郑功成:《中国社会保障改革与制度建设》,《中国人民大学学报》2003年第1期。

郑杭生:《中国特色社会学理论的探索》,中国人民大学出版社,2005。

《中国200万农民工加入基层工会》,《工人日报》2006年6月2日。

周国文:《公众、传媒与公民权利》,《理论与现代化》2007年第2期。

周兢:《农民工权益缺失及其保障问题探析》,《社会主义研究》2005年第1期。

朱虹:《打工妹的城市社会化——一项关于农民工城市适应的经验研究》,《南京大学学报》2004年第6期。

朱力、陈如:《城市新移民——南京市流动人口研究报告》,南京大学出版社,2003。

朱力:《群体性偏见与歧视——农民工与市民的摩擦性互动》,《江海学刊》2001年第6期。

朱涛:《农民工:受教育权利亟需要保障》,《中国成人教育》2002年第11期。

朱信凯:《农民市民化的国际经验及对我国农民工问题的启示》,《中国软科学》2005年第1期。

邹农俭:《江苏农民工调查报告》,社会科学文献出版社,2009。

邹琼:《东莞市进城务工青年现状调查报告》,《广东青年干部学院学报》2004年第3期。

邹新树:《破解城市农民工社会保障问题的基本原则及对策建议》,《乡镇经济》2006年第7期。

华尔德:《共产党社会的新传统主义》,龚小夏译,牛津大学出版社(中国),1996。

A. Giddens, *Sociology*, Cambridge: Polity Press & Blackwell Publishing Company , 2001.

Alba, Richard, Victor Nee, *Remaking the American Mainst ream: Assimi lation and Contemporary Immig rat ion*, Boston: Harvard University Press, 2003.

A. Saloojee, *Social Inclusion, Anti-racism and Democratic Citizenship*, the Laidlaw Foundation, 2003.

Bian, Yanjie, "Bringing Strong Ties Back in Indirect Connection, Bridges, and Job Search in China", *American Socio logical Review*, 1997 (62).

Blau, *Exchange and Power in Social Life*, New York, 1964.

Boyd, Monica, "Educational Attainments of immigrant offspring? Success or Segmented Assimilation?" *International Migration Review*, 2002, 36 (4).

B. Perry, "The Mismatch between Income Measures and Direct Outcome Measures of Poverty", *Social Policy Journal of New Zealand*, 2002 (19).

Brubaker R. , *Citizenship and Nationhood in France and Germany*. Cambridge, Mass. : Harvard university press, 1992.

Bryan S. Turner and Peter Hamilton (eds.), "General commentary", *Citizenship: critical concepts Routledge*, 1994 (1).

Bryan S. Turner, "Outline of a Theory of Citizenship", *Sociology*, 1990.

Burt, Ronald S. , *Structural Holes: the Social Structural of Competition*, Cambridge MA: Harvard University Press, 1992.

C. Crawford, *Towards a Common Approach to Thinking about and Measuring Social Inclusion*, Roe her Institute, 2003.

Derek Heater, *Citizenship: the Civic Ideal in World History*, Manchester University Press, 2004.

Derek Heater, *Citizenship: the CivicIideal in World History*, Manchester University Press, 2004.

Edward B, Barbier, *Natural Resources and Economic Development*, Cambridge University Press, 2007.

E. G. Raven stein, "The Law of Migration", *Journal of the Royal Statistical*

University Press，1992.

Portes, A. ， "Children of Immigrants: Segmented Assimilation and its Determinants"，*In* Portes, A. （Ed），*The Economic Sociology of Immigration*: *Essays on Networks, Ethnicity and Entrepreneurship*，New York: Russell Sage Foundation，1995.

Portes, Alejandro, and Min Zhou, "The New Second Generation: Segmented Assimilation and Its Variants"，*Annals of the American Academy of Political and social sciences*，1993.

Portes, Alejandro, Robert Nash Parker, and Josea Cobas, "Assimilation or Consciousness: Perceptions of U. S. Society among Recent Latin American Immigrant to the United States"，*Social Forces*，1980，59 （1）.

Robert E. Goodin, *Protecting the Vulnerable*: *A Reanalysis of Our Social Responsibilities*，Chicago, IL: University of Chicago Press，1985.

Robert E. Park，*Race and Culture*，The Free Press，1950.

Robin Cohen, *The New Helots*: *Migrants in the International Division of Labor*，Alders hot, Hants, England: Avebury: Brookfield, Vt. USA: Gower Pub. Co.，1987.

R. Omidvar & T. Richmond, *Immigrant and Social Inclusion in Canada*，Toronto: Laidlaw Foundation，2003.

Rowe，HanKow，*Conflict and Community in a Chinese city*，Stanford, Calif. : Stanford University Press，1989.

R. Park，*The City*: *Suggestion for Investigation of Human Behavior in the Urban Environment*，University of Chicago Press，1915.

Ruben G Rumbaut, Nancy Foner and Steven J Gold, "Immigration and Immigration Research in the United States"，*The American Behavioral Scientist*，1999，42 （9）.

Ruth Lister. Women, "Economic Dependency and Citizenship"，*Journal of Social Policy*，1990 （19）.

Solinger, Dorothy J. ，*Contesting Citizenship in Urban China*: *Peasant Migration, the State, and the Logic of the Market*，Berkeley: University of California Press，1999.

"The Functionality of Citizenship"，*Harvard Law Review*，1997.

T. H. Marshall, *Citizenship and Social Class*, Cambridge University Press, 1950.

Thomas Bridges, *The Culture of Citizenship Inventing Postmodern Civic culture*, The Council for Research in Values and Philosophy, 1997.

Wu H. Zhou. L., "Rural-urban Migration in China", *Asian Pacific Economic Lliterature*, 1996, 10 (11).

Zhou Min, Yang Sao Xiong, "The Multifaceted American Experiences of the Children of Asian Immigrants: Lessons for Segmented Assimilation", *Ethnic and Racial Studies*, 2005.

图书在版编目(CIP)数据

中国城市新移民的公民权研究/苏昕著. —北京：社会
科学文献出版社，2013.6
ISBN 978 - 7 - 5097 - 4762 - 9

Ⅰ.①中…　Ⅱ.①苏…　Ⅲ.①城市 - 移民 - 公民权 -
研究 - 中国　Ⅳ.①D921.04

中国版本图书馆 CIP 数据核字（2013）第 127949 号

中国城市新移民的公民权研究

著　　者／苏　昕

出 版 人／谢寿光
出 版 者／社会科学文献出版社
地　　址／北京市西城区北三环中路甲 29 号院 3 号楼华龙大厦
邮政编码／100029

责任部门／全球与地区问题出版中心（010）59367004　责任编辑／王玉敏　李源晋
电子信箱／bianyibu@ ssap. cn　　　　　　　　　　　责任校对／李向荣　李晨光
项目统筹／王玉敏　　　　　　　　　　　　　　　　　责任印制／岳　阳
经　　销／社会科学文献出版社市场营销中心（010）59367081　　59367089
读者服务／读者服务中心（010）59367028

印　　装／北京季蜂印刷有限公司
开　　本／787mm×1092mm　1/16　　　　　　　印　张／22.75
版　　次／2013 年 6 月第 1 版　　　　　　　　　字　数／389 千字
印　　次／2013 年 6 月第 1 次印刷
书　　号／ISBN 978 - 7 - 5097 - 4762 - 9
定　　价／69.00 元